„Das unglaubliche Teenager-Gehirn" ist bemerkenswert zugänglich, trotz der beeindruckenden Fülle an Informationen, die es über das Verhalten von Jugendlichen enthält. Es ist vielleicht das beste Buch, das Fachleute für psychische Gesundheit Familien empfehlen können. Sie sollten jedoch sicherstellen, dass sie selbst ein Exemplar in ihrem Regal haben."[1]

– Professor Peter Fonagy, OBE, Leiter der Abteilung für Psychologie und Sprachwissenschaften, Direktor, Geschäftsführer des Anna Freud Zentrum für Kinder & Familien und nationaler klinischer Berater für die psychische Gesundheit von Kindern

---

„Dieses brillant geschriebene Buch feiert den Teenager und erklärt einfach und klar die Pubertät. Wenn wir das Teenager-Gehirn wirklich verstehen, können wir unseren Kindern helfen, sich in dieser wichtigen Entwicklungsphase zurechtzufinden, ohne dass unsere Sorgen uns im Weg stehen. Dieses Buch wird uns alle in die Lage versetzen, unseren Teenagern dabei zu helfen, sich zu der besten Version ihrer selbst zu entwickeln und gleichzeitig bei einigen der unvermeidlichen Herausforderungen stark zu bleiben."[2]

– Professor Tanya Byron, beratende klinische Psychologin, Journalistin, Autorin und Rundfunksprecherin, London

---

„Ich bin überwältigt von diesem Buch, ich konnte es einfach nicht aus der Hand legen. Es hat mich dazu gebracht, nicht nur über meine Kinder im Teenageralter nachzudenken, sondern auch über meine eigenen Teenagerjahre. Es ist so voller nützlicher Empfehlungen, dass ich es wie ein Kompendium verwenden werde, um meine Teenager in den kommenden Monaten und Jahren zu erforschen."[3]

– Valerie Lindsay, Mutter von Kindern im Teenageralter

„Dies ist ein aufschlussreiches, inspirierendes und unterhaltsames Buch, das die oft missverstandene und manchmal verleumdete Welt der Teenager beleuchtet. Es zeigt, wie Teenager von der Entwicklung ihres Gehirns, ihrer wachsenden sozialen Welt und ihrem Selbstverständnis als aufstrebende Erwachsene beeinflusst werden. Von unschätzbarem Wert für Eltern und diejenigen, die mit Teenagern arbeiten."[4]

– Professor Tony Charman, Lehrstuhl für klinische Kinderpsychologie, King's College London

---

„Dies ist ein brillantes Buch. Es bietet ein strahlendes Licht, um Eltern und Lehrer zu führen, die Jugendliche durch die manchmal turbulenten Teenagerjahre unterstützen. Durch die Stärkung des Selbstvertrauens und die Ermutigung zur Beharrlichkeit können Teenager zu effektiveren Lernern werden, die glücklicher sind und bereit, ihre Ziele höher zu stecken."[5]

–Diana Hudson, Autorin von „Specific Learning Difficulties - What Teachers Need to Know", Gymnasiallehrerin und Mutter von vier erwachsenen Kindern

---

„Bettina Hohnen, Jane Gilmour und Tara Murphy haben einen leicht zugänglichen, nützlichen und unterhaltsamen Leitfaden für Eltern und Lehrer von Heranwachsenden geschrieben. Am wichtigsten ist, dass sie wirkungsvoll vermitteln, dass die Pubertät eine Zeit der Möglichkeiten ist - eine Zeit des Lernens und der Entwicklung."[6]

–Ronald E. Dahl, MD, Professor für Gesundheitswissenschaften der Gemeinschaft und Professor für das gemeinsame Medizinstudium, UC Berkeley School of Public Health

„Dieses Buch ist voller praktischer Ratschläge für Eltern von Teenagern. Es spiegelt eine neue Revolution in unserem Verständnis darüber wider, wie Beziehungen die Gehirnstruktur beeinflussen können, und gibt sinnvolle Ratschläge, wie man die Entwicklung von Kindern und Jugendlichen optimieren kann, damit sie für den Rest ihres Lebens mit gesunden Gehirnen ausgestattet sind."[7]

–Stephen Scott, CBE, FRCPsych, FMedSci, Professor für Kinderheilkunde und Verhalten, King's College London und beratender Kinder- und Jugendpsychiater am Maudsley Krankenhaus

---

„Dieses Buch ist eine Wohltat zu lesen! Eine erfrischende und ermutigende Sichtweise darauf, wie man das Potenzial von Teenagern erkennt und fördert. Es gibt eine positive, praktische Orientierung für die schwierigsten Probleme, zusammen mit vielen Beispielen und einigen großartigen, direkten Lösungen, die tatsächlich funktionieren."[8]

–Samantha Murray Greenway, Mutter von zwei Teenagern

„Ein so nützliches und beruhigendes Buch für Eltern, Betreuer und alle, die mit jungen Menschen arbeiten. Die Autoren widerlegen das Klischee vom „Teenager als Unruhestifter". Sie erklären, warum Teenager in allen Bereichen des Lebens auf dem Höhepunkt ihres Lernpotenzials sind und zeigen uns, wie wir ihnen helfen können, zu glänzen, indem wir unsere Worte sorgfältig wählen und unser eigenes Verhalten ändern."[9]

–Margaret Rooke, Autorin von „You Can Change the World: Everyday Teen Heroes Making a Difference Everywhere" und „Dyslexia is my Superpower (Most of the Time)"

„Die Teenagerjahre Ihres Kindes können sich wie ein dunkler, gefährlicher Pfad anfühlen. Hier ist der Leitfaden, den sich alle Eltern wünschen, der Ihnen Licht ins Dunkel bringt und praktische Hilfen bietet, um die nur allzu bekannten Fallstricke zu überwinden, die es im echten Leben gibt. Die einfühlsamen Einsichten der weisen Autoren werden Sie dazu bringen, das mächtige, freudige Potenzial des sich entwickelnden Geistes Ihres Teenagers zu fördern, anstatt es zu unterdrücken."[10]

–Sheila Fitzgerald, Mutter von drei inzwischen erwachsenen Mädchen

---

„Jeder Lehrer, der mit Teenagern arbeitet, wird von diesem Buch fasziniert werden und seinen unschätzbaren Wert entdecken. Die neurowissenschaftlichen Zusammenhänge werden sehr anschaulich erklärt und bieten einen neuen Blick auf das sich schnell entwickelnde Gehirn und darauf, wie es das Verhalten und Lernen von Teenagern beeinflusst. Bettina, Jane und Tara betonen, wie wichtig emotionale Sicherheit als zuverlässige Grundlage für das Lernen in der Schule ist. Sie geben viele Beispiele dafür, wie Stress und Angst das Lernen beeinträchtigen, und zeigen Wege auf, wie Lehrer einen „positiven Kreislauf des Lernens" schaffen können. Was ich an diesem Buch am meisten schätze, ist, dass es mit und viel Mitgefühl geschrieben ist und eine hoffnungsvolle und positive Sichtweise auf das Verhalten von Jugendlichen bietet."[11]

–Sarah Fortna, Lehrerin und Lernspezialistin von verwandtem Interesse

Das *unglaubliche* TEENAGER-GEHIRN

Essentielle Erkenntnisse und Strategien
für eine starke Eltern-Teenager-Beziehung

DER
PUBERTÄTSKOMPASS

Autorinnen:
Dr. Bettina Hohnen,
Dr. Jane Gilmour & Dr. Tara Murphy

Vorwort von
Prof. Dr. Sarah-Jayne Blakemore

Übersetzung von
Mickey Müller

dhamma
VERLAG
dhamma Verlag
Nürnberg

Englische Originalausgabe:
The Incredible Teenage Brain
Jessica Kingsley Publishers
London und Philadelphia

Impressum
Das unglaubliche Teenager-Gehirn
2023 © Josef Mickey Müller, dhamma Verlag
Autoren: Dr. Bettina Hohnen, Dr. Jane Gilmour & Dr. Tara Murphy
Deutsche Übersetzung 2023 © Josef Mickey Müller
ISBN: 978-3-98657-100-9
Herausgeber: dhamma Verlag, Avenariusstr. 48, 90409 Nürnberg
Homepage: www.dhamma-verlag.de
E-Mail: info@dhamma-verlag.de
Druck: Libri Plureos GmbH, Friedensallee 273, 22763 Hamburg

Englische Originalausgabe:
The Incredible Teenage Brain
2020 © Bettina Hohnen, Jane Gilmour & Tara Murphy
Illustrationen 2020 © Douglas Broadley
Vorwort 2020 © Sarah-Jayne Blakemore
ISBN: 978-1-78592-557-3
Herausgeber: Jessica Kingsley Publishers, An imprint of Hodder & Stoughton Ltd, An Hachette Company
www.jkp.com

Deutsche Nationalbibliothek:
Gemäß dem Pflichtexemplar Gesetz ist „Das unglaubliche Teenager-Gehirn" von Dr. Bettina Hohnen, Dr. Jane Gilmour & Dr. Tara Murphy bei der Deutschen Nationalbibliothek eingetragen. Das Buch wurde im Jahr 2023 vom dhamma Verlag veröffentlicht und ist unter der ISBN-Nr.: 978-3-98657-100-9 erhältlich. Es handelt sich um die 1. Auflage. Weitere Informationen zur Deutschen Nationalbibliothek finden Sie auf der Website der Bibliothek: https://www.dnb.de/

Dieses Buch ist den unglaublichen, jungen Menschen in unserem beruflichen und privaten Leben gewidmet, insbesondere Ella, Billy, Oscar, Georgie und Bella.

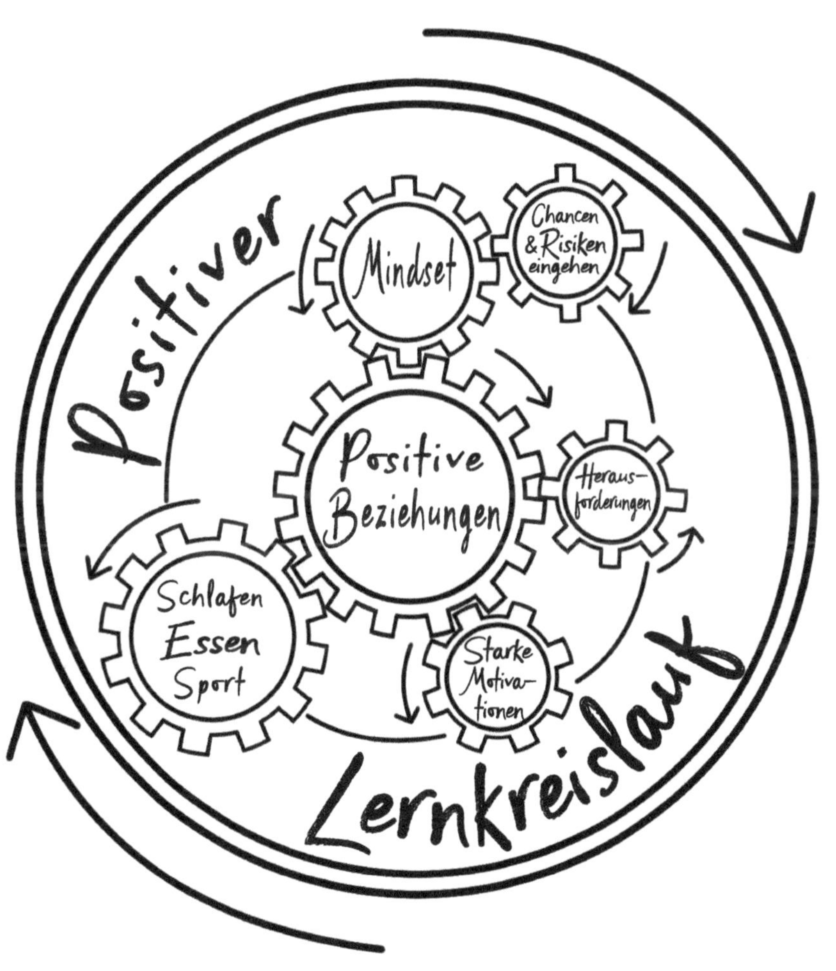

Inhalt

Teil 3: Prioritäten in der Entwicklung von Teenagern

Teil 4: Hilfe und Selbsthilfe für das Teenager-Gehirn

Teil 5: Das letzte Wort

Vorwort

Die Bezeichnung Adoleszenz, wie die Medizin die Übergangsphase zwischen Kindes- und Erwachsenenalter bezeichnet, kommt vom lateinischen Wort *adolescere*, was so viel wie „erwachsen werden“ bedeutet. Die Adoleszenz beginnt mit den körperlichen und hormonellen Veränderungen der Pubertät und endet mit der Unabhängigkeit als Erwachsener. Es ist eine Zeit der Veränderungen: Veränderungen der Hormone und des Körpers, Veränderungen im sozialen Umfeld und Veränderungen des Gehirns und des Geistes.

Zu den Verhaltensänderungen, die in der Adoleszenz besonders häufig auftreten, gehören eine erhöhte Risikobereitschaft, die Suche nach Neuem und die Beeinflussung durch Gleichaltrige. Diese für Jugendliche typischen Verhaltensweisen sind natürliche Anpassungsprozesse, die uns dabei helfen, uns zu komplett unabhängigen Erwachsenen zu entwickeln, und sind auch bei anderen Tierarten, in vielen verschiedenen Kulturen und im Laufe der Geschichte zu beobachten. Vor mehr als 2000 Jahren schrieb Sokrates: „Sie haben schlechte Manieren, verachten die Autorität, zeigen Respektlosigkeit gegenüber Älteren und lieben das Geschwätz anstelle von körperlichem Training.“ Etwa hundert Jahre später beschrieb Aristoteles die „Jugend“ als „ohne sexuelle Selbstbeherrschung, wankelmütig in ihren Begierden, leidenschaftlich und impulsiv... Die Jugend ist das Alter, in dem die Menschen ihren Freunden am meisten zugetan sind“, was die Vorstellung unterstreicht, dass die Adoleszenz eine Zeit schwankender und intensiver Emotionen ist, zusätzlich zu einer sich verändernden sozialen Landschaft in dieser Zeit des Lebens.

Lange Zeit ging man davon aus, dass die Entwicklung des menschlichen Gehirns in der Kindheit aufhört. In den letzten zwei Jahrzehnten haben jedoch Hirnscan-Studien gezeigt, dass sich das menschliche Gehirn sowohl in Bezug auf die Struktur als auch auf die Funktion während der gesamten Kindheit und Jugend und sogar bis ins frühe Erwachsenenalter weiterentwickelt (siehe Tamnes et al. 2017 und Fuhrmann, Knoll und Blakemore 2015). Sensorische und motorische Kortexe, die an Wahrnehmung und Bewegung beteiligt sind, reifen früher als andere Hirnregionen, wie die präfrontalen, parietalen und temporalen Kortexe, die an kognitiven Prozessen auf höherer Ebene beteiligt sind und sich bis nach dem 30. Lebensjahr weiterentwickeln.

Zur gleichen Zeit, in der sich das Gehirn, der Körper und das soziale Umfeld stark verändern, findet auch eine Umformung des Geistes statt. Auch die kognitiven Fähigkeiten wie Planung, Hemmung unangemessenen Verhaltens und bestimmte Formen des Gedächtnisses verbessern sich während der Pubertät weiter. Diese kognitiven Fortschritte ermöglichen es Jugendlichen, über sich selbst, über das, was andere über sie denken, und über ihre Zukunft nachzudenken. Dies ist ein notwendiger Bestandteil der Entwicklung zu einem unabhängigen Erwachsenen, setzt die sich entwickelnde Person aber auch unter Druck. Manche Jugendliche sind auch anfällig für Emotionen, die sie nur schwer bewältigen können, oder sie entwickeln psychische Probleme wie Angstzustände, Depressionen und Essstörungen. Die Entwicklung des Gehirns im Jugendalter macht es jedoch besonders anfällig für Veränderungen, und das macht diesen Lebensabschnitt zu einer Chance für Lernen und Kreativität sowie für Intervention und Rehabilitation.

Ich beschäftige mich seit 17 Jahren mit dem Gehirn und dem Verhalten von Jugendlichen. Oft werde ich gefragt, was dies für die Erziehung oder den Unterricht junger Menschen bedeutet. Als kognitive Neurowissenschaftlerin fühle ich mich nicht qualifiziert, diese Art von Ratschlägen zu erteilen, und ich habe nach einem Buch gesucht, das die neuesten wissenschaftlichen Erkenntnisse im Hinblick darauf interpretiert, was sie für die Erziehung und die Bildung bedeuten. Dieses Buch tut genau das. Die Autoren beschreiben die wissenschaftlichen Grundlagen auf eine überzeugende und verständliche Weise und stellen sie dann in den Kontext realer Beispiele für das Verhalten und die Entwicklung von Jugendlichen. Wie gehen Sie damit um, dass Ihr Teenager mehr Zeit mit Freunden verbringen will, Risiken eingeht und lange aufbleibt? Sollten Sie sich Sorgen darüber machen, wie viel Zeit sie in den sozialen Medien verbringen? Warum wollen sie nicht zu einer vernünftigen Zeit ins Bett gehen und warum fällt es ihnen schwer, rechtzeitig zur Schule aufzustehen? Ab wann ist Angst etwas, bei dem man professionelle Hilfe in Anspruch nehmen sollte? Was ist mit anderen psychischen Problemen wie Depressionen und Selbstverletzungen? Dieses Buch vermittelt ein tiefgehendes Verständnis für die alltäglichen Probleme von Heranwachsenden, die das Leben aller berühren, die mit Teenagern leben oder arbeiten, und bietet Vorschläge, wie man damit umgehen kann.

Die Autoren sind Kinder- und Jugendpsychologen und verfügen gemeinsam über einen großen Erfahrungsschatz in der Arbeit mit jungen Menschen und Familien. In diesem bahnbrechenden Buch stellen sie ihr geballtes Fachwissen zur Verfügung, um Eltern und Lehrern zu helfen, das Richtige zu tun. Die Adoleszenz kann eine turbulente und herausfordernde Zeit sein, sowohl für die Heranwachsenden selbst als auch für die Menschen, die sich um sie kümmern. Dies ist ein Handbuch für Eltern, Lehrer und alle, die Heranwachsende unterstützen, aber es ist viel mehr als das, denn alle Themen sind wissenschaftlich fundiert. Die Autoren sind darauf bedacht, die Daten nicht überzubewerten und sind vorsichtig, wenn die Wissenschaft noch nicht so weit geforscht hat. Aber dort, wo es Beweise gibt, erklärt dieses Buch, was die Forschung zeigt, wie sich das Gehirn und die Psyche in der Pubertät verändern und wie dieses Wissen auf positive Weise genutzt werden kann, um jungen Menschen zu helfen, sich zu entwickeln.

Sarah-Jayne Blakemore, PhD, FRSB, FBA
Professorin für kognitive Neurowissenschaften
Universität Cambridge, UK

Einleitung

„Das unglaubliche Teenager-Gehirn“ wird Ihren Umgang mit den Teenagern in Ihrem Leben verändern. Es wird Ihnen die Augen öffnen für eine ganz neue Art, junge Menschen und das unglaubliche Teenager-Gehirn zu verstehen.

Wir wurden von den jungen Menschen in unserem beruflichen und privaten Leben zum Schreiben dieses Buches inspiriert. Es spiegelt eine seismische Verschiebung in der Wahrnehmung und im Verständnis junger Menschen durch die wissenschaftliche Gemeinschaft wider, wobei die Adoleszenz als eine Zeit großer Chancen, aber auch großer Sensibilität und eines enormen Veränderungspotenzials angesehen wird. In den letzten 10 Jahren gab es eine explosionsartige Zunahme an Forschungsergebnissen bezüglich des jugendlichen Gehirns und dessen einzigartigen und positiven Eigenschaften. Es gibt viele Forschungsarbeiten, Bücher, Presseartikel, Radio- und Fernsehsendungen, in denen diese außergewöhnlichen Erkenntnisse beschrieben werden – dieses Buch steht also ganz sicher auf den Schultern von Giganten.

In diesem Buch gehen wir zum ersten Mal einen Schritt weiter und überlegen, was diese neuesten Erkenntnisse im Alltag bedeuten. Was können Sie als Erwachsener, der einen Teenager unterstützt, tun, um ein Umfeld zu schaffen, das es dem jungen Menschen ermöglicht, seine Begabungen zu nutzen? Wie können Sie sie gleichzeitig schützen und unterstützen, wo es nötig ist, und ihre Schwachstellen abfedern?

Eine der wichtigsten Erkenntnisse der jüngsten Forschung ist, dass Teenager auf dem Höhepunkt ihres Lernpotenzials sind. Dabei verstehen wir

Lernen als ein weit gefasstes Konzept, das über den Lehrplan hinausgeht, ihn aber einschließt. Das Beste aus der formalen Bildung herauszuholen, neue Fähigkeiten wie das Spielen eines Instruments zu erlernen, die Fähigkeit sich selbst zu entwickeln, sich in sozialen Situationen zurechtzufinden, zu lernen, Herausforderungen zu bestehen, emotionale Selbstregulierung zu erlangen und Gewohnheiten des Wohlbefindens zu entwickeln – all das sind gleichwertige Lernerfahrungen. Teenager sind besonders gut darin, von ihrer Umwelt zu lernen.

Tatsächlich wird die Teenager-Phase aufgrund des außergewöhnlichen Lerntempos der Heranwachsenden, das dem von Babys und Kleinkindern gleicht, zunehmend als „die neue Kleinkindphase" bezeichnet. Aber das ist ein zeitlich begrenztes Angebot. Wenn das Gehirn voll ausgereift ist (etwa im Alter von 25 Jahren), können wir natürlich immer noch lernen, aber die Flexibilität und die Fähigkeit, mit einer solch überwältigenden Geschwindigkeit zu lernen – sei es durch ein Studium, durch die Erfahrung einer Lektion, die das Leben lehrt, oder durch die Veränderung einer Einstellung oder einer emotionalen Erfahrung – geht verloren.

Das bedeutet, dass Sie Ihren Teenager dabei unterstützen müssen, durch die sich schließende Tür zu gehen und ihn dazu ermutigen müssen, sich in diesen wichtigen Jahren auf eine Weise mit dem Leben auseinanderzusetzen, die bereichernd und lohnend ist. Das Beste aus dieser sensiblen Zeit der Pubertät zu machen, ist eine lebenslange Investition, die sich auch im Erwachsenenalter auszahlen wird.

Die wissenschaftlichen Erkenntnisse werden immer überzeugender, aber es gibt immer noch Lücken und Missverständnisse in der Art und Weise, wie Jugendliche in der Gesellschaft gesehen werden. Wir müssen die Teenagerjahre als eine Zeit der Möglichkeiten neu bewerten, anstatt die traditionell negative Sichtweise auf Teenager zu übernehmen, die die vorherrschende Meinung darstellt.

Suchen Sie im Internet nach dem Begriff Pubertät. Es finden sich Berichte über den Missbrauch von E-Zigaretten, sozialen Medien und Internetpornos, gekrönt von der mangelnden Wahrnehmung von Arztterminen. Das perfekte Beispiel dafür ist „Kevin the Teenager", eine Figur des britischen Comedians Harry Enfield. Kevin ist unvernünftig, undankbar und dumm und wird als Witzfigur verspottet. Wenn Sie beim Buchhändler Ihres Vertrauens nach Büchern zum Teenager-Gehirn suchen, werden Sie vor allem auf die Begriffe „Beschuldigung“ und „Angriff“ stoßen, als ob diese Jahre etwas sind, das man ertragen muss, anstatt sie zu zelebrieren. Es gibt viele weitere Beispiele, doch an dieser Stelle möchten wir die Kritik an Teenagern beenden.

Die wissenschaftlichen Fakten haben es noch nicht ganz in das allgemeine Verständnis geschafft, sodass weiterhin Stereotypen über launische, mürrische Teenager vorherrschen, die die Erwartungen von Erwachsenen und jungen Menschen selbst einschränken. In diesem Buch betrachten wir die Entwicklungsphase der Adoleszenz als optimistisch und opportun, denn laut den Daten ist sie genau das.

Diese „Neupositionierung“ von Teenagern und ihren unglaublichen Gehirnen steht im Mittelpunkt unseres Buches. Unsere Botschaft – mit wissenschaftlicher Untermauerung – ist, dass es sowohl ungenau als auch wenig hilfreich ist, die Gehirne von Teenagern als „kaputt“ oder „mangelhaft“ zu bezeichnen. Einige Fähigkeiten befinden sich in diesem Stadium noch im Aufbau, aber angesichts ihres Lernpotenzials verfügen Teenager über Fähigkeiten, die sie in lebenslange Wege positiver Entwicklung und des Wohlbefindens lenken können. In diesem Buch schlagen wir eine Brücke zwischen den neuesten Erkenntnissen der Psychologie und dem, was für junge Menschen am besten ist. Als Psychologen und Eltern geben wir praktische Ratschläge dazu, was Eltern, Lehrer (und andere Erwachsene) in der Gesellschaft von Teenagern denken, sagen und tun können, um ein Umfeld zu schaffen, in dem junge Menschen aufblühen.

Gleichzeitig gibt es in der Pubertät auch potenzielle Hürden, die es zu überwinden gilt. Vom sensiblen Prozess der Identitätsbildung über das Navigieren durch komplizierte Dynamiken unter Gleichaltrigen bis hin zum Erleben von Emotionen mit neuer Intensität – es gibt Aspekte der Pubertät, mit denen man vorsichtig umgehen muss. Aus diesem Grund müssen wir als Erwachsene über das Leben unserer Teenager Bescheid wissen, damit wir im richtigen Moment eingreifen können.

Die gleiche Offenheit für Lernerfahrungen bedeutet, dass sich in dieser Zeit auch weniger produktive Muster entwickeln können. Die Flexibilität, die Teenager haben, bedeutet, dass wir junge Menschen, die negative Lebensentscheidungen treffen, „auffangen“ und sie zurück auf einen besseren Weg bringen können, wenn wir dies zum richtigen Zeitpunkt tun.

Eine weitere mögliche Sorge von Eltern ist das Auftreten von psychischen Problemen in diesem Alter. Wir wissen, dass psychische Probleme, wenn sie überhaupt auftreten, am ehesten in den Teenagerjahren zu beobachten sind. Jüngste Daten aus Großbritannien zeigen, dass Teenager dreimal so häufig psychische Probleme haben wie jüngere Kinder. Schwierigkeiten in der familiären Kommunikation, mangelnde soziale Unterstützung und Probleme mit der eigenen Identität (neben anderen Faktoren) sind bei Teenagern, die psychische Probleme haben, wahrscheinlicher. In diesem Buch stellen wir Ihnen auch Kommunikationsfähigkeiten vor, mit denen Sie Ihre Beziehungen zu jungen Menschen stärken und offene und sichere Gespräche mit all dem damit verbundenen Schutz fördern können. Wir zeigen Ihnen Ideen auf, die das Wohlbefinden steigern und in einigen Fällen die Entwicklung ernsthafterer psychischer Probleme verhindern können.

Dieses Buch wird Ihnen ein besseres Verständnis dafür vermitteln, warum sich Ihr Teenager auf eine bestimmte Weise verhält. Es ist vollgepackt mit praktischen, effektiven Ratschlägen, die es Ihnen ermöglichen, Ihrem Teenager ein optimales Umfeld zu bieten, in dem sie Hindernisse überwinden und ihr Lebens-, Lern- und akademisches Potenzial ausschöpfen können. Die Inhalte des Buches basieren auf intensiver wissenschaftlicher Recherche, sind jedoch in einfacher Sprache verfasst, sodass sie leicht verständlich sind, denn wir wissen, dass die meisten Menschen keine Zeit haben, sich neues Vokabular aus der Welt der Neurowissenschaften anzueignen.

Wir haben das Buch in fünf Abschnitte unterteilt, die Sie durch die wesentlichen Aspekte der Gehirnentwicklung von Teenagern führen und die wichtigsten Lernmöglichkeiten für Sie und Ihren Teenager aufzeigen.

In **Teil I** stellen wir das **jugendliche Gehirn** vor und beschreiben die Funktionsweise dieser unglaublichen Lernmaschine für Jugendliche. Kurz gesagt: Junge Menschen sind darauf vorbereitet, effizient von der Umwelt zu lernen, damit sie eine bessere Überlebenschance haben, wenn sie sich der Unabhängigkeit nähern. Wir setzen uns aus gutem Grund für die Idee ein, dass die Teenagerjahre eine Chance zum Lernen sind. Dieser Ansatz ist evidenzbasiert, was bedeutet, dass Sie das Umfeld eines Teenagers mitgestalten können, damit er produktive und positive Lektionen für sein Leben und seine schulischen Leistungen lernt. Wir verwenden eine stark vereinfachte Beschreibung des Gehirns und unterteilen es in drei Funktionen: das instinktive Gehirn, das uns in den Überlebensmodus versetzt, das emotionale Gehirn, in dem unsere Gefühle und Motivationen liegen, und das denkende Gehirn, in dem wir rationale Urteile fällen. Es gibt nur eine begrenzte Menge an Gehirnleistung – sie ist eine endliche Ressource. Wenn also die gesamte Gehirnaktivität im emotionalen Gehirn stattfindet, steht logischerweise weniger Gehirnleistung für rationale Entscheidungsfindung oder akademische Aufgaben zur Verfügung. Wenn Sie dieses Prinzip erst einmal verinnerlicht haben, werden Sie verstehen, dass eine der wichtigsten Aufgaben eines Erwachsenen, der Teenager unterstützt, darin besteht, dafür zu sorgen, dass sich junge Menschen sicher und positiv motiviert fühlen - so dass die gesamte Gehirnleistung in das denkende Gehirn und die höherwertigen Denkaktivitäten fließen kann.

In den folgenden Kapiteln befassen wir uns mit der **Art und Weise, wie das Gehirn denkt, lernt und fühlt** und wie Teenager Tag für Tag von Augenblick zu Augenblick lernen. Wir schauen uns an, was im Inneren des Gehirns vor sich geht, z. B. wie sich Neuronen verbinden, wenn wir einen neuen neuronalen Schaltkreis anlegen. Wir erörtern verschiedene Lernstile, wie z. B. das Herstellen von Assoziationen oder das Lernen durch das Beobachten von wichtigen Bezugspersonen – womit natürlich Sie gemeint sind. Was Sie in ihrer Gegenwart tun, ist für Teenager hervorragendes Lernmaterial. Wir betrachten das Lernen im weitesten Sinne (vom formalen Lernen bis hin zum Erlernen einer Reihe von Lebenskompetenzen) und veranschaulichen die Vorteile eines **positiven Lernzyklus**. Dazu gehört auch, dass wir eine Einstellung fördern, die bei konzentrierter Anstrengung Verbesserungen erwartet, und dass wir Aufgaben in Angriff nehmen, die anspruchsvoll genug sind, um uns zu fordern, aber nicht so anspruchsvoll, dass wir überfordert sind. Schließlich – und das ist für Teenager besonders wichtig – betonen wir die sozialen Aspekte des Gehirns. Obwohl wir alle soziale Wesen sind, sind Jugendliche besonders motiviert, mit anderen in Kontakt zu treten. In Anbetracht der Tatsache, dass das Teenager-Gehirn grundsätzlich sozial eingestellt ist, schließen wir diesen Teil des Buches mit einer Betrachtung der Auswirkungen auf die Erziehung von Teenagern.

Hier erörtern wir auch, wie die Biologie des Teenager-Gehirns mit ihrer Umwelt zusammenwirkt. **Das menschliche Gehirn sucht sich bestimmte Erfahrungen zu verschiedenen Zeitpunkten seiner Entwicklung in einer bestimmten Reihenfolge, damit es sein Potenzial entfalten kann.** Sie werden dieses Prinzip beispielsweise bei der Sprachentwicklung oder beim Erlernen des Krabbelns und Laufens bei Babys erkennen. Das Zeitfenster für das Erlernen der sprachlichen Feinheiten schließt sich zum Beispiel, wenn das Kind etwa zwei Jahre alt ist, so dass es die Sprache erst einmal in sich aufnehmen muss, bevor das Gehirn diese Umgebung verlässt. Die Evolution hat raffinierte Methoden entwickelt, um ein Baby und seine Bezugsperson in unmittelbarer Nähe zu halten, so dass sich das Gehirn des Babys auf die Sprache seiner Bezugsperson einstellen kann.

Das Gehirn nutzt diese stufenweise Lernverfahren, um bis zum Erwachsenenalter und dem Ende der Adoleszenz auf unterschiedliche Weise von unserer Umwelt zu lernen. Unser Gehirn zielt im Wesentlichen darauf ab, uns zur richtigen Zeit an den richtigen Ort zu bringen, um die Themen zu lernen, die für die jeweilige Lebensphase, in der wir uns befinden, am wichtigsten und relevantesten sind. Das Gehirn lenkt uns zu bestimmten Situationen, indem es z. B. belohnende Gefühle nutzt, um das Lernen zu gestalten. Das bedeutet, dass unser Gehirn uns in verschiedenen Lebensphasen dazu anregt, uns auf unterschiedliche Aspekte und Erfahrungen unserer Umwelt zu konzentrieren.

Für Jugendliche erscheinen einige Dinge, wie neue Erfahrungen oder Freunde, besonders intensiv und lebendig, so als wären sie in leuchtenden Farben gemalt. Im Gegensatz dazu können andere Dinge, wie Kindheitshobbies, an Bedeutung verlieren und wirken, als hätten sie ihre Farbe und Vitalität verloren, ähnlich einem Schwarz-Weiß-Foto. Teenager gehen vielleicht auf eine Party, obwohl sie einen wichtigen Test in der Schule anstehen haben, nicht weil sie in der Schule nicht gut abschneiden wollen, sondern weil ihr Gehirn sie zu sozialen Erfahrungen und Gleichaltrigen hinzieht. Um ein anderes Beispiel zu nennen, das Eltern vielleicht schmerzlich bekannt vorkommt: Ein Teenager, dessen erste Wahl es immer war, sich mit Mama und Papa an einem Samstagabend zusammenzukuscheln, um einen Film zu schauen, zieht es jetzt vielleicht vor, mit seinen Freunden in seinem Kinderzimmer zu telefonieren. Sie lieben ihre Eltern immer noch genauso sehr, aber ihr Fokus hat sich verschoben. Das Teenager-Gehirn lockt den Teenager in diese neuen Situationen, damit sie erlebt, erforscht und aus ihr gelernt wird.

In **Teil 2** befassen wir uns intensiv mit Teenagern, die **zusätzliche Bedürfnisse** aufweisen, wie zum Beispiel **psychische Probleme** oder **neurodiverse Jugendliche** mit ungleichen Lernprofilen.

Wenn Sie zu den Eltern oder Lehrern gehören, die zwei Herausforderungen unter einen Hut bringen müssen – einen jungen Menschen zu unterstützen und einen, der möglicherweise komplexe Bedürfnisse hat – dann gehören Sie zu den Fortgeschrittenen. Es ist wichtig zu betonen, dass, unabhängig davon, ob ein Teenager direkt betroffen ist oder nicht, dieser Abschnitt für alle Leser unverzichtbar ist. Die von uns beschriebenen Probleme betreffen wahrscheinlich die Mehrheit der Familien und Schulen. Die Frage, wie wir in Gemeinschaften leben, bringt die Notwendigkeit mit sich, jungen Menschen beizubringen, die Unterschiede in anderen zu akzeptieren. Wir diskutieren über die häufigsten psychischen Probleme, die in den Teenagerjahren auftreten. Darüber hinaus geben wir Hilfestellung für Eltern, um zwischen typischen emotionalen Hochs und Tiefs und ernsteren Problemen, die eine Kontaktaufnahme mit einem psychosozialen Beratungsdienst erfordern, zu unterscheiden. Sie erfahren, worauf Sie achten müssen und wann Sie Maßnahmen ergreifen sollten. Plötzliche Veränderungen im Auftreten oder Verhalten können ein Warnzeichen dafür sein, dass ein Teenager Probleme hat, und Schutz und Widerstandsfähigkeit entstehen durch alltägliche Prozesse und starke familiäre Beziehungen. Wir können (und sollten) nicht dafür sorgen, dass Emotionen verschwinden, aber wir können Teenagern helfen, zu verstehen, was passiert und wie sie in schwierigen Zeiten damit umgehen können. Die Gehirne von Teenagern sind für alle Arten des Lernens gerüstet, einschließlich der Emotionsregulierung, die ein so wichtiger Bestandteil des Wohlbefindens ist. In einer weiteren Differenzierung dieses Abschnitts, sprechen wir auch über einige der häufigsten lebenslangen Entwicklungsstörungen, wie ADHS, Legasthenie und Autismus-Spektrum-Störung. Hier überlegen wir speziell, welche Auswirkungen diese Störungen auf einen Teenager haben könnten. Die Adoleszenz als solche ist eine Zeit der Selbstfindung. So stellen wir die Frage: Wie beeinflusst das Leben mit einer Entwicklungsstörung das Selbstbild eines jungen Menschen? Können sie sich das zu eigen machen und dadurch gestärkt werden, oder fühlen sie sich dadurch von ihren Altersgenossen abgegrenzt? Es besteht die Möglichkeit, dass ihre Wahrnehmung durch äußere Einflüsse beeinflusst werden kann und Sie somit in der Lage sind, ihre Wahrnehmung bewusst zu verändern.

In **Teil 3** befassen wir uns mit dem, was Psychologen die **Entwicklungsaufgaben der Adoleszenz** nennen. Damit meinen wir einfach, dass das Gehirn während der Teenagerzeit Prioritäten setzt, wie z. B. das Identifizieren der eigenen sozialen Gruppe:

> *Ich möchte dazugehören, aber gleichzeitig muss ich mich auch abheben.*

Persönliche Wertvorstellungen:

> *Ich halte Zensur für falsch, aber Influencer in den sozialen Medien haben häufig eine zerstörerische Wirkung, also muss die Regierung etwas unternehmen.*

oder des Selbstbildes:

> *Ich dachte, ich sei brillant in Französisch, aber dann bin ich bei den Prüfungen durchgefallen, also bin ich vielleicht doch nur ein Versager.*

Wir behandeln alle diese Themen detailliert und heben ihre Bedeutung für die Entwicklung eines jungen Menschen zu einem reifen und gut ausgebildeten Erwachsenen hervor. Wie bei jedem fortlaufenden Prozess gibt es auch bei der Unterstützung von Jugendlichen Höhen und Tiefen, bevor eine Stabilisierung eintritt. Diese Herausforderung betrifft uns alle als Erwachsene, die junge Menschen unterstützen. Das Gehirn eines Teenagers kann eine starke Macht sein, auf die man vorbereitet sein muss. Wir überlegen, wie Sie als Erwachsener die **mächtigen Motivationen** des jugendlichen Gehirns nutzen können, um den jungen Menschen auf einen erfolgreichen Weg der intellektuellen Stimulation, positiver Beziehungen und des Wohlbefindens zu führen.

Die zentrale Bedeutung von **sozialer Integration** und **Anerkennung durch Gleichaltrige** ist ein wesentlicher Motivationsfaktor während der gesamten Pubertät. Die Meinungen Gleichaltriger sind ein wichtiger Bezugspunkt für Teenager, und dieser soziale Aspekt kann ein fruchtbares Forum sein. Die Meinungen Gleichaltriger können natürlich auch negative Auswirkungen haben, deshalb diskutieren wir den Einfluss der Gleichaltrigen auf junge Menschen. Wir nehmen uns viel Zeit, um die Vorstellung zu revidieren, dass Risikobereitschaft per se schlecht ist. Tatsächlich ist das Eingehen von Risiken an und für sich ein wesentlicher Bestandteil der persönlichen Entwicklung (ganz abgesehen von den möglichen positiven Folgen eines Risikos). Wir erörtern, wie Sie das Gleichgewicht zwischen dem **Eingehen von Risiken** und dem **Aufbau einer wertvollen Widerstandsfähigkeit** finden können, ohne sich in ernsthafte Probleme zu stürzen. Wenn Ihr Teenager für ein Schultheaterstück vorspricht, ist das ein Risiko, denn er oder sie könnte abgelehnt werden oder aber auch eine Rolle bekommen – es ist wie ein Glücksspiel. Sich auf eine Erfahrung mit unbekanntem Ausgang einzulassen, ist wichtig. Wir müssen in der Lage sein, das Unbekannte bis zu einem gewissen Grad zu tolerieren, sonst würden wir uns als Menschen nicht weiterentwickeln. Gleichzeitig könnte ein Teenager, der für Rollen vorspricht, immer wieder abgelehnt wird und jede Ablehnung als eine Botschaft versteht, dass es ihm oder ihr persönlich an etwas fehlt, ein geringes Selbstwertgefühl entwickeln. Wir beschreiben die schützenden Vorteile, die sich ergeben, wenn man genau das richtige Maß an Stress erfährt. Wie ein Impfstoff machen uns optimale Stresserfahrungen immun gegen die Auswirkungen eines Lebensereignisses wie eines großen Verlustes, weil wir Bewältigungsmethoden finden und den Prozess der Erholung kennenlernen; ohne diese Erfahrung würden wir bei großen Herausforderungen wie Dominosteine umfallen. Wir **erforschen die Grenzen**, um in sozialen und schulischen Kontexten **neue Höhen des Lernens zu erreichen**, ohne dass es zu überwältigend stressig wird.

Teil 4 befasst sich mit der **Pflege des sich entwickelnden Teenager-Gehirns** (und dazu gehört auch die Unterstützung eines Teenagers bei der Entwicklung von Selbstfürsorge) während der Adoleszenz. Wir befassen uns mit den Grundlagen eines gesunden Schlafverhaltens, positiven Stresserfahrungen und der Nutzung und dem Missbrauch von Technologie. Dies sind Aspekte, in denen das Teenager-Gehirn auf besonders tiefgreifende Weise mit der Kultur interagiert und die häufig zu Konflikten zwischen Teenagern und den Erwachsenen, die sich um sie kümmern, führen. Wir erörtern, wie Sie Ihren Teenager dabei unterstützen können, die sozialen und akademischen Anforderungen und Prioritäten mit dem Erlernen des Umgangs mit sich selbst in Einklang zu bringen – vom Sport bis zur gesunden Ernährung. Wenn Sie dieses Gleichgewicht richtig hinbekommen, werden Sie wahrscheinlich viele kurz- und langfristige Vorteile daraus ziehen. Umso verheerender sind die Folgen, wenn Sie dies nicht schaffen. Daher glauben wir, dass es ein wichtiger Bereich ist, auf den Sie sich konzentrieren sollten.

Der letzte Abschnitt (**Teil 5**) greift die Hauptthemen des Buches auf und betrachtet Ihre Rolle als Erwachsener im Leben eines jungen Menschen. Hier kommen wir zu dem äußerst wichtigen Thema, wie Sie Beziehungen zu jungen Menschen aufbauen und aufrechterhalten können. Dazu gehören praktische Ratschläge zur Unterstützung der Emotionsregulierung, zum Erkennen, wann Sie aktiv werden sollten und – was genauso wichtig ist – wann Sie nichts tun, sondern sich einfach Zeit zum Zuhören nehmen sollten. Wir haben diese wissenschaftlichen Erkenntnisse und Daten zum Gehirn in einer praktischen Checkliste zusammengefasst, die Ihnen im entscheidenden Moment Struktur gibt, wenn die Emotionen hochkochen. Wenn Sie hartnäckig bleiben und zusammen mit Ihrem Teenager neue neuronale Schaltkreise im Gehirn aufbauen, werden Sie von diesen Schritten jetzt und in den kommenden Jahren profitieren. Indem Sie die richtigen Schritte unternehmen, können Sie das Gehirn Ihres Teenagers besser verstehen und sein volles Potenzial entfalten.

Wenn Sie mit den Autoren in englischer Sprache in Kontakt treten möchten, wenden Sie sich bitte an bettina@drbettinahohnen.com. Folgen Sie Ihnen auf „X“ (Twitter) unter den folgenden Nutzernamen:

Bettina Hohnen - @BettinaHohnen Jane Gilmour - @thechildpsych

Im Laufe dieses Buches werden Sie die **hohe Kunst erlernen**, im Leben und in der formalen Bildung **Lernmöglichkeiten zuzulassen**, während Sie gleichzeitig dafür sorgen werden, dass **wichtige Grenzen** geschützt, unterstützt und eingehalten werden. Das Gehirn eines Teenagers kann wachsen oder schrumpfen, je nachdem, wie gut die **Beziehungen zu den Erwachsenen** in deren Leben sind. Wenn Sie das Verhalten Ihres Teenagers entschlüsseln, können Sie die Macht seines oder ihres Gehirns anzapfen. Wie beim Erlernen jeder neuen Sprache ist das anfangs schwer. Betrachten Sie dieses Buch als eine Übersetzungshilfe. Zu verstehen, dass **soziale Bindungen, soziales Feingefühl und sozialer Status** so viel im Leben eines Teenagers ausmachen, ist gleichbedeutend mit der Entdeckung des Steins von Rosette.[12]

So nutzen Sie das Buch

Wir liefern hochwertige wissenschaftliche Informationen in einem benutzerfreundlichen Format. Wir haben die behandelten Themen in jedem Absatz in einem prägnanten Satz zusammengefasst, so dass Sie das Wesentliche effizient erfassen können. In jedem Kapitel finden Sie die folgenden Funktionen, die mit den unten abgebildeten Symbolen deutlich gekennzeichnet sind, so dass Sie die für Sie nützlichen Informationen leicht finden können.

Kurz und knapp

Dieses Symbol beschreibt fünf oder sechs Schlüsselthemen des Kapitels. Es steht am Anfang des Kapitels, damit Sie sich beim Lesen auf die zentralen Konzepte vorbereiten können.

Der wissenschaftliche Teil: Gehirn und Verhalten

Das Gehirn-Symbol beschreibt die Forschungsdaten, die zeigen, was in bestimmten Teilen des jugendlichen Gehirns vor sich geht und welche Auswirkungen dies auf das Verhalten hat. Wir beschreiben die aktuellsten neurowissenschaftlichen Erkenntnisse. Obwohl wir das faszinierend finden, verstehen wir auch, dass es nicht für jedermann von Interesse sein mag. Wenn Sie wenig Zeit oder Lust haben, können Sie diesen Teil des Kapitels überspringen und erhalten trotzdem wertvolle Informationen und Ratschläge.

Auf den Teenager übertragen

Dieser Abschnitt zielt darauf ab, die wissenschaftlichen Erkenntnisse zu nutzen und zu überlegen, was das für das Verhalten des Jugendlichen bedeuten könnte. Damit soll erklärt werden, warum sich Ihr Teenager so verhält, wie er es tut.

Was bedeutet das für den Alltag?

An dieser Stelle des Buches werden die Ergebnisse in einen vertrauten Alltagsrahmen gestellt: Familienzeiten, Morgenroutinen, Hausaufgaben und so weiter.

Was bedeutet das für das Lernen?

Wir betrachten hier Situationen, die in der Schule oder im Studium und bei anderen Lernerfahrungen im Leben auftreten können.

Was lernen wir daraus?

Angesichts all dessen, was wir bisher über das Gehirn und Verhalten von Teenagern gelernt haben, gehen wir einen Schritt weiter und überlegen, welche Handlungsweisen wir daraus ableiten sollten.

Fallstudie

In jedem Kapitel gibt es eine oder mehrere Fallstudien, die Fallbeispiele aus dem wirklichen Leben beschreiben und die Punkte des Kapitels veranschaulichen.

Handlungsempfehlung

Am Ende jedes Kapitels finden Sie konkrete Beispiele für Aktivitäten, Reaktionen oder Denkweisen, die Sie übernehmen könnten, um das Wohlbefinden Ihres Teenagers und Ihre Beziehung zu ihm oder ihr zu verbessern. Unsere Erfahrung in der Arbeit mit Familien und Erziehern zeigt, dass die Maßnahmen, die wir ergreifen, zu Gewohnheiten werden müssen, um wirklich etwas zu bewirken. Kleine Veränderungen, die einfach sind und in den Alltag integriert werden können, werden am ehesten zu neuen Gewohnheiten.

Und die Moral von der Geschicht'...

Dieser Abschnitt vermittelt Ihnen kurz und knapp, was Sie über Ihren Teenager wissen sollten und welche Bedeutung diese Erkenntnisse haben.

Downloads

Am Ende jedes Kapitels finden Sie einen Download-Bereich mit einer Übung zum Ausfüllen. Diese Übungen helfen Ihnen dabei, die Inhalte des Kapitels zu verinnerlichen und zu überlegen, wie sie sich auf Sie, Ihren Teenager und Ihre Situation beziehen. Typische Szenarien werden in einer Tabelle festgehalten, um Ihnen zu helfen, alte Gedanken und Reaktionen aufzufangen und sie auf der Grundlage Ihres neuen Wissens über das unglaubliche Teenager-Gehirn durch neue zu ersetzen.

Alle Seiten, die mit dem Download-Symbol gekennzeichnet sind, können unter *https://dhamma-verlag.de/pdf-download---das-unglaubliche-teenager-gehirn* heruntergeladen werden.

Das Unglaubliche Teenager-Gehirn – Eine Grundsatzerklärung

Ist Ihnen schon einmal aufgefallen, mit welchem Eifer neue Eltern nach der besten Schlafroutine oder den anregendsten Farben für ihren Liebling suchen, um ihm den bestmöglichen Start zu ermöglichen? Vielleicht haben Sie das selbst schon getan. Ob Sie nun Eltern oder Lehrer sind, die Pubertät ist eine weitere Chance, sich über die nährenden Qualitäten im Lebensumfeld eines jungen Menschen Gedanken zu machen und sie neu zu kalibrieren, damit er oder sie einen weiteren großen Entwicklungssprung machen kann, der ähnlich groß ist wie die Kindheit, mit all den Chancen, die er oder sie verdient. Das bedeutet auch, dass Sie das Umfeld sind. Ihre Beziehung zu Ihrem Teenager kann viele Aspekte seiner oder ihrer Lernerfahrung verbessern. Sie können ihm oder ihr Möglichkeiten zum Lernen im Leben und zu akademischen Aufgaben bieten, die in ein erfülltes und gesundes Erwachsenenleben führen. Dieses Buch gibt Ihnen genau dafür das richtige Werkzeug.

TEIL 1

Das unglaubliche Teenager-Gehirn

Kapitel 1

Das unglaubliche Teenager-Gehirn – Zeit für ein Upgrade

Kurz und knapp

- Teenager sind außergewöhnliche Menschen. Für uns ist die Pubertät eine aufregende und optimistische Zeit mit enormem Potenzial.
- Die Gehirne von Teenagern durchlaufen ein bedeutendes und dynamisches neuronales Upgrade, welches das Gehirn äußerst sensibel für die Umwelt macht.
- Die Veränderungen im Teenager-Gehirn sind ein zweischneidiges Schwert – es können großartige Dinge geschehen, aber es ist auch anfällig für potenziell schädliche dauerhafte Veränderungen, einschließlich psychischer Probleme.
- Verschiedene Teile des Gehirns reifen in geordneten Phasen, so dass es bereit ist, das Beste aus bestimmten Lernerfahrungen in verschiedenen Lebensabschnitten zu machen.
- Das Teenager-Gehirn ist auf fünf Prioritäten ausgerichtet: Gleichaltrige, Selbstidentität, Unabhängigkeit, emotionales Lernen und neue Erfahrungen.
- Das richtige Umfeld zur richtigen Zeit für Teenager ist der Schlüssel.

Einleitung

Teenager sind in jeder Hinsicht außergewöhnlich

Teenager sind außergewöhnlich, und doch bekommen wir täglich mit, wie schlecht über sie geredet wird; junge Menschen werden in einer Weise beschrieben, die für keine andere Gruppe in der Gesellschaft toleriert werden würde. Menschen, die unvernünftig sind, werden als „Teenager" bezeichnet; wenn ein Teenager sich danebenbenimmt, hören Sie vielleicht „er war heute Morgen ein richtiger Teenager", als ob negatives Verhalten von Teenagern zu erwarten und etwas wäre, über das sie hinwegkommen müssten. Während wir dieses Buch schrieben, lief regelmäßig ein Werbespot, der Teenager als mürrische und griesgrämige Kreaturen charakterisiert, die Türen zuschlagen und gemein zu ihren Geschwistern sind – der angepriesene Abenteuerurlaub würde sie von ihrem jugendlichen Verhalten „heilen". Diese Vorstellung muss sich ändern. In „Das unglaubliche Teenager-Gehirn" zeigen wir Ihnen die viel positivere Sichtweise auf das Teenager-Gehirn, die sich in der Wissenschaft herausgebildet hat, und wir zeigen Ihnen, wie Sie die Art und Weise, wie Sie über die jungen Menschen in Ihrem Leben denken und mit ihnen umgehen, völlig verändern können.

Kurzer Einschub: Wie definieren wir „Teenager"?

Der Begriff „Teenager" bezieht sich zwar streng genommen auf das Alter von 13 bis 19 Jahren, wird aber im allgemeinen Sprachgebrauch für einen breiteren Entwicklungszeitraum verwendet, der mit dem Einsetzen der Pubertät beginnt und etwa zu dem Zeitpunkt endet, wenn eine Person ihre Unabhängigkeit erreicht.

Je mehr wissenschaftliche Erkenntnisse auftauchen, desto klarer wird, dass es in diesem Lebensabschnitt besondere Veränderungen im Körper und im Gehirn gibt. Wir verwenden die Begriffe Teenager und Adoleszenz synonym, um diesen breiten Entwicklungszeitraum zu bezeichnen (Ron Dahl 2004).

In Anbetracht der komplexen Gehirnsysteme, die einer Feinabstimmung unterzogen werden, und der komplizierten Lebenskompetenzen, die gemeistert werden müssen, macht es Sinn, dass die Evolution dem Jugendalter einen so langen Zeitraum gewidmet hat. Unser Wissen über das Teenager-Gehirn ist seit der Jahrhundertwende exponentiell gewachsen, als die Forschung die Adoleszenz als eine Zeit enormer neuronaler Veränderungen und des Wachstums entdeckte. Früher glaubte man, dass das Gehirn den größten Teil seiner Entwicklung vor den Kleinkindjahren durchläuft, aber heute wissen wir, dass sich das Gehirn bis weit in unser drittes Lebensjahrzehnt hinein weiterentwickelt. Das hat unser Verständnis des typischen Teenagerverhaltens revolutioniert.

Das Gehirn entwickelt sich in Zyklen gemäß einem zeitlichen Ablauf

Das Gehirn wird im Laufe der Entwicklung in einer bestimmten Reihenfolge ausgebaut, je nachdem, was wir in bestimmten Lebensabschnitten zum Lernen und Überleben brauchen. Die Regionen und neuronalen Schaltkreise des Gehirns entwickeln sich zu unterschiedlichen Zeiten innerhalb einer geordneten Hierarchie nach einem Entwicklungszeitplan. Mit anderen Worten: Das Gehirn entwickelt sich in Zyklen und „erwartet" bestimmte Erfahrungen zu bestimmten Entwicklungsstadien. Die Gene spielen eine wichtige Rolle bei der Entwicklung des Gehirns, indem sie den verschiedenen Gehirnbereichen signalisieren, dass sie besonders empfindlich auf die Umwelt reagieren sollen. Während der Pubertät ist das Teenager-Gehirn dadurch besonders anpassungsfähig und bereit, sich zu verändern, was es zu einer optimalen Zeit für das Lernen macht.

Biologie und Umwelt wirken zusammen, um die Entwicklung des Gehirns zu steuern; Teenager sind motiviert, bestimmte Lernerfahrungen zu machen

Ein zentrales Element bei der Anpassung des Gehirns ist daher die Interaktion zwischen der Biologie (wenn ein Teil des Gehirns ausreichend gereift und bereit zum Lernen ist) und der Umwelt (die Lernerfahrung) (siehe Abbildung 1.1). Es handelt sich dabei um eine wechselseitige Beziehung, da die Umwelt die Entwicklung des Gehirns fördert und der Entwicklungsstand des Gehirns wiederum die in der Umwelt verfügbaren Lernerfahrungen maximiert. Das Gehirn bringt uns dazu, zu verschiedenen Zeitpunkten unserer Entwicklung nach bestimmten Umwelterfahrungen zu suchen, und es reagiert sehr empfindlich auf diese „Ziel"-Erfahrungen. Diese Zeiträume werden gemeinhin als „sensible Perioden" der Entwicklung bezeichnet. Wenn wir wissen, welche Teile des Gehirns in den Teenagerjahren ihr letztes Upgrade durchlaufen, erhalten wir Einblick in das Verhalten von Jugendlichen und können ihr außergewöhnliches Potenzial freisetzen. Jüngste

Forschungsergebnisse zeigen, dass Teenager auf fünf Bereiche der Lernerfahrung ausgerichtet sind. Sie sind motiviert, sich mit Gleichaltrigen zu integrieren (siehe *Kapitel 8: Die Kunst des sozialen Erfolgs meistern*), Risiken einzugehen und neue Erfahrungen zu machen (siehe *Kapitel 9: Risikobereitschaft und Resilienzentwicklung*), mit Hilfe von Emotionen zu lernen, so genannten „Herzenszielen" (siehe *Kapitel 10: Starke Gefühle und mächtige Motivationen*), ihre Selbstidentität herauszuarbeiten (siehe *Kapitel 11: Selbstreflexion*) und Autonomie und Unabhängigkeit zu erlangen (siehe *Kapitel 12: Startklar (mit Ihrer Unterstützung)*). Das Gehirn priorisiert diese Themen, sodass sie für Jugendliche in ihrer Lebensphase evolutionär am wichtigsten sind. Deswegen sind Teenager am motiviertesten, in diesen Bereichen zu lernen, denn das Gehirn braucht die richtigen Erfahrungen zur richtigen Zeit, um sich vollständig zu entwickeln.

Für eine vollständige Entwicklung benötigt das Gehirn die richtigen Erfahrungen zur richtigen Zeit

Wenn ein Gehirn einer bestimmten Erfahrung nicht zum richtigen Zeitpunkt ausgesetzt wird, kann es sich nicht vollständig entwickeln. Hierzu ein extremes, aber anschauliches Beispiel: Wenn ein Kind von Geburt an Grauen Star

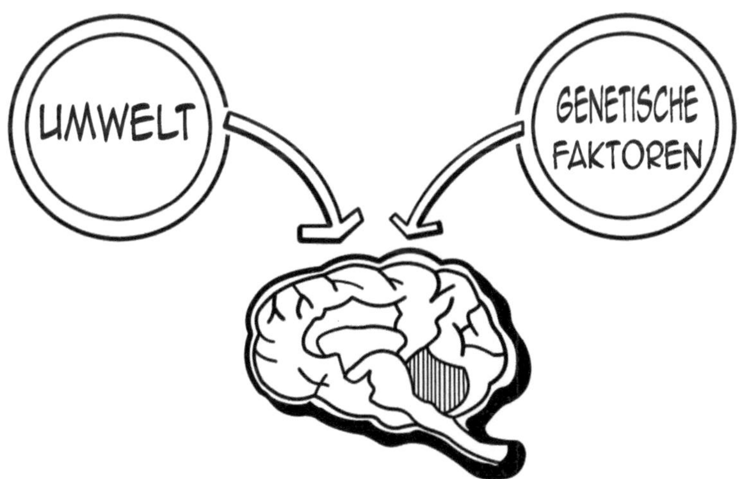

Abbildung 1.1: Biologie und Umwelt spielen beide eine wichtige Rolle bei der Entwicklung des Gehirns

hat (der ihm die Sicht nimmt), ist es dauerhaft sehbehindert. Wenn der Graue Star bis zur Mitte der Kindheit behandelt wird, entwickelt sich das Sehvermögen zurück. Das Gehirn hat also noch eine gewisse Fähigkeit, das Sehen zu erlernen, aber anspruchsvolle visuelle Fähigkeiten wie räumliche Tiefe und Entfernungen wahrzunehmen, um den Abstand von Objekten im Raum zu beurteilen, werden sich nie vollständig entwickeln. Wir können nicht genau sagen, welche Folgen es hätte, wenn die Gehirne von Teenagern nicht mit ihren Zielerfahrungen in Berührung kämen. Wir können jedoch mit Sicherheit sagen, dass sicheres Lernen mit Grenzen und Unterstützung von Erwachsenen in diesen Bereichen während der Teenagerjahre ein entscheidender Teil der Entwicklung des Gehirns von Teenagern darstellt und für das langfristige Wohlbefinden wichtig ist.

Die Adoleszenz kann ein Wendepunkt für die psychische Gesundheit sein

Lucy Foulkes und Sarah-Jayne Blakemore sagen: „Wenn wir [in der Forschung] einen Durchschnittswert über die Teilnehmer bilden, berücksichtigen wir nicht die Tatsache, dass Jugendliche und ihre Gehirne sich auf sehr unterschiedliche Weise entwickeln“ (2018, S.315). Individuelle Unterschiede werden durch die Wechselwirkung zwischen genetischen Faktoren (Eigenschaften, die wir von unseren Eltern erben) und Umweltfaktoren (Lebensereignisse oder Erfahrungen) verursacht. Diese Unterschiede und Wechselwirkungen können sich auf vielfältige Weise manifestieren, aber im Hinblick auf die psychische Gesundheit treten sie in der Adoleszenz in den Vordergrund. Die Adoleszenz ist die körperlich gesündeste Zeit im Leben eines Menschen, aber es ist auch die Zeit, in der die Wahrscheinlichkeit am größten ist, dass ein Mensch psychische Probleme entwickelt. Wie wir in *Kapitel 6: Teenager-Gehirne sind überfordert* erörtern, entwickeln sich etwa 75 Prozent der psychischen Probleme wie Depressionen, Angstzustände, Essstörungen und Schizophrenie während der Pubertät, und es ist wahrscheinlich, dass dies mit den außergewöhnlichen Veränderungen im Teenager-Gehirn zusammenhängt. Wir werden Möglichkeiten erörtern, wie Sie Ihr Umfeld so gestalten können, dass die Wahrscheinlichkeit, dass psychische Probleme auftreten, zumindest bis zu einem gewissen Grad verringert wird.

Neuronales Upgrade für die Adoleszenz

Das Teenager-Gehirn ist sicherlich außergewöhnlich, aber auch einzigartig. Jüngste Forschungsergebnisse zeigen, dass es Merkmale gibt, die für das Teenager-Gehirn spezifisch sind und in den Gehirnen jüngerer Kinder und Erwachsener nicht vorkommen, nämlich die Struktur, die Art und Weise der Informationsverarbeitung und die Reaktion auf die Umwelt. Das Upgrade ermöglicht effizientere und spezialisierte Systeme, die das Individuum auf das Leben vorbereiten.

Neuroplastizität

Zu Beginn des 21. Jahrhunderts wusste man noch sehr wenig über die Entwicklung des jugendlichen Gehirns. Seitdem hat sich unser Verständnis erweitert dank der Einführung aufregender neuer Technologien, die es uns ermöglichen, Gehirne zu beobachten, während sie denken oder etwas tun. Technologien wie die Magnetresonanztomographie (MRT) haben einen entscheidenden Einfluss auf das Forschungsfeld der Neurowissenschaften gehabt. Eine der erstaunlichen Erkenntnisse ist, dass sich das Gehirn verändert, wenn wir etwas lernen. Diese Veränderung ist physischer Natur. Das Gehirn ist tatsächlich äußerst anpassungsfähig und verändert sich im Laufe des Lebens, um sicherzustellen, dass es das bestmögliche Gehirn für die Umgebung ist, in der wir leben. Der Begriff, mit dem diese Fähigkeit zur Veränderung beschrieben wird, ist Neuroplastizität, was einfach bedeutet, dass sich das Gehirn als Reaktion auf Erfahrungen verändern kann. Anpassungsfähigkeit ist die wichtigste Fertigkeit des menschlichen Gehirns – wir „streben nach dem Überleben".

In der letzten Entwicklungsphase wird das Teenager-Gehirn auf die Geschehnisse in der Umgebung abgestimmt

Ein weiterer Aspekt der Weiterentwicklung des Gehirns von Teenagern ist die Spezialisierung. Stellen Sie sich ein neu gegründetes Unternehmen vor, das viele verschiedene Dienstleistungen anbietet, um sich abzusichern und alle Bereiche abzudecken. Wenn es sich weiterentwickelt, wird es nur die Abteilungen behalten, die auf dem aktuellen Markt benötigt werden. Um einen effizienten Ablauf zu gewährleisten, spezialisiert sich das Unternehmen schließlich und gibt unzureichend genutzte Abteilungen auf, um so schlank wie möglich zu sein und seine Dienstleistung effizient anbieten zu können. In ähnlicher Weise produziert das Gehirn in der Kindheit viel mehr Verbindungen, als benötigt werden, und dann, in der letzten Reifungsphase in der Pubertät, kommt es zum „Stutzen", bei dem Verbindungen, die überflüssig sind, verloren gehen. Die Erfahrung bestimmt, welche Verbindungen nützlich sind. Hirnverbindungen bleiben erhalten, wenn eine Aktivität wiederholt wird, und diejenigen, die nicht gebraucht werden, sind überflüssig und verkümmern. Vielleicht haben Sie in der Oberschule fließend Französisch gesprochen, aber wenn Sie es seither nicht mehr benutzt haben, ist die Wahrscheinlichkeit groß, dass Sie es nicht mehr fließend sprechen, sondern sich vielleicht nur an ein paar gut gelernte Sätze erinnern können. Ihr Gehirn hat Ihre „Französischverbindung" zurückgeschnitten, damit es keine wertvollen Ressourcen für eine überflüssige Aktivität verschwendet. Dies sorgt für ein hocheffizientes Gehirn, das sich an die Umgebung anpassen kann. Durch das Stutzen wird das Gehirn auf die Umgebung, in der es sich befindet, abgestimmt, dass es für das Erwachsenenleben so reaktionsschnell und angepasst wie möglich aufgestellt ist. Die Art und Weise, wie ein Jugendlicher seine Zeit verbringt, ist daher sehr wichtig: Sie sollten dafür sorgen, dass sich das Gehirn Ihres Teenagers als Reaktion auf eine bereichernde, vielfältige und nährende Umgebung spezialisiert. Nun ist es an der Zeit, das richtige Umfeld zu schaffen.

Auf den Teenager übertragen

Seien Sie darauf vorbereitet, dass das Verhalten von Jugendlichen sich schnell verändern kann

Ein Jugendlicher unterscheidet sich in vielerlei Hinsicht von einem Kind im Vorschulalter. Das Verhalten, die Motivationen und der Fokus Ihres Teenagers ändern sich, da sein oder ihr Gehirn nach den Entwicklungsaufgaben und Erfahrungen sucht, die es braucht, um sich auf ein unabhängiges Leben als Erwachsener vorzubereiten. Mit dem Einsetzen der Pubertät werden Teenager zu anderen Erfahrungen im Leben getrieben. Eltern und Lehrer wundern sich oft über die Geschwindigkeit, mit der sich das Verhalten von Teenagern verändert, scheinbar ist über Nacht alles anders. So verwirrend dies für einen Erwachsenen sein mag, auch die jungen Menschen sind davon häufig irritiert. Für Erwachsene kann es sich wie ein Verlust anfühlen, aber es gibt auch viele Vorteile, wenn man Zeit mit Jugendlichen verbringt. Zu beobachten, wie sich ihr Potenzial entfaltet, ist wirklich außergewöhnlich. Sie mögen zwar wie junge Erwachsene aussehen, aber Jugendliche und ihre Gehirne befinden sich noch im Aufbau. Der erste Schritt, um ihr Verhalten zu verstehen, besteht also darin, Ihre Teenager-Brille zu benutzen und die Ereignisse aus ihrer Perspektive zu betrachten. Nehmen Sie sich einen Moment Zeit und reflektieren Sie, wenn möglich, bevor Sie handeln. Ihre Reaktion wird aufmerksamer sein, was bedeutet, dass Ihr Teenager Tag für Tag eine bereichernde und nährende Umgebung vorfindet (siehe *Kapitel 17: Möge die Macht mit dir sein, Luke!*). Heranwachsende lernen; sie probieren neue Erfahrungen aus und wie bei allen neuen Erfahrungen wird es viele Fehlstarts und Missgeschicke geben. Dieses Versuch-und-Fehlschlag-Verhalten wird ihren Charakter nicht für das ganze Leben prägen. Sie lernen einfach nur.

Was bedeutet das für den Alltag?

Die Gehirne von Teenagern führen sie zu neuen Lernbereichen und Verhaltensweisen

Da das jugendliche Gehirn bestimmte Lernprioritäten hat, können wir ziemlich genau vorhersagen, wofür sich Teenager im Alltag interessieren werden. Der amerikanische Kinderarzt Ron Dahl nennt diese Prioritäten natürliche Attraktoren (Anreize) (Dahl et al. 2018). Dazu können wir die Entschlossenheit von Kleinkindern betrachten, wenn sie laufen lernen und immer wieder aufstehen, obwohl sie im Durchschnitt 100-mal am Tag hinfallen. Nichts kann sie aufhalten – sie werden von ihrem Gehirn angetrieben, das ihnen sagt, dass sie „laufen" sollen. Laufen ist ein natürlicher Anreiz für Kleinkinder. Teenager erkunden die Welt auf eine andere Art und Weise, aber mit nicht weniger Begeisterung. Klassischerweise richten Teenager ihre Aufmerksamkeit eher auf Freunde als auf ihre Familie. Sie verbringen mehr Zeit mit Gleichaltrigen, legen Wert darauf, von ihnen akzeptiert zu werden und auf das, was ihre Freunde über sie denken. Das liegt daran, dass sich die neue Generation darauf vorbereitet, mit der Zeit eine neue Gemeinschaft zu bilden. Es ist also von entscheidender Bedeutung, einen Platz in dieser Gruppe zu finden. Typischerweise werden Heranwachsende selbstbewusster und interessieren sich dafür, wie sie aussehen und wie sie in die Gruppe passen. Vorpubertäre Kinder halten Spiegel vielleicht für sinnlos, während Teenager viele Stunden davor verbringen, um ihr Aussehen zu betrachten und gegebenenfalls zu ändern. Das liegt daran, dass ihr Gehirn ihnen signalisiert, dass es wichtig ist, darüber nachzudenken, wie man sich nach außen hin präsentiert. Jugendliche fangen an, Autoritäten in Frage zu stellen, weil es aus evolutionärer Sicht sinnvoll ist, den Status quo in Frage zu stellen – dieses Verhalten kann zu einem besseren Ergebnis führen und sie testen ihre Fähigkeit zur Unabhängigkeit aus. Junge Menschen fühlen sich zu neuen Erfahrungen hingezogen, die starke Emotionen und hohe Erregung hervorrufen. Sie werden sich wahrscheinlich in jemanden oder etwas sehr intensiv verlieben. Ihr Gehirn ist so strukturiert, dass es auf der Grundlage dieser starken emotionalen Erfahrungen lernt. Das Leben mit Ihrem Teenager verändert sich. Schnallen Sie sich an, es könnte eine holprige Fahrt sein. Gleichzeitig ist es aber auch ein Privileg, diese Reise mit Ihrem Teenager zu erleben. Sehen Sie zu und lassen Sie sich überraschen.

Die richtige Umgebung ist in dieser Phase des Lebens sehr wichtig

Die Plastizität des Gehirns ist zwar lebenslang vorhanden (Gott sei Dank!), aber die neuronalen Schaltkreise des Gehirns von Erwachsenen sind dazu prädestiniert, sich einer Veränderung zu widersetzen, denn der natürliche Zustand des erwachsenen Gehirns ist Stabilität. Im Gegensatz dazu sind die Strukturen des Gehirns von Teenagern sehr formbar und bereit, sich durch Erfahrung zu verändern. Lernen fällt leicht und Erfahrungen prägen das Teenager-Gehirn. Deshalb lernen junge Menschen durch das Beobachten anderer, und zwar schneller und leichter als Erwachsene. Das bedeutet auch, dass die Umgebung einen stärkeren Einfluss auf das Teenager-Gehirn hat als auf das Gehirn von Erwachsenen oder Kindern vor der Pubertät. Die Adoleszenz ist eine Zeit der großen Chancen, denn jede Erfahrung, die ein Teenager macht, beeinflusst die Gehirnstruktur nachhaltig. Die Vermittlung von Lebenskompetenzen und gesunden Gewohnheiten in dieser Zeit wird sich wahrscheinlich ein Leben lang auszahlen. Aber wenn sich die Dinge verändern, und Prozesse, die sonst immer funktioniert haben, plötzlich keinen Erfolg mehr haben, hat das seine Vor- und Nachteile. Es kann Großartiges mit dem Gehirn geschehen, aber auch große Herausforderungen, die nachhaltige Auswirkungen haben können, sind nicht ausgeschlossen. Wenn wir Gelegenheiten verpassen oder wir unsere jungen Menschen schlechten oder sogar unzumutbaren Erfahrungen aussetzen, kann es später viel schwieriger sein, zurückzugehen und Änderungen vorzunehmen. Das soll nicht heißen, dass es unmöglich ist, denn wir wissen, dass die Plastizität ein Leben lang erhalten bleibt, aber es wird schwieriger sein, da die neuronalen Schaltkreise im Erwachsenenalter weniger leicht zu verändern sind.

Die Adoleszenz ist vielleicht die Zeit, in der wir die größte Chance haben, das Gleichgewicht in eine Richtung zu lenken, die die Chance einer negativen Spirale im Leben eines Menschen begrenzt. Ron Dahl weist darauf hin, dass die Auswirkungen von Unterernährung in Zeiten beschleunigten Wachstums ebenso verheerend sind wie die Auswirkungen eines schlechten sozialen, emotionalen und psychologischen Umfelds, das in den Teenagerjahren ähnliche langfristige Folgen haben kann. Das ist ein ernüchternder Gedanke, besonders wenn man bedenkt, dass dies auch eine Zeit ist, in der Teenager Eltern oder Lehrer wegstoßen und in ihrem Drang nach Unabhängigkeit Autoritäten herausfordern können. Jugendliche brauchen ein stabiles, vorhersehbares und förderndes Umfeld genau zu dem Zeitpunkt, an dem ihr Streben nach Autonomie und die daraus resultierenden Konfrontationen ihren Höhepunkt erreichen. Als unterstützende Erwachsene müssen wir bedenken, was dies für das tägliche Leben bedeutet. Wir müssen ihnen Raum geben und sie gleichzeitig festhalten – niemand hat behauptet, dass das einfach werden würde.

Was bedeutet das für das Lernen?

Das Lernpotenzial ist enorm – die Teenagerjahre sind ein Scheideweg

Die Adoleszenz ist ein Sprungbrett für Lernfortschritte. Gute Gehirne haben das Potenzial, sich zu großartigen Gehirnen zu entwickeln. Daher ist es wichtig, dass Eltern und Lehrer Taktiken anwenden, die ihre enorme Motivation, etwas über die Welt zu lernen, aktivieren. Dies ist eine Gelegenheit, verschiedene akademische Themen oder Fremdsprachen zu unterrichten, Diskussionen über abstrakte Theoriekonzepte anzustoßen oder die Schüler beim Erlernen eines Instruments zu unterstützen. Der Unterricht kann durch informelle Methodiken – die z. B. ihr Interesse an Autonomie nutzen – oder durch formellen Unterricht erfolgen.

Wir müssen überlegen, wie wir entwicklungsbedingte Motivation und Antrieb zum Lernen nutzen können

In den meisten westlichen Ländern absolvieren Jugendliche im Alter zwischen 16 und 19 Jahren unter enormen Druck Prüfungen, die über den Rest ihres Lebens entscheiden. Die Lehrpläne sind oft sehr eng gefasst, und es gibt wenig Raum für die Jugendlichen, zu wählen oder ihre Individualität beim Lernen zum Ausdruck zu bringen, was ihren natürlichen Prioritäten während der Adoleszenz zuwiderläuft. Vielleicht sollten wir darüber nachdenken, wie wir die Triebe und Motivationen des jugendlichen Gehirns nutzen können, anstatt sie zu bekämpfen. Mary Helen Immordino-Yang, Linda Darling-Hammond und Christina Krone drücken es so aus: „Strukturierte Gelegenheiten, zu lehren und von anderen zu lernen, zu erforschen, zu entdecken und zu erfinden und die Vorhersagekraft ihres Denkens und ihrer Berechnungen zu testen, helfen Kindern, ein Gefühl von wissenschaftlicher und persönlicher Handlungsfähigkeit zu entwickeln" (2018, S.7). Eine Studie von Christopher Bryan et al. aus dem Jahr 2018 veranschaulicht, wie wichtig es ist, die Motivation von Teenagern bei der Vermittlung von Lebenskompetenzen zu nutzen: Mit einem Verfahren, das sie in komplexe Hintergrundinformationen eintauchen ließ, war die Entscheidungsfindung und das Verstehen der Konsequenzen von Verhaltensweisen effizienter als der traditionelle didaktische Unterricht. Wichtig ist dabei, dass dieselben Programme betonen, dass Fehler Teil des Lernprozesses und des Wachstumsdenkens sind (siehe *Kapitel 3: Das Teenager-Gehirn lernt und glaubt*). Wenn möglich, sollten Sie bei den Themen flexibel sein und den Schülern besondere Gelegenheiten bieten, ihren Leidenschaften nachzugehen. Wir gehen im Laufe des Buches ausführlicher auf Unterrichtsstrategien ein, die die Motivationen von Teenagern nutzen. Die Herausforderung in der Bildung besteht darin, die Energie, den Antrieb und die Vitalität des außergewöhnlichen Gehirns von Teenagern zu nutzen.

Was lernen wir daraus?

In diesem Buch fassen wir Aspekte der Entwicklung zusammen, die für die Adoleszenz charakteristisch sind, aber wir müssen bedenken, dass jeder Teenager in einem anderen Tempo reift und dass der Weg, den jeder von ihnen einschlägt, unterschiedlich ist. Wir müssen auch die individuellen Unterschiede in der Persönlichkeit und der Herangehensweise berücksichtigen.

Die Unterstützung eines Teenagers erfordert andere Fähigkeiten als die Unterstützung jüngerer Kinder, so dass Sie Ihre Herangehensweise in der Pubertät vielleicht neu überdenken müssen. Schauen Sie sich um und beobachten Sie, was die Teenager, die Sie kennen, motiviert. Ihr Gehirn sendet ihnen in dieser sensiblen Phase ihres Lebens starke Signale, um ihr Lernen voranzutreiben, daher ist ihr Verhalten wahrscheinlich eine Reaktion auf diese Signale.

Eltern, Lehrer oder andere wichtige Erwachsene, die einen Teenager unterstützen, können sein Umfeld prägen, und das bedeutet, dass Sie Einfluss darauf nehmen können, wie sich sein Gehirn entwickelt. Das ist eine beängstigende Aussicht, aber auch eine wertvolle Chance. In den folgenden Kapiteln finden Sie evidenzbasierte Ideen, wie Sie diese Informationen im Alltag umsetzen und diese wertvolle Chance nutzen können.

Fallstudie: Molly

Molly war das bezauberndste Kind. Die Erstgeborene von David und Devaki war ein geliebtes und liebenswertes Mädchen, offen, witzig und gut in der Schule. Sie vergötterte und beschützte ihren jüngeren Bruder und liebte nichts mehr als einen Tag mit Mama und Papa, an dem sie zusammen auf dem Sofa kuschelten, redeten und lachten. Als sie in ihrem letzten Jahr in der Grundschule gefragt wurde, wo sie als Erwachsene leben möchte, schrieb sie: „Ich möchte immer bei meiner Mutter und meinem Vater leben. Sie sind die besten Eltern der Welt."

Dann, quasi über Nacht und kurz bevor sie 12 wurde, veränderte sie sich. Zu Hause zu bleiben war plötzlich „langweilig" und jeden Samstag wollte sie bei ihrer Freundin übernachten. Sie schien am liebsten mit ihren Freunden zu telefonieren, während ihre Zimmertür fest verschlossen war. Sie schnitt ihr schönes, langes blondes Haar ab und probierte eine neue Frisur aus. Obwohl sie diese für cool hielt, meinten ihre Eltern, sie sähe nicht mehr aus wie „ihre Molly". Sie fing an, hauptsächlich Schwarz zu tragen, sich zu schminken und Bands zu hören, von denen sie noch nie gehört hatten. Es fühlte sich an, als ob sie sie verlieren würden.

Molly hatte ihrem Vater immer nahegestanden, aber sie lachte nicht mehr über seine Witze und widersprach ihm. Sie ging lieber zur Party ihrer Freundin, zu der auch Jungs eingeladen waren, als mit ihm am nächsten Morgen segeln zu gehen. David war untröstlich. Er hatte ihr alles gegeben – sein Herz und seine Seele. Hatten sie sie verwöhnt? Hätten sie ihr das neue iPhone schenken sollen? Wie konnte sie so kalt und abweisend sein, jemand, der nicht wusste, wie man auf die Gefühle anderer Menschen Rücksicht nimmt? Er war aufgebracht, machte sich Sorgen um ihre Zukunft und fühlte sich zurückgewiesen. Plötzlich hatte er das Gefühl, dass er Molly nicht kannte oder nicht wusste, wie man als Elternteil reagieren sollte.

Eine gute Lösung
Als Mollys Eltern begannen, mehr über das Teenager-Gehirn zu verstehen, wurde ihnen klar, dass dies ein typischer und notwendiger Teil ihrer Entwicklung war. Für David und Devaki war es hilfreich, diese Gefühle der Ablehnung gemeinsam zu besprechen und auch alleine darüber nachzudenken. Sie sprachen mit ihren Freunden, die Kinder in einem ähnlichen Alter hatten und die mutig ähnliche Empfindungen teilten. Obwohl es manchmal immer noch weh tat, waren Mollys Eltern in der Lage, ihr Verhalten als Teil eines Entwicklungsprozesses zu sehen und nicht als Ablehnung ihnen gegenüber oder als Dauerzustand ihres Charakters. Sie mussten ihr feste Grenzen setzen, was Make-up, Kleidung und den Umgang mit ihnen betraf, aber sie verstanden, dass ihr Wunsch, mit Freunden zusammen zu sein, ein normaler Teil ihrer Entwicklung war. Sie überlegten gemeinsam mit ihr, was sie als Familie unternehmen wollten, und nahmen Anpassungen vor, um ihre neuen Motivationen und Interessen zu berücksichtigen. Sie luden ihre Freunde ein und machten ihr Zuhause zu einem Ort, an dem die ganze Bande Spaß hatte. Die Situation beruhigte sich, und obwohl Molly anders war, war sie keineswegs verloren. Tatsächlich fing diese neue Phase des Familienlebens an, Spaß zu machen.

Was könnte da im Weg stehen?
Nicht alle Gespräche mit Jugendlichen über Kleidung und Make-up verlaufen so positiv. Es ist wichtig, dass Sie zuhören und sich die Meinung des jungen Menschen anhören, bevor Sie Grenzen setzen. Versuchen Sie, etwas zurückzugeben, indem Sie vielleicht eine Zeit anbieten, in der sie das Make-up tragen können, das sie mögen (z. B. im Haus), indem Sie vorschlagen, wie viel Make-up akzeptabel wäre, oder indem Sie eine andere Möglichkeit finden, wie sie sich ausdrücken können.

Gefühle der Ablehnung als Elternteil können auch real sein. Wenn ein Kind, das sich 10 Jahre lang an Ihrem Rock oder Hosenbein festgehalten hat, plötzlich die Gesellschaft anderer Leute vorzieht, ist das nicht leicht. Ein Gespräch mit einem Partner, einem Freund oder sogar einem Therapeuten kann Ihnen helfen, die Dinge ins richtige Licht zu rücken. Und denken Sie daran: Sie sind die wichtigste Person im Leben Ihres Teenagers, auch wenn es sich nicht immer so anfühlt. Das wissen wir aus vielen Jahren der Forschung.

Fallstudie: Anuska

Anuska hatte das Reiten schon immer geliebt. Das beunruhigte ihre Mutter, denn Anuska wurde als Frühgeburt in der 31. Schwangerschaftswoche geboren, wog kaum mehr als ein Kilogramm und war ein recht zartes Kind. Sie schien körperlich zierlicher zu sein als ihre drei älteren Schwestern, war häufiger krank als sie und schien sich mehr Gedanken um das Leben zu machen. Doch jetzt, im Alter von 15 Jahren, war sie sowohl körperlich als auch akademisch stärker und fähiger geworden. Ihr Traum war es, bei den Olympischen Spielen als Reiterin anzutreten. Anuskas Fortschritte waren jedoch nicht vorhersehbar oder beständig, und obwohl sie hart daran arbeitete, waren ihre Talente eher begrenzt. Anuskas Reitlehrerin unterhielt sich mit ihrer Mutter über dieses Problem. Es beunruhigte beide Erwachsenen, dass Anuska andere Aspekte ihres Lebens, etwa Freunde und Schule, oft vernachlässigte. Anuska bemühte sich in der Schule, aber Mathe und Fremdsprachen fielen ihr besonders schwer, und sie waren besorgt, dass sie diese Bereiche leicht aufgeben könnte.

Anuskas Mutter machte sich Sorgen, dass die Welt des Reitens, die sehr hart und wettbewerbsorientiert ist, ein schwieriger Weg für sie sein könnte. Sie war auch frustriert darüber, dass Anuska sich im Vergleich zu ihren schulischen Leistungen unverhältnismäßig viel Mühe mit dem Reiten geben wollte und befürchtete, dass es eine riskante Entscheidung wäre, alles auf das Reiten zu setzen.

Eine gute Lösung

Anuskas Eltern arbeiteten sehr hart daran, ihr Vertrauen in das Reiten zu fördern. Sie unterstützten sie mit allen Mitteln bei der Teilnahme an Wettbewerben, bei der Pflege der Tiere und beim Umgang mit den Freunden, die sie in den Ställen fand.

Als Anuska 18 wurde, änderte sie interessanterweise ihre Meinung über eine Karriere mit Pferden und entschied sich, an einer Universität zu studieren. Innerlich atmeten ihre Eltern erleichtert auf. Es war nicht so, dass sie nicht an sie geglaubt hätten, sondern dass sie sie beschützen wollten. Doch mit der Zeit hatte Anuska erkannt, was ein guter Weg für sie war und was besser funktionieren könnte. Sie war in der Lage, die Fähigkeiten der Entschlossenheit und Beharrlichkeit, die sie beim Reiten entwickelt hatte, auf ihre akademischen Bemühungen anzuwenden und erzielte gute Ergebnisse. Ihre Eltern hatten Geduld, um diese Reifung zu ermöglichen. Schließlich arbeiteten sie zusammen, um ihr ein Studienjahr zu ermöglichen, in dem Anuska durch Lateinamerika reiste und in verschiedenen Reitställen arbeitete. Dies befriedigte Anuskas Liebe zu Pferden und mit der Zeit fand sie einen Weg, diese Leidenschaft zu genießen und gleichzeitig eine realistischere Karriere zu verfolgen. Es war die Aufgabe ihrer Eltern, sie in dieser Phase ihres Lebens zu unterstützen.

Was könnte da im Weg stehen?

Eltern wollen das Beste für ihr Kind. Das bezweifelt niemand. In ihrem Bestreben, für die beste Zukunft ihres Kindes zu sorgen (oder vielleicht einen Weg, den sie selbst gerne eingeschlagen hätten...), geraten Eltern oft in Panik, wenn Teenager eine Leidenschaft entwickeln, die sie für unpassend halten. Es ist nicht leicht, das Gleichgewicht zwischen Beobachten und Abwarten zu finden und einzugreifen, damit ein junger Mensch keine Chancen verpasst. Es erfordert sorgfältige Überlegungen und einen langen Atem, während sich die Dinge entwickeln. Wie wir später sehen werden (siehe *Kapitel 12: Startklar (mit Ihrer Unterstützung)*), hat die autoritäre Erziehung von oben nach unten in diesem Alter leider ihre Nebenwirkungen. Sie mag zwar kurzfristige Ergebnisse bringen, aber es kann durchaus auch längerfristige Probleme geben. Bleiben Sie stark, vertrauen Sie auf den Entwicklungsprozess und lesen Sie weiter.

Handlungsempfehlung:

Leiten, unterstützen und bewahren Sie die Neugierde, um das Lernen von Teenagern zu fördern – es ist eine neue Fähigkeit

Teenager brauchen andere Regeln und Erwartungen. Auch wenn Sie über die Weisheit Ihrer eigenen Erfahrung verfügen und sich den langfristigen Weg vorstellen können, müssen Sie sich vielleicht neue Fähigkeiten aneignen und weniger richtungsgebend sein als bei jüngeren Kindern. Bei der Unterstützung von Teenagern geht es vielmehr darum, sie zu begleiten, als das Steuer in die Hand zu nehmen. Gleichzeitig sollten Sie sich aber auch auf keinen Fall zurücknehmen. Betrachten Sie sich selbst als Fahrlehrer oder Co-Pilot, der neben seinem jungen Schüler sitzt, ihn ermutigt, ruhig hält und einfach machen lässt. Rechnen Sie damit, dass sie gelegentlich ins Stocken geraten, und warnen Sie sie manchmal vor dem Weg, aber übernehmen Sie das Steuer nur in einem echten Notfall.

Handlungsempfehlung:

Teenager müssen betreut werden – und gleichzeitig ihre Unabhängigkeit entwickeln

Der schwierigste Aspekt der Betreuung besteht oft darin, zwei konkurrierende Anforderungen unter einen Hut zu bringen. Es ist kein „entweder/oder", sondern eher ein „sowohl/als auch". Teenager müssen zum Beispiel ihre Unabhängigkeit entwickeln, aber gehen Sie nicht davon aus, dass sie wie Erwachsene denken oder Sie wie einen Freund behandeln, denn sie brauchen immer noch Fürsorge und in gewisser Weise brauchen sie Sie mehr denn je.

Handlungsempfehlung:

Verstehen Sie, dass die Motivationen von Teenagern stark sind und nutzen Sie diese Energie als Antriebskraft
Hören Sie auf die Motivation und den Wunsch eines Teenagers zu lernen und beobachten Sie, wohin Sie diese Herangehensweise führt. Wenn sich Ihr Kind beispielsweise plötzlich dafür interessiert, Gitarre in einer Band zu spielen, sollten Sie sie auf jede erdenkliche Weise unterstützen. Respektieren und verstehen Sie die Kraft des Bedürfnisses nach neuen Erfahrungen und arbeiten Sie mit ihnen zusammen, um ihre Motivationen auf positive Weise zu nutzen. Gleichzeitig sollten Sie ihnen aber auch Grenzen setzen, um sie zu schützen.

Handlungsempfehlung:

Arbeiten Sie daran, die richtige Umgebung für Teenager zu schaffen
Jetzt ist es an der Zeit, das Umfeld für die jungen Menschen in Ihrem Leben richtig zu gestalten. Ihre Gehirne sind bereit, neue Erfahrungen zu machen, insbesondere in einem sozialen Kontext. Das Erlernen guter, lebenslanger Gewohnheiten während der Pubertät ist ein leichtes Unterfangen; wenn das Umfeld stimmt, wird sich eine positive Richtung herausbilden.

Handlungsempfehlung:

Klären Sie Jugendliche darüber auf, was in ihren Gehirnen vor sich geht
Teenager profitieren enorm davon, wenn sie etwas von ihren Erfahrungen verstehen. Sie müssen ihr Verhalten verstehen, damit Sie sie dabei unterstützen können, zu verstehen, was in ihnen vorgeht. Es ist manchmal schwer, ein Teenager zu sein, aber wenn Sie Ihren Teenager respektvoll darüber aufklären, was in seinem Gehirn vor sich geht, kann das für alle Beteiligten sehr ermutigend sein und Ihnen und Ihrem Teenager ein gemeinsames Ver-

ständnis und eine gemeinsame Sprache für einige der Herausforderungen des Erwachsenwerdens geben.

Und die Moral von der Geschicht'...

In den Teenagerjahren ändern sich Verhaltensweisen, Motivationen, Prioritäten und Antriebe. Ihr akademisches und lebenslanges Lernpotenzial ist groß, aber Teenager sind aufgrund der Veränderungen in ihrem Gehirn anfällig. Sie können eine erfolgreiche Reise durch die Pubertät unterstützen und erleichtern.

Downloads: Das aussergewöhnliche Teenager-Gehirn – Zeit für ein Upgrade

Die Gehirne von Teenagern durchlaufen ein bedeutendes Upgrade mit einem enormen Potenzial für hochwirksames Lernen. Ihre Gehirne reagieren sehr empfindlich auf Erfahrungen, daher ist es wichtig, die richtige Umgebung für sie zu schaffen. Das Verhalten, die Motivationen, die Prioritäten und die inneren Antriebe von Teenagern ändern sich in der Pubertät, so dass ein und derselbe junge Mensch anders handeln wird, sobald die Pubertät einsetzt. Die Veränderungen im unglaublichen Teenager-Gehirn sind ein wichtiger Teil eines Prozesses und ein Schritt auf dem Weg zu einem vielseitigen und vollständig entwickelten Erwachsenen.

Übung

Wenn der Teenager in Ihrer Obhut sich das nächste Mal auf eine Weise verhält, die Sie herausfordert, verwirrt oder beunruhigt, halten Sie inne und nehmen Sie sich einen Moment Zeit, um neugierig zu sein. Könnte dieses Verhalten durch die Veränderungen im Gehirn des Teenagers erklärt werden? Nehmen Sie zunächst die Perspektive des Teenagers ein. Wenn Sie ein Ereignis als Ergebnis der veränderten Motivationen und Prioritäten verstehen, die in der Pubertät auftreten, kann das herausfordernde Verhalten entschärft werden oder einem Verhalten, das Sie verwirrt, einen Sinn geben und Ihnen helfen, über die effizienteste Art und Weise nachzudenken, wie Sie es angehen können. Verwechseln Sie nicht Verständnis mit einer Entschuldigung für das Verhalten. Es ist immer eine gute Strategie, zu versuchen, das Verhalten zu verstehen, aber wir empfehlen nicht, dass Sie respektloses oder selbstzerstörerisches Verhalten zulassen.

Notieren Sie drei Veränderungen, die Sie im Verhalten, in den Prioritäten oder in der Motivation Ihres Teenagers beobachtet haben, seit er diese wichtige Phase seines Lebens erreicht hat. Welche davon beunruhigen Sie?

Veränderung 1

....

....

....

Veränderung 2

....

....

....

Veränderung 3

....

....

....

<table>
<tr><th>Wenn dies geschieht ...</th><th>Denken Sie nicht das ...</th><th>Sondern vielleicht das ...</th></tr>
<tr><td>Wenn Ihr Teenager Tag und Nacht singt und davon träumt, Sängerin zu werden...</td><td>Sie wird nie Geld verdienen, wenn sie Sängerin wird, was für eine Zeitverschwendung...</td><td>Ich bin so froh, dass sie etwas gefunden hat, das ihr so viel Spaß macht. Das stärkt ihr Selbstvertrauen und bedeutet nicht, dass sie gleich die Schule abbricht.</td></tr>
<tr><td colspan="3"> Setzen Sie die Teenager-Brille auf und schätzen Sie die Leidenschaften Ihres Teenagers wert.</td></tr>
<tr><td>Wenn Ihr Teenager sofort auf sein Handy schaut, sobald sie von der Schule nach Hause kommt...</td><td>Ich wünschte, sie würde einfach nach Hause kommen und anfangen zu lernen, anstatt sich mit ihren Freunden zu unterhalten, denn sie hat noch so viel zu tun.</td><td>Sie scheint viel mehr an Freunden interessiert zu sein, als an guten Leistungen in der Schule. Aber das ist zu erwarten, denn ihr Gehirn ist im Moment auf Freundschaften ausgerichtet und das bedeutet nicht, dass sie sich nie auf ihre Arbeit konzentrieren wird. Ein Treffen mit Freunden ist wichtig, bevor sie sich an die Arbeit macht.</td></tr>
<tr><td colspan="3"> Setzen Sie die Teenager-Brille auf und schreiben Sie die natürlichen Einflussfaktoren von Teenagern (z. B. Freunde) auf.</td></tr>
<tr><td>Wenn Ihr Teenager während des gesamten Familienessens mürrisch ist...</td><td>Na toll, hier kommt der mürrische Teenager. Ich werde dieses Verhalten nicht tolerieren, es ist einfach unhöflich. Ich werde ihn einfach ignorieren, bis er sich zusammenreißt.</td><td>Ich frage mich, was ihn so sehr bewegt, dass er so mürrisch wird? Es ist wichtig, dass ich ihm helfe, sich selbst zu verstehen. Ich muss also versuchen, einen Weg zu finden, sanft darüber zu sprechen, wenn er sich beruhigt hat.</td></tr>
<tr><td colspan="3"> Nehmen Sie die Sichtweise eines Teenagers ein – seien Sie einfühlsam gegenüber weniger perfektem Verhalten. Die Veränderungen, die der Teenager durchmacht, sind hart.</td></tr>
</table>

Kapitel 2
Das Teenager-Gehirn – denkt und fühlt

Kurz und knapp

- Es gibt drei verschiedene „Gehirne“ (Strukturgruppen), von denen jedes eine andere Aufgabe hat: das instinktive „Gehirn“ dominiert in einer Krise, das emotionale „Gehirn“ fühlt und motiviert und das denkende „Gehirn“ denkt und rationalisiert.
- Das Gehirn betrachtet die Dinge in der folgenden Reihenfolge: Sicherheit, Gefühle und dann Denken.
- Das emotionale Gehirn erinnert sich und kann schnell eine Reaktion auslösen.
- Wenn Sie den Ablauf des Gehirns verstehen, werden Sie auch das Verhalten von Teenagern verstehen.
- Das Teenager-Gehirn lernt am besten, wenn das emotionale Gehirn ruhig und zufrieden ist.
- Wenn Sie junge Menschen in die richtige „Zone“ zum Lernen bringen, wird das denkende Gehirn gefördert. Sie können dazu beitragen, indem Sie effektiv mit ihnen kommunizieren.

Einleitung

„Warum hast du das getan? Was hast du dir dabei gedacht?“

Sagen Erwachsene auf der ganzen Welt täglich zu Teenagern. Wie viele von uns waren schon einmal so wütend, dass wir uns auf eine Art und Weise verhalten haben, die wir später bereut haben? Wir alle. Nun, das liegt daran, dass wir alle ein Gehirn haben, das nicht immer denkt. Unser Gehirn hält das Denken für einen luxuriösen Zeitvertreib, das Fühlen hat Vorrang.

Der wissenschaftliche Teil: Gehirn und Verhalten

Mit dem dreieinigen Gehirn das Verhalten verstehen

Das Verhalten eines jeden ist wie ein Fenster in den Ablauf des Gehirns. Wenn wir das Gehirn verstehen, können wir auch das Verhalten besser verstehen oder nachvollziehen. Das dreieinige Gehirn-Modell unterteilt das Gehirn in drei verschiedene Regionen, die als Teilhirne bezeichnet werden, die jeweils eine bestimmte Rolle in der Funktionsweise des Gehirns spielen. Das Modell wurde in den 1960er Jahren vom amerikanischen Neurowissenschaftler Paul MacLean formuliert. Die drei „Gehirne" – das instinktive, das emotionale und das denkende – folgen einem evolutionären Pfad. Sie entwickelten sich im Laufe der menschlichen Evolution nacheinander.

> **Hinweis:** Das dreieinige Gehirn ist ein stark vereinfachtes Modell der Organisation und Aktivität des Gehirns, aber es ist eine nützliche Herangehensweise zum Verständnis von Verhaltensweisen, insbesondere für Menschen, die keine Neurowissenschaftler sind.

Das instinktive Gehirn – dominiert in einer Krise

Die für das Überleben wichtigen Abläufe im Gehirn – wie Atmung, Herzschlag und Regulierung der Körpertemperatur – finden im Instinktgehirn statt. Diese Gruppe von Gehirnstrukturen in den unteren Hirnregionen, im hinteren Teil, ist das Stammhirn. Das Stammhirn überwacht uns und sorgt für unsere Sicherheit, indem es die Kontrolle übernimmt, wenn wir in Gefahr sind. Wenn wir uns bedroht fühlen (in der modernen Welt kann dies auch bedeuten, dass wir uns sehr ängstlich oder gestresst fühlen), hat der Ablauf in diesem Teil des Gehirns Vorrang vor allen anderen Gehirnaktivitäten und wir geraten in einen Zustand von „Kampf, Flucht oder Erstarren". Wenn dieser Teil des Gehirns am aktivsten ist (in einem Zustand der Angst), sind die Verhaltensreaktionen schnell, unmittelbar und schützend.

In diesen Situationen wird nicht reflektiert oder sorgfältig nachgedacht. Das Gehirn sendet direkt Signale an den Körper, schnell zu handeln, um unser Überleben zu sichern. Instinktive Reaktionen – wie z. B. nach jemandem schlagen als Reaktion auf eine Bedrohung (Kampf), weglaufen (Flucht) oder stillstehen (Erstarren) – werden von diesem Teil des Gehirns gesteuert. Es handelt sich dabei um einfache, impulsive Verhaltensweisen, die in der Regel in Zeiten der Verteidigung, Unsicherheit und Angst ausgeführt werden. Das gilt für Sie ebenso wie für den jungen Menschen, den Sie begleiten.

Das emotionale Gehirn – fühlt und motiviert

Am oberen Ende des Hirnstamms und unter der obersten Schicht (der Hirnrinde) befindet sich ein Bereich, den Wissenschaftler als limbisches System bezeichnen, das emotionale Gehirn. Dieses emotionale Gehirn beherbergt Strukturen, die für Sicherheit, Emotionen und Motivation verantwortlich sind. Es ist eine wichtige Region für den Aufbau von Beziehungen zu anderen Menschen, die für die menschliche Erfahrung so grundlegend sind. Teile des emotionalen Gehirns (die Amygdala) leuchten auf, wenn wir ein starkes Gefühl wie Wut, Angst, Traurigkeit, Schuld und Glück empfinden. Andere Teile (der Hippocampus) speichern die Erinnerungen an Ereignisse, so dass emotionale Erinnerungen in der Zukunft genutzt werden können, um uns zu schützen und schnelleres Lernen zu ermöglichen. Eine weitere Struktur des emotionalen Gehirns, das ventrale Striatum, leuchtet auf, wenn wir motiviert sind, etwas zu tun und steuert unser Verhalten. Das geschieht zwar unbewusst, aber zusammen helfen uns unsere emotionalen Gehirnstrukturen dabei, das zu bekommen, was wir von unserer Umwelt wollen. Judy Willis (2009), eine Neurologin aus den Vereinigten Staaten, nennt das emotionale Gehirn die „Schaltstation“, weil es bestimmt, wohin sich die Gehirnaktivität bewegt. Die Reaktion einer Person auf sämtliche Erfahrungen wird durch das emotionale Gehirn gefiltert. Wenn eine Person beispielsweise extrem verängstigt ist, interpretiert das emotionale Gehirn im Wesentlichen die Signale, und da es „Angst“ als Krise betrachtet, sendet es eine Nachricht an das Instinktgehirn, um die Überlebensmechanismen einzuschalten. Dabei müssen Sie bedenken, dass die Gehirnaktivität dann vom denkenden Gehirn abgezogen wird.

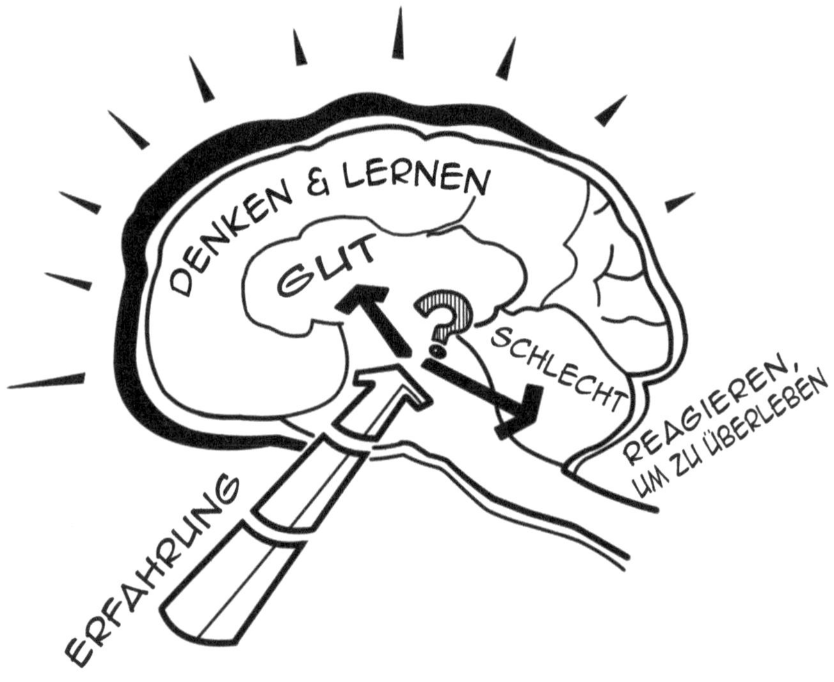

Abbildung 2.1: Die Reaktionen des Gehirns auf Erfahrungen

Emotionen sind wie große Sirenen. Sie sind schwer zu ignorieren, weil sie dem Gehirn sagen, dass es aufmerksam sein soll. Aber wenn das emotionale und instinktive Gehirn eine Situation als ruhig und sicher einstufen, kann das Gehirn in den höheren Teilen des Gehirns arbeiten und sorgfältig nachdenken.

Das denkende Gehirn rationalisiert

Das Denken und Schlussfolgern findet im obersten Teil des dreieinigen Gehirns, dem denkenden Gehirn (Cortex), statt. Er besteht aus gefalteter Hirnsubstanz, die eine äußere Schicht bildet, die das Gehirn von vorne bis hinten bedeckt. Es ermöglicht uns zu sprechen, zu denken, zu rechnen und Entscheidungen zu treffen. Hier findet unser intelligentes Denken statt - der clevere Teil, auch wenn es durch komplexe neuronale Schaltkreise darunter erleichtert wird. Es ist beim Menschen weiterentwickelt als bei allen anderen Lebewesen.

Das denkende Gehirn ist bei der Geburt noch sehr unreif und entwickelt sich weiter, bis es im Alter von 25 Jahren voll ausgereift ist. Eine besonders wichtige Region im denkenden Gehirn, direkt über den Augen, wird als präfrontaler Kortex (PFK) bezeichnet und ist der Sitz des Urteilsvermögens. Hier treffen wir Entscheidungen, lenken unsere Aufmerksamkeit und es hilft uns, zu überlegen, bevor wir handeln. Wir sprechen in diesem Buch viel über diese Region, da sie sehr wichtig ist.

Auf den Teenager übertragen

Das emotionale Gehirn ist die Verbindung zwischen dem denkenden und dem instinktiven Gehirn

Das emotionale Gehirn ist von grundlegender Bedeutung für die Funktion des Gehirns und leitet uns zu Dingen, die für uns wichtig sind (Motivatoren) und weg von Dingen, die schädlich sein könnten (Bedrohungen). Es gibt viele kritische neuronale Schaltkreise, die das emotionale und das denkende Gehirn miteinander verbinden, mit besonders starken Verbindungen zum PFK. Tiere haben keinen PFK wie wir und werden daher von ihrem emotionalen Gehirn gesteuert. Ihr Hund folgt einfach seinem Verlangen nach Futter, Spaß, Liebe und Aufmerksamkeit. Wir haben ein denkendes Gehirn, so dass wir unsere Reaktionen mäßigen können – wir warten, bis alle sitzen, bevor wir essen, lesen die Stimmung einer anderen Person, bevor wir sie umarmen, erledigen unsere Aufgaben, bevor wir uns amüsieren, und denken über das nach, was das Verhalten von Teenagern antreibt, bevor wir sie anschreien. Teenager lernen, ihr denkendes und ihr emotionales Gehirn gemeinsam zu nutzen, aber das ist ein höchst komplizierter Prozess für das Gehirn. Die Signale des emotionalen Gehirns sind in der Pubertät manchmal so laut (und das aus gutem Grund - siehe *Kapitel 10: Starke Gefühle und mächtige Motivationen*), dass sie die durchdachten Verhaltensmeldungen des denkenden Gehirns übertönen.

Das denkende Gehirn kann nur funktionieren, wenn die Umgebung stimmt

Paul Gilbert (2010) beschreibt drei wichtige Faktoren des Umfelds, die für die Aktivierung des denkenden Gehirns von grundlegender Bedeutung sind. Der erste ist **Sicherheit**. Wenn sich ein junger Mensch sicher fühlt, ist er eher in der Lage, sein Denkvermögen zu aktivieren. Der zweite ist die **Motivation**. Die Leistung eines Teenagers bei Aufgaben kann sich exponentiell verbessern, wenn er motiviert ist, gute Leistungen zu erbringen. Der dritte Punkt sind **Gefühle**, eine wichtige Quelle des Selbstschutzes. Gefühle sind dazu da, uns schnelle Signale über die Umgebung zu geben, damit wir handeln und reagieren können, um für unsere eigene Sicherheit zu sorgen. Genau wie die Motivation können auch Gefühle ein Freund oder Feind des Lernens sein. Wenn sich ein Kind ängstlich fühlt (weil es in einer Lernsituation beurteilt wird) oder wütend ist (weil es unfair behandelt wurde), zieht sein emotionales Gehirn Energie von seinem Denk- und Lernhirn ab. Wenn es sich jedoch von den Menschen um sich herum unterstützt fühlt, zufrieden und in der Lage ist, eine Aufgabe zu übernehmen, kann ihr denkendes und lernendes Gehirn auf Hochtouren arbeiten.

Das emotionale Gehirn hat ein starkes Gedächtnis

Ein kleiner Teil des emotionalen Gehirns namens Hippocampus (wir haben zwei: einen in jeder Gehirnhälfte) speichert Erinnerungen an vergangene Ereignisse. Dadurch wird sichergestellt, dass wir uns an vergangene Erfahrungen erinnern und daraus lernen. Dies ist oft hilfreich (wenn Sie sich beim letzten Mal am Herd verbrannt haben, werden Sie sich daran erinnern, dies nicht wieder zu tun), kann aber für das Lernen auch nachteilig sein. Wenn eine Mathestunde in der letzten Woche stressig war, erinnert sich das emotionale Gehirn eines jungen Menschen schon vor Beginn der Arbeit daran, dass Mathe mit Stress gleichzusetzen ist. Wenn die Hausaufgaben immer mit Stress, Geschrei und Tränen verbunden sind, kann es sein, dass Ihr Teenager einen Nervenzusammenbruch erleidet, sobald er die Worte „Es ist Zeit für die Hausaufgaben" hört. Die Krise lässt sich folgendermaßen erklären: Die Gehirnaktivität strömt in das emotionale Gehirn (die Schaltstation), welches die Gehirnleistung an das instinktive Gehirn weiterleitet, weil es als

Krise betrachtet wird („Diese Situation ist überhaupt nicht gut. Lauf weg (Flucht) oder beende sie (Kampf)"). Die Gehirnleistung wird nicht an das denkende Gehirn geleitet, den Bereich, in dem die Hausaufgaben gemacht werden. Wenn Sie wirklich glauben, dass solch ein Wutausbruch „aus dem Nichts" kam, sollten Sie sich die Situation noch einmal genauer anschauen. Ein Nervenzusammenbruch kommt nie aus dem Nichts, aber eine stressige Erinnerung kann durchaus eine sofortige emotionale Reaktion auslösen.

Was bedeutet das für den Alltag?

Das dreieinige Gehirn hilft uns, Verhalten zu verstehen

Als Erwachsene sollten Sie bedenken, dass das negative oder impulsive Verhalten Ihres Teenagers möglicherweise durch starke Signale des Gehirns gesteuert wird. Junge Menschen lernen gerade erst, ihre Impulse und Triebe zu kontrollieren. Es ist wichtig, jungen Menschen ein sicheres Umfeld zu bieten, damit sie auf ihr denkendes Gehirn zugreifen können, um ihr Verhalten und ihre Reaktionen zu regulieren oder um zu lernen. Motivation ist äußerst hilfreich, um das Lernen zu unterstützen, und bedrohliche Situationen blockieren das Lernen.

Interne Motivation (sie wollen es selbst tun) ist bei weitem der effektivste Weg, um das Gehirn in Gang zu bringen, aber sie ist nicht immer verfügbar, so dass wir oft ihr Motivationssystem durch das Anbieten von Belohnungen aktivieren müssen. Wenn Teenager durch Belohnungen motiviert werden, kommt ihr emotionales Gehirn leichter in Gang, was zu einem effizienteren Gehirn und einer effektiveren Leistung führt.

Emotionale Erinnerungen werden gespeichert, um die Zukunft voraussagen zu können

Das Gehirn speichert bereitwillig emotionale Erinnerungen. Wenn also zum Beispiel die Hausaufgaben oft stressig sind, wird das Gehirn des Teenagers automatisch weniger aufnahmefähig sein, bevor der Teenager überhaupt mit den Hausaufgaben beginnt. Nehmen Sie sich bei wiederholten Stresssituationen Zeit, um herauszufinden, was los ist, und nutzen Sie das Modell des dreieinigen Gehirns, um die beste Lösung zu finden.

Labile junge Menschen haben schwierige Erfahrungen gemacht, oft sind ihr instinktives und emotionales Gehirn dominierend
Einige junge Menschen sind besonders anfällig. Die Gehirne junger Menschen, die unsichere und beängstigende Zeiten durchlebt haben, können so strukturiert sein, dass sie leicht zu Kampf oder Flucht tendieren. Diese Reaktion hat sie in der Vergangenheit geschützt, aber es ist nicht förderlich für das Lernen, wenn das Gehirn auf eine Überlebensreaktion eingestellt ist. Manche haben vielleicht traumatische Ereignisse wie Mobbing in der Schule erlebt oder befürchten, dass sie die Liebe eines wichtigen Erwachsenen verloren haben (z. B. nach einer Scheidung). Diese jungen Menschen verhalten sich möglicherweise extrem und unberechenbar, weil ihr emotionales und instinktives Gehirn daran gewöhnt ist, die Kontrolle zu haben. Erwachsene müssen dem jungen Menschen helfen, seine Erfahrungen zu verstehen und ein Umfeld zu schaffen, in dem er sich sicher und stabil fühlt, so dass das emotionale Gehirn es als sicher genug empfindet, um das denkende Gehirn zu aktivieren und das Lernen stattfinden kann.

Was bedeutet das für das Lernen?

Nutzen Sie Ihr Wissen über das Gehirn, um die richtige Umgebung für Ihren Teenager zu schaffen, damit er sein denkendes Gehirn aktivieren kann
Lernen kann anstrengend sein. Wenn wir lernen, kennen wir definitionsgemäß die Antworten nicht, dann befinden wir uns also in einer sehr verletzlichen Lage. Junge Menschen haben oft Angst davor, bei Lernaufgaben zu versagen, und in einer Kultur, in der die Schulnoten eine große Rolle spielen, können die emotionalen und instinktiven Gehirne der Teenager leicht die Oberhand gewinnen. Was Erwachsene wissen müssen: Wie können sie das effektive Funktionieren des denkenden Gehirns fördern, um das Lernen zu unterstützen? Bei uns allen konkurrieren das denkende Gehirn und das

emotionale und instinktive Gehirn ständig darum, unser Handeln zu dominieren. Unser Gehirn kann dem Körper nicht befehlen, wegzulaufen, während es gleichzeitig Algebra verarbeitet. Das eine oder das andere muss den Vorrang haben. Sicherheit ist von größter Bedeutung – es hat keinen Sinn, Algebra zu machen, wenn unser Leben bedroht ist. Denken Sie an die Hierarchie von instinktivem, emotionalem und schließlich denkendem Gehirn. Vermeiden Sie es, Ihren unglaublich wichtigen, klugen und aussagekräftigen Vortrag darüber zu halten, wie man an die Universität kommt, wenn Ihr Teenager verärgert, beschämt oder wütend ist. Ihr Gehirn ist dann nicht in der Lage, zu denken, so dass ihre Fähigkeit zuzuhören und zu lernen erheblich eingeschränkt wird.

Das richtige Schwierigkeitslevel für Aufgaben ist wichtig, um optimales Lernen zu fördern

Die meisten Lehrer kennen die **Zone der proximalen Entwicklung** („Zone der optimalen Entwicklung"), ein Konzept, das der russische Psychologe Lew Wygotski Anfang des 20. Jahrhunderts entwickelt hat. Es besagt, dass wir eine Person in die richtige „Zone" bringen sollten, um ihr Lernen optimal zu fördern (Wygotski 1978). Dies ist dann der Fall, wenn die Aufgabe als schwierig empfunden wird, aber mit gemeinsamer Anstrengung und möglicherweise Unterstützung durch andere gerade noch erreichbar ist.

Tom Senninger (2015) hat die Ideen von Wygotski verwendet und drei verschiedene Zonen beschrieben:

- die „Komfortzone": die Lernenden fühlen sich sicher, aber sie sind unterfordert und lernen daher nicht
- die „Lern"-Zone: die Lernenden werden gefordert und wachsen
- die „Panik"-Zone: die Lernenden sind gestresst und das Lernen ist blockiert.

Senningers Beschreibung der verschiedenen Lernverhaltensweisen passt zu dem, was wir über die Funktionsweise des Gehirns wissen. Wenn eine Aufgabe anspruchslos ist (Komfortzone), wird sich der junge Mensch zurückziehen, es wird ihm an Motivation fehlen und das emotionale Gehirn wird dominieren, sein Gehirn wird nicht wachsen und er wird nicht zu anspruchsvolleren Aufgaben übergehen. Wenn eine Aufgabe zu schwer ist (Panikzone), kann der junge Mensch ängstlich werden und das emotionale Gehirn wird dominieren. Wenn das denkende Gehirn ausgeschaltet ist, ist es unwahrscheinlich, dass das Gehirn wächst. Wenn der Teenager jedoch ausreichend gefordert wird (Lernzone), wird er sein denkendes Gehirn einschalten, einen Gehirnwachstum erfahren und auch an Selbstvertrauen gewinnen. Wie wir in *Kapitel 10: Starke Gefühle und mächtige Motivationen* sehen werden, haben Jugendliche Lernprioritäten und deren Verwendung ist der Schlüssel zum Erfolg, um ihnen beim Lernen zu helfen.

Was lernen wir daraus?

Das Model des dreieinigen Gehirns hilft uns, das Verhalten von Jugendlichen zu verstehen. Wenn Sie verstehen, wie das Gehirn funktioniert, haben Sie einen wichtigen Teil des Schlüssels, um das Potenzial des Gehirns eines Teenagers zu erschließen.

Die nächsten beiden Fallstudien zeigen unterschiedliche Perspektiven auf die Erfahrungen eines jungen Menschen in der Schule und wie die Menschen in seinem Umfeld ihn unterstützen können.

Fallstudie: Mercia

Mercia, Schulleiterin einer Sekundarschule, dachte darüber nach, was bei den Schülern in ihrer Schule passierte. Wenn sie sich in der Klasse danebenbenahmen, schickte der Klassenlehrer die Jugendlichen zu Mercia, um sie zu bestrafen, aber auch, um ihnen Gelegenheit zu geben, über ihr Verhalten nachzudenken. Mercia war verwirrt, da oft eine Diskrepanz zwischen dem vom Klassenlehrer gemeldeten Verhalten und dem von ihr in ihrem Büro beobachteten Verhalten zu bestehen schien. Wenn die jungen Menschen bei Mercia waren, waren sie oft nachdenklich und reumütig, konnten aber oft nicht sagen, warum sie sich so verhalten hatten. Oft jedoch befand sich dieselbe Person schon eine Woche später in derselben Situation. Was war der Grund?

Mercia beschloss, sich in einige Klassen zu setzen, um zu beobachten. Was sie sah, war ziemlich erstaunlich. Die jungen Leute fingen oft gut im Unterricht an, aber dann gab es einen Auslöser, der sie aus der Bahn warf. Zum Beispiel hatten sie Probleme bei einer Aufgabe oder ein Freund zupfte sie am Pullover oder ärgerte sie. Die junge Person schien sich dann zu verändern und ein viel weniger aufmerksamer Teil der jungen Person übernahm die Kontrolle. Wenn Mercia versuchte, unmittelbar nach dem Vorfall mit der jungen Person zu sprechen, schien sie nicht in der Lage zu sein, über ihre Handlungen nachzudenken oder sie zu reflektieren. Das war ganz anders als die Situation, die sie in ihrem Büro vorgefunden hatte, nachdem sie sich etwas beruhigt hatten. Nachdem sie über das dreieinige Gehirn gelesen hatte, wurde Mercia klar, was passiert war – diese jungen Menschen waren in diesem Moment oft nicht in der Lage, ihr Verhalten zu kontrollieren und gute Entscheidungen zu treffen, weil ihr unteres Gehirn die Kontrolle übernommen hatte.

Eine gute Lösung

Mercia rief eine Lehrerkonferenz ein. Sie unterrichtete die Mitarbeiter über die Funktionsweise des Gehirns und führte einen interaktiven Workshop durch, in dem alle Lehrer darüber nachdenken konnten, wann Teenager scheinbar „durchdrehen" und die unteren Gehirnregionen die Kontrolle übernehmen. Mercia erklärte den Mitarbeitern, dass junge Menschen eine Ruhephase brauchen, wenn ihr Verhalten außer Kontrolle gerät. Die Lehrer begannen, die „Kampf- oder Flucht"-Reaktion ihrer Schüler nach einer schlechten Note, einem Streit mit einem Freund oder einer wütenden Bemerkung eines Lehrers zu bemerken und hörten auf, in diesen Momenten Antworten zu suchen. Den Jugendlichen wurde geholfen zu verstehen, dass sie zwar ihre Gefühle nicht unbedingt ändern können, aber ihr Verhalten, wenn sie es besser verstehen. Mit der Zeit verbesserte sich das Verhalten und die Beziehungen in der Schule festigten sich.

Was könnte da im Weg stehen?

Die Lehrer wollen, dass alle Kinder etwas erreichen. Daran gibt es keinen Zweifel. Der Lehrerberuf ist wahrscheinlich einer der härtesten Berufe, die es gibt. Er erfordert echte Hingabe. Wenn Lehrer jedoch darum kämpfen, einen überfüllten Lehrplan zu vermitteln, sehen sie das Verhalten, das sie vom Kurs abbringt, als Störfaktor. Wir dürfen nicht vergessen, dass hier ein entwicklungsfähiges Gehirn auf dem Spiel steht, und während akademisches Lernen wichtig ist, ist die Fähigkeit, Emotionen und Verhalten zu verstehen, eine Fähigkeit, die einem jungen Menschen langfristig zugutekommt und letztlich das Lernen in jeder Hinsicht unterstützt. Wenn ein junger Mensch mit seinen Emotionen und seinem Verhalten zu kämpfen hat, lohnt es sich, Zeit zu investieren, um ihm dabei zu helfen, die Gründe dafür zu verstehen und ihm die Fähigkeiten zu vermitteln, damit er lernen kann besser damit umzugehen.

Fallstudie: Skye

Die vierzehnjährige Skye war zu Beginn eines jeden Schuljahres sehr überfordert, wenn sie an die Prüfungen am Ende des Schuljahres dachte und an all die Arbeit, die sie dafür erledigen musste. Die Sorgen plagten sie und es fiel ihr schwer, mit ihnen umzugehen. Ihr Vater versicherte ihr, dass alles gut gehen würde, aber das reichte nicht aus. Skye steigerte sich in ihre Vorstellung hinein – und zwar so sehr, dass ihr Verdauungstrakt darunter litt, sie Kopfschmerzen bekam und weinerlich und frustriert war. Ihre akademischen Leistungen waren ihr wichtig und sie wollte unbedingt gut abschneiden. Sie setzte sich selbst stark unter Druck. Zu Hause wurde es für alle immer schwieriger. Ihre beiden Brüder teilten nicht die gleichen Sorgen, aber es fiel ihnen schwer, mit ihrer emotionalen Präsenz umzugehen. Skyes Ängste beeinflussten zunehmend alle Aspekte ihres Lebens. Sie hatte Schwierigkeiten, sich im Klassenzimmer für einen Platz zu entscheiden, und es fiel ihr schwer, sich mit ihren Freunden zu verabreden, obwohl sie gerne Zeit mit ihnen verbringen wollte.

Eine gute Lösung

Skyes Eltern beschlossen, dass etwas getan werden musste, um ihr zu helfen. Sie vereinbarten ein Treffen mit ihren Lehrern. Die erste Sache war zu akzeptieren, dass es schwierig war, und dann mussten sie sich klar darüber sein, was genau ihre Angst war. Skye sprach offen über ihre negativen, ängstlichen Gedanken, wie z. B., „Wenn ich in der Schule nicht gut bin, kann ich nicht auf die Universität gehen und alle werden von mir enttäuscht sein“. Sie war verzweifelt und es fiel ihr schwer, aber sie fühlte sich danach erleichtert. Skye und ihre Lehrer erstellten einen Arbeitsplan und gaben ihr eine gewisse Kontrolle darüber, wann die verschiedenen Arbeiten eingereicht werden mussten, basierend auf dem vorherigen Schuljahr. Es wurden klare Grenzen für die „Arbeitszeiten“ festgelegt, um sicherzustellen, dass sie jeden Tag eine „Auszeit“ hatte, in der sie sich entspannen konnte. Wenn die Arbeit nicht ganz fertig war, war das in Ordnung. Sie bekam einen älteren Mentor zur Seite gestellt, mit dem sie sich zweimal pro Woche traf. Ihr Mentor gab ihr Ratschläge zu den Herausforderungen der Oberstufe, beschrieb, welche Lehrer ansprechbar waren und welche Fächer und Freizeitaktivitäten ihr am meisten Spaß machen könnten. Zu Hause nahm sich Skyes Vater jeden Morgen und Abend Zeit, um mit Skye zu sprechen, um ihre negativen Gedanken zu hinterfragen und herauszufinden, was gut lief und womit sie zu kämpfen hatte. Sie sprachen viel über ihre Gefühle, was für beide Neuland war, aber mit etwas Übung wurde es einfacher. Ihre Beziehung wurde enger und Skye erzählte ihrem Vater, dass sie oft das Gefühl hatte, die Schularbeiten nicht bewältigen zu können und an sich selbst zu zweifeln. Die Sorgen blieben bestehen, waren aber viel leichter zu bewältigen. Die körperlichen Symptome gingen deutlich zurück.

Was könnte im Weg stehen?
Wenn Sie erkannt haben, dass ein junger Mensch emotionale Probleme hat, ist es wichtig, darüber zu sprechen und zu überlegen, wie man damit umgehen kann. Im Laufe der Zeit kann es schwierig werden, entsprechende Methodiken aufrechtzuerhalten, wenn der Stress des Lebens überhandnimmt. Es ist wichtig, dass sich Eltern und Lehrer regelmäßig treffen, um mit den jungen Menschen zu sprechen und die Unterstützung nicht zu schnell zu beenden. Ein frühzeitiges Eingreifen ist viel hilfreicher, als zu warten, bis es zu einer Krise kommt, und wir wissen, dass die Unterstützung bei Angstzuständen viel eher zu einem positiven Ergebnis führt.

HANDLUNGSEMPFEHLUNG:

Beobachten Sie das Verhalten des Teenagers, um sein Gehirn zu verstehen
Sie können herausfinden, welcher Teil des Gehirns eines jungen Menschen gerade aktiv ist, indem Sie sich dessen Verhalten beobachten. Wenn ein Jugendlicher bei den Hausaufgaben anfängt, sich abzulenken, unhöflich zu sein oder auf dem Blatt herumkritzelt, ist es wahrscheinlich, dass sein emotionales Gehirn das Sagen hat und sein denkendes Gehirn Schwierigkeiten hat, mitzuhalten. Nehmen Sie dies zur Kenntnis und ändern Sie Ihre Herangehensweise, damit der junge Mensch sein denkendes Gehirn einsetzen kann.

HANDLUNGSEMPFEHLUNG:

Wenn die Emotionen das Sagen haben, kann Ihr Teenager nicht denken
Gebrüllte Anweisungen („Hör auf, herumzualbern!") oder verärgerte Aussprüche („Was ist los mit dir, warum kannst du nicht einfach mit den Hausaufgaben anfangen?") sind keine wirksamen Mittel, um das Denkvermögen eines Teenagers zu fördern. Wir müssen herausfinden, warum das emotionale Gehirn dominiert und es beruhigen. In *Kapitel 17: Möge die Macht mit*

dir sein, Luke! bekommen Sie einige Tipps, was Sie in diesem Moment tun können, um das denkende Gehirn wieder einzuschalten. Wir alle reagieren von Zeit zu Zeit mit unserem Instinktgehirn. Wir sind alle noch in der Entwicklung begriffen, aber wenn man Teenagern die Chance einräumt, ihr Verhalten zu verstehen, werden sie eher in der Lage sein, sich logisch und reflektiert zu verhalten, und das wird ihnen guttun.

HANDLUNGSEMPFEHLUNG

Motivieren, nicht drohen

Das aktivste Teenager-Gehirn ist ein motiviertes Gehirn. Motivation ist ein natürlicher Antrieb, ein Ziel zu verfolgen und etwas zu erreichen. Ein auf Drohungen basierendes Lernen kann zwar manchmal zu kurzfristigen Belohnungen führen, aber langfristig schadet es wahrscheinlich der geistigen Gesundheit. Wie wir noch lernen werden, haben Teenager mächtige Motivationen, und auch wenn das nicht immer möglich ist, ist das Anzapfen dieser inneren Motivation immer der effektivste Weg, das lernende Gehirn zu aktivieren.

HANDLUNGSEMPFEHLUNG:

Überlegen Sie, ob das Aufgabenniveau angemessen ist

Wenn Sie eine Lernaufgabe stellen, ist es wichtig, das richtige Niveau zu wählen, damit der Jugendliche sich in seiner „Zone der optimalen Entwicklung“ befindet. Wenn ein junger Mensch sich nicht engagiert oder keine Fortschritte macht, sollten Sie überlegen, ob das Niveau der Aufgabe für ihn richtig ist, und ihn unterstützen, wenn er frustriert ist, oder ihn auffordern, eine Stufe höher zu gehen, wenn er sich nicht engagiert.

Und die Moral von der Geschicht'...

Zu verstehen, wie Informationen ins Gehirn gelangen und dort verarbeitet werden, kann sehr hilfreich sein. Auf einer grundlegenden Ebene müssen wir die emotionalen Signale des Gehirns beachten, um die geistige Leistung für das Lernen in das denkende Gehirn zu leiten. Die Reihenfolge ist hier wichtig. Lernen ist ein Luxus in einer Welt, in der es um das Überleben geht, so dass die emotionalen Gehirnfunktionen als erstes auf den Energiespeicher des Gehirns zugreifen. Es braucht Zeit, um mit den Frustrationen des Lernens fertig zu werden. Ihre Aufgabe als Erwachsene, die sich um Teenager kümmern, ist es, ein Umfeld zu schaffen, das das denkende Gehirn dazu einlädt, sich einzuschalten. In diesem Buch bekommen Sie zahlreiche Tipps, wie Sie das erreichen.

Downloads: Das Teenager-Gehirn denkt und fühlt

Wenn Sie verstehen, wie das Gehirn funktioniert, werden Sie das Verhalten Ihres Teenagers und auch Ihr eigenes besser verstehen
Alle Gehirne, auch das von Teenagern, geben der Sicherheit Vorrang vor dem Denken. Von allen möglichen Faktoren, die das Gehirn beeinflussen, hat das Bedürfnis nach Sicherheit den größten Einfluss auf die Gehirnaktivität. Wenn der Teenager sich körperlich oder emotional unsicher fühlt, konzentriert sich sein Gehirn auf die Bewältigung der Bedrohung und verlagert die Aktivität auf das emotionale Gehirn. Ein sicheres, ruhiges und motiviertes Gehirn ist am besten geeignet, um zu lernen und gute Entscheidungen zu treffen, denn dann kann das Gehirn Ressourcen in die Bereiche leiten, die für das Denken und den Verstand zuständig sind (das denkende Gehirn).

Das Teenager-Gehirn in die richtige „Zone" für das Lernen zu bringen, ist der Schlüssel, um das Lernpotenzial von Teenagern optimal zu nutzen.

Übung

Manchmal können Furcht oder Angst wie Wut „aussehen". Behalten Sie dies im Hinterkopf und notieren Sie drei Situationen, in denen Ihr Teenager ängstlich oder wütend wirkte, in denen er „völlig durcheinander" und möglicherweise außer Kontrolle zu sein schien. Dies ist der Fall, wenn das Teenager-Gehirn von seinem emotionalen Gehirn dominiert wird. Fragen Sie sich selbst: Was haben sie getan? Wer war noch da? Was ist kurz zuvor passiert? Was war an dem Tag/der Woche/dem Monat sonst noch wichtig für Ihren Teenager? Was haben Sie gesagt? Wie haben Sie reagiert?

Ängstlich oder wütend - Situation 1

....

....

....

Ängstlich oder wütend - Situation 2

....

....

....

Ängstlich oder wütend - Situation 3

....

....

....

Notieren Sie sich nun drei Situationen, in denen Ihr Teenager am besten in der Lage ist, seine Emotionen zu regulieren und sein Denkvermögen einzusetzen. Beantworten Sie die gleichen Fragen auch für sich selbst.

Am besten in der Lage, Emotionen zu regulieren und das denkende Gehirn einzuschalten – Situation 1

....

....

Am besten in der Lage, Emotionen zu regulieren und das denkende Gehirn einzuschalten – Situation 2

....

....

Am besten in der Lage, Emotionen zu regulieren und das denkende Gehirn einzuschalten – Situation 3

....

....

<u>Machen Sie die gleiche Übung für sich selbst.</u>

Ängstlich oder wütend - Situation 1

....

....

Ängstlich oder wütend - Situation 2

....

....

Ängstlich oder wütend - Situation 3

....

....

Am besten in der Lage, Emotionen zu regulieren und das denkende Gehirn zu aktivieren – Situation 1

....

....

Am besten in der Lage, Emotionen zu regulieren und das denkende Gehirn zu aktivieren – Situation 2

....

....

Am besten in der Lage, Emotionen zu regulieren und das denkende Gehirn zu aktivieren – Situation 3

....

....

Wenn dies geschieht …	Denken Sie nicht das …	Sondern vielleicht das …
Ihr Teenager lernt nicht für seine Prüfungen, die nächste Woche beginnen.	Wenn du bei der Prüfung nächste Woche nicht gut abschneidest, kannst du dich von der Party am Wochenende verabschieden. Ich will jetzt sehen, dass du dich für die Schule anstrengst.	Deine Prüfungen nächste Woche sind wichtig und ich weiß, dass du gut abschneiden kannst. Konzentriertes Arbeiten wird diese Woche entscheidend sein. Was können wir tun, um sicherzustellen, dass du diese Woche gut arbeitest, damit du das Wochenende darauf die Party genießen kannst?
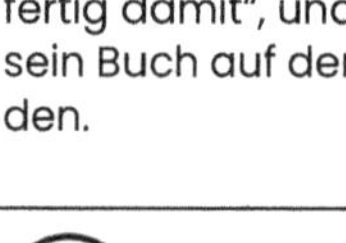 Motivieren, nicht drohen.		
Ihr Teenager holt seine Bücher heraus, um zu lernen, und ruft dann plötzlich: „Ich schmeiße Chemie hin. Ich bin fertig damit“, und wirft sein Buch auf den Boden.	Die Explosion kam aus heiterem Himmel. Was ist sein Problem?	Seine Reaktion muss durch unsere letzte gemeinsame Chemiehausaufgaben-Sitzung ausgelöst worden sein, die ja überhaupt nicht gut lief. Wir sollten gemeinsam überlegen, was wir tun können.
 Erkennen Sie durch vorherige Erlebnisse ausgelöste Verhaltensweisen - Gefühle kommen nicht aus heiterem Himmel.		
Ihr Teenager hat einen Test nicht bestanden, obwohl sie zu Hause und in der Schule viele Stunden dafür gelernt hat.	Sie hat scheinbar stundenlang geübt und hat trotzdem nicht gut abgeschnitten. Sie muss in diesem Fach schwach sein.	Ich frage mich, ob sie die ganze Lernzeit in ihrer „Komfortzone“ verbracht hat. Wenn ja, dann hat sie sich nicht genug gefordert und gelernt, um gut abzuschneiden. Ich sollte ihre Lerntechniken detailliert betrachten.
 Die Arbeitszeit ist nicht der beste Indikator für den Erfolg, es kommt darauf an, was junge Menschen in dieser Zeit tun.		

Kapitel 3

Das Teenager-Gehirn – lernt und glaubt

Kurz und knapp

- Unser Gehirn ist bei der Geburt unreif und wächst, indem es Neuronen miteinander verbindet und neuronale Schaltkreise aufbaut.
- Für das Lernen sind Wiederholungen von Informationen der Schlüssel zum Aufbau stärkerer neuronaler Schaltkreise, die das Gehirn verändern.
- Die Überzeugungen, die wir über uns selbst haben, verändern die Funktionsweise unseres Gehirns.
- Jugendliche müssen sich in einem positiven Lernzyklus befinden, um die Entwicklung ihres Gehirns zu fördern.
- Eine wachstumsorientierte Denkweise führt dazu, dass junge Menschen neue Herausforderungen annehmen und ihr Gehirn widerstandsfähiger wird, wenn sie einen Fehler machen.
- Erwachsene schaffen ein positives Lernumfeld, indem sie die Sprache des wachstumsorientierten Denkens über sich selbst und ihre Teenager anwenden.

Einleitung

Gehirne wachsen, wenn wir Dinge wiederholt tun

Wir lernen ständig. Das ist ein natürlicher Teil der menschlichen Natur, denn wir verfügen über **Neuroplastizität** (siehe *Kapitel 1: Das unglaubliche Teenager-Gehirn - Zeit für ein Upgrade*). Doch der Lernprozess ist nicht immer bequem. Wenn wir wirklich gut werden wollen, werden wir uns beim Lernen unweigerlich unwohl fühlen und uns anstrengen müssen, um die Lücke zwischen dem bestehenden Wissensstand und dem Lernziel zu schließen.

Michelle Obama beschreibt das sehr gut:

> *„Wenn du viel über etwas nachdenkst oder dich abmühst, ein Problem zu lösen - egal, ob es sich um Mathematik, Naturwissenschaften oder ein Problem im Leben handelt - wächst dein Gehirn tatsächlich."*
> *(Michelle Obama 2014)*[13]

Das Wissen über die grundlegenden Abläufe der Gehirnentwicklung und die Veränderungen, die dem Lernen zugrunde liegen, kann sehr hilfreich sein, da wir uns dann vorstellen können, was im Gehirn passiert, wenn zum Beispiel ein junger Mensch eine neue Aufgabe lernt oder eine Entscheidung trifft, die uns verwirrt.

Wir haben Überzeugungen, die unser Gehirn und unser Verhalten beeinflussen

Wir Menschen haben zahlreiche Überzeugungen, die einen starken Einfluss darauf haben, wie wir mit der Welt umgehen. Die Art und Weise, wie wir denken, beeinflusst unser Handeln und Fühlen; dies wird als „Mindset" (Denkweise) bezeichnet. Carol Dweck (2012), eine amerikanische Psychologin, hat die unterschiedlichen Mindsets populär gemacht. Sie vertrat die Idee, dass die Überzeugung eines Menschen, ob seine Intelligenz fixiert ist („fixed mindset"- „feste Denkweise") oder entwickelt werden kann („growth mindset"- „wachstumsorientierte Denkweise"), eine wichtige Voraussetzung für den Erfolg sein kann.

Mehr als ein Jahrzehnt an Forschung hat bewiesen, dass das Mindset die Gefühle, Gedanken und das Verhalten eines Menschen in vielen Bereichen des Lebens prägt. Jo Boaler, Professor für Mathematikunterricht, drückt es so aus: „Wenn Menschen ihr Mindset ändern und erkennen, dass sie auf hohem Niveau lernen können, ändern sie ihre Lernwege und erreichen bessere Leistungen" (2016, S. ix). Bei der Lektüre dieses Buches werden Sie erkennen, welche Macht unsere Überzeugungen darüber haben, wie wir auf

Stress, Rückschläge beim Lernen sowie schwierige soziale Erfahrungen reagieren und wie wir die Fähigkeiten anderer Menschen interpretieren, einschließlich der jungen Menschen, mit denen wir arbeiten.

Der wissenschaftliche Teil: Gehirn und Verhalten

Wenn wir lernen, bauen wir neue Schaltkreise im Gehirn auf

Das Gehirn enthält etwa 86 Milliarden Neuronen, die als Zellen die Bausteine für das Lernen darstellen. Wir werden mit ungefähr der gleichen Anzahl von Neuronen geboren, mit der wir auch sterben, aber der Unterschied zwischen einem unreifen und einem reifen Gehirn liegt in der Anzahl der Verbindungen zwischen den Neuronen. Das Gehirn eines neugeborenen Babys hat nur wenige Verbindungen. Sie wissen wahrscheinlich, wie schnell sich das Gehirn von der Geburt bis zum dritten Lebensjahr entwickelt, vor allem, wenn Sie beobachtet haben, wie schnell ein Baby oder Kleinkind eine Reihe komplexer Aufgaben bewältigt. Dieses effektive Wachstum ist darauf zurückzuführen, dass das Gehirn Schaltkreise bildet, die verschiedene Bereiche des Gehirns miteinander verbinden und Teile zusammenführen, um unterschiedliche Fähigkeiten zu entwickeln.

Während die Gene eine Rolle bei der Bestimmung spielen, welcher Teil des Gehirns für die Entwicklung bereit ist, ist, wie bereits erwähnt, die tägliche Erfahrung die treibende Kraft hinter dem Lernen, ein Prozess, der „Brain-Wiring“ (neuronale Vernetzung) genannt wird. Wenn wir etwas zum ersten Mal tun, wird ein elektrisches Signal durch ein Neuron gesendet und mit einem anderen durch eine chemische Verbindung verknüpft, das elektrische Signal wird dann zum nächsten Neuron weitergeleitet und so weiter. „Zellen, die gemeinsam aktiv sind, verbinden sich“ (Carla J. Shatz 1992, S. 64).

Wenn Ihr Teenager zum ersten Mal eine neue App auf seinem Handy benutzt oder die Steuerung eines neuen Computerspiels erlernt, baut sich ein Schaltkreis im Gehirn auf. Bei jeder Wiederholung wird der Schaltkreis stärker und das Verhalten wird schneller und erfordert weniger Anstrengung. Während des Lernprozesses umhüllt das Gehirn den Schaltkreis mit einer Fettschicht, damit das Signal schneller und effizienter übertragen wird (ein Prozess, der Myelinisierung genannt wird). Beobachten Sie einmal die Geschwindigkeit eines Jugendlichen, der eine Nachricht auf seinem Handy schreibt, um einen Beweis für einen sehr gut myelinisierten Schaltkreis zu sehen. Die Quintessenz ist, dass jede wiederholte Aktivität oder jedes Denkmuster dauerhafte Veränderungen der Gehirnbahnen bewirkt.

Unser Mindset hat einen großen Einfluss darauf, wie wir denken, fühlen und uns verhalten

Intelligenz (IQ) ist nicht der wichtigste Faktor, wenn es um schulische Leistungen geht, viele Faktoren tragen dazu bei, darunter auch das Mindset – dies ist wissenschaftlich belegt. Schüler mit einem „fixierten" Mindset zur Intelligenz glauben, dass ihre Fähigkeiten in Stein gemeißelt und von Geburt an festgelegt sind. Diese Jugendlichen schrecken vor Herausforderungen zurück, fühlen sich von Misserfolgen bedroht und bleiben bei dem, was sie wissen. Junge Menschen mit einer wachstumsorientierten Denkweise glauben, dass Fähigkeiten und Erfolge durch Anstrengung, Ausdauer und Wiederholung erzielt werden. Diese jungen Menschen glauben, dass sie alles lernen können, sich beharrlich durch schwierige Situationen durchbeißen, bewusst nach Herausforderungen suchen und durch Hindernisse motiviert werden können. Als Forscher herausfanden, dass man das Mindset eines Kindes verändern und seine Leistungen und sein Verhalten beeinflussen kann, war das eine bahnbrechende Erkenntnis.

Auf den Teenager übertragen

Mindestens 10.000 Stunden sind nötig, um Experte zu werden

Das Verständnis, wie das Gehirn auf zellulärer Ebene lernt, passt zur „10.000-Stunden-Regel". Der kanadische Journalist Malcolm Gladwell hat diese Idee in seinem Buch *Outliers* (2008) populär gemacht, aber die Forschung wurde eigentlich von den schwedischen Psychologen Anders Ericsson, Ralf Krampe und Clemens Tesch-Römer (1993) durchgeführt. Sie wollten herausfinden, was talentierte Menschen in ihrem jeweiligen Bereich so gut macht, und untersuchten begabte Menschen in verschiedenen Bereichen.

Unabhängig von ihren Fähigkeiten hatten die Experten eines gemeinsam: Sie hatten alle mindestens 10.000 Stunden Praxis in ihrem gewählten Fachbereich. Er nannte diesen Vorgang „gezieltes Üben", bei dem die Person ihre Schwachstellen identifiziert, konstruktives Feedback einholt und ihre Technik verbessert. Ericsson war kein Neurowissenschaftler, aber sein Konzept des gezielten Übens wird durch Erkenntnisse aus der neuropsychologischen Forschung gestützt. Geschicklichkeit entsteht durch Wiederholung – je öfter ein neuronaler Schaltkreis aktiviert wird, desto effizienter wird er. Niemand wird zum Experten, ohne Stunden an Arbeit investiert zu haben.

Unser Ziel ist es, Teenager in einen positiven Lernzyklus zu bringen

Ein positiver Lernzyklus (siehe Abbildung 3.1) tritt ein, wenn Sie eine Handlung ausführen und dabei ein Erfolgserlebnis verspüren und im Zustand des „Flow" eine positive Dynamik entsteht, die das Wachstum von Gehirnverbindungen fördert. Sie fühlen sich großartig, und sind motiviert, diese Aktivität immer wieder zu wiederholen und dadurch kontinuierlich an Erfahrung zu gewinnen. Durch Wiederholungen bauen sie stärkere Gehirnschaltkreise auf. Diese neuronalen Verbindungen werden effizienter, wenn sie myelinisiert werden, so entsteht Kompetenz. Wenn wir etwas gut können, haben wir den Wunsch, es erneut zu tun, und so entwickelt sich die Fähigkeit weiter.

Erklären Sie jungen Menschen, wie das Lernen auf neurologischer Ebene abläuft. Verdeutlichen Sie ihnen, dass sie, wenn sie etwas zum ersten Mal tun, nicht sehr gut darin sein werden, weil ihnen der Gehirnschaltkreis zur Unterstützung dieser Fähigkeit fehlt (das ist wichtig zu wissen, wenn man einen Misserfolg erlebt). Wenn sie gut in etwas werden wollen, ist Wiederholung von essentieller Bedeutung. Das ist eine einfache Idee, aber sie ist grundlegend für die Neurowissenschaften und das Lernen. Wenn Sie sagen: „Du bist einfach talentiert in X, deshalb hast du es geschafft", bringen Sie einem jungen Menschen ungewollt bei, dass er es entweder kann oder nicht. Wenn man es nicht kann, warum sollte man es dann versuchen? Diese Denkweise steht dem Lernen im Weg. Wenn wir für Jugendliche eine förderliche Umgebung schaffen und ihnen ein wachstumsorientiertes Mindset vermitteln, ermöglichen wir ihnen einen positiven Lernzyklus. Wir betonen immer wieder die Bedeutung der Umgebung, da diese einen starken Einfluss auf das Lernen hat. Obwohl Gehirne grundsätzlich darauf ausgelegt sind zu lernen, kann dieser Zyklus durch eine ungünstige Umgebung leicht gestört werden.

Abbildung 3.1: Der positive Kreislauf des Lernens

Menschen mit einer wachstumsorientierten Denkweise akzeptieren Herausforderungen und strengen sich mehr an

Viele Dinge, darunter auch ein fixiertes Mindset, können eine Person aus dem positiven Lernzyklus werfen. Ein junger Mensch kann zufrieden an einer Aufgabe arbeiten und die Schaltkreise seines Gehirns wachsen lassen, aber dann stößt er auf eine Herausforderung oder erlebt einen Misserfolg.

Was dann passiert, ist von entscheidender Bedeutung. Menschen mit einer wachstumsorientierten Denkweise verstehen dies als Teil des Lernens. Sie werden herausgefordert, glauben aber, dass sie durch Wiederholung ihr Ziel erreichen können, wenn sie hartnäckig bleiben. Menschen mit einem fixierten Mindset verstehen Herausforderungen als Zeichen dafür, dass die Aufgabe nichts für sie ist. Die Veränderung des Mindsets eines jungen Menschen führt zu erfreulichen Ergebnissen: Sie lernen, wie ihr Gehirn wachsen kann und wie sie ihr volles Potenzial entfalten können.

Mit einer wachstumsorientierten Denkweise bringen Fehler das Gehirn in Schwung und lassen es wachsen

Jason Mosner et al. (2011) untersuchten, was im Gehirn passiert, wenn wir einen Fehler machen. Sie fanden heraus, dass die Aktivität unserer Neuronen zunimmt, vor allem dann, wenn das Gehirn mit Problemen konfrontiert wird. Es stellte sich auch heraus, dass Menschen mit einer wachstumsorientierten Denkweise eine größere Gehirnaktivität und damit Wachstum zeigen, wenn sie Fehler machen, als Menschen mit einem fixierten Mindset. Sie lernen buchstäblich mehr durch ihre Fehler. Ein wachstumsorientiertes Mindset macht einen größeren Lernerfolg wahrscheinlicher, wenn wir 10.000 Stunden gezielten Übens absolvieren.

Was bedeutet das für den Alltag?

Jedes Lernen erfordert Übung – es braucht Zeit, um zu lernen, wie man ein Ei kocht

Wenn wir über das Lernen nachdenken, sollten wir eine weit gefasste Definition dessen, was wir meinen, haben. Es geht nicht nur um akademisches Lernen, sondern auch darum, zu lernen, wie man den Abwasch macht, Prioritäten setzt, das Bett macht, einen Zeitplan aufstellt, mit seinen Gefühlen umgeht oder jemanden in Not hilft. Lehrer könnten sich überlegen, ob sie Lerntechniken oder einen Zeitplan für das Lernen oder den Umgang mit Prüfungsangst vermitteln wollen. Für Eltern gilt, dass Teenager nicht auf magische Weise wissen, wie sie ihre Hausarbeit erledigen oder ihre Emotionen und ihr Verhalten in den Griff bekommen, wenn sie nicht mit einem unterstützenden, lehrenden Erwachsenen an ihrer Seite geübt haben. Wenn Sie sich denken: „Ich kann nicht glauben, dass ich einen 17-Jährigen habe, der kein Ei kochen kann", fragen Sie sich ehrlich: Haben Sie Ihrem Kind je beigebracht, wie man ein Ei kocht? Tatsächlich ist es anfangs eine ziemlich knifflige Angelegenheit, vor allem, wenn man das Eigelb noch flüssig haben möchten. Geben Sie ihnen also die Möglichkeit, diese neuronalen Verbindungen aufzubauen.

Achte Sie auf ihr Mindset und ihre Ausdrucksweise

Teenager lernen nicht nur etwas über Mindsets, indem man ihnen davon erzählt. Sie nehmen diese Informationen aus unserem Verhalten und unserer Sprache auf. Wir neigen dazu, junge Menschen als gut oder nicht gut in bestimmten Dingen einzustufen. Wie sich herausstellt, ist nichts von beidem hilfreich. Wenn ein junger Mensch etwas gut macht und Sie ihm sofort auf die Schulter klopfen und sagen: „Mensch, du bist so ein talentierter Musiker" oder „Du bist so klug, du musst dich nicht einmal anstrengen", verstärken Sie ein fixiertes Mindset. Ähnlich verhält es sich, wenn ein junger Mensch in einem Test schlecht abschneidet und Sie ihm sagen (auch wenn Sie es gut meinen): „Ach, mach dir keine Sorgen, du bist einfach nicht gut in Mathe. Das war ich auch nicht, als ich jünger war. So sind wir nun einmal gebaut". Beide Botschaften vermitteln, dass sie wenig tun können, um den Lauf ihres Schicksals zu ändern, aber sie widersprechen dem, was uns die Wissenschaft über die Entwicklung und das Wachstum des Gehirns sagt.

Die Gene spielen durchaus eine kleine Rolle. Wir können z. B. eine natürliche Veranlagung für Sprachen erben, aber wenn Sie keine Gelegenheit haben, sie zu erlernen, oder die Anstrengung, die nötig ist, um wirklich gut zu werden, nicht zu schätzen wissen, werden Sie nie gut in Fremdsprachen werden. Die Sprache des wachstumsorientierten Mindsets konzentriert sich auf die Anstrengung: „Du hast in deinem Mathetest so gut abgeschnitten, du musst dich wirklich angestrengt haben" oder „Das war nicht deine beste Note, also sollten wir uns darauf konzentrieren, wie wir dich am besten auf das nächste Mal vorbereiten können." Dies sind kleine, aber sehr bedeutsame Veränderungen im Umfeld Ihres Teenagers, die dazu beitragen, dass das Gehirn Ihres Kindes sein optimales Potenzial entfalten kann.

Was bedeutet das für das Lernen?

Achten Sie auf die Auslöser des fixierten Mindsets

Das Konzept des wachstumsorientierten Mindsets hat in den letzten Jahren Einzug in das Bildungswesen erhalten, die meisten Lehrer sind bereits mit den Ideen in Berührung gekommen. Viele Pädagogen setzen das Konzept des wachstumsorientierten Mindsets in ihren Klassenzimmern um und nutzen das erhaltene Feedback. Die neueste Forschung bietet jedoch wichtige Neuerungen des Ansatzes.

Jüngste Forschungen auf diesem Gebiet warnen vor den Gefahren von Auslösern der Mindsets. Bestimmte Ereignisse können dazu führen, dass wir zu einem fixierten Mindset zurückkehren. Wenn zum Beispiel ein Schüler in einem Fach immer wieder schlechte Noten bekommt, könnten Sie als Lehrer anfangen zu glauben, dass er einfach nicht gut in diesem Fach ist. Es ist wichtig, diese Überzeugungen zu beobachten, denn Schüler brauchen Lehrer, die an sie glauben. Die Worte eines Lehrers und die Überzeugungen, die er über seine Schüler hat, sind ein wichtiger Faktor für den Erfolg der Schüler. Die Psychologen Jason Okonofua, David Paunesku und Gregory Walton (2016) beschrieben eine eintägige Intervention, die ein empathisches Mindset bei Lehrern anregte, was sich deutlich auf das Engagement der Schüler auswirkte und die Beziehungen zwischen Schülern und Lehrern erheblich verbesserte. Viele Lehrer wissen, dass es nur eine kleine Veränderung oder eine Person braucht, um die Lernweise eines Kindes zu verändern.

Seien Sie sich über Ihre eigenen Auslöser für eine fixierte Denkweise bewusst, die besonders in Situationen mit hohem Druck auftreten können. Sie halten eine Frist nicht ein und denken: „Ich bin so schlecht im Zeitmanagement; das nächste Mal überlasse ich es Kollege X." Lassen Sie sich nicht zu dieser Denkweise verleiten. Wenn Sie es weiter versuchen, werden Ihre neuronalen Schaltkreise aktiviert und Sie werden langsam aber sicher besser darin werden – jetzt sind es nur noch 9.999 Stunden.

Schüler brauchen Lehrer, die sie aktiv dazu ermutigen, Fehler zu machen

Einen Fehler zu machen, fühlt sich schrecklich an und kann für einen Teenager und sein sich entwickelndes Selbstkonzept besonders schmerzhaft sein (siehe *Kapitel 11: Selbstreflexion*), aber es ist wichtig, eine Lernumgebungskultur zu verankern, die Fehler wertschätzt. „Ein Fehler? Fantastisch! Daran wächst dein Gehirn."

Was lernen wir daraus?

Die Gehirne von Teenagern haben neuronale Schaltkreise, die bereit sind und darauf warten, mit Effizienz zu wachsen. Wir können unsere Erkenntnisse aus der Wissenschaft nutzen, um junge Menschen bei der Entwicklung ihres Gehirns zu unterstützen, wenn wir ihnen erklären, wie es funktioniert, und ihnen ein wachstumsorientiertes Mindset vermitteln. Achten Sie darauf, wie Sie Ihr Feedback formulieren, und verfallen Sie nicht in die Gewohnheit, zu denken, dass entweder Sie oder Ihre Schüler es nicht können. Wenn es um das Gehirn geht, gibt es so etwas wie „nicht können" überhaupt nicht – Sie haben es bloß noch nicht gelernt.

Fallstudie: Reo

Reo war ein junger Mann im Alter von 19 Jahren, der einen Psychologen aufsuchte, nachdem er an Trichotillomanie erkrankt war, einer Angststörung, die dazu führt, dass man sich die Haare ausreißt. Reo stammte aus einer kleinen, liebevollen Familie und hatte während seiner gesamten Schullaufbahn durchweg sehr gute Noten. Schon in jungen Jahren wurde ihm gesagt, dass er akademisch sehr begabt sei, und die Lehrer sagten regelmäßig: „Du bist so klug, du wirst sicher auf eine Spitzenuniversität gehen."

Im Rückblick auf seine Schulzeit sagte Reo, er sei immer ein strebsamer Schüler gewesen, der die Erwartungen der Eltern und Lehrer erfüllt habe. In der Schule war er Klassenbester und sagte, dass er dafür nicht besonders hart arbeiten musste. Er liebte Eishockey und spielte während seiner gesamten Schulzeit, meist in der 1. Mannschaft der Schule. In seiner Jugend hatte er einige Probleme mit Freundschaften, die zum Teil auf die Eifersucht zwischen ihm und seinen Freunden zurückzuführen waren, die sich alle um die begehrten Plätze in der Eishockeymannschaft bemühten. Er hatte mit dem Konflikt zu kämpfen, mit Gleichaltrigen eng befreundet zu sein und gleichzeitig mit ihnen zu konkurrieren. Manchmal wurde es brenzlig, nichtsdestotrotz wurde er im letzten Schuljahr zum Schulsprecher ernannt.

Reo war völlig schockiert und bestürzt, als er bei den Abschlussprüfungen nicht so gut abschnitt wie erwartet und auch keinen Studienplatz an der Universität seiner Wahl erhielt. Seine Eltern und Lehrer waren ähnlich überrascht, auch wenn sie sich bemühten, es nicht zu zeigen. Reo besuchte eine andere gute Universität, fand Freunde und lebte sich gut ein. Obwohl er die Erwachsenen in seinem Leben sehr liebte, war die Trennung von seinen Eltern und Lehrern gut für ihn, und er entwickelte auf gesunde Weise Autonomie und Unabhängigkeit. Die Beziehungen zu Gleichaltrigen waren an der Universität viel besser geworden, und er fand heraus, wer er war und was er mit seinem Leben anfangen wollte. Als er sich jedoch für ein Jurasemester bewarb, wurde er von Ängsten überwältigt. Zu diesem Zeitpunkt hatte die Trichotillomanie begonnen, die er nicht mehr kontrollieren konnte.

Als Reo mit dem Therapeuten sprach und seine Gedanken verarbeitete, wurde ihm klar, dass er Angst vor der möglichen Ablehnung hatte, die er bei der Bewerbung um einen Jura-Studienplatz erhalten könnte. Es war ein hart umkämpftes Verfahren. Er dachte daran, wie traumatisch sein „Versagen" bei der Abschlussprüfung in der Schule gewesen war und wie sehr er sich öffentlich schämte. Das wollte er nicht noch einmal riskieren.

Eine gute Lösung

Reo ist ein gutes Beispiel für einen jungen Menschen, dessen Eltern während seiner gesamten Kindheit darauf bedacht waren, sein Selbstvertrauen zu stärken, indem sie ihm sagten, wie fähig er von Natur aus sei. Dies geschah zwar in guter Absicht, aber in Verbindung mit seinem Wunsch, stets zu gefallen, führte es dazu, dass er während seiner gesamten Schullaufbahn nie schlechte Noten erhielt. Er hatte ein festes Mindset entwickelt („Ich bin intelligent"), und als er nicht so gut abschnitt, wie er erwartet hatte, glaubte er, dass seine Eltern und Lehrer sich geirrt hatten. Er glaubte, dass dies bestätigte, dass er nicht so intelligent war, wie sie gesagt hatten. Im Rückblick erkannte er Verhaltensweisen, die sein Wachstum in der Schule möglicherweise eingeschränkt hatten. Er wollte immer nur Dinge ausprobieren, von denen er wusste, dass er darin nicht versagen würde, also strengte er sich nie zu sehr an. Wenn er in einem Thema nicht so gut abschnitt, ging er schnell weiter und sagte sich, dass es einfach nicht „sein" Thema war. Schließlich war er ja schlau und musste sich nicht anstrengen. Er erinnerte sich daran, wie er doch manchmal Probleme im Unterricht hatte, sich aber nicht traute, eine Frage zu stellen, weil er befürchtete, seine Stellung als der „kluge" Junge zu verlieren.

In der Therapie lernte Reo etwas über das wachstumsorientierte Mindset und überlegte, wie es sich auf seine Herangehensweise an neue und schwierige Aufgaben auswirkte. Er lernte auch, dass Versagen nicht gleichbedeutend mit „nicht klug" ist. Er hatte Angst, aber mit einem Psychologen an seiner Seite fand er den Mut, sich für Jura zu bewerben und zu riskieren, dass er keinen der hart umkämpften Studienplätze bekommt. Er wurde abgelehnt, wie viele Bewerber beim ersten Mal, aber mit seiner neuen wachstumsorientierter Denkweise konnte er sich aufraffen, hart arbeiten und es erneut versuchen. Das nächste Mal hatte er tatsächlich Erfolg und damit ein wachstumsorientiertes Mindset und einen völlig neuen Ansatz für das Leben.

Was könnte im Weg stehen?
Es war mutig von Reo, sich von einem Psychologen helfen zu lassen, und es war mutig von seinen Eltern, ihn dabei zu unterstützen. Am Anfang fiel es ihm schwer, kritisch über seine Kindheit nachzudenken, die er für perfekt gehalten hatte. Aber er merkte bald, dass es nicht darum ging, seine Eltern und Lehrer zu kritisieren.

Neuere Forschungen in diesem Bereich haben uns geholfen zu verstehen, wie die Sprache der Erwachsenen und gut gemeinte Ermutigungen junge Menschen zurückhalten können. Hier ging es nicht um Schuldzuweisungen, sondern um Reflexion und Verständnis.

HANDLUNGSEMPFEHLUNG:

Lernen geschieht durch Wiederholung, also unterstützen und ermutigen Sie Jugendliche, weiterzumachen
Nutzen Sie Ihr neues neurowissenschaftliches Verständnis, um die jungen Menschen in Ihrer Obhut dabei zu unterstützen, die neuronalen Schaltkreise aufzubauen, die sie für ihr Leben brauchen, und zwar nicht nur für akademische Leistungen, sondern auch für Lebenskompetenzen. Wenn sie etwas noch nicht können, was Sie als grundlegende Fähigkeit ansehen, schauen Sie nicht verzweifelt drein, sondern bringen Sie es ihnen bei und geben Sie ihnen dann Gelegenheit, es immer wieder zu tun.

HANDLUNGSEMPFEHLUNG:

Ein Zyklus muss entstehen und sich wiederholen
Lernen ist ein Zyklus und erfordert mehrere Versuche, um effizient zu sein – und das ist völlig in Ordnung. Die Schlüsselelemente müssen jedoch vorhanden sein. Finden Sie heraus, was bei Ihrem Teenager ein Gefühl von Erfolg und Anerkennung hervorruft, und überlegen Sie, was Sie tun können, um ihm dieses Gefühl zu vermitteln. Lesen Sie weiter, um herauszufinden,

was den Einstieg in diesen positiven Lernzyklus behindern könnte und wie wir junge Menschen wieder auf den richtigen Weg bringen.

Handlungsempfehlung:

Lehren Sie junge Menschen, wie das Gehirn wächst und fördern Sie ein wachstumsorientiertes Mindset

Machen Sie sich mit den Anzeichen eines fixierten und eines wachstumsorientierten Mindsets vertraut und sorgen Sie dafür, dass auch Ihr Teenager sie kennt. Achten Sie auf die Details Ihrer Sprache, um sicherzustellen, dass Sie nicht ungewollt eine fixe Denkweise verstärken. Halten Sie Ausschau nach Fallen und Auslösern, um Ihren Teenager zu unterstützen. Entwickeln Sie Ihr Gehirn weiter; glauben Sie an sich selbst und an sie.

Handlungsempfehlung

Unterstützen Sie sie dabei, eine neue Art zu finden, ihr Lernen zu üben

Wenn der Jugendliche mit einer Aufgabe Schwierigkeiten hat, sollten Sie ihm helfen, darüber nachzudenken, wie er beim nächsten Mal vorgehen kann. „Du musst dich mehr anstrengen" kann demoralisierend wirken und ist nicht konkret genug, um nützlich zu sein. Unterstützen Sie eine Überprüfung ihrer Strategie, bei der sie lernen, wann sie üben und so weiter. Eine Änderung des Übungsansatzes kann zielführend sein und das Lernen auf das nächste Level bringen.

Handlungsempfehlung:

Sprechen Sie mit jungen Menschen über Ihre eigenen Fehler

Sprechen Sie mit ihnen über Ihre Herausforderungen und Erfolge. Machen Sie Fehler zur Normalität, sprechen Sie über Ihre Erfahrungen mit Frustration und dem Bedürfnis, aufzugeben. Freuen Sie sich dann, wenn Sie den Durchbruch geschafft haben und wie toll sich das anfühlt. Junge Menschen brauchen Vorbilder – Sie können ihnen zeigen, dass Erwachsenwerden genauso sehr mit Misserfolgen und dem Wiederaufstehen, um erneut zu lernen, verbunden ist wie mit harter Arbeit. Natürlich sind innere Kämpfe und Fehler schwierige Erfahrungen, aber sagen Sie sollten sich immer vor Augen halten: Diese Erfahrungen sind wertvoll und bieten reichhaltige Lernmöglichkeiten.

Und die Moral von der Geschicht'...

Das Gehirn baut durch Wiederholungen neuronale Schaltkreise auf, die sich zu Kompetenzen entwickeln. Das Umfeld, die Überzeugungen und die Reaktionen auf Lernherausforderungen können den Weg in den positiven Lernzyklus ebnen oder unterbrechen.

Downloads: Das Teenager-Gehirn lernt und glaubt

Das Gehirn lernt durch Handeln, und wir entwickeln Fähigkeiten durch Wiederholung und Übung. Das Teenager-Gehirn ist besonders lernbereit, aber um dieses Potenzial optimal zu nutzen, müssen sie in einen positiven Lernzyklus eintreten. Was wir über das Lernen glauben und wie wir uns selbst als Lernende einschätzen, sagt voraus, wie wir auf eine Lernerfahrung reagieren und wie viel wir lernen werden.

Achten Sie auf Ihre Sprache, um eine wachstumsorientierte Denkweise zu fördern, und bringen Sie jungen Menschen bei, dass Fehler ein fester Bestandteil des Lernprozesses sind. Ihre Einstellung zu Ihrem eigenen Lernen und zur Lernfähigkeit Ihres Teenagers wird dessen Einstellung zum Lernen beeinflussen.

Übung

Notieren Sie drei Situationen, in denen es für Ihren Teenager nicht so gut gelaufen ist. Denken Sie dabei an akademische Aufgaben und Lebenskompetenzen. Sind Sie in ein fixiertes Mindset verfallen, wie z. B. „Du bist darin nicht gut und wirst es auch nie sein. Du solltest lieber aufhören, es zu versuchen.“?

Es ist nicht so gut gelaufen - Situation 1

....

....

Es ist nicht so gut gelaufen - Situation 2

....

....

Es ist nicht so gut gelaufen - Situation 3

....

....

Wann befinden sich Ihre Teenager im besten positiven Lernzyklus? (Denken Sie dabei an eine beliebige Aktivität, z. B. das Installieren der Spielkonsole). Ist ihr Mindset immer noch fixiert? Was ist anders im Vergleich zu der Lernerfahrung, die nicht so gut gelaufen ist?

Es ist gut gelaufen - Situation 1

....

Es ist gut gelaufen - Situation 2

....

Es ist gut gelaufen - Situation 3

....

Wenn Ihr Teenager etwas zum ersten Mal ausprobiert, scheint er dann verärgert zu sein, wenn er nicht sofort erfolgreich ist? Das könnte ein Hinweis auf ein fixiertes Mindset zum eigenen Lernen sein. Was ist Ihre Reaktion? Führen Sie diese Übung nun mit sich selbst im Kopf durch.

Es ist nicht so gut gelaufen - Situation 1

....

Es ist nicht so gut gelaufen - Situation 2

....

Es ist nicht so gut gelaufen - Situation 3

....

Es ist gut gelaufen - Situation 1

....

Es ist gut gelaufen - Situation 2

....

Es ist gut gelaufen - Situation 3

....

<table>
<tr><th>Wenn dies geschieht …</th><th>Denken Sie nicht das …</th><th>Sondern vielleicht das …</th></tr>
<tr><td>Ihr Teenager hat zum ersten Mal versucht, seine Kleidung zu waschen. Er hat sein neues blaues Hemd zusammen mit seinen weißen Sachen gewaschen und nun ist alles blau gefärbt.</td><td>Er wird niemals allein zurechtkommen. Er ist 18 und kann nicht einmal seine Kleidung waschen, ohne sie zu ruinieren.</td><td>Neue Fähigkeiten tauchen nicht einfach aus dem Nichts auf. Er lernt gerade etwas Neues, da ist zu erwarten, dass er Fehler macht. Er wird es schaffen – die Schaltkreise im Gehirn brauchen Zeit, um sich zu entwickeln.</td></tr>
<tr><td colspan="3">Denken Sie daran: Fehler sind ein wichtiger Teil des Lernens.</td></tr>
<tr><td>Ihr Teenager schneidet in einem Englischtest sehr gut ab.</td><td>Wow, du has so gut in deinem Englischtest abgeschnitten. Du bist einfach richtig gut in diesem Fach, genau wie ich.</td><td>Wow, du hast so gut in deinem Englischtest abgeschnitten. Du musst wirklich hart daran gearbeitet haben.</td></tr>
<tr><td colspan="3">Achten Sie sorgfältig auf Ihre Sprache, um ein wachstumsorientiertes Mindset zur Leistung zu unterstützen.</td></tr>
<tr><td>Ihr Teenager hat aufgehört, sich an seinen Stundenplan zu halten, weil er ihn für völlig nutzlos hält.</td><td>Mit der „Ich kann das nicht"-Einstellung wirst du deine Prüfungen nie bestehen.</td><td>Dein Arbeitspensum ist im Moment so groß, dass es sich überwältigend anfühlen muss und du denkst, du schaffst es nicht. Denk daran, dass das Gehirn durch Wiederholung lernt. Je mehr du also übst, desto besser wirst du werden.</td></tr>
<tr><td colspan="3">Achten Sie darauf, dass Sie bei der Aufgabenvorbereitung ein wachstumsorientiertes Mindset haben.</td></tr>
</table>

Kapitel 4

Das Teenager-Gehirn baut Verbindungen auf, beobachtet und absorbiert

Kurz und knapp

- Wir lernen, indem wir zwei Ereignisse miteinander in Verbindung bringen, Konsequenzen erfahren und/oder andere beobachten (die es uns zeigen).
- Wir bringen unseren Teenagern aktiv etwas bei, wenn wir mit ihnen zusammen sind – egal, ob wir glauben, dass sie zuschauen oder nicht.
- Die Gehirne junger Menschen sind darauf vorbereitet, ihre eigenen Lernprozesse durch Metakognition (Nachdenken über das eigene Denken) zu reflektieren.
- Durch Vorzeigen unseres Lernverhaltens können wir Jugendliche in den positiven Kreislauf des Lernens einladen.

Einleitung

Wir lernen immer von einander

Seit vielen Jahren untersuchen Psychologen, wie wir voneinander lernen, und haben dabei einige Muster erkannt. Das Verstehen dieser Muster kann eine wichtige Rolle beim Erschließen des Potenzials des Teenager-Gehirns sein. Das Lernen – im weitesten Sinne des Erlernens neuer Verhaltensweisen, Gewohnheiten, Einstellungen oder Fähigkeiten – kann positiv, bereichernd, schädlich oder negativ sein. Es kann Teenager in eine atemberaubende Umlaufbahn katapultieren oder Ihren Fortschritt behindern. Wie auch immer der Lernkontext aussieht, Erwachsene sind oft maßgeblich an den Mechanismen beteiligt, die dem Lernprozess eines Teenagers zugrunde liegen.

Der wissenschaftliche Teil: Gehirn und Verhalten

Zwei Ereignisse können miteinander verknüpft werden, auch wenn wir das nicht möchten

Das Gehirn verfügt über mehrere Systeme zum „Lernen". Während viele der Fähigkeiten und Abläufe, die unter dem Deckmantel des „erzieherischen" Lernens zusammengefasst werden, Tausende von Übungsstunden benötigen, um neuronale Schaltkreise aufzubauen, können andere Lernarten sehr schnell und passiv verinnerlicht werden. Das Lernen durch Assoziation wird als klassische Konditionierung bezeichnet. Iwan Pawlow (2011), ein russischer Physiologe, machte die berühmte Beobachtung, dass Hunde beim Anblick von Futter, das ihnen von einem Laboranten in einem weißen Kit-

Unangenehmes Thema	Neutrales Thema	Änderung des Verhaltens (konditionierte Reaktion)
Mobbing (in der Schule)	Schule	Angst und Meidung der Schule
Kritik des Lehrers (im Matheunterricht)	Mathe	Geringes Selbstvertrauen in Mathe
Konflikt mit den Eltern (bei den Hausaufgaben)	Hausaufgaben	Abneigung gegen Hausaufgaben

Tabelle 4.1 Konditionierte Reaktionen bedeuten, dass wir durch Assoziation lernen

tel gereicht wurde, einen Speichelfluss entwickelten. Nach einer Weile begannen die Hunde auch beim Anblick des weißen Kittels allein zu speicheln. Das Speicheln beim Anblick eines weißen Kittels geschah nicht spontan, sondern die Hunde erlernten es – es entstand eine **konditionierte Reaktion**. In der Welt eines jungen Menschen könnte die entsprechende Lernerfahrung darin bestehen, dass Angst die konditionierte Reaktion auf die Schule ist, weil er gemobbt wurde und daher gelernt hat, allein bei dem Gedanken an die Schule mit Angst zu reagieren. Umgekehrt wird ein Schüler ein Fach nicht mögen, wenn er vom Lehrer bestraft worden ist. Diese Konditionierung kann sehr stark sein, und die Abneigung gegen das Fach kann die gesamte akademische Laufbahn des Schülers oder sogar sein ganzes Leben lang anhalten.

Wenn eine Sache auf eine andere folgt, kann es die Wahrscheinlichkeit erhöhen oder verringern, dass es wieder passiert

Ein weiteres wichtiges Lernmuster entwickelt sich aus den Folgen unserer Handlungen, die als **operante Konditionierung** bekannt sind. Der amerikanische Verhaltensforscher B.F. Skinner (1998) beschrieb Lernerfahrungen, die der Person ein gutes Gefühl (Verstärkung) oder ein schlechtes Gefühl (negative Konsequenzen oder, wie Skinner es nannte, Bestrafung) geben. Erfahrungen, die unmittelbar nach einem Verhalten gemacht werden, können die Wahrscheinlichkeit erhöhen oder verringern, dass das Verhalten in der Zukunft ausgeführt wird. Wenn ein Teenager zum Beispiel Lacher in der Klasse geerntet hat, weil er einem Lehrer gegenüber frech war, erhöht sich die Wahrscheinlichkeit, dass er wieder versucht, seine Freunde zum Lachen zu bringen – das Lachen hat sein freches Verhalten positiv verstärkt. Umgekehrt verringert eine vorgezogene Ausgangssperre, wenn man nach einer Party zu spät nach Hause kommt, die Wahrscheinlichkeit, dass man wieder zu spät kommt. Die verkürzte Ausgangssperre ist eine negative Folge des Verhaltens (zu spät nach Hause kommen).

Doch ist bekannt, dass das Gehirn eines Teenagers anders auf negative Konsequenzen reagiert als das von Kindern oder Erwachsenen. Studien zeigen, dass Teenager viel eher auf eine positive Belohnung oder einer Motivation reagieren (z. B. wenn sie pünktlich nach Hause kommen, können sie sich das Recht verdienen, im nächsten Monat länger draußen zu bleiben) als auf eine negative Konsequenz (z. B. wenn sie nicht pünktlich nach Hause kommen, bekommen sie einen Monat lang Hausarrest). Außerdem können negative Konsequenzen die positiven Beziehungen zwischen Erwachsenen und Jugendlichen stören. Es wird zwar Zeiten geben, in denen negative Konsequenzen notwendig sind, aber in dieser Phase des Lebens eines jungen Menschen ist es besser, positive Motivation einzusetzen. Je mehr wir über die Neurowissenschaften lernen, desto klarer wird, dass positive Beziehungen die Grundlage des Lernens bilden und dass jede Strategie, die diese stärkt, immer die erste Wahl sein sollte.

Verhalten	Die Erfahrung, die folgt	Wirkung
Lehrer lächelt, wenn ein normalerweise schüchterner Schüler eine Frage stellt	Ermutigung (positive Erfahrung)	Sie werden beim nächsten Mal eher eine Frage stellen
Eltern geben nach, wenn der Teenager mehr Zeit am Computer fordert	Mehr Zeit am Computer (positive Erfahrung)	Teenager werden in Zukunft eher mehr Zeit am Computer fordern
Eltern reduzieren die Ausgangssperre um eine halbe Stunde, wenn der Teenager später als vereinbart nach Hause kommt	Weniger Zeit mit Freunden (negative Erfahrung)	Teenager halten sich beim nächsten Mal eher an die Ausgangssperre

Tabelle 4.2: Operante Konditionierung bedeutet, dass Erfahrungen, die unmittelbar auf ein Verhalten folgen, die Wahrscheinlichkeit erhöhen oder verringern können, dass es in der Zukunft erneut auftritt

Das Vorleben von Verhaltensweisen ist sehr wirkungsvoll

Der amerikanische Psychologe Albert Bandura entwickelte 1976 die Theorie des **sozialen Lernens**, bei der ein Individuum eine andere Person (das so genannte Modell) beobachtet und ohne Ermutigung (Verstärkung) lernt, weil das Individuum die Konsequenzen des Verhaltens am Modell bemerkt. Bandura ließ Kinder Videoclips von Erwachsenen ansehen, die mit einer Puppe interagierten. In einigen der Experimente ignorierten die Erwachsenen die Puppe, in anderen schlugen sie sie. Kinder, die sahen, wie die Erwachsenen die Puppe schlugen (oder ignorierten), taten es ihnen mit

Beobachtete Verhaltensweisen	Modellierte Reaktion	Änderung des Verhaltens
Eltern geben auf, wenn eine Aufgabe schwierig ist	Aufhören, wenn es schwierig wird	Teenager gibt eher auf, wenn er z. B. mit den Hausaufgaben überfordert ist
Lehrer schreit und schlägt auf den Tisch, wenn er verärgert ist	Schreien oder durchdrehen, wenn man „überdreht" ist (schlechte emotionale Regulierung)	Der Teenager verliert eher die Beherrschung, wenn andere Schüler ihn im Gruppenunterricht frustrieren

Tabelle 4.3: Die Theorie des sozialen Lernens besagt, dass Jugendliche einfach durch das Beobachten anderer lernen

hoher Wahrscheinlichkeit gleich, wenn sie Zeit mit der Puppe verbrachten, auch wenn es erst einige Zeit später war. Vorbilder und die Kraft des beobachtenden Lernens, das über die Schritte Aufmerksamkeit, des Behalten, Reproduktion und Motivation verläuft, sind von Bedeutung. Es ist wahr, dass Gleichaltrige das Verhalten von Teenagern beeinflussen (siehe *Kapitel 8: Die Kunst des sozialen Erfolgs meistern*), aber Vorbilder wie Sie, die älter sind und einen höheren Status in der Gesellschaft haben, haben einen noch viel erheblicheren Einfluss auf junge Menschen. Was Sie tun – viel mehr als alles, was Sie sagen – hat großen Einfluss auf die Jugendlichen.

Über das eigene Denken nachzudenken und starke Strategien zu entwickeln hilft Schülern, sich aus der Sackgasse zu befreien

In jüngster Vergangenheit haben Pädagogen jungen Menschen geholfen, nicht nur die Inhalte, sondern auch die Prozesse des Lernens zu verstehen. Es hat sich gezeigt, dass es sehr wichtig sein kann, zu wissen und darüber nachzudenken, wie wir lernen. Wenn ein junger Mensch auf ein Problem stößt, das unüberwindbar scheint – einen Aufsatz schreiben, einen Vortrag halten, jemanden um ein Date bitten – kann Metakognition helfen.

Metakognition ist buchstäblich das Nachdenken über das Denken. Bringen Sie jungen Menschen bei, sich vorzustellen, sie stünden über sich selbst und beobachteten, was sie tun, um ihnen zu helfen, darüber nachzudenken, warum sie feststecken und was sie tun müssen, um sich aus dieser schwierigen Position zu befreien. Wir nutzen Metakognition sehr oft, aber wenn wir jungen Menschen beibringen, bei schwierigen Aufgaben metakognitiv zu denken, können wir ihnen helfen, Hindernisse in ihrem Leben proaktiv zu überwinden.

Das Konzept des wachstumsorientierten Mindsets, das im vorigen Kapitel vorgestellt wurde, ist ein Beispiel für eine metakognitive Strategie. Eine andere Methode ermutigt junge Menschen dazu, ihre „exekutiven Fähigkeiten" zu verstehen, die uns in die Position versetzen, eine Aufgabe auszuführen (siehe *Kapitel 7: Leben mit Neurodiversität*), indem sie unsere Fähigkeiten überwachen, ähnlich wie ein Dirigent in einem Orchester, der uns sagt, was zu tun ist und wann.

Der schulische Erfolg hängt in hohem Maße davon ab, dass diese Fähigkeiten gut funktionieren. Daher ist es entscheidend für den Lernerfolg und die Unabhängigkeit von Teenagern, ihnen diese Fähigkeiten näherzubringen, ihnen zu zeigen, was bei einem Scheitern passiert, und sie dabei zu unterstützen, Zukunftsstrategien zu entwickeln. Diese Fähigkeiten zur Selbstregulierung werden ihnen ein Leben lang zugutekommen.

Verhalten	Herausforderung der exekutiven Funktion	Strategie	Wachstumsorientiertes Mindset
Teenager vergisst die Hausaufgaben	Behalten von Informationen im Gedächtnis (Arbeitsgedächtnis)	Anweisungen des Lehrers befolgen, sobald er diese gibt	Wenn ich eine Information verwende, sobald ich sie höre, ist sie von meiner Liste gestrichen und erledigt
Teenager hat in einer Prüfung keine Zeit mehr	Planen von Aufgaben und Zeitmanagement	Zu Beginn der Prüfung einen detaillierten Plan erstellen und einen Timer nutzen	Wenn ich mich am Anfang organisiere, bringe ich es gut zu Ende

Tabelle 4.4: Wir können Teenager beibringen, „metakognitiv" zu denken, damit sie lernen, was schiefgelaufen ist und was sie beim nächsten Mal besser machen können

Auf den Teenager übertragen

Das Verknüpfen von Erfahrungen geschieht unbewusst und ist ein sehr effizienter Lernprozess

Wenn im Alltag zwei Erfahrungen zusammenkommen, werden sie unbewusst miteinander verbunden und beeinflussen uns auch über die direkte Verbindung hinaus. Das ist sehr wichtig, denn wir lernen, etwas zu mögen oder nicht zu mögen, basierend auf den Handlungen und Ereignissen, die danach kommen. Innerhalb des positiven Lernzyklus ist diese Verbindung sehr stark. Wenn ein Schüler eine positive Lernerfahrung macht, empfindet sein Gehirn dies als Belohnung. Wenn er das nächste Mal in diese Situation kommt, erlebt er erneut eine Belohnung – manchmal sogar bevor er überhaupt angefangen hat. Umgekehrt können negative Erfahrungen dazu führen, dass ein junger Mensch Angst empfindet und daher die Aufgabe vor sich herschiebt. Wenn die Klavierstunde mit Schreien und Aufregung verbunden ist, wird der junge Mensch bald lernen, die Musikstunde nicht zu mögen und sie wahrscheinlich meiden.

Indem Sie Ihr eigenes Verhalten ändern, können Sie das Verhalten junger Menschen verändern

Von Natur aus meiden junge Menschen Dinge, die sie nicht mögen, vor allem in den Teenagerjahren, wenn die Emotionen stark ausgeprägt sind (siehe *Kapitel 10: Starke Gefühle und mächtige Motivationen*). Versuchen Sie als Erwachsener in ihrem Leben, positive Erfahrungen zu machen, die auf Verhaltensweisen folgen, die Sie verstärken möchten (ihnen eine kleine Belohnung nach den Hausaufgaben erlauben) und entfernen Sie Erfahrungen, die unerwünschtes Verhalten aufrechterhalten (die Hausaufgaben für sie erledigen, wenn sie sie aufgeschoben haben, damit sie rechtzeitig ins Bett gehen). Diese Dinge sind wichtig, um ihr Verhalten zu formen.

Welche Lektionen vermitteln Sie Ihrem Teenager mit ihren alltäglichen Aktivitäten?

Seien Sie sich bewusst, dass Ihr Teenager das nachahmt, was er bei Ihnen sieht. Das ist ihm vielleicht nicht bewusst und wird auch nie besprochen. Das Sagen von „Tu das nicht“, während man es selbst tut, ist jedoch trotzdem nicht effektiv. Taten sprechen lauter als Worte. Denken Sie darüber nach, was Sie Ihrem Teenager „beibringen“, ohne es zu merken. Das gilt für die Art und Weise, wie Sie mit sich selbst umgehen, wenn Sie wütend oder ängstlich sind, wie Sie an ein schwieriges Problem herangehen und wie viel Mitgefühl Sie für andere Menschen aufbringen. Welche Botschaften senden Sie Ihrem Teenager mit Ihren alltäglichen Aktivitäten?

Junge Menschen sind bereit zu lernen, wie man lernt
Die Gehirne von Teenagern sind reif und bereit, metakognitives Verhalten zu lernen. Jetzt ist es an der Zeit, sie dabei zu unterstützen, über ihre Lernprozesse zu reflektieren. Was ist gut gelaufen? Was ist nicht so gut gelaufen? Kommentieren Sie, wenn sie eine gute Strategie anwenden („Ich fand gut, wie du deine Zeit heute Abend geplant hast, das hat gut funktioniert") oder schlagen Sie Strategien vor, wenn sie ein paar Anregungen brauchen („Versuch doch mal, dich selbst auf den Lehrinhalt zu testen, ohne nachzuschauen"). Damit geben Sie ihnen den Schlüssel zu ihrem eigenen Erfolg in die Hand.

Was bedeutet das für den Alltag?

Ein bewusstes Gestalten der Lernumgebung zuhause zahlt sich aus
Es ist für niemanden leicht, sich zu Hause oder bei der Arbeit ständig gut zu benehmen, aber vergessen Sie nicht, dass die Teenager Sie ständig beobachten und dass Ihr Verhalten ihres formt. Es kommt nicht auf Perfektion an, sondern darauf, gute Gewohnheiten zu entwickeln, um ein Umfeld zu schaffen, das ansprechbar, beständig und rücksichtsvoll ist. Eine Mutter, die ihre Arbeit liebt und in jeder freien Minute oder Auszeit stundenlang liest und sich Notizen macht, wird bald merken, dass ihre Kinder das Gleiche tun werden – und ihnen damit eine effiziente, lebenslange Lerngewohnheit vermittelt.

Lassen Sie auf schlechtes Verhalten Konsequenzen, aber keine impulsive Bestrafung folgen
Für junge Menschen ist es sehr wichtig, klare Grenzen zu haben – es sollte klare Erwartungen in Bezug auf Regeln, Höflichkeit, Freundlichkeit usw. geben. Denken Sie jedoch daran, dass Teenager ein erhöhtes Maß an emotionalen Erfahrungen haben (siehe *Kapitel 10: Starke Gefühle und mächtige Motivationen*). Wenn die Emotionen im Moment hochkochen, besonders kurz nachdem eine Grenze überschritten oder eine Regel gebrochen wurde, fällt es ihnen vielleicht schwer, Ihnen zu sagen, wie sie sich fühlen. Es kann

verlockend sein, den Jugendlichen unmittelbar nach einer Regelüberschreitung zu bestrafen, z. B. durch ein Handyverbot, zu dem Eltern oft greifen. Wahrscheinlich sind auch Sie sehr emotional, was nicht der beste Zustand für überlegtes Handeln ist (siehe *Kapitel 2: Das Teenager-Gehirn – denkt und fühlt*). Es ist jedoch besser, zunächst abzuwarten, zu beobachten und zuzuhören. Ihre Reaktionen als Elternteil, Familienmitglied, Lehrkraft oder Pädagoge, der mit dem Jugendlichen arbeitet, sind sehr wichtig und können einen erheblichen Einfluss darauf haben, wie der Jugendliche lernt, seine Emotionen und Motivationen in Richtung Lernziele zu integrieren. Angemessene Konsequenzen für das Verhalten können durchaus angebracht sein, aber schützen Sie Ihre Beziehung, indem Sie eine überlegte Antwort geben. In *Kapitel 17: Möge die Macht mit dir sein, Luke!*, finden Sie weitere gute Tipps.

Was bedeutet das für das Lernen?

Teenager lernen immer weiter von Erwachsenen, auch wenn sie sich mehr für Gleichaltrige interessieren

Lehrer müssen viele junge Menschen gleichzeitig unterrichten. Da das soziale Element in der Schule besonders ausgeprägt ist, sind Jugendliche in bestimmten Kontexten eher von Gleichaltrigen beeinflusst als von Erwachsenen. Lassen Sie sich jedoch nicht von ihrem scheinbaren Desinteresse an Ihnen als Erwachsenen in ihrem Leben täuschen, denn sie beobachten und lernen immer noch von Lehrern und Mentoren.

Erwachsene können unbeabsichtigt Verhaltensweisen verstärken, die sie reduzieren möchten

Erwachsene schaffen das Umfeld, in dem junge Menschen lernen und wachsen. Sie können versehentlich zwei Erfahrungen miteinander verbinden (Matheunterricht und Langeweile), problematisches Verhalten verstärken (indem sie z. B. mehr Computerzeit erlauben, nachdem ein Teenager auffällig wurde) oder unpassendes Verhalten demonstrieren (z. B. wenn sie die Fassung verlieren und vor der Klasse laut werden). Wenn Sie diese Mechanismen verstehen und sich Ihres Verhaltens bewusst sind, insbesondere in dieser sensiblen Phase der Entwicklung des Teenager-Gehirns, ist dies ein weiterer Schritt zur Entfaltung des vollen Potenzials Ihres Teenagers.

Was lernen wir daraus?

Teenager beobachten und lernen von Ihnen, selbst wenn es sich oft nicht so anfühlt. Wenn Sie die Lernprozesse verstehen, können Sie die Umgebung für Ihren Teenager so gut wie möglich gestalten, damit er Zeit in einem positiven Kreislauf des Lernens, Wachsens und der Entwicklung seines unglaublichen Gehirns verbringen kann.

Fallstudie: Jack

Jack war 13 und liebte seine Playstation. Er hatte sie zum Geburtstag bekommen und mit seinen Eltern vereinbart, dass er jeden Abend spielen durfte, aber erst nachdem er seine Hausaufgaben gemacht hatte. Das klappte auch ganz gut, bis seine Eltern bemerkten, dass er seine Hausaufgaben ziemlich schnell erledigte und seine Noten immer schlechter wurden. Sie sprachen mit ihm darüber und er gab zu, dass er sich oft so sehr auf seine Playstation freute, dass er einfach nur seine Hausaufgaben hinter sich bringen wollte. Sie bestärkten ihn ungewollt darin, in Eile Hausaufgaben zu machen, da er dann mehr Zeit für seine Playstation hatte. Obwohl es ihm schwerfiel, dies zuzugeben, erkannte Jack, dass dies keine gute Strategie für die Zukunft sein würde. Die Familie stellte fest, dass das Zeitmanagement schwierig war, wenn Jack an der Playstation saß, da er durch das Spiel so abgelenkt war. Er konnte sich stundenlang damit beschäftigen. Sie dachten auch über all die Dinge nach, die Jack wegen der Playstation nicht mehr tat, wie zum Beispiel malen, nach dem Abendessen mit seinem Vater Karten spielen oder ein Buch lesen. Gemeinsam erarbeiteten sie einen Plan, der es Jack erlaubte, weiterhin mit seinen Freunden online zu sein (1 Stunde pro Tag), aber in Abgrenzung zu den Hausaufgaben (immer von 16.30 bis 17.30 Uhr und nicht später) und nach dem Abendessen etwas Lustiges mit seinem Vater zu unternehmen (den er nicht oft sah), wie z. B. lesen, fernsehen oder Kartenspielen.

Eine gute Lösung

Jacks Eltern waren in der Lage, von der Situation einen Schritt zurückzugehen, darüber nachzudenken, welche Verhaltensweisen gerade verstärkt wurden und möglicherweise Fehler zu überdenken, die sie bei der Einrichtung des Hausaufgaben/Playstation-Systems zu Hause gemacht hatten, zu einer Einigung zu kommen und eine Lösung für das Problem zu modellieren. Nicht alle Familien sind mit der Playstation unter der Woche einverstanden, aber diese Familie fand einen Weg, dass Jack etwas Zeit mit dem verbringen konnte, was er liebte (was auch einen sozialen Aspekt hatte, da er so seine Freunde online traf), dass er seine Hausaufgaben erledigen konnte und dass er positive Familienzeit mit seinem Vater verbringen konnte. Das lief nicht immer reibungslos ab und manchmal wollte er die Grenzen überschreiten und mehr Zeit mit der Playstation verbringen, aber mit ruhiger Konsequenz wurde diese Vorgehensweise bald zur Gewohnheit.

Was könnte uns im Weg stehen?

In dieser Situation wäre es einfach gewesen, wütend auf Jack zu werden, ihm zu sagen, dass ihm seine Hausaufgaben egal wären und die Playstation zu verbieten. Aber das hätte Jack eine schlechte emotionale Kontrolle vorgelebt, die Beziehung beschädigt und Jack die Schuld für etwas gegeben, dessen er sich wahrscheinlich nicht einmal bewusst war. Stattdessen war die Familie in der Lage, zwei wenig hilfreiche Erlebnisse (übereilte Hausaufgaben und Playstation-Zeit) zu trennen, Problemlösungen zu modellieren und die Bereitschaft zu zeigen, über frühere Entscheidungen nachzudenken und sie zu überarbeiten. Diese Vorfälle und Ereignisse im Familienleben haben das Potenzial, die positiven Beziehungen in der Familie zu untergraben und Ressentiments aufzubauen. Das ist in einer Zeit, in der Teenager ihre Eltern so dringend brauchen und Eltern das Vertrauen ihrer Teenager in sie aufbauen müssen, damit sie in gefährlichen Momenten auf sie zugehen können, nicht hilfreich.

HANDLUNGSEMPFEHLUNG:

Achten Sie auf die Verbindungen, die Sie herstellen
Denken Sie sorgfältig über Situationen nach, die bei Ihrem Teenager negative Assoziationen hervorrufen könnten. Achten Sie darauf, wie Sie darauf reagieren und welche Assoziationen durch positive Verstärkung gefördert werden. Können Sie eine negative Assoziation in eine positive umwandeln?

HANDLUNGSEMPFEHLUNG:

Gehen Sie mit gutem Beispiel voran und sie werden sich um den Rest kümmern
Das Vorleben ist die wirkungsvollste Art und Weise, wie Erwachsene Kinder lehren können. Nehmen Sie sich Zeit und denken Sie darüber nach, welches Verhalten Sie den Jugendlichen in Ihrem Umfeld vorleben. Leben Sie das Verhalten und die Reaktionen vor, die Sie sich von Ihrem Teenager wünschen – manchmal gilt hier auch die Devise „Spielen Sie es ihnen vor, bis sie es können".

HANDLUNGSEMPFEHLUNG:

Bringen Sie Ihrem Teenager bei, metakognitiv zu denken
Unterstützen Sie Ihren Teenager dabei, sein Denken durch eine aktive, engagierte und potenzialreiche Lupe zu betrachten. Ermutigen Sie ihn, über die Prozesse, die sie anwenden, nachzudenken und Strategien für das nächste Mal zu entwickeln, wenn etwas nicht gut gelaufen ist.

Und die Moral von der Geschicht'...

Ein Großteil des Lernens geschieht bei Teenagern durch drei verschiedene Prozesse: das Beobachten anderer, das Verknüpfen eines Ereignisses mit einer nachfolgenden Erfahrung oder durch Assoziation. Nutzen Sie Ihr Verständnis für diese Prozesse, um Ihr Verhalten zu ändern, damit Sie das Ihres Teenagers formen können.

Downloads: Das Teenager-Gehirn baut Verbindungen auf, beobachtet und absorbiert

Es gibt viele verschiedene Arten zu lernen. Es sind tausende Übungsstunden nötig, um Fähigkeiten zu erlernen und Kompetenzen zu entwickeln. Dennoch laufen einige Lernprozesse schnell, passiv und unbewusst ab. Erwachsene spielen bei allen Arten des Lernens junger Menschen eine wichtige Rolle.

Ereignisse können in unseren Köpfen miteinander verknüpft werden, auch wenn wir das nicht wollen (z. B. kann Mobbing in der Schule zu Angst vor der Schule führen). Wenn ein Ereignis auf ein anderes folgt, erhöht oder verringert sich die Wahrscheinlichkeit, dass es sich wiederholt (z. B. wenn Eltern nachgeben, wenn ihr Teenager mehr Zeit am Computer fordert, bedeutet dies, dass der Teenager in Zukunft eher wieder darum bitten wird). Das Nachahmen von Verhaltensweisen ist sehr wirkungsvoll (z. B. zeigt ein Lehrer, der schreit und auf das Pult schlägt, wenn er verärgert ist, eine scheinbar angemessene Art, Verärgerung auszudrücken). Die Gehirne von Teenagern sind reif für Selbstreflexion und „Metakognition" (Denken über das Denken). Jetzt ist der richtige Zeitpunkt, um ihnen zu helfen, sich selbst zu regulieren. Helfen Sie ihnen, gute Gewohnheiten zu erlernen und sich ihrer Lernmuster bewusst zu werden.

Übung
Notieren Sie drei Situationen, in denen Ihr Teenager ein Ereignis mit einem anderen verknüpft hat (z. B. Aufwachen und sofortiges Checken des Telefons scheinen jetzt immer zusammenzugehören, während sie vorher nicht miteinander verbunden waren).

Situation 1: ....

Situation 2: ....

Situation 3: ....

Notieren Sie drei Situationen, in denen das Verhalten Ihres Teenagers durch das, was auf das Verhalten folgte, verstärkt wurde (mit einem positiven oder negativen Ergebnis).

Situation 1: ....

Situation 2: ....

Situation 3: ....

Notieren Sie drei Situationen, in denen Sie Ihrem Teenager ein Verhalten vorgelebt haben, das Ihnen nicht gefällt (seien Sie ehrlich, das ist in Ordnung, das kommt bei uns allen vor).

Situation 1: ....

Situation 2: ....

Situation 3: ....

Wenn dies geschieht …	Denken Sie nicht das …	Sondern vielleicht das …
Die letzten paar Male, in denen Ihr Teenager bei den Französisch-Hausaufgaben verschwunden ist, ist sie aufgestanden, hat gemeint, sie müsse kurz „etwas checken" und ist dann verschwunden.	Warum verschwindet meine Tochter, wenn sie Französisch-Hausaufgaben macht? Ich rufe sie schon seit Ewigkeiten an, und sie ignoriert mich einfach. Sie weiß, dass sie gemacht werden müssen, warum drückt sie sich also davor?	Sprachen fallen ihr schwer. In der Vergangenheit war ich ungeduldig, wenn sie zu langsam lernte, was zu Tränen führte. Kein Wunder, dass sie die Französisch-Hausaufgaben vor sich herschiebt.
Achten Sie auf Assoziationen, die aus früheren Erfahrungen stammen.		
Der Teenager stört in Ihrem Physikunterricht so sehr, dass Sie ihn meistens rausschicken müssen.	Er ist so ein schlechter Einfluss. Ich muss ihn aus dem Klassenzimmer schicken, sonst können die anderen nicht lernen. Er will sich nicht anstrengen, er hört nicht einmal zu, wenn er im Labor ist.	Vielleicht verstärkt es sein schlechtes Verhalten, wenn ich ihn aus der Klasse schicke, wenn er herumalbert – er entkommt der Situation, mit der er zu kämpfen hat. Vielleicht sollte ich sein Verständnis überprüfen und ihm Unterstützung geben.
Achten Sie darauf, dass Sie nicht versehentlich ein Verhalten verstärken, das ein Hindernis für das Lernen darstellt.		
Das Internet ist wieder offline. Ihr Teenager repariert es - wieder einmal.	Ich weiß nicht mehr, wie man das macht, aber die Kinder können es. Es ist viel einfacher, denn sie sind besser in diesen Dingen.	Ich habe so meine Probleme mit der Technik, aber ich muss meinem Teenager Ausdauer vorleben, nicht aufgeben und versuchen, mich daran zu erinnern, wie das funktioniert (und eine wachstumsorientiertes Mindset haben).
 Legen Sie ein Verhalten an den Tag, das Sie sich von Ihrem Teenager wünschen würden.		

Kapitel 5

Das Teenager-Gehirn liebt andere Menschen

Kurz und knapp

- Soziale Beziehungen sind ein grundlegendes Bedürfnis für unser Überleben.
- Von Natur aus ist das menschliche Gehirn sozial veranlagt.
- Sozialer Schmerz wird tatsächlich physisch empfunden und soziale Belohnungen haben für Jugendliche einen besonderen Stellenwert.
- Das soziale Netzwerk des Gehirns bei Jugendlichen erfährt während der Pubertät wesentliche Veränderungen.
- Soziale Aspekte in Lernaufgaben fördern die Motivation, insbesondere bei sozial eingestellten Jugendlichen.

Einleitung

Soziale Beziehungen sind für uns Menschen essentiell

In dem Maße, in dem wir mehr über das Gehirn erfahren, erfahren wir auch mehr über uns als Spezies. Seit vielen Jahren wissen Wissenschaftler, dass wir uns weiterentwickelt haben, um in Gruppen sozial zu leben. Die Neurowissenschaft kann diese Erkenntnis ergänzen, indem sie zeigt, dass sich das menschliche Gehirn so entwickelt hat, dass soziale Bedürfnisse im Vordergrund stehen. In seinem Buch *Social* aus dem Jahr 2015 beschreibt der Neurowissenschaftler Matthew Lieberman die wichtigsten Anpassungen des Gehirns, die im Laufe der Evolution stattgefunden haben, um zu zeigen, wie grundlegend die soziale Welt für unser Überleben und unsere Existenz ist. Denken Sie daran, wie hilflos ein Neugeborenes ist. Ohne die Fürsorge anderer Menschen könnte es nicht überleben. In den ersten 25 Lebensjahren findet eine rasante Entwicklung des Gehirns statt. In dieser Zeit braucht der junge Mensch andere Menschen, die ihm beim Wachsen helfen und ihn vor Gefahren schützen. Es hat sich gezeigt, dass soziale Bindungen kein Luxus, sondern das ganze Leben lang unerlässlich sind.

Der wissenschaftliche Teil: Gehirn und Verhalten

Unser Gehirn ist von Grund auf sozial eingestellt - ein Verständnis für zwischenmenschliche Beziehungen ist für unser Überleben von entscheidender Bedeutung

Einige der stärksten Beweise dafür, dass wir von Grund auf sozial sind, stammen aus Erkenntnissen darüber, was mit unserem Gehirn passiert, wenn wir nichts tun. Viele der interessantesten Erkenntnisse in der Wissenschaft stammen aus zufälligen Beobachtungen. Forscher stellten fest, dass das Gehirn der Teilnehmer an MRT-Experimenten, die nicht aktiv an etwas Bestimmtes dachten, in den Pausen zwischen den Testverfahren dennoch sehr aktiv war. Es handelt sich nicht nur um irgendeine Aktivität, sondern es gibt sehr konsistente Bereiche des Gehirns, die in Zeiten des freien Denkens aufleuchten. Dieser Aktivierungsbereich wird als **Standardmodus-Netzwerk** bezeichnet, das ursprünglich vom amerikanischen Neurologen Marcus Raichle und seinen Kollegen (2001) identifiziert wurde und seitdem von vielen Neurowissenschaftlern erforscht wird. Dieses wurde mit dem Bildschirmschoner-Modus eines Computers verglichen.

Das Standardmodus-Netzwerk besteht aus Hirnregionen, die an der Selbstreflexion und der Wahrnehmung anderer Personen beteiligt sind, einschließlich unserer vergangenen und geplanten Erfahrungen. Es ist, als ob unser Gehirn von Grund auf sozial interagiert. Dieser Standardzustand ist bei Neugeborenen zu beobachten und ist wie ein Reflex, der sich „einschaltet", sobald eine anspruchsvolle Aufgabe erledigt ist. Unser Gehirn verbringt einen großen Teil seines Lebens damit, sich in einer sozialen Welt zurechtzufinden – wann immer es einen freien Moment hat – und so haben Kinder, wie Lieberman sagt, ihre 10.000 Stunden „sozialer Übung" hinter sich gebracht, bevor sie 10 Jahre alt sind. Warum sollte das Gehirn der sozialen Verarbeitung den Vorzug vor jeder anderen Art von Verarbeitung geben? Lieberman argumentiert, dass es an der grundlegenden Notwendigkeit liegt, dass wir überleben und gedeihen können, wenn wir uns selbst und unsere Mitmenschen gut verstehen.

Das Gehirn betrachtet sozialen und körperlichen Schmerz als gleichwertig bedeutsam

Eine weitere erstaunliche Anpassung des Gehirns, die zeigt, wie wichtig soziale Erfahrungen sind, ist die Tatsache, dass das Gehirn auf soziale Bedrohung und körperlichen Schmerz mit denselben neuronalen Mechanismen reagiert. Diese Erkenntnis stammt aus den Ergebnissen des sogenannten Cyberball-Experiments, das in einem MRT-Scanner durchgeführt wurde. Die Versuchsperson spielt dabei ein virtuelles Ballspiel mit zwei anderen Personen. Plötzlich werden sie ausgeschlossen und der Ball wird ihnen nicht mehr zugeworfen, was eine soziale Ausgrenzung simuliert. Die Teile des Gehirns, die aufleuchten, wenn eine Person während dieses Spiels sozial ausgeschlossen wird, sind die gleichen, die aufleuchten, wenn jemand körperliche Schmerzen hat. Das bedeutet, dass es für das Gehirn dasselbe ist, wenn wir uns ein Bein amputieren, als wenn wir nicht zur Party eingeladen werden. Wenn wir über den Zweck des Schmerzes nachdenken – er ist eine Alarmanlage, die uns vermittelt, dass wir Maßnahmen ergreifen müssen, um uns zu schützen – sehen wir den Wert der sozialen Integration für das Gehirn. Die Überschneidung der neuronalen Mechanismen deutet darauf hin, dass das Gehirn sozialen Schmerz als ebenso wichtig für unser Überleben ansieht wie körperlichen Schmerz.

Diese Vorliebe für das Soziale gilt für uns alle, aber sie ist in der Pubertät am stärksten ausgeprägt. Wie wir noch beleuchten werden, sind Teenager darauf programmiert, ihre Aufmerksamkeit auf sozial relevante Informationen zu richten, und das bedeutet zum Teil, dass sozialer Ausschluss für sie schmerzhafter ist. Angesichts der grundlegenden Bedeutung, die das Gehirn sozialen Informationen beimisst, und der Rolle, die sie für unser Überleben spielen, ist es sinnvoll, dass junge Menschen auf dem Weg in die Unabhängigkeit ein ausgeprägtes soziales Bewusstsein haben.

Das Gehirn bewertet soziale und physische Belohnungen gleichwertig, und wir neigen dazu, anderen gegenüber freundlich zu sein
Müssen wir dazu noch mehr sagen? Ein weiterer Grund, warum wir wissen, dass soziale Informationen für das Gehirn von entscheidender Bedeutung sind, ist die Tatsache, dass soziale Bedürfnisse und physische Belohnungen das gleiche neuronale Netzwerk nutzen. Man könnte meinen, dass Geld eine größere Belohnung darstellt als Lob, aber das ist nicht der Fall. Das Gehirn registriert beides auf die gleiche Weise, auch wenn der Kommentar von einem Fremden kommt. Soziale Belohnung in Form von positiver Wertschätzung durch andere ist für den Menschen von hohem Wert. Vielleicht ist es noch erstaunlicher, dass Studien gezeigt haben, dass die Belohnungszentren des Gehirns stärker aktiviert werden, wenn wir Geld verschenken, als wenn wir uns dafür entscheiden, es zu behalten. Altruismus ist für das Gehirn besonders lohnend. Vielleicht sind wir ja doch nicht grundsätzlich egoistisch.

Während sich neuronale Schaltkreise entwickeln, lenkt die Biologie unsere Aufmerksamkeit verstärkt auf die soziale Welt
Die Netzwerke im Gehirn, die für die Verarbeitung und Belohnung sozialer Informationen zuständig sind, erfahren mit dem Beginn der Pubertät erhebliche strukturelle Veränderungen. Es gibt eine biologische und umweltbedingte Partnerschaft, die während der gesamten Entwicklung anhält. Die neuronalen Schaltkreise, die sich am stärksten entwickeln und am formbarsten sind, entsprechen den Aspekten der Umwelt, zu denen der Teenager hingezogen wird. Die Biologie treibt die Erfahrungen im Umfeld an, was ein optimales Wachstumspotenzial bietet.

Möglicherweise birgt das soziale Gehirn ein ungenutztes Erinnerungspotenzial
Es gibt faszinierende neue Daten, die zeigen, wie vorteilhaft es ist, unsere sozialen Stärken auszuspielen, wenn wir den sozialen Aspekt des Gehirns beim Lernen einsetzen. So zeigte eine Studie, dass Menschen, die aufgefordert wurden, sich einen Eindruck von der Person zu verschaffen, die ihnen einen Zeitungsartikel vorlas, sich später an mehr Informationen erinnerten

als diejenigen, die dieselben Informationen zur Vorbereitung auf einen Test auswendig lernen sollten. Nachfolgende MRT-Studien ergaben, dass die erstgenannte Gruppe ihr soziales Gehirnnetzwerk stärker einbezog, was auf die faszinierende Möglichkeit hindeutet, dass das soziale Gehirn eine bessere Gedächtnisleistung bietet.

Auf den Teenager übertragen

Soziale Ausgrenzung ist für Jugendliche schmerzhaft und erfordert unser Einfühlvermögen

Wenn ein Teenager nicht zu einer Party eingeladen wird und beobachtet, wie die Snapchat-Bitmojis der Freunde auf der Snap-Karte umherschwirren, macht dies das Ganze noch schlimmer und er empfindet soziale Schmerzen. Das Gehirn empfindet dies wie eine körperliche Verletzung. Aus diesem Grund ist es wichtig, dass wir uns in ihre sozialen Probleme einfühlen und ihnen zuhören. Bieten Sie ihnen „emotionale Unterstützung" an und unterstützen Sie sie so, wie wir es natürlich tun würden, wenn sie sich selbst verletzt hätten.

Soziale Belohnungen funktionieren bei Jugendlichen

Wenn Sie einen Teenager loben, idealerweise mit Bemerkungen, die sich auf die jeweilige Situation beziehen (nicht nur ein allgemeines „gut gemacht" oder ein Schulterklopfen), ist das für ihn genauso erfreulich wie ein Geschenk; so vermitteln sie sogar eine weniger materialistische Botschaft, sie bereichern Ihre Beziehung und erzielen die gleiche Wirkung. Auch wenn sie es nicht immer zeigen, ist es ihnen wichtig, was Sie von ihnen denken. Denken Sie daran, wie wichtig Beziehungen sind – sie sind das A und O!

Klatsch und Tratsch kann einen wichtigen Zweck haben

Wenn Teenager-Gehirne die soziale Welt kennenlernen, werden sie aus gutem Grund zu ihren Freunden getrieben. Yuval Harari argumentiert in seinem 2015 erschienenen Buch *Sapiens: Eine kurze Geschichte der Menschheit*, dass das Tratschen und der Austausch von sozialem Wissen die Grundlage für das Überleben unserer Spezies sind. Jugendliche, die „lästern", üben tatsächlich die Regeln ihrer sozialen Gruppe aus – Kommentare abgeben, wenn sich zwei Freunde treffen oder wenn ein Freund dabei erwischt wird, dass er unaufrichtig ist, zeigt, dass sie die Normen ihrer Peer-Gruppe[14] verstanden haben. Dies ist eine gute Vorbereitung auf ihre zukünftige Mitgliedschaft in der Gemeinschaft.

Was bedeutet das für den Alltag?

Hochwertige soziale Beziehungen sagen das Wohlbefinden voraus

George Valliant (2012) und seine Gruppe führten an der Harvard University eine Studie durch, in der sie Menschen über ihr gesamtes Leben hinweg verfolgten. Eine solche Langzeitstudie ist der Traum eines jeden Forschers, da sie uns wertvolle Informationen liefert. Die Forscher fragten: Was hält uns gesund und glücklich, während wir durchs Leben gehen? Sie fanden heraus, dass der wichtigste Faktor für das Glück gute soziale Beziehungen ist. Sozial vernetzte Menschen sind glücklicher, gesünder und leben länger. Einsamkeit ist schädlich: Sie steht in Zusammenhang mit verminderter körperlicher Gesundheit und Zufriedenheit, nachlassenden Gehirnfunktionen (einschließlich Gedächtnisverlust) und einer verkürzten Lebensdauer. Dabei ist zu beachten, dass es nicht die Anzahl der Freunde ist, die über das positive Ergebnis entscheidet, sondern die Qualität dieser engen Beziehungen. Dies deutet darauf hin, dass das Leben in Isolation das größte Hindernis für langfristiges Wohlbefinden darstellt. Es zeigt auch, wie wichtig positive Beziehungen sind. Die Beziehung zu Ihrem Teenager sollten Sie stärken und wertschätzen, denn wenn es eine magische Formel für geistiges Wohlbefinden gibt, dann sind es die Beziehungen, die wir zu anderen haben.

Teenager neigen dazu, sich einsamer zu fühlen als andere und brauchen die Nähe ihrer Gruppe

Laut einer kürzlich in Großbritannien durchgeführten Umfrage sind Teenager diejenigen, die sich am häufigsten als einsam bezeichnen. Obwohl sie den Großteil ihrer Zeit in einer Gruppe verbringen, ist ihre Einsamkeit auf ihr Bedürfnis nach sozialer Verbindung zurückzuführen, das in diesem Lebensabschnitt am stärksten ist. In diesem Alter ist der Drang, Teil einer sozialen Gruppe zu sein, besonders stark, und wenn Teenager nicht in der Gruppe sind, fühlen sie sich noch einsamer. Wie wir später noch feststellen werden, ist die soziale Isolation in den Jahren der Pubertät schädlicher als zu jedem anderen Zeitpunkt im Leben.

Könnte es sein, dass unsere Verärgerung über Teenager daher rührt, dass wir uns von ihnen sozial abgelehnt fühlen?

Wir alle haben ein soziales Gehirn und empfinden soziale Ablehnung als schmerzhaft. Wenn unsere Teenager ihre Aufmerksamkeit auf Gleichaltrige richten und die Gesellschaft ihrer Freunde der unseren vorziehen, könnte es passieren, dass wir uns zurückgewiesen fühlen. Kümmern Sie sich um sich selbst, aber fühlen Sie sich nicht beleidigt und verfallen Sie nicht in Gedanken, die Teenager seien undankbar für alles, was Sie getan haben. Sie erfüllen nur ihre Entwicklungsaufgabe – Integration mit Gleichaltrigen bedeutet, dass sie sich darauf vorbereiten, eine neue Erwachsenengemeinschaft zu bilden. Die Neurowissenschaftlerin Sarah-Jayne Blakemore (2012) hat untersucht, ob wir uns über Teenager in einer Weise lustig machen, wie wir es bei keiner anderen Gruppe in der Gesellschaft tun würden, weil wir tief im Inneren verletzt sind, dass sie sich von uns trennen wollen.

Was bedeutet das für das Lernen?

Nutzen Sie eine positive soziale Voreingenommenheit im Klassenzimmer, um das Lernen ganzheitlich zu optimieren

Angesichts unseres Verständnisses des sozialen Gehirns stellt Lieberman (2012) unsere traditionellen Lehrmethoden in Frage und beschreibt sie als „Nullsummenspiel zwischen tatsächlichem Lernen und sozialer Ablenkung“ (S. 5). Derzeit sagen wir Jugendlichen, dass sie ihr soziales Gehirn an der Tür zum Klassenraum abgeben und ihr soziales Denken ausschalten sollen – und das obwohl dieser Aspekt so wichtig für sie ist. Lieberman schlägt vor, diese soziale Neigung auszunutzen, indem wir soziale Elemente in die

Lehrmethoden integrieren und den „sozialen Kodierungsvorteil“ nutzen. Er weist auf zahlreiche praktische Auswirkungen hin, die sich daraus ergeben.

Nutzen Sie die Kraft des sozialen Gehirns bei Schreibaufgaben

Schüler sollten beim Schreiben von erzählerischen Texten gezielt an eine bestimmte Person schreiben. Denn das Schreiben an jemanden - statt ins Vakuum - macht es zu einer interaktiven Aufgabe, die das soziale Potential des Gehirns nutzt. In ihrem evidenzbasierten Bericht (Juli 2019) kommt die Education Endowment Foundation[15] zu folgendem Schluss: „Wenn Schüler gerne schreiben, weil ihre Mitschüler als auch ihre Lehrer gespannt darauf sind, was sie zu sagen haben, dann werden sie mit Energie und Freude schreiben“ (S.26).

Nutzen Sie die Kraft des sozialen Gehirns bei Gedächtnisaufgaben

Anstatt die Lernaufgaben auf eine Liste von Fakten zu reduzieren, sollten Sie die sozialen Motive hinter Handlungen und Entscheidungen berücksichtigen. Die Entwicklung einer Erzählung ermöglicht, das Gelernte zu festigen und im Gedächtnis zu behalten, indem die Leistung des sozialen Gehirns angezapft wird.

Abbildung 5.1: Das Gehirn ist in einem sozialen Kontext am leistungsfähigsten

Nutzen Sie das Potential des sozialen Gehirns, um das Verständnis zu vertiefen.
Bei abstrakteren Themen wie Naturwissenschaften und Mathematik schlägt Lieberman vor, den „Lehren-für-Lernen"-Ansatz zu verwenden. Lassen Sie junge Menschen das Material lernen, um es anschließend jemand anderem beizubringen, und das soziale Element der Aufgabe wird die soziale Kraft des Gehirns nutzen. Traditionell lehren die Begabteren die weniger Begabten, aber diese Aufgabe ist tatsächlich für die Person, die lehrt, vorteilhafter. Daher sollte, sofern angebracht, versucht werden, dass weniger fähige Teenager den fähigeren Teenagern neue Themen beibringen.

WAS LERNEN WIR DARAUS?

Wir Menschen sind von Natur aus sozial und streben danach, Teil einer Gruppe zu sein. Unsere Gehirne empfinden echten Schmerz, wenn wir ausgeschlossen werden, und fühlen sich gut, wenn uns jemand lobt. Bei Teenagern ist dies besonders ausgeprägt, und ihr Bedürfnis, mit Freunden zusammen zu sein, ist ein normaler Teil ihrer Entwicklung.

Fallstudie: Lethabo

Lethabo war ein aufgeweckter, beliebter 15-Jähriger mit ausgezeichneten verbalen Fähigkeiten, aber er neigte dazu, abzuschalten, wenn sich ein Thema auf visuelles Material, insbesondere Symbole, konzentrierte. Er „hasste" Mathe, und seine Lehrerin Dlamini hatte beobachtet, dass seine Noten im letzten Jahr stetig schlechter wurden. Sie war eine enthusiastische Lehrerin voller Energie und stolz auf ihre Fähigkeit, stets einen Weg zu finden, mit ihren Schülern in Kontakt zu treten. Die Vorstellung, dass ein fähiger Schüler ihr entgleitet, gefiel ihr nicht. Sie traf sich mit Lethabo und fragte ihn, warum er glaubte, dass seine Noten sich verschlechterten. Lethabo sagte, dass der Lehrstoff für ihn einfach keinen Sinn ergab und er sich langsam schämte, weil „alle seine Mitschüler alles wussten und er es nie kapierte". Sie beobachtete, wie er nach etwa fünf Minuten in jeder Unterrichtsstunde abschaltete. Da wichtige Prüfungen bevorstanden, verlor Dlamini langsam jegliche Hoffnung.

Lethabos Eltern setzten sich mit Dlamini in Verbindung, da sie besorgt waren und sie um ihren Rat und einen neuen Plan für das auslaufende Schuljahr baten. Dlamini hatte eine Idee und erinnerte sich an das, was sie über das soziale Gehirn wusste. Sie erzählte Lethabo ganz ehrlich, wie besorgt sie war, und sagte, sie plane etwas, was sie noch nie zuvor versucht hatte. Sie fragte ihn, ob er ihr helfen würde, den Schülern der 8.Klasse das Bruchrechnen beizubringen. Zunächst war Lethabo zurückhaltend, weil er befürchtete, dass er dazu nicht in der Lage wäre, aber er wusste, dass er witzig und unterhaltsam sein konnte und stimmte daher vorsichtig zu. Dlamini sagte, sie wolle, dass er zuerst seiner Oma zu Hause Bruchrechnen beibringt und dabei so viele Witze und Metaphern verwendet, wie er mag, um seine Ideen zu vermitteln. Das klappte gut, und da er vor den jüngeren Kindern klug erscheinen wollte, bereitete er sich gut auf seine Aufgabe als Lehrer vor, und es wurde ein großer Erfolg. Er überraschte sich selbst, seine Lehrerin und seine Freunde und meisterte das Thema hervorragend. Er verließ die Stunde mit einem guten Gefühl und natürlich mit viel mehr Selbstvertrauen in Bezug auf das Thema. Dlamini plante, Lethabos Hilfe bei zukünftigen Gelegenheiten in Anspruch zu nehmen, aber in der Zwischenzeit stellte er fest, dass das Unterrichten eines schwierigen Themas vor anderen, einschließlich seiner Großmutter, eine mathematische Superkraft auszulösen schien und sein Selbstvertrauen stärkte. Er hatte das Geheimnis gefunden, wie sich seine Noten in Mathe verbesserten und wie sein Gehirn dazulernen konnte.

Eine gute Lösung

Dlamini griff auf die Idee von Lieberman zurück, dass die soziale Aufgabe des Unterrichtens das soziale Netzwerk aktiviert und damit die Informationskodierung verbessert. Außerdem wusste sie, dass Lethabo aufgrund seines Wunsches, seinen sozialen Status zu verbessern, wahrscheinlich Zeit und Mühe in die Vorbereitung seiner eigenen Sitzung mit den Schülern der 8. Klasse investieren würde. Und schließlich würde er sich wahrscheinlich wertgeschätzt fühlen, wenn sie ihm etwas anvertraute. Eine gute Erfahrung war wichtig, denn sie brachte ihn auf einen positiven Weg mit der „Lehren-für-Lernen"-Lernmethode. Erfolg ist der beste Nährboden für Verbesserungen.

Was könnte im Weg stehen?
Jugendliche können unfreundlich zueinander sein, und in dieser Situation wäre es wichtig sicherzustellen, dass der junge Mensch bereit und selbstbewusst genug ist, um Nicht-Gleichaltrige zu unterrichten, damit die Verbindung mit Gleichaltrigen erfolgreich wird. Es war wichtig, die Oma als Versuchskaninchen einzusetzen, damit Lethabo die Chance hatte, es mit einer unkritischen Person zu probieren. Eine schwierige Erfahrung wie diese könnte das Selbstvertrauen eines jungen Menschen noch mehr erschüttern. Wenn es nicht möglich ist, eine ganze Klasse zu unterrichten, kann es auch zum Erfolg führen, die Schüler in der Klasse in Paare einzuteilen und die Macht des sozialen Gehirns zu nutzen.

HANDLUNGSEMPFEHLUNG:

Priorisieren Sie die soziale Welt
Das Gehirn gibt der sozialen Welt Vorrang, und dies sollten auch wir tun. Erkennen Sie die Macht von Beziehungen sowohl zwischen Erwachsenen und Jugendlichen als auch unter Gleichaltrigen. Tun Sie ein fortwährendes Problem in Ihrer Beziehung zu einem Teenager nicht als unwichtig ab und schieben Sie es nicht auf die „Teenagerhaftigkeit" des Jugendlichen. Dies wäre ein Fehler. Finden Sie Lösungsansätze für soziale Probleme, da die Qualität der Beziehungen von Teenagern während ihrer gesamten Lebensspanne wichtig ist. Sie sind die Grundlage für den Erfolg in der Pubertät und im gesamten Leben.

HANDLUNGSEMPFEHLUNG:

Nehmen Sie soziale Schmerzen ernst, sie können wirklich weh tun
Nehmen Sie zur Kenntnis, wenn ein Teenager sagt, dass sein Freund ihn verärgert hat; fühlen Sie mit, wenn er weint, weil er nicht zu einer Party eingeladen wurde. Soziale Ausgrenzung tut wirklich weh.

HANDLUNGSEMPFEHLUNG:

Nutzen Sie die Macht sozialer Belohnungen, da diese besonders leicht zugänglich sind
Soziale Belohnungen wie ein Lächeln, eine aufmunternde Bemerkung oder eine Hand auf der Schulter stehen Ihnen jederzeit zur Verfügung, also nutzen Sie sie bitte. Soziale Belohnungen haben Macht. Seien Sie kreativ, denn das erhöht die Sichtbarkeit des Lobes und macht es noch wirkungsvoller: Verwenden Sie Emojis oder Zeichnungen. Hinterlassen Sie eine Notiz auf dem Badezimmerspiegel, schicken Sie eine E-Mail oder ein GIF an die virtuelle Pinnwand der Schule.

HANDLUNGSEMPFEHLUNG:

Verwandeln Sie akademische Aufgaben in sozial relevante Themen
Indem Sie die soziale Relevanz von akademischen Aufgaben betonen, können Sie wahrscheinlich einen positiven Einfluss haben, die Motivation steigern und das Potenzial des Gehirns freisetzen. Hierfür ist kein komplett neuer Lehrplan erforderlich, sondern kleine Anpassungen können das Lernen eines Kindes in eine andere Richtung lenken, beispielsweise durch die Verwendung von Erzählungen, die Priorisierung des sozialen Ziels einer Aufgabe oder das Lernen unter Gleichaltrigen.

Handlungsempfehlung:

Erkennen Sie soziales Bewusstsein als eine wertvolle Fähigkeit an
Soziale Fähigkeiten werden zunehmend als Fertigkeiten von hohem Stellenwert verstanden – es ist eine sanfte Revolution. Zeigen Sie Ihre Bewunderung für soziales Bewusstsein explizit oder implizit durch die Art und Weise, wie Sie auf die Beobachtungen oder Kommentare Ihres Jugendlichen zu sozialen Themen reagieren.

Und die Moral von der Geschicht'...

Unsere Gehirne betrachten soziale Informationen als essentiell für unser Überleben. Teenager sind besonders empfänglich für soziale Signale. Integrieren Sie also ein soziales Element in die Lernaufgaben, um ihre Aktivität zu steigern.

Downloads: Das Teenager-Gehirn – liebt andere Menschen

Soziale Beziehungen sind für unser Überleben von grundlegender Bedeutung. Ein soziales Verständnis ist der Schlüssel zum Aufbau dieser Verbindungen. Diese wichtigen sozialen Netzwerke des Gehirns entwickeln sich während der Pubertät, so dass ein Großteil der Aufmerksamkeit eines Teenagers auf die soziale Welt gerichtet ist. Teenager empfinden besonders starken sozialen Schmerz, wenn sie von Gleichaltrigen isoliert werden. Starke Beziehungen hingegen helfen Teenagern, sich positiv zu entwickeln. Sozialer Schmerz und soziale Belohnung werden in der Adoleszenz stärker empfunden als zu jeder anderen Zeit.

Das Nutzen dieser „sozialen Macht" ist ein wesentliches Element des Lernens. Eine zentrale Aufgabe, um die Potenziale des Gehirns zu fördern, besteht darin, das Bedürfnis von Jugendlichen nach sozialer Bindung und ihre Angst vor sozialem Schmerz zu verstehen.

Übung

Notieren Sie sich eine soziale Situation, in der sich Ihr Teenager verärgert, ausgeschlossen und überfordert gefühlt hat.

....

....

....

....

....

Überlegen Sie, wie Sie Ihrem Teenager in einer ähnlichen Situation helfen könnten und setzen Sie diese Strategien in Zukunft ein.

....

....

....

....

....

<table>
<tr><th>Wenn dies geschieht …</th><th>Denken Sie nicht das …</th><th>Sondern vielleicht das …</th></tr>
<tr><td>Die ganze Klasse spricht auf Snapchat über eine Party. Ihr Teenager ist nicht eingeladen worden.</td><td>Sie macht so einen Aufstand, weil sie nicht zu dieser Party eingeladen wurde. Um Himmels willen, es wird noch hunderte Partys geben.</td><td>Es tut ihr wirklich weh, dass sie nicht zu dieser Party eingeladen wurde. Ich weiß, dass sie sich davon erholen wird, aber im Moment muss ich sie unterstützen. Das ist ein echter Kummer, auch wenn er nur von kurzer Dauer ist.</td></tr>
<tr><td colspan="3"> Erkennen Sie, dass sozialer Schmerz echter Schmerz ist und dass Teenager diesen Schmerz stärker spüren.</td></tr>
<tr><td>Das erste, was Ihr Teenager tut, wenn sie von der Schule nach Hause kommt, ist, zum Telefon zu greifen und ihre beste Freundin anzurufen.</td><td>Wie ist es überhaupt möglich, dass sie sich den ganzen Abend am Telefon noch etwas zu sagen haben? Sie sind doch schon den ganzen Tag zusammen.</td><td>Es ist wichtig für sie, sich mit ihren Freunden verbunden zu fühlen – vielleicht um zu verstehen, was heute in der Gruppe passiert ist. Sie lernt gerade alles über die soziale Welt.</td></tr>
<tr><td colspan="3"> Denken Sie daran, dass es lange dauert, bis man sozial kompetent ist. Das Tratschen dient bei Teenagern dem Aufbau dieser neuronalen Schaltkreise.</td></tr>
<tr><td>Es gibt zwei Teenager, die in der Klasse ununterbrochen miteinander reden. Sie motivieren sich gegenseitig zum Stören, auch wenn sie getrennt sind.</td><td>Ich bin so genervt von diesen beiden. Ja, es ist toll, Freunde zu haben, aber sie sollen sich ihre Gespräche für die Pause aufbewahren. Sie müssen still sein und mir zuhören, denn wie sollen sie sonst lernen?</td><td>Ich frage mich, ob ich ihre sozialen Beziehungen und ihre Intelligenz nutzen kann, um ihnen zu helfen, dieses Thema zu verstehen, indem ich sie dazu bringe, sich gegenseitig eines der Konzepte beizubringen?</td></tr>
<tr><td colspan="3"> Nutzen Sie die soziale Voreingenommenheit bei Aufgaben im Klassenzimmer.</td></tr>
</table>

TEIL 2

Ein anderer Teenager

Kapitel 6

Teenager-Gehirne sind oft überfordert

Kurz und knapp

- Ein kleiner, aber dennoch beachtlicher Prozentsatz der Teenager hat erhebliche psychische Probleme.
- Starke Emotionen sind in der Adoleszenz typisch, aber anhaltende emotionale Belastungen, die sich auf den Alltag auswirken, könnten auf psychische Probleme hinweisen.
- Die Art und Weise, wie Teenager ihre emotionalen Bedürfnisse ausdrücken, unterscheidet sich von Kindern und muss daher möglicherweise entschlüsselt werden.
- Die psychischen Probleme von Jugendlichen können das Lernen und Wachsen beeinträchtigen.
- Sie können dazu beitragen, die gute psychische Gesundheit von Jugendlichen zu fördern, indem Sie ihnen helfen, Emotionen zu erkennen und zu bewältigen und klare Grenzen zu setzen.
- Wenn Sie sich um die psychische Gesundheit eines Jugendlichen sorgen, konsultieren Sie Ihren Hausarzt.

Einleitung

Das Leben eines Teenagers ist voller Höhen und Tiefen. Es ist nicht ungewöhnlich, dass Jugendliche einige Stunden oder Tage lang traurig sind, Angst haben oder andere starke Emotionen empfinden. Manche junge Menschen sind jedoch über längere Zeiträume hinweg emotional aufgewühlt und fühlen sich psychisch so unwohl, dass sie in ihrem Alltag nicht mehr funktionieren können und ihr Lernen, ihr Wachstum und ihre Entwicklung darunter leiden.

Solche Probleme können Jugendliche daran hindern, ihr Potenzial auszuschöpfen, in den positiven Lernzyklus einzutreten (siehe *Kapitel 3: Das Teenager-Gehirn- lernt und glaubt*) und das Beste aus den enormen Möglichkeiten zu machen, die das unglaubliche Teenager-Gehirn bietet. Wie jede menschliche Eigenschaft ist auch die psychische Gesundheit ein Kontinuum. Das heißt, dass es manchmal schwierig ist, genau zu definieren, wo die Grenze zwischen typisch und untypisch verläuft. Zu wissen, was zu tun ist und wann man sich professionelle Hilfe holen sollte, ist für jeden Erwachsenen, der sich um einen Teenager kümmert, wichtig.

Es ist normal, dass die psychische Verfassung Schwankungen unterliegt

Die psychische Gesundheit kann genauso wie die körperliche Gesundheit Höhen und Tiefen haben. Wir alle fangen uns mal eine Erkältung, eine Grippe oder einen Magen-Darm-Virus ein. Ebenso gibt es Zeiten, in denen wir uns ein wenig niedergeschlagen oder ängstlich fühlen, oder uns unangenehme Gedanken machen, wie zum Beispiel Sorgen um unseren Körper, mangelndes Selbstbewusstsein in sozialen Situationen oder über unser Essverhalten. Emotionen sind wichtige Signale, die uns warnen und uns mental und körperlich darauf vorbereiten, bestimmte Handlungen zu ergreifen (siehe *Kapitel 10: Starke Gefühle und mächtige Motivationen*). Das Erleben von Emotionen, selbst von starken Emotionen, bedeutet nicht automatisch, dass ihr Teenager ein psychisches Problem hat. Erst wenn Emotionen das Leben einer Person so stark beeinflussen, dass sie die täglichen Aufgaben nicht bewältigen kann und über einen längeren Zeitraum nicht in der Lage ist, sich von Schwierigkeiten zu erholen oder sie zu überwinden, fällt dies aus dem normalen Muster heraus.

Im Laufe der Zeit verändert sich die Art und Weise, wie sich Verhalten ausdrückt

Gefühle und deren Ausdruck variieren je nach Alter. Zum Beispiel wäre es angemessen, wenn ein zweijähriges Kind weint, weil seine Eltern es bei einem Fremden zurückgelassen hat. Dies wäre bei einem 16-Jährigen nicht angemessen. Ein Kleinkind könnte auf dem Boden schreien, wenn es seinen Willen nicht bekommt. Wenn ein Teenager dies tun würde, wären wir besorgt und würden denken, dass er Hilfe braucht.

Die Einstellung der Gesellschaft zur psychischen Gesundheit verbessert sich immer mehr

Die Aufmerksamkeit, der psychischen Gesundheitsprobleme gegeben werden, nimmt zu, endlich wird die Debatte auch von den Medien in den Mainstream gebracht. Eine erhöhte Aufmerksamkeit wird manchmal mit einer erhöhten Rate von psychischen Erkrankungen verwechselt, aber das ist nicht unbedingt der Fall. Bevölkerungsumfragen in Großbritannien zeigen, dass es in den letzten 20 Jahren einen leichten Anstieg der Anzahl von Teenagern mit psychischen Erkrankungen gab, dieser war jedoch nicht signifikant (Department of Health and NHS England 2017).

Der leichte Anstieg ist hauptsächlich auf ein Entstehen von Angstzuständen und Depressionen bei Teenagern im Sekundarschulalter zurückzuführen. Unser Wissen über psychische Gesundheit hat jedoch zugenommen, und Erwachsene, die sich um Teenager kümmern, sind heute besser informiert als je zuvor. Tatsächlich argumentieren einige, dass dieser Anstieg tatsächlich eine Abnahme des Stigmas widerspiegelt. Mit anderen Worten, die Zahl der psychischen Probleme ist stabil geblieben, aber die Jugendlichen sind eher bereit, sich zu melden und um Hilfe zu bitten, so dass die gemeldeten Zahlen höher erscheinen.

Zu viele junge Menschen leiden an einem psychischen Problem

Bevor wir uns zu sehr auf die Schulter klopfen, sollten wir uns daran erinnern, dass sich das Verständnis der Gesellschaft für psychische Probleme zwar verbessert hat, es aber immer noch eine erhebliche Anzahl von Teenagern mit psychischen Problemen gibt. Die jüngste Bevölkerungsumfrage des englischen Gesundheitssystems zeigt, dass es noch viel zu tun gibt (Department of Health und NHS England 2017). Jeder achte junge Mensch im Alter von 5 bis 19 Jahren hat eine psychische Störung (emotionale, verhaltensbezogene oder entwicklungsbedingte – dazu später mehr). Es ist besorgniserregend, dass insgesamt 17% der jungen Menschen zwischen 17 und 19 Jahren emotionale Störungen aufweisen, wobei Mädchen in dieser Altersgruppe doppelt so oft betroffen sind wie Jungen. Ein ähnliches Muster findet sich auch in westlichen Ländern mit einem hohen wirtschaftlichen Wohlstand.

Viele Faktoren wirken zusammen, wenn psychische Probleme bei jungen Menschen entstehen

Psychische Gesundheitsprobleme haben nicht nur eine einzelne Ursache – zahlreiche Faktoren spielen eine Rolle. Eine wichtige Ursache ist die Genetik. Wenn es bereits Personen in Ihrer Familie mit psychischen Gesundheitsproblemen gibt, ist es wahrscheinlicher, dass auch Ihr Teenager solche Probleme entwickelt. Das ist jedoch keineswegs eine Gewissheit, denn auch das familiäre und soziale Umfeld haben einen erheblichen Einfluss auf die Entwicklung des Gehirns.

Die Ereignisse im Leben eines jungen Menschen, wie Verlust oder Trauma, die Art ihrer Erziehung bereits in der frühen Kindheit, Schwierigkeiten mit Gleichaltrigen oder Mobbing sowie das schulische Umfeld können das Risiko für psychische Probleme erhöhen. Auch das Temperament eines Teenagers ist ein Faktor. Anfälligkeiten wie ein Hang zum Perfektionismus oder Angstzustände können die Wahrscheinlichkeit von psychischen Problemen erhöhen.

Es gibt zahlreiche Studien des National Institute of Mental Health (Nationales Institut für psychische Gesundheit) in den USA, die die Gehirn- und Verhaltensentwicklung junger Menschen über die Zeit hinweg untersuchen. Besonders interessant ist eine ambitionierte Studie zur Entwicklung des jugendlichen Gehirns und kognitiver Fähigkeiten (Adolescent Brain and Cognitive Development, ABCD), die von Nora Volkow et al. (2018) durchgeführt wird. Die Wissenschaftler nutzen fortschrittlichste bildgebende Verfahren, um die Entwicklung von 10.000 Kindern im Alter von 9 bis 10 Jahren über ein Jahrzehnt kontinuierlich zu verfolgen. Die Studie wird ihr Verhalten, Hormone, Genetik, Gehirnentwicklung und Alltagserfahrungen, einschließlich der Nutzung von Bildschirmzeit (Fernsehen, Handy, Computer), Alkohol und Drogen, untersuchen, was uns in einigen Jahren ein viel besseres Verständnis von psychischer Gesundheit und Gehirnentwicklung geben wird.

Schutzfaktoren sind von großer Bedeutung, und während der Teenagerjahre spielen Beziehungen eine entscheidende Rolle

Obwohl wir immer noch nicht genau wissen, was psychische Gesundheitsprobleme auslöst, sind wir uns viel sicherer darüber, was wir tun können, um junge Menschen vor der Entwicklung dieser Probleme zu schützen. Einige Teenager sind sehr widerstandsfähig und zeigen keinerlei psychischen Gesundheitsprobleme trotz herausfordernder Hochrisikosituationen. Was schützt sie? Wenn wir das herausfinden können, können wir es „einfangen" und es auf die breitere Bevölkerung übertragen.

Die amerikanische Psychologin Professor Anne Masten hat sich eingehend mit diesem Thema befasst und ist der Ansicht, dass Resilienz aus gewöhnlichen, alltäglichen Prozessen besteht (Masten 2014). Dazu gehören: positive Denkmuster (Hoffnung, Motivation), gute Selbstregulierung und Stressbewältigung, unterstützende soziale Netzwerke, außerschulische Aktivitäten, Zufriedenheit mit der Schule und starke Familienbeziehungen. All das zusammen bildet einen Schutz gegen zukünftige Probleme – ähnlich wie es beim Patronus in Harry Potter geschieht.

Die Beweise verdichten sich – in den Teenagerjahren sind Beziehungen möglicherweise einer der wichtigsten Faktoren, die junge Menschen vor psychischen Problemen schützen und ihnen ermöglichen, für den Rest ihres Lebens eine starke Widerstandskraft zu entwickeln. Wir wissen zum Beispiel, dass positive Beziehungen Mädchen schützen, die ein Risiko für Angstzustände oder Depressionen haben, während schlechte Beziehungen, in denen Fürsorge fehlen, das Risiko auf eine psychische Gesundheitsstörung signifikant erhöhen.

DER WISSENSCHAFTLICHE TEIL: GEHIRN UND VERHALTEN

Die Pubertät ist zwar die körperlich gesündeste Zeit im Leben eines Menschen, aber sie ist auch die Zeit, in der die Wahrscheinlichkeit am größten ist, in der eine Person am ehesten eine psychische Störung entwickelt. Viele schwerwiegende psychische Störungen, wie etwa Schizophrenie, manifestieren sich erstmals in der Jugend. Dies hat Wissenschaftler dazu veranlasst, zu untersuchen, warum Teenager hierfür besonders anfällig sind.

Es gibt dokumentierte Kindheitserfahrungen, die mit späteren psychischen Gesundheitsproblemen in Verbindung gebracht werden, wie zum Beispiel Missbrauch und Vernachlässigung in der Kindheit sowie Mobbing in der Schule. Es gibt außerdem immer mehr Beweise dafür, dass Cannabis das Risiko einer Psychose erhöhen kann, wenn es während der Teenagerjahre konsumiert wird, aber die genauen Mechanismen, die zu ihrer Entwicklung und Manifestation führen, sind noch nicht vollständig erforscht. Gene spielen offensichtlich eine Rolle und erhöhen das Risiko für psychische Gesundheitsprobleme bei einigen Personen, jedoch haben wir es hier mit einem komplexen Forschungsgebiet zu tun. Umgebungen und Gene interagieren miteinander, so dass Gene in bestimmten Umgebungen „aktiviert" werden und Einzelpersonen gezielte Erfahrungen anstreben können, was bedeutet, dass manche Erfahrungen eine genetische Vorbelastung haben. Forscher setzen sich damit auseinander, zu verstehen, welche Faktoren dazu führen, dass einige Jugendliche trotz erheblicher negativer Lebensereignisse eine bemerkenswert starke psychische Gesundheit aufrechterhalten, um so Schutzfaktoren und Resilienzquellen für junge Menschen zu identifizieren.

Obwohl wir wissen, dass es Unterschiede in den Gehirnen von Menschen mit psychischen Gesundheitsproblemen gibt, ist das genaue Verständnis der Auswirkungen dieser Unterschiede begrenzt. Es gibt auch Hinweise darauf, dass diese Unterschiede störungsspezifisch sein können. Mit anderen Worten, es gibt möglicherweise neurobiologische oder neuroanatomische Besonderheiten, die bei bestimmten psychischen Gesundheitsproblem häufiger auftreten. Wir wissen auch, dass eine MRT-Untersuchung noch nicht in der Lage ist, ein psychisches Gesundheitsproblem zu erkennen. Die Diagnose von psychischen Störungen erfordert eine gründliche Konsultation mit einem Fachmann wie einem Kinder- und Jugendpsychiater oder klinischen Psychologen.

Auf den Teenager übertragen

Auch wenn das Risiko für kurzfristige mentale Gesundheitsprobleme bei Teenagern gering ist, sollten wir uns der erhöhten Anfälligkeit während der Pubertät bewusst sein. Die Plastizität und der steile Entwicklungsverlauf des Teenager-Gehirns dürften Teil der Erklärung dafür sein, warum diese Lebensphase anfälliger ist. Gleichzeitig gibt es starke Beweise dafür, dass vergangene Erfahrungen und die Vielzahl von Anforderungen im Leben eines Jugendlichen ebenfalls Teil der Erklärung sind. Wichtig ist, dass Sie sich vor Augen halten müssen, dass psychische Entwicklungsstörungen relativ unwahrscheinlich, aber möglich sind. Ziehen Sie diese Möglichkeit ernsthaft in Betracht, wenn sich das Verhalten Ihres Teenagers merklich verändert.

Wir haben uns auf Angstzustände, Depressionen und Verhaltensstörungen konzentriert, weil dies die am häufigsten auftretenden Störungen bei Teenagern sind. Andere psychische Probleme wie Essstörungen, Zwangsstörungen oder, in sehr seltenen Fällen, Denkstörungen treten in dieser Zeit ebenfalls häufiger auf. Auch hier ist dies wahrscheinlich auf die Empfindlichkeit des Gehirns bei der Bewältigung der enormen Aufgaben der Teenagerjahre zurückzuführen. Zwei oder mehr psychische Störungen könnten gleichzeitig auftreten, also seien Sie sich bewusst, dass es viele verschiedene Erscheinungsformen gibt.

Ängstliche Teenager vermeiden Situationen, die sie beängstigend finden

Angststörungen zeigen sich auf unterschiedliche Weise. Zu den häufigsten Erkrankungen im Jugendalter gehören: allgemeine Angststörungen (ständiges Sorgen um Dinge), Zwangsstörungen (Einsatz von Handlungen, um beunruhigenden Gedanken oder Gefühlen entgegenzuwirken) und phobische Störungen (intensive Angst vor einer bestimmten Erfahrung oder einem bestimmten Gegenstand). In den Teenager-Jahren, in denen Freunde von großer Bedeutung sind, kann die soziale Angst ziemlich deutlich zunehmen.

Bei Angststörungen fühlt man sich oft beunruhigt und erwartet, dass etwas Schreckliches geschehen könnte. Dazu kommen körperliche Symptome wie Kopfschmerzen, erhöhte Herzfrequenz, trockener Mund, Schwitzen oder Zittern hinzu. Menschen mit Angststörungen versuchen oft, die Situation, die sie als beängstigend empfinden, zu vermeiden. Auf lange Sicht verstärkt dies jedoch nur die Angst und führt zu einem Kreislauf, der nur schwer zu durchbrechen ist, weil ihr Gehirn ziemlich schnell lernt (vergessen Sie nicht, dass die Lernfähigkeit eines Jugendlichen schnell und effizient ist), dass die Angst abnimmt, sobald sie die Situation vermeiden. Dies löst die falsche Vorstellung aus, dass Vermeidung der einzige Weg ist, sich besser zu fühlen. Tatsächlich kann es der beste Weg sein, sich der Situation, vor der sie Angst haben, auf sanfte Weise auszusetzen und sich ihren Ängsten zu stellen.

Es gibt gute, evidenzbasierte Behandlungsmöglichkeiten für Angststörungen, insbesondere die kognitive Verhaltenstherapie, die dazu beiträgt, angstauslösende Gedanken herauszufordern und ihnen allmählich wieder beizubringen, dass die Angst nach einer Weile abnimmt, auch wenn sie sich in einer beängstigenden Situation befinden.

Depressive Teenager ziehen sich oft aus dem täglichen Leben zurück

Depression oder Niedergeschlagenheit kann sich auf verschiedene Arten zeigen, einschließlich erhöhter Reizbarkeit, schlechtem Schlaf und Konzentration, einem negativen Selbstbild und in schwereren Fällen Selbstverletzung oder Suizidgedanken. Depressionen können sich auf Beziehungen zu Familie und Freunden auswirken, da der betroffene Jugendliche möglicherweise keine Motivation hat, an sozialen Aktivitäten teilzunehmen. Frühe Symptome von Depressionen können Beziehungen belasten, wenn ein Teenager sich von Interaktionen mit Freunden und Familie zurückzieht und dadurch verletzlicher wird. Dies ist angesichts dessen, was wir jetzt über die fundamentale Bedeutung unserer sozialen Beziehungen und die Bedeutung starker Beziehungen für das Wohlbefinden wissen, vielleicht nicht überraschend. Depressionen können das Lernen und den Schlaf so stark beeinträchtigen, dass das Lernen verlangsamt oder zum Stillstand kommt. Für weniger schwere Fälle von Depressionen haben strukturierte Psychotherapien wie die Interpersonelle Therapie (die sich auf das Kontrollieren und das Optimieren von Beziehungen konzentriert) oder die Kognitive Verhaltenstherapie (die Gedanken mit Gefühlen verknüpft) eine gute Evidenzgrundlage. Meist wird eine Kombination aus Medikamenten und Interpersoneller Therapie vorgeschlagen, wenn ein Teenager tatsächlich mit einer depressiven Stimmung kämpft und seine Schwierigkeiten verarbeitet, zumindest zu Beginn der Behandlung.

Wütende Teenager können Grenzen überschreiten

Wütende Teenager können ein herausforderndes Verhalten an den Tag legen oder streitlustig erscheinen. Auch wenn wir diese „externalisierenden" Verhaltensweisen nicht intuitiv für ein emotionales Problem halten, kann das Verhalten tatsächlich die Probleme Ihres Teenagers widerspiegeln, seine emotionale Zerrissenheit zu artikulieren. Das denkende Gehirn ist dem emotionalen Gehirn ausgeliefert, das dürfen Sie nicht vergessen. Es ist, als ob das denkende Gehirn gekapert worden wäre. Auch wenn Aggressionen gegen andere, Regelverstöße und Lügen oder Stehlen niemals akzeptabel sind, ist es wichtig, die Wurzeln des Verhaltens zu verstehen, um es ändern zu können. Neugierig und verständnisvoll zu sein, schließt klare, konsequente Grenzen nicht aus. Wie wir aus unseren Lernmodellen wissen (siehe *Kapitel 4: Das Teenager-Gehirn baut Verbindungen auf, beobachtet und absorbiert*), ist eine Bestrafung, ohne zu verstehen, warum ein Verhalten aufgetreten ist, wahrscheinlich nicht wirksam. Wenn Ihr zuvor folgsamer Teenager plötzlich oppositionelles Verhalten zeigt, handelt es sich höchstwahrscheinlich um ein Kommunikationsproblem.

Teenager benötigen Hilfe bei der Unterscheidung zwischen gefühlten und gezeigten Emotionen

Das Teenager-Gehirn ist darauf ausgerichtet, starke Gefühle zu empfinden (siehe *Kapitel 10: Starke Gefühle und mächtige Motivationen*). Wenn Teenager lernen, mit diesen starken Emotionen umzugehen, können sie anfangs überreagieren und möglicherweise kurzzeitig die Kontrolle verlieren. Aber wer hat schon ständig die Kontrolle über sich?

Es ist wichtig, Teenagern dabei zu helfen, zwischen dem zu unterscheiden, was sie fühlen, und dem, was sie tun. Erlauben Sie ihnen, sich wütend zu fühlen, die Emotion zu benennen und trotzdem ihre Höflichkeit zu wahren. Erlauben Sie ihnen, traurig zu sein und zu weinen, aber nicht stundenlang in Einsamkeit und Verzweiflung zu verharren. Erlauben Sie ihnen, sich ängstlich zu fühlen, ermutigen Sie sie, es laut auszusprechen, aber hindern Sie sie daran, die angstauslösende Situation zu vermeiden. Fühlen sie die Angst und handeln sie trotzdem, denn das heißt, dass sich die Angst auflösen wird. Helfen Sie ihnen gleichzeitig zu verstehen, dass etwas, nur weil es sich gut anfühlt, nicht bedeutet, dass es gut ist. Essen ist ein Beispiel dafür: Unser Gehirn signalisiert Belohnung, wenn wir essen, aber wir müssen diesem Hedonismus Grenzen setzen, sonst können wir negative Gewohnheiten entwickeln. Dies alles läuft darauf hinaus, dass wir unsere Emotionen verstehen und sie schließlich regulieren müssen (siehe *Kapitel 17: Möge die Macht mit dir sein, Luke!*), was ein wichtiger Bestandteil des Wohlbefindens ist.

Wann Sie etwas unternehmen sollten

Wenn ein junger Mensch regelmäßig sehr aufgeregt oder ängstlich ist und sich dies auf seine Fähigkeit auswirkt, an der Schule, an sozialen Aktivitäten oder am Familienleben teilzunehmen, dann ist es an der Zeit, Hilfe einzuholen. Ein weiteres Warnzeichen könnte eine plötzliche Verhaltens- oder Erscheinungsänderung sein. In einem ersten Schritt könnten besorgte Erwachsene mit einem Familienmitglied, einem Lehrer, einem Freund oder einem Seelsorger sprechen.

Für psychosoziale Unterstützung ist meist der Hausarzt die erste Anlaufstelle. Psychologen und Psychiater sind Fachkräfte für psychische Gesundheit, die Ihrem Teenager helfen können, diese schwierige Zeit zu überstehen. „Therapeuten" sind in der Regel gut ausgebildet, allerdings sollte man beachten, dass theoretisch jeder, der eine Ausbildung im privaten Sektor abgeschlossen hat und selbstständig tätig ist, sich selbst als Therapeut bezeichnen könnte. Achten Sie also darauf, wenn Sie deren Qualifikationen bei den Berufsverbänden überprüfen – holen Sie sich vielleicht den Rat Ihres Hausarztes für eine gute Empfehlung ein. Ein praktizierender Psychologe oder Psychiater verfügt über eine hochwertige Ausbildung und Fachwissen im Bereich der psychischen Gesundheit. Wenn Teenager davon sprechen, sich selbst oder anderen etwas anzutun, oder wenn wiederholte Versuche, ihnen bei der Bewältigung ihrer Emotionen zu helfen, nicht helfen, dann empfehlen wir Ihnen, sich an eine psychiatrische Einrichtung zu wenden.

Warnzeichen dafür, dass Ihr Teenager möglicherweise professionelle Hilfe benötigt, sind anhaltende Probleme, die länger als ein paar Wochen andauern, oder folgende Anzeichen:

- Eine signifikante Veränderung beim Jugendlichen, wie z. B. in Form von Reizbarkeit, sozialem Rückzug oder mangelnder Körperpflege
- unerklärlicher Gewichtsverlust, Schlafstörungen oder Appetitlosigkeit
- unerklärliche körperliche Verletzungen, wie Schnitte oder Verbrennungen auf der Haut
- Unfähigkeit, an sozialen oder schulischen Aktivitäten teilzunehmen.

Was bedeutet das für den Alltag?

Teenager benötigen oft Unterstützung, um ihre emotionalen Erfahrungen zu verstehen.

Die Teenagerjahre können emotional sehr fordernd sein. Starke emotionale Erfahrungen bedeuten nicht automatisch, dass wir es mit psychischen Problemen zu tun haben. Teenager brauchen oft die Hilfe der Erwachsenen in ihrem Leben, um schwierige Zeiten zu bewältigen, dies ist ein typischer Teil der jugendlichen Entwicklung. Es ist nicht Ihre Hauptaufgabe, jedes Problem zu lösen oder die Emotionen zu unterdrücken. Es ist Ihre Aufgabe, Ihren Teenager dabei zu unterstützen, zu verstehen, was mit ihm geschieht, und Wege zu finden, damit umzugehen, und dabei an seiner Seite zu stehen. Wenn Sie ihm beibringen, seine Emotionen zu verarbeiten, statt sie zu verleugnen oder zu unterdrücken, wird er lernen, dies eigenständig zu tun und so sein Wohlbefinden und seine Widerstandsfähigkeit zu stärken. Das ist ein gesunder und nachhaltiger Ansatz für die Entwicklung Ihres Teenagers.

Frühzeitiges Eingreifen ist die beste Option

Obwohl sich die Einstellung zum Thema psychische Gesundheit verbessert, gibt es immer noch ein gewisses Stigma darüber, und für manche Menschen ist die Problematik mit einer gewissen gesellschaftlichen „Scham" verbunden. Es ist wichtig, dass Sie offen und ehrlich über ihre Sorgen sprechen. Stigmatisierung kann zu Geheimnissen führen und einen Teenager davon abhalten, Hilfe zu suchen. Für viele psychische Probleme gibt es sehr gute Behandlungsmöglichkeiten, und je früher eine Behandlung gesucht wird, desto besser. Je mehr sich ein psychisches Problem verfestigt, desto schwieriger kann es sein, die Symptome zu verändern und gesund zu werden.

Was bedeutet das für das Lernen?

Emotionale Gehirne sind nicht lernfähig

Das Gehirn folgt einer Hierarchie der Aktivitäten (siehe *Kapitel 2: Das Teenager-Gehirn – denkt und fühlt*). Unsere emotionalen Reaktionen sind dazu da, uns zu schützen, wenn wir uns ängstlich oder unsicher fühlen. In solchen Situationen dominiert also das emotionale Gehirn und lässt uns wenig Raum für Vernunft oder Nachdenken. Im emotionalen Zustand sind Teenager meist nicht fähig zu lernen. Aus diesem Grund müssen die Bedürfnisse der psychischen Gesundheit bei Teenagern Priorität haben, da sonst ihre Lernfähigkeiten beeinträchtigt werden können.

Lehrer spielen eine wichtige Rolle bei der psychischen Gesundheit von Teenagern

Eine kürzlich in Großbritannien durchgeführte Umfrage hat ergeben, dass Lehrer am ehesten mit Menschen mit psychischen Gesundheitsproblemen in Kontakt kommen. Lehrer sind in vielerlei Hinsicht wichtige Akteure für die psychische Gesundheit von Teenagern. In Großbritannien gibt es eine Regierungsinitiative, um die formale Ausbildung im Bereich der psychischen Gesundheit zu verbessern, damit Lehrer wissen, wie sie psychische Probleme erkennen und welche Unterstützungsmöglichkeiten es gibt. Es fällt zwar nicht in den Zuständigkeitsbereich eines Lehrers, psychische Probleme zu behandeln, aber es ist wichtig zu wissen, worauf man achten muss, wie man einen jungen Menschen unterstützt und zu Fachleuten weiterleitet. Dies würde eine frühzeitige Unterstützung von vulnerablen Jugendlichen erheblich verbessern.

Was lernen wir daraus?

Eine kleine Anzahl von Jugendlichen hat signifikante Probleme mit ihrer psychischen Gesundheit. Um zu wissen, wie man junge Menschen unterstützen kann, ist es wichtig, dass Erwachsene mit den Anzeichen von psychischen Erkrankungen vertraut sind, und wissen, wie man einen Teenager in schwierigen Phasen unterstützt und wann man sie an einen Fachmann verweist.

Fallstudie: Hasan

Der sechzehnjährige Hasan war schon immer ein sensibler Junge mit einem sanften Sinn für Humor, der ständig die Familie unterhielt. Er stand seiner Mutter, Fatimah, seinem Vater, Fajar, und seinem kleinen Bruder Hilman sehr nahe. Hilman war sehr intelligent und normalerweise Klassenbester, während Hasan in der Schule immer weiter zurückfiel. Seine Mutter erhielt eine E-Mail, in der stand, dass er angefangen hatte, den Unterricht zu versäumen. Er leugnete dies und bestand darauf, dass das Schulverzeichnis über die Anwesenheit der Schüler falsch sei. Fatimah hatte den Verdacht, dass Geld aus ihrem Portemonnaie verschwunden war und Hasan fing an, lange wegzubleiben, ohne seine Eltern wissen zu lassen, wo er war. Die Familie hatte zuvor noch nie Kontakt zu psychiatrischen Diensten gehabt. Sie waren eine fleißige, gesetzestreue Familie mit einem starken Glauben und waren stolz darauf, einen Beitrag zur Gemeinschaft zu leisten.

Sie waren darauf bedacht, die Probleme selbst in den Griff zu bekommen und gaben ihm häufig Hausarrest. Als Hasan jedoch verhaftet wurde, weil er einen Computer aus der Schule gestohlen hatte, schlug die Schulsozialarbeiterin eine Überweisung an den örtlichen Betreuungsdienst für psychische Gesundheit von Kindern und Teenagern vor. Die Polizei erwischte ihn dabei, wie er mit dem Computer auf dem Lenker seines Fahrrads fuhr. Es war fast so, als wollte er erwischt werden.

Die Psychologin nahm eine Anamnese der gesamten Familie auf. Es wurde deutlich, dass Hasans Einstellung zum Leben sich dramatisch verändert hatte. Sein Verhalten war schnell eskaliert und entsprach nicht mehr seinem Charakter. Es stellte sich bald heraus, dass der Druck in der Schule auf Hasan lastete. Einem Schulbericht zufolge würde er wahrscheinlich durch alle seine Abschlussprüfungen fallen. Seine Eltern waren verständlicherweise besorgt, wütend und befürchteten eine Katastrophe für ihn. Fatimah neigte dazu, in seiner Gegenwart lauter zu sprechen, weil sie das Gefühl hatte, dass Hasan nicht zuhörte, was sie sagte.

Eine gute Lösung

Die Psychologin führte Einzelsitzungen mit Hasan sowie mit seinen Eltern und der ganzen Familie durch. In diesen Sitzungen brachte sie die Idee auf, dass Hasans Verhalten eine bestimmte Absicht verfolgte: Wenn sein Verhalten extrem genug wäre, würde er von der Schule ausgeschlossen werden, was ihm lieber wäre als das Scheitern in den Prüfungen, was er als beschämender empfand. (Denken Sie an *Kapitel 4: Das Teenager-Gehirn baut Verbindungen auf, beobachtet und absorbiert*, wo wir erörtert haben, dass ein Verhalten unbeabsichtigt ein anderes Verhalten fördern kann. Hier verstärkt der Schulausschluss das schwierige Verhalten, indem Hasan die Scham des akademischen Versagens vermeidet.) Diese Idee brachte das Problem erheblich voran, denn sie verbalisierte sein Verhalten. Die Familie lernte, die Kommunikation zu verbessern, damit alle Familienmitglieder ihre Ansichten diskutieren und gehört werden konnten.

Hasan begann, mehr Unabhängigkeit zu erlangen, wie zum Beispiel spätere Ausgehzeiten, im Gegenzug übernahm er Verantwortung für Hausarbeiten. Sein Status in der Familie wurde wiederhergestellt und aufgewertet. Der nächste Schritt bestand darin, einen Weg zurück in die Schule zu finden, während gleichzeitig sichergestellt wurde, dass die Erwartungen der Familie an Hasan realistisch waren.

Was könnte dem im Wege stehen?

Herausforderndes Verhalten wie das Stehlen und das Ignorieren elterlicher Grenzen ist ernst zu nehmen und darf nicht unbeachtet bleiben. Allerdings müssen wir uns daran erinnern, dass Jugendliche ihre Bedürfnisse nicht immer direkt äußern oder verstehen, was in ihnen vorgeht. Es ist die Aufgabe der Erwachsenen, die Jugendliche unterstützen, ihr Verhalten zu „entschlüsseln". Hasans Eltern hätten einfach wütend werden und seine Lehrer hätten ihn einfach ausschließen können, anstatt neugierig zu sein und zu fragen, warum er sich so verhält. Jugendliche stehen unter großem akademischem Druck zu einer Zeit, in der ihr Selbstkonzept verwundbar ist. Das ist für alle eine schwierige Situation, aber es gibt immer Lösungen. Schauen Sie hinter das Verhalten, um Hinweise darauf zu finden, wo die Ursachen bestimmter Handlungsweisen liegen.

Handlungsempfehlung

Verstehen Sie, was ein psychisches Problem ist, um zu wissen, wann Sie Hilfe suchen sollten

Eltern und Lehrer sollten eine Weile abwarten und beobachten, wenn sie den Verdacht haben, dass ein Teenager Probleme hat oder wenn sein Verhalten plötzlich ungewöhnlich ist. Aber warten Sie nicht zu lange. Wenn es Ihrem Teenager nicht gut geht und er Anzeichen von Stress zeigt, sollten Sie nicht zögern, Hilfe zu suchen.

HANDLUNGSEMPFEHLUNG:

Nutzen Sie Ihre Beziehung, um die Widerstandsfähigkeit Ihres Teenagers zu stärken

Es gibt viele Faktoren, die in Kombination zu psychischen Problemen bei Teenagern führen, und viele Faktoren, die sie schützen. Nehmen Sie eine feste familiäre Beziehung zu ihrem Teenager in Ihren Maßnahmenkatalog auf – sie ist ein mächtiges Instrumentarium.

Stärken Sie Ihre Beziehung zu Ihrem Teenager, denn unabhängig von den Umständen ist eine starke Verbindung zu Ihrem Teenager die wertvollste Ressource, die Sie haben, um ihn zu unterstützen oder zu führen.

HANDLUNGSEMPFEHLUNG:

Assistieren Sie Ihrem Teenager dabei, zwischen Emotionen und Verhalten zu unterscheiden

Da Emotionen die Erfahrung von jungen Teenagern dominieren, verstehen sie möglicherweise nicht immer, was mit ihnen geschieht oder haben das Gefühl, nicht immer die Kontrolle zu haben. Helfen Sie ihnen, ihre eigenen Emotionen „zu lesen" und zu benennen, damit sie entsprechend handeln und sich angemessen ausdrücken können. Machen Sie es selbst im Unterricht und zu Hause vor, indem Sie die alltäglichen Höhen und Tiefen normalisieren und Ihrem Teenager die Vielfalt emotionaler Erfahrungen beibringen, die wir als Menschen haben.

HANDLUNGSEMPFEHLUNG:

Nehmen Sie sich Zeit, um das Verhalten von Teenagern zu entschlüsseln

Teenager geben uns Hinweise darauf, dass sie Probleme haben (Türen zuschlagen, ungewöhnlich still sein, plötzlich keine Hausaufgaben machen, eine Party meiden), aber sie sagen es uns nicht immer direkt. Seien Sie darauf vorbereitet, genau hinzusehen, um dieses Verhalten zu entschlüsseln. Seien Sie bereit, mit ihnen zu sprechen, wenn sie dazu bereit sind.

HANDLUNGSEMPFEHLUNG:

Stellen Sie emotionale Bedürfnisse vor das Lernen
Ein emotionales Gehirn zieht Energie vom denkenden Gehirn ab und unterbricht den positiven Kreislauf des Lernens. Kümmern Sie sich zuerst um die emotionalen Bedürfnisse, und sei es nur, um mit dem jungen Menschen Kontakt aufzunehmen und seine Schwierigkeiten anzuerkennen. Wenn ein Teenager nicht nachdenkt oder nicht bei der Sache ist, nehmen Sie sich einen Moment Zeit, um nachzufragen, was mit ihm los ist, und gönnen Sie ihm eine Auszeit (nicht als Strafe, sondern einen Moment, um sich zu erholen), bevor Sie zur Lernaufgabe übergehen.

UND DIE MORAL VON DER GESCHICHT'...

Teenager sind anfällig für psychische Probleme. Ein gut informierter und unterstützender Erwachsener an ihrer Seite kann Teenager dazu befähigen, ihre Emotionen zu regulieren und gute Gewohnheiten für die psychische Gesundheit zu entwickeln.

DOWNLOADS: TEENAGER-GEHIRNE SIND OFT ÜBERFORDERT

Starke Emotionen sind in der Pubertät üblich, aber anhaltende emotionale Belastungen, die sich auf die alltäglichen Aktivitäten auswirken, können auf ein psychisches Gesundheitsproblem hinweisen. Psychische Schwierigkeiten können das Lernen und die Art und Weise, wie Ihr Teenager mit zukünftigen Herausforderungen umgeht, beeinträchtigen.

Im Vergleich zu jüngeren Kindern ist es oft schwieriger, die emotionalen Bedürfnisse von Teenagern zu interpretieren. Daher könnten sie Ihre Hilfe benötigen, um diese zu verstehen. Als unterstützender Erwachsener ist es wichtig, Teenagern dabei zu helfen, eine gute emotionale Regulierung und gesunde Gewohnheiten für die psychische Gesundheit zu entwickeln.

Übung

Notieren Sie, wie Ihr Teenager die folgenden Emotionen ausdrückt:

Wut

....

Traurigkeit

....

Angst

....

Aufregung

....

Schuld

....

Enttäuschung

....

Welche alltäglichen Gewohnheiten oder Rituale pflegen Sie, um die mentale Widerstandsfähigkeit Ihres Teenagers zu stärken? Halten Sie beispielsweise tägliche oder wöchentliche Besprechungen ab? Denken Sie daran, dass Jugendliche nicht immer gesprächsbereit sind. Vielleicht könnten Sie gemeinsam ein Codewort vereinbaren. Dieses würde signalisieren, dass Ihr Teenager sich niedergeschlagen fühlt, aber noch nicht über seine Gefühle sprechen möchte.

....

....

....

....

....

....

Wie können Sie Ihrem Teenager helfen, zwischen erlebten und ausgedrückten Emotionen zu unterscheiden? Können Sie ihm beibringen, dass es sinnvoll ist, Emotionen täglich zu benennen, es jedoch nicht immer ratsam oder hilfreich ist, auf jede Emotion zu reagieren?

....

....

....

....

....

....

<table>
<tr><th>Wenn dies geschieht …</th><th>Denken Sie nicht das …</th><th>Sondern vielleicht das …</th></tr>
<tr><td>Ihr Teenager ist in der Schule beim Antreten vor der Klasse gestolpert. Sie weint und ist aufgebracht, weil das ihr so peinlich ist.</td><td>Sie muss einfach darüber hinwegkommen. Sie ist nur gestolpert. Was ist daran so schlimm? Meine Güte, sie macht so einen Wind!</td><td>Es ist schrecklich, sich peinlich berührt zu fühlen. Ich werde mich in ihre Lage versetzen und einige Zeit damit verbringen, mit ihr darüber zu sprechen. Danach, und wenn sie sich bereit fühlt, können wir weitermachen.</td></tr>
<tr><td colspan="3">Erlauben Sie Teenagern, ihre Gefühle auszudrücken.</td></tr>
<tr><td>Ihr Teenager will nicht bei der Klassenfahrt mitfahren. Er schläft nicht und ist weinerlich.</td><td>Du musst nicht auf Klassenfahrt, wenn du so viel Angst hast. Bleib mit mir zu Hause.</td><td>Ich sehe deine Sorge. Doch lass dich nicht leiten von der Angst. Was wäre das Schlimmste? Vermeiden hilft nicht, wir sollten deine Reiseangst angehen.</td></tr>
<tr><td colspan="3">Haben Sie keine Angst vor den Emotionen von Teenagern.</td></tr>
<tr><td>Ihr Teenager ist vor Ihren Freunden unhöflich zu Ihnen.</td><td>(Schreiend) Wie kannst du es wagen, so mit mir zu sprechen? Du darfst diesen Monat nicht mehr mit dem Computer spielen.</td><td>Es ist absolut nicht in Ordnung, so mit mir zu sprechen. Ich fühle mich gerade sehr verärgert. Bevor ich etwas sage, dass ich bereuen werde, werde ich mir Zeit nehmen, um ruhiger zu werden und meinen Verstand zu nutzen.</td></tr>
<tr><td colspan="3">Emotionsregulierung lehren und vorleben.</td></tr>
<tr><td>Ihr Teenager wirkt sehr unglücklich, und Sie befürchten zunehmend, er könnte sich etwas antun aufgrund seiner jüngsten Traurigkeit.</td><td>Vielleicht ist es nichts. Ich werde es dabei belassen und sehen, ob es besser wird. Heute scheint es ihm gut zu gehen.</td><td>An manchen Tagen scheint er zurechtzukommen, aber es gibt mehr schlechte als gute Tage. Ich mache mir Sorgen um ihn. Da seine Probleme immer wieder auftreten, werde ich professionelle Hilfe in Anspruch nehmen.</td></tr>
<tr><td colspan="3">Wenn Sie besorgt sind, sprechen Sie mit Ihrem Arzt.</td></tr>
</table>

Kapitel 7

Leben mit Neurodiversität

KURZ UND KNAPP

- Die Auswirkungen einer neurodiversen Entwicklungsstörung können leicht oder schwerwiegend sein, aber sie werden lebenslang anhalten.
- Selbst wenn Ihr Teenager nicht „neurotypisch“ ist, wird Ihnen – und Ihrem Teenager – ein Verständnis für Neurodiversität und Umgangsverhalten, die seine Freunde und Klassenkameraden betreffen können, zugutekommen.
- Neurodiverse Entwicklungsstörungen kommen in der Familie vor – achten Sie auf positive oder negative Assoziationen und nutzen Sie Geschichten über die Widerstandsfähigkeit bei betroffenen Familienmitgliedern, um Ihren Teenager zu inspirieren.
- Im Rahmen der Entwicklung ihres Selbstbildes können Teenager neu bewerten, was Neurodiversität für sie bedeutet.
- Die weiterführende Schule erfordert eine Steigerung der exekutiven Fähigkeiten, was Menschen mit neurodiversen Entwicklungsstörungen oft schwerfällt.
- Ermutigen Sie Ihren Teenager, sich sein neurodiverses Lernprofil zu eigen zu machen, damit er die ihm zustehende Lernunterstützung in Anspruch nehmen kann.
- Wenn Ihr Teenager sein neurodiverses Profil mit Ihrer Hilfe positiv steuert, wird dies wahrscheinlich zu einem Mehrwert für ihn führen: zu einem wachstumsorientierten Mindset.

Neurodiversität bezeichnet eine Gehirnentwicklung, die sich von der Norm unterscheidet

Jeder Mensch ist einzigartig. In diesem Kapitel befassen wir uns mit der Neurodiversität, welche gelegentlich als „neurologische Entwicklungsstörungen" beschrieben wird. Dies bedeutet, dass sich die Gehirnentwicklung in den Aspekten des Denkens und der Wahrnehmung von der Norm unterscheidet. Die Auswirkungen, wie zum Beispiel bei Legasthenie, können bis zu den Schuljahren unauffällig bleiben, da die Symptome kaum spürbar sind. Die Erscheinungsformen können im Erwachsenenalter weniger stark ausgeprägt sein (wie bei der Aufmerksamkeitsdefizit-/Hyperaktivitätsstörung oder ADHS) oder positive Aspekte haben (wie die Fähigkeit, bei der Autismus-Spektrum-Störung feine Details zu bemerken), aber die Entwicklung des Gehirns unterscheidet sich von der eines normal entwickelten Gehirns und dieser Unterschied bleibt das ganze Leben lang bestehen.

Wenn Ihr Teenager bereits auf irgendeine Weise als neurodivers identifiziert wurde, gehen wir davon aus, dass Sie ein gutes Wissen über die jeweilige Entwicklungsstörung haben.

Nach Angaben des britischen Bildungsministeriums besucht die überwiegende Mehrheit der Menschen mit neurodiversen Störungen eine allgemeine Schule. Sie haben zwar eher spezifische Lernbedürfnisse, aber keine allgemeinen Lernschwierigkeiten (bei denen alle Aspekte des Lernens betroffen sind). Dies spiegelt eine Politik der Inklusion wider, die in kurzer Zeit große Wirkung gezeigt hat. Zum Beispiel waren in den USA in den frühen 1990er Jahren nur wenige junge Menschen mit Autismus-Spektrum-Störungen im regulären Schulsystem, während heute 70 Prozent in normalen Schulen lernen.

In diesem Kapitel gehen wir der Frage nach, was es bedeuten könnte, sowohl ein neurodiverses Gehirn als auch ein Teenager-Gehirn zu haben. Dieses Zusammentreffen ist eine ebenso große Chance zum Lernen und Gedeihen wie für jeden anderen Teenager, aber die Kombination aus einer neurologischen Entwicklungsstörung und einem Teenager-Gehirn wirft einige Probleme auf, die für Sie beide manchmal schwierig zu bewältigen sind – und die Sie als unterstützenden Erwachsenen auf Trab halten werden. Wir werden uns mit zwei zentralen Problemen von Jugendlichen befassen, nämlich dem Selbstkonzept und den akademischen Anforderungen der weiterführenden Schule, wobei wir einige häufige neurologische Entwicklungsstörungen berücksichtigen werden. Möglicherweise müssen Sie mit den allgemeineren Themen beginnen, die wir in diesem Kapitel ansprechen, und diese dann auf Ihre speziellen Umstände übertragen.

„Neurodiversität" ist ein Kurzbegriff und keine stigmatisierende Bezeichnung

Wir verwenden Begriffe, die derzeit im Bildungswesen und in der Jugendhilfe akzeptiert sind, obwohl wir verstehen, dass einige Menschen eine Ablehnung gegenüber Begriffen wie „spezifische Lernschwierigkeiten" verspüren und sie als stigmatisierende Bezeichnungen betrachten. Dies ist eine berechtigte Debatte, deren detaillierte Diskussion jedoch den Rahmen dieses Buches sprengen würde. Wir verwenden in diesem Buch die gängigen Begriffe, da wir der Meinung sind, dass sie ein gemeinsames Verständnis für die Herausforderungen vermitteln, die ein junger Mensch mit einer Entwicklungskoordinationsstörung, ADHS oder anderen Problemen haben kann.

Neurodiverse Erscheinungsformen können die Fähigkeit eines jungen Menschen einschränken. Aus diesem Grund haben sie oft Anspruch auf Ausgleichsmaßnahmen oder Zugangsregelungen (z. B. zusätzliche Zeit bei Arbeiten, Verwendung eines Laptops, eines Lesegeräts oder einer Schreibkraft). In Großbritannien brauchen junge Menschen keine bestimmte Krankheit, um Zugang zu solchen Mitteln zu erhalten, da die Entscheidungen auf der Grundlage von Nachweisen für einen „Bildungsbedarf" getroffen werden (z. B. langsame Verarbeitungsgeschwindigkeit, unterdurchschnittliche Lesefähigkeiten). In den USA ist eine Diagnose Voraussetzung für den Zugang zu unterstützenden Maßnahmen. Einige Familien beschreiben, dass sie besorgt sind, dass ihr Kind das Wort „Entwicklungsstörung" hören und negative Annahmen über sich selbst machen wird. Das ist zwar verständlich, aber Sie haben durchaus einen gewissen Einfluss darauf, wie Ihr Teenager dieses Wort aufnimmt. Ihr Tonfall und Ihre Reaktion werden die Wahrnehmung Ihres Teenagers auf die von Ihnen verwendeten Wörter beeinflussen. Wenn Sie das Thema meiden oder ihnen sagen, sie sollen es geheim halten, vermitteln Sie ihnen ungewollt, dass das etwas ist, wofür sie sich schämen müssen. Die Suche nach positiven Informationen, das Aufsuchen von Selbsthilfegruppen und das Anschauen von Filmen oder das Lesen von Büchern, die sich mit der Diagnose befassen, können Ihrem Teenager helfen, Neurodiversität anzunehmen, zu verstehen und zu akzeptieren, dass es ein Teil von ihnen ist.

Zwei oder mehr neurodiverse Entwicklungsstörungen zu haben ist nicht ungewöhnlich

Wenn Sie mit neurodiversen Entwicklungsstörungen vertraut sind, kennen Sie wahrscheinlich das Konzept der Co-Existenz, bei dem eine Person zwei oder mehr Entwicklungsstörungen aufweist. Die Co-Existenz von neurologischen Entwicklungsstörungen ist eher die Regel als die Ausnahme. Dies liegt zum Teil daran, dass die vermuteten Ursachen für viele dieser Störungen im gesamten Spektrum der neurologischen Entwicklung gleich sind; lediglich das Muster, in dem die Störung auftritt, variiert. Zum Beispiel haben das Tourette-Syndrom[16], ADHS und Zwangsstörungen eine gemeinsame genetische Verbindung, die sich durch die gesamte Trias oder eine Kombination dieser Störungen äußern kann. Das bedeutet, dass junge Menschen und auch die Erwachsenen, die sie unterstützen, sich zu verschiedenen Zeiten in ihrem Leben mit der einen oder anderen Störung identifizieren können, je nachdem, wie ausgeprägt diese in ihrem täglichen Leben ist.

Neurodiversität liegt in der Familie

Alle Erkrankungen, die unter dem Begriff Neurodiversität fallen, haben eine starke genetische Komponente. In den meisten Fällen sind die spezifischen beteiligten Gene nicht bekannt, aber es gibt zuverlässige Daten, die zeigen, dass wenn eine Person in einer Familie betroffen ist, die Wahrscheinlichkeit höher ist, dass auch ein anderes Mitglied diese Störung hat. Je näher die Verwandtschaft, desto höher ist die Wahrscheinlichkeit, dass direkte Verwandte ähnliche Probleme aufweisen. Das bedeutet, dass Eltern und Jugendliche die gleiche Krankheit oder Varianten davon haben können, was möglicherweise ziemlich weitreichende emotionale Auswirkungen im Alltag haben kann. Wir werden diese Thematik später in diesem Kapitel betrachten.

Der wissenschaftliche Teil: Gehirn und Verhalten

Das neurodiverse Gehirn zeigt spezifische Muster in seiner Entwicklung
Zahlreiche Studien untersuchen die Gehirnregionen, die mit bestimmten neurologischen Entwicklungsstörungen in Verbindung stehen. Es existieren grundlegende Prinzipien, die für alle gleichermaßen gelten: Der Grad und die Geschwindigkeit der Verbindungen zwischen Gehirnzellen oder Gehirnregionen unterscheiden sich von denen der Durchschnittsbevölkerung. Die Art dieser Unterschiede und ihre Schwere variieren je nach Störung. Wir können noch nicht auf Gehirnscanner wie MRT zurückgreifen, um neurodiverse Entwicklungsstörungen zu identifizieren, die einer pädagogischen Beurteilung bedürfen.

Während der Teenagerjahre zeigt der präfrontale Kortex außergewöhnliche Entwicklungsraten
Die exekutiven Funktionen, die bei neurodiversen Erkrankungen oft anfällig sind, aber für viele anspruchsvolle Aufgaben in der Sekundarstufe von zentraler Bedeutung sind, befinden sich in dem Teil des Gehirns, der als präfrontaler Kortex bezeichnet wird (siehe *Kapitel 2: Das Teenager-Gehirn denkt und fühlt*). MRT-Scans zeigen uns, dass sich dieser Bereich während der gesamten Adoleszenz sehr schnell entwickelt, was durch den Beginn der Pubertät in Gang gesetzt wird. Insbesondere die Anzahl der neuronalen Verbindungen innerhalb des präfrontalen Kortex und zwischen dieser Region und den emotionalen Zentren des Gehirns nimmt exponentiell zu. Es ist ein raketenartiger Wachstumsprozess. Das gilt ebenso für neurodiverse Teenager: Auch wenn die Entwicklung einen anderen Weg oder eine andere Geschwindigkeit einschlägt, werden die Fähigkeiten Ihres Teenagers, zu planen, aufmerksam zu sein, strategisch zu denken und sich selbst zu organisieren, in gleicher Weise phänomenal zunehmen.

In ähnlicher Weise wird der präfrontale Kortex auch mit der Selbstreflexion und der Entwicklung des Selbstbildes in Verbindung gebracht. Es ist kein Zufall, dass die Selbstidentität in den Teenagerjahren zu einem wichtigen Thema wird (siehe *Kapitel 11: Selbstreflexion*). Das hohe Maß an Konnektivität, das bei MRT-Scans beobachtet wird, könnte darauf hindeuten, dass Teenager intensiv über sich selbst nachdenken. Es könnte auch dazu führen, dass der Teenager ein Urteil über sich selbst fällt, wobei eine Kombination aus beidem am wahrscheinlichsten erscheint. Wie so oft, wenn es darum geht, die Entwicklung des Gehirns zu beschreiben, kann man nur schwer sagen, welche Faktoren der Biologie und welche der Umgebung zuzuschreiben sind, ähnlich wie bei der Frage, ob das Huhn oder das Ei zuerst da war.

Auf den Teenager übertragen

Die einzige Konstante ist Veränderung

Pubertät bedeutet Veränderung – sie ist eine dynamische Zeit der körperlichen, geistigen und sozialen Entwicklung: neue Anforderungen, neue Freunde, neue Schulfächer, ein veränderter Körper, emotionale Höhen und Tiefen, veränderte Erwartungen und sich ständig verändernde Trends. Bewältigungsstrategien, die vor der Pubertät erfolgreich waren, reichen für viele Aufgaben im Teenageralter nicht mehr aus. Der Übergang von der Grundschule zur weiterführenden Schule wird oft als eine der herausforderndsten Erfahrungen für junge Menschen mit typischer Entwicklung betrachtet, gerade wegen der gleichzeitigen Steigerung in sozialen, emotionalen und kognitiven Bereichen. In der weiterführenden Schule werden die Anforderungen des Lehrplans abstrakter und das kann für einige Teenager mit neurodiversen Störungen bedeutende Auswirkungen haben. Die Grundschulbildung stützt sich bis zu einem gewissen Grad auf das Auswendiglernen, aber in der weiterführenden Schule gehen die Anforderungen darüber hinaus und erfordern Strategien, Analysen, Schlussfolgerungen und das Bilden von Argumenten.

Die exekutiven Funktionen stellen bei neurodiversen Teenagern oft Probleme dar – aber sie sind von zentraler Bedeutung für die weiterführende Schule

Die akademischen Anforderungen der Sekundarschule, des Colleges oder der Universität stellen eine besonders große Belastung für neurodiverse Teenager mit deren exekutiven Funktionen dar. Der Begriff „exekutive Funktionen" beschreibt einen Überbegriff für acht bis elf Fähigkeiten (je nachdem, wen Sie fragen). Dazu gehören die Fähigkeit zu planen, flexibel zwischen Themen zu wechseln, Informationen für einen kurzen Zeitraum im Gedächtnis zu behalten (das sogenannte Arbeitsgedächtnis) und sich auf zwei Aktivitäten gleichzeitig zu konzentrieren (bekannt als geteilte Aufmerksamkeit). Die Aufgaben in der weiterführenden Schule erfordern eine signifikante Steigerung der exekutiven Funktionen, und dies kann besonders herausfordernd sein, wenn ihr Teenager neurodivers ist.

Ein Beispiel dafür ist das Mitschreiben im Unterricht, welches meistens erst in der weiterführenden Schule wirklich notwendig wird. Es erfordert, Informationen lange genug im Gedächtnis zu behalten, um sie aufzuschreiben (Arbeitsgedächtnis), während man gleichzeitig darauf achtet, was der Lehrer als nächstes sagt (geteilte Aufmerksamkeit). Fügen Sie zwei weitere exekutive Funktionen – emotionale Regulation und Impulskontrolle – hinzu, erkennen Sie, wie anspruchsvoll der Beginn der weiterführenden Schule sein kann. Für viele Jugendliche mit neurologischen Entwicklungsstörungen wie ADHS, Entwicklungskoordinationsstörung, Legasthenie, Autismus-Spektrum-Störung, Tourette-Syndrom sind diese exekutiven Funktionen beeinträchtigt und wirken sich auf den Alltag aus. Das bedeutet, dass der Übergang von der Grundschule zur weiterführenden Schule und dann zur Universität potenziell zusätzliche Herausforderungen für neurodiverse Jugendliche mit sich bringt. In den letzten Jahren haben wir herausgefunden, dass Jugendliche mit neurodiversen Entwicklungsstörungen mit der richtigen Unterstützung, der richtigen Einstellung und einem positiven Selbstvertrauen in der Schule erfolgreich sein können und werden. Genau wie für neurotypische Menschen bieten die Teenagerjahre für die neurodiverse Kinder eine großartige Gelegenheit für Wachstum und Lernen.

Was bedeutet das für den Alltag?

Familienmitglieder teilen sowohl Gene als auch Erinnerungen. Wie beeinflusst dies Sie und Ihren Teenager?

Welche Auswirkungen haben vererbte Merkmale und Neurodiversität auf den Alltag? Eine wichtige Auswirkung ist, dass Sie oder Ihr Teenager wahrscheinlich aus erster Hand von anderen Familienmitgliedern Erfahrungen mit einer bestimmten Entwicklungsstörung haben, unabhängig davon, ob Sie sie beim Namen kennen oder nicht. Wenn Sie bei Ihrem Teenager ein Verhalten beobachten, das Sie bei sich selbst wiedererkennen, kann das sehr emotional sein. Daher ist es wichtig, dass Sie sich der positiven oder negativen Assoziationen bewusst sind, die mit bestimmten Merkmalen verbunden sind.

Wenn Ihr Teenager beispielsweise einen Onkel väterlicherseits hat, der an ADHS leidet und der, obwohl er akademisch sehr begabt ist, die Schule abgebrochen hat und weder eine dauerhafte Arbeitsstelle noch eine persönliche Beziehung hatte, wird ADHS in Ihrer Vorstellung möglicherweise fest mit diesem Lebensweg verknüpft sein. Natürlich gibt es zahlreiche Studien, die zeigen, dass die meisten jungen Menschen mit ADHS erfüllte Karrieren und glückliche Beziehungen haben und dass sich ihre Lebensqualität im Erwachsenenalter deutlich verbessert. In diesem speziellen familiären Kontext könnte es jedoch bedeuten, dass Sie, wenn Ihr Teenager mit ADHS ein schlechtes Testergebnis in der Schule hat, etwa in dem Alter, in dem sein Onkel die Schule abbrach, sehr ausdrucksstark und in keinem Verhältnis zu dem Ereignis reagieren, weil Sie vielleicht im Hinterkopf haben, dass ADHS unweigerlich zu Anpassungsproblemen im Erwachsenenalter führt.

Eltern können ihren neurodiversen Teenager dabei unterstützen, mit Schwierigkeiten umzugehen, die sie selbst auch haben

Die zweite wichtige Auswirkung von neurodiversen Familienmerkmalen ist, dass Sie, wenn Sie mit einem neurodiversen Teenager verwandt sind, möglicherweise Aspekte dieser Störung in sich selbst aufweisen. Junge Menschen im Autismus-Spektrum benötigen möglicherweise Hilfe dabei, wie sie Smalltalk führen. Sie können dies zum Beispiel von einem Elternteil erfahren, der selbst Schwierigkeiten in der sozialen Kommunikation hat, um unstrukturierte soziale Situationen zu bewältigen.

Junge Menschen mit ADHS reagieren besonders gut auf Routinen, Strukturen und klare, explizite Grenzen. Wenn ein Elternteil ADHS-Merkmale hat, wird es besonders schwierig sein, eine solche Umgebung zu schaffen, da sie selbst möglicherweise Probleme mit organisatorischen Fähigkeiten haben. Wenn Sie einen Teenager außerhalb der Familie in einem schulischen Umfeld unterstützen, sollten Sie die zusätzlichen Herausforderungen bedenken, mit denen die Eltern konfrontiert sein können, wenn sie einen Teenager unterstützen, der dieselben Bedürfnisse hat.

Andererseits haben die betroffenen Familienmitglieder im Laufe ihres Lebens nützliche Bewältigungsstrategien entwickelt und können von ihrer Widerstandsfähigkeit berichten, gerade weil sie früher in ihrem Leben die gleichen Herausforderungen erlebt haben. Teilen Sie die Geschichten Ihrer Familie über Beharrlichkeit, denn dies wird dazu beitragen, dass junge Menschen sich einbezogen fühlen. Wenn Sie als unterstützender Erwachsener Ihre eigene Verletzlichkeit zeigen, kann dies für einen Teenager sehr ermutigend sein. Es signalisiert eine Gleichstellung der Machtverhältnisse und erzeugt eine Atmosphäre des Verständnisses und der Verbundenheit. Dieser erhöhte soziale Status wird den jungen Menschen in das Gespräch einbeziehen. Sie werden auch auf Ihre Offenheit über schwierige Erfahrungen besser reagieren können.

Neurodiversität kann etwas Positives sein, und auch wenn es Zeit und Unterstützung braucht, um sie zu akzeptieren, so kann das Verständnis doch zu einer Lösung führen

Eltern, Lehrer und Teenager können oft besorgt sein, wenn sie von der Neurodiversität eines Teenagers erfahren, dennoch kann dies durchaus Vorteile mit sich bringen: „Es ist ein allgemeiner Grundsatz, dass man sich immer dann, wenn eine Störung in der Bevölkerung weit verbreitet ist, fragen muss, ob es sich dabei um ein rein ungünstiges Phänomen handelt oder ob es einen gegenläufigen Vorteil gibt“ (Norman Geschwind 1982, S.21).

Es gibt viele stichhaltige Theorien, die darauf hindeuten, dass es gute Gründe der Anpassung für eine neurodiverse Bevölkerung gibt, so wie wir Biodiversität für einen blühenden Planeten brauchen. Wer sich Informationsmaterial zu bestimmten Störungen besorgt, wird schnell erfahren, dass es viele bekannte, talentierte und erfolgreiche Menschen mit eben diesen Störungen gibt. Mozart und Einstein scheinen die ganze Palette der neurologischen Entwicklungsstörungen in sich vereint zu haben. Wie Sie sehen, können in bestimmten Zusammenhängen der schnell denkende und schnell handelnde Denkstil, der zum Beispiel mit ADHS einhergeht, dazu führen, dass eine neue und produktive Idee entsteht.

Gleichzeitig sind wir uns darüber im Klaren, dass die Erfahrung der Akzeptanz von Neurodiversität für einen Teenager weder unausweichlich noch sofort erfolgt. Wenn Sie erfahren, dass Ihr Teenager (oder Sie selbst) an einer Entwicklungsstörung leidet, ist das in gewisser Weise mit Trauer vergleichbar, denn es ist eine Art Verlust dessen, was erwartet wurde. Wenn sie in das Teenageralter kommen, erleben junge Menschen, die vielleicht schon seit vielen Jahren wissen, dass sie beispielsweise an Legasthenie leiden, die ersten Auswirkungen ihrer Diagnose auf einer komplexeren und schmerzhafteren Ebene. Das liegt daran, dass sich ihre kognitiven Fähigkeiten und ihre Fähigkeit, über längerfristige Konsequenzen nachzudenken, in der Zeit der Pubertät dramatisch entwickeln. Zu akzeptieren, was die Störung bedeutet, ist ein langer Prozess und es ist zu erwarten, dass nicht alle Menschen sofort richtig darauf reagieren werden.

Da das Selbstkonzept eines Teenagers während der Adoleszenz geformt, bewertet und neu beurteilt wird (siehe *Kapitel 11: Selbstreflexion*), müssen wir uns überlegen, wie Ihr Teenager die Auswirkungen einer bestimmten neurologischen Entwicklungsstörung verstehen könnte und wie sie sich in dieser sensiblen Zeit auf ihr Selbstkonzept auswirken könnte.

Teenager können ihre Entwicklungsstörung und was sie für sie bedeutet, neu überdenken

Zu den Verhaltensweisen, die darauf hindeuten, dass eine Person unverarbeitete Gefühle in Bezug auf eine Entwicklungsstörung hat, gehören die völlige Verleugnung der Krankheit (z. B. wenn Ihr Teenager wütend wird oder sich versteckt, wenn die Diagnose erwähnt wird), die obsessive Suche nach Gründen, warum die Störung ihn beeinträchtigt (jenseits angemessener Neugier) oder die Nutzung der Störung als pauschale Erklärung für alles, was im Leben schief läuft, unabhängig davon, ob es relevant ist oder nicht (z. B. der Teenager, der sagt, dass er sich aufgrund seiner ADHS nicht konzentrieren kann und es daher sinnlos ist, überhaupt zu versuchen, seine Hausaufgaben zu machen).

Im Zusammenhang mit der Ausrichtung der eigenen Identität, die in der Adoleszenz häufig stattfindet, könnten wir ein gewisses Maß an unverarbeiteten Gefühlen erwarten, die das wachsende Verständnis für eine Entwicklungsstörung widerspiegeln, die Ihrem Teenager vielleicht schon seit seiner frühen Kindheit bekannt ist. Merkmale der Neurodiversität, die der junge Mensch im mittleren Teil der Kindheit vielleicht einfach akzeptiert hat, werden von Teenagern wahrscheinlich neu bewertet. Dies könnte als Fortschritt betrachtet werden, denn es zeigt eine zunehmende Fähigkeit, über die Zukunft nachzudenken, zu reflektieren und zu planen.

Soziale Nuancen gewinnen an Bedeutung, wenn sich gleichaltrige Gruppen entwickeln. Mädchen tendieren häufig dazu, in ihrem Kommunikationsstil mehr Mimik und implizite soziale Bedeutungen zu verwenden. Diese Aspekte der Kommunikation sind klassischerweise für junge Menschen auf dem Autismus-Spektrum schwierig. Der Ausschluss aus gleichaltrigen Gruppen ist besonders schwierig für einen Teenager. Einige Teenager mit Autismus-Spektrum-Störung möchten vielleicht zu ihrer Gruppe gehören, bevorzugen aber vielleicht etwas weniger intensive Beziehungen. Sie fragen sich vielleicht, was diese soziale Präferenz über sie verrät. Sind sie „seltsam"? Warum zucken sie zurück, wenn ein anderes Kind versucht, sie zu umarmen, wenn sie beim Fußball ein Tor schießen? Diese Selbstreflexion gehört zum Leben eines jeden Teenagers.

Was bedeutet das für das Lernen?

Die Adoleszenz ist geprägt von Veränderungen; der Übergang zur weiterführenden Schule stellt eine große Herausforderung dar

Die Herausforderungen und Anforderungen der weiterführenden Schule stellen für jeden Teenager eine große Umstellung dar. Junge Menschen, deren Gehirn anders funktioniert, brauchen besondere Unterstützung, da dies für sie wahrscheinlich eine besonders anstrengende Zeit sein wird. Achten Sie auf starres Verhalten, das möglicherweise Angst vor der Veränderung signalisiert.

Die Herausforderungen der exekutiven Funktionen nehmen in der weiterführenden Schule und an der Universität exponentiell zu

Für junge Menschen mit ADHS werden die Anforderungen der weiterführenden Schule wahrscheinlich eine große Herausforderung sein. Sie brauchen entsprechend mehr Unterstützung als ihre Altersgenossen, um neue Wege zu finden, um mit den grundlegenden organisatorischen Aufgaben zurechtzukommen, wie zum Beispiel von Klasse zu Klasse zu wechseln, verschiedene Bücher zu benutzen und mit speziellen Hausaufgaben und Anforderungen der Lehrer umzugehen.

Die Aufgaben des schulischen Lernens werden in den Teenagerjahren immer abstrakter – das ist entweder eine echte Herausforderung oder eine Riesenchance

Junge Menschen mit einer guten Gedächtnisleistung kommen in der Regel gut in der Grundschule zurecht, aber in einigen Fällen haben neurodiverse Schüler, insbesondere fähige Jugendliche auf dem Autismus-Spektrum oder solche mit einer Sprachstörung, Schwierigkeiten, die abstrakten Anforderungen zu bewältigen. Vielleicht hatten sie in der Grundschule ein solides Selbstverständnis als akademische Schüler, doch in der weiterführenden Schule wird dies durch die neuen Erwartungen des Lehrplans in Frage gestellt. Andererseits stellen einige begabte neurodiverse Schüler fest, dass die abstrakteren akademischen Anforderungen ihre höheren Fähigkeiten auf eine Weise zeigen, die in der Grundschulbildung nicht offensichtlich war. In einem Geschichtsaufsatz spielt beispielsweise die Rechtschreibung zwar immer noch eine Rolle, aber sie ist nicht das Entscheidende – stattdessen steht die Fähigkeit, Informationen zu analysieren, im Mittelpunkt.

Was lernen wir daraus?

Jugendliche mit neurodiversen Gehirnen benötigen besondere Beachtung. Ihr Potenzial ist enorm, aber ihr Weg kann steinig sein, während sie die Adoleszenz durchlaufen. Als unterstützende Person ist es wichtig, stets auf dem Laufenden zu bleiben und ihre Fortschritte aufmerksam zu verfolgen.

Fallstudie: Hiro

Hiro war ein 14-jähriger Junge, der im Alter von acht Jahren die Diagnose ADHS erhielt, bevor er die weiterführende Schule besuchte. Rückblickend konnte seine Mutter feststellen, dass die Schwierigkeiten, die er damit hatte, über bevorstehende Handlungen nachzudenken, sich auf Aufgaben zu konzentrieren und sie zu Ende zu bringen und still zu stehen, schon seit seiner Geburt vorhanden waren. Als Kleinkind hatte sie ihn „Klettermaxe" genannt, weil er auf Möbel, Treppen und alles, was spannend war, kletterte.

Hiros Vater, Akira, hatte ähnliche Charakterzüge. Er arbeitete als Börsenmakler und liebte den Nervenkitzel seiner Arbeit. Er hatte eine Sekretärin, die seine Tage und Termine plante und ihn an alles erinnerte, was er brauchte. Er wusste, dass seine gedankliche Sprunghaftigkeit großartige Konzepte hervorbringen konnte, aber er brauchte ein unterstützendes Team, um seine Arbeit effektiv zu erledigen. Er hatte in der Schule furchtbar versagt und drei Jahre Pause eingelegt, bevor er es schaffte, aufs College zu gehen. Er brach sein Studium ab und verbrachte dann einige Monate im Gefängnis wegen Trunkenheit am Steuer. Als er aus dem Gefängnis entlassen wurde, lernte er Hiros Mutter Emica kennen, die Akiras Energie liebte und sehr hart daran arbeitete, ihn zu organisieren und ihm Grenzen zu setzen. Emica machte die Zielvorgaben sehr deutlich und ermutigte ihn, technische Utensilien zur strengen Kalenderführung und Orientierung zu nutzen. Als sie sich kennenlernten, beeinflusste sie stark seine Entscheidung, eine Diagnose zu seinem Verhalten zu bekommen. Er nahm Medikamente, und gemeinsam arbeiteten sie an neuen Verhaltensmustern. Sie erkannte, dass er viel besser zurechtkam, wenn sie ihn unterstützte, anstatt ihn zu kritisieren, und ihr Leben wurde viel einfacher.

Nachdem Hiro im Alter von acht Jahren die Diagnose bekommen hatte, konnten die Erwachsenen sein Verhalten besser verstehen und er hatte den Übergang zur weiterführenden Schule recht gut gemeistert. Doch im Alter von 14 Jahren nahm die Arbeitsbelastung zu und die akademischen Anforderungen wurden höher, und Hiros Eltern wurden immer besorgter. Er hatte Mühe, seine Hausaufgaben zu erledigen, verkrachte sich mit seinen Freunden und fand keine richtige Lösung dafür, wie man die Beziehungen wiederherstellen könnte. Er hatte ein sanftes Wesen und einen schnellen Humor, aber sein Vater Akira war besorgt, dass er einen ähnlichen Weg einschlagen könnte wie er selbst als Teenager. Einer der schwierigsten Aspekte von Hiros Verhalten war, dass er schnell wütend werden konnte, vor allem gegenüber seinem nur 11 Monate jüngeren Bruder Eiichi. Darüber hinaus wussten seine Eltern, dass Partys, Alkohol und Drogen nur um die Ecke lauerten und er ein impulsiver Junge war.

Eine gute Lösung

Hiros Mutter bat um Sitzungen mit einem klinischen Psychologen und um die Einbeziehung von Akira. Sie war der Meinung, dass sie die Unterstützung brauchte, um die Probleme mit Hiro zu lösen, und wollte, dass auch ihr Ehemann involviert wurde. Sie war sich auch der Auswirkungen von Hiros Verhalten auf Eiichi bewusst und wollte ihm so gut wie möglich helfen. Sie lernte, wie sie Hiros Tag strukturieren und wie sie ihm schnell Rückmeldung geben konnte, um sich auf die positiven Aspekte seines Verhaltens zu konzentrieren. Sie sprach viel mit ihm über seine Gefühle und Verhaltensweisen. Mit der Zeit begann er, sich weniger wütend und frustriert über sein eigenes Verhalten und die Reaktionen anderer Menschen darauf zu fühlen, und es entstand Vertrauen zwischen Eltern und Sohn. Ein großer Teil der Arbeit mit dem Psychologen konzentrierte sich darauf, Akira bei der Verbesserung seiner Reaktionen auf seinen Sohn zu unterstützen. Dabei lernte er, seine natürlichen Reaktionsneigungen zu kontrollieren und seine Tendenz, Situationen schlimmer darzustellen als sie waren – besonders wenn er Parallelen zu seinem jungen Ich in Hiro sah – zu reduzieren. Er lernte, seine Gedanken zu hinterfragen und realistischere Perspektiven einzunehmen, um bessere Entscheidungen zu treffen und seinen Sohn effektiver zu unterstützen. Hiro sprach mit seinen Eltern über die Versuchungen auf Partys und sie schmiedeten Pläne, wie er damit umgehen sollte. Ein Teil des Gesprächs half Hiro zu verstehen, wie sein Teenager-Gehirn mit seinem ADHS-Gehirn interagiert, was ihn anfälliger dafür machte, einen schlechten Weg einzuschlagen. Das wertvollste Werkzeug, das sie in diesem Stadium hatten, war ihre Beziehung zueinander, und diese wurde von Mal zu Mal stärker.

Was könnte ihnen im Weg stehen?

Hiros Verhalten könnte leicht als das eines „ungezogenen" Kindes interpretiert werden. Ein 14-Jähriger kann oft die Größe eines Erwachsenen haben, und wenn ein jüngerer Teenager in Schwierigkeiten gerät, können elterliche Emotionen schwer zu kontrollieren sein. Hiros Verhalten schien entwicklungsbedingt unangemessen zu sein, zumal sein jüngerer Bruder emotional kontrollierter agierte. Hätten seine Eltern auf sein Verhalten nicht reagiert und wären sie nicht neugierig auf das gewesen, was in ihm vor sich ging, wäre die Chance auf Verständnis und Lösungen verpasst worden. Wie sich herausstellte, war das der beste Weg, um zu verstehen, wie sein ADHS-Gehirn mit den Aufgaben des Teenagerlebens zurechtkam und die Beziehung zu verbessern, um ihn entsprechend zu unterstützen.

Handlungsempfehlung:

Benennen Sie das Problem – das ist der erste Schritt zur Bewältigung
Das Benennen einer neurologischen Entwicklungsstörung und das Bereitstellen von zugänglichen und genauen Informationen für Ihren Teenager ist ein wichtiger Teil der Lösung, da es das Gefühl der Kontrolle und Kompetenz beim jungen Menschen erhöht. Im Falle der Legasthenie gilt: Je früher ein junger Mensch von seiner Diagnose erfährt, desto größer ist sein Selbstverständnis als Lernender. Wenn Sie „es" geheim halten oder eine Umschreibung verwenden, sollten sie unbedingt hinterfragen, warum sie dies tun. Das Verheimlichen von Informationen oder Geheimnissen kann negative Gefühle wie Scham hervorrufen, während das Teilen von privaten Informationen Vertrauen schafft. Unausgesprochene Probleme entwickeln manchmal ein Eigenleben – junge Kinder und Teenager neigen oft dazu, sich alle möglichen ernsten und ungenauen Szenarien auszumalen, wenn sie spüren, dass etwas im Gange ist, das nicht offen kommuniziert wird. Sie können sich beispielsweise fragen, ob sie etwas falsch gemacht haben oder ob es in der Familie ein Geheimnis gibt, wofür man sich schämen sollte.

Handlungsempfehlung:

Seien Sie proaktiv mit Informationen über die Erkrankungen
Es ist empfehlenswert, mehrere Gespräche – möglicherweise in Abständen von mehreren Jahren – über die Bedeutung der Entwicklungsstörung zu führen und den jungen Menschen zu ermutigen, die Informationen in ihrem eigenen Tempo und in ihrer eigenen Zeit zu verarbeiten. Verweisen Sie Jugendliche auf seriöse Websites und weisen Sie darauf hin, dass das Internet zwar eine großartige Wissensquelle ist, aber auch jede Menge Unsinn enthält, darunter Seiten, die mit Extremfällen Angst schüren oder die Meinungen anderer als Fakten darstellen. Auch Bücher können hilfreich sein.

Handlungsempfehlung:

Die Art und Weise, wie Sie Informationen vermitteln, ist entscheidend. Wenn Sie überzeugt sind, dass alles in Ordnung ist, wird auch Ihr Teenager das so sehen

Wenn Sie mit Ihren Worten und Taten die Botschaft vermitteln, dass eine diagnostische Bezeichnung wie „Rechenschwäche" lediglich eine Zusammenfassung der Tatsache ist, dass mathematische Aufgaben für manche Menschen schwierig sind, wird sich Ihr Teenager damit wahrscheinlich wohler fühlen. Unsere klinische Erfahrung zeigt, dass die Benennung einer Entwicklungsstörung ein ermutigender Prozess sein kann, da der junge Mensch eine Erklärung für seine Probleme finden kann. Das Vorliegen einer neurodiversen Entwicklungsstörung ist keine Entschuldigung für geringere Erwartungen, sondern eine Gelegenheit für zusätzliches Lob, wenn der junge Mensch seine Ziele erreicht hat.

Handlungsempfehlung:

Positive Beziehungen sagen positive Lösungen voraus

Ein Erwachsener kann die Konsequenzen einer bestimmten Entwicklungsstörung an sich akzeptieren und damit umgehen, aber das Verständnis und die Selbstidentität eines Teenagers befindet sich noch im Aufbau, so dass der Grad der Akzeptanz variieren kann. Interessanterweise bestimmt nicht der Schweregrad einer Entwicklungsstörung bei einem Elternteil, ob das Kind eine positive Lösung findet, sondern die Qualität der Beziehung, die die Eltern zu ihrem Kind haben. Es ist sehr wahrscheinlich, dass Sie mit Ihren „Superkräften" als Erwachsener den Umgang mit Neurodiversität erleichtern können. Dies ist ein weiterer guter Grund, Zeit in die Pflege einer positiven Beziehung zu Ihrem Teenager zu investieren.

Handlungsempfehlung:

Eigenverantwortung übernehmen – Teenager können ihre eigene Lernumgebung gestalten

Das Ziel sollte sein, die Jugendlichen zu ermutigen, ihre eigene Lernumgebung zu gestalten – dies ist ein Schritt auf dem Weg zur Unabhängigkeit im Erwachsenenalter. Verankern Sie in ihnen die Idee, dass sie das Recht haben, Unterstützung für ihre Lernbedürfnisse zu erhalten. Es geht um soziale Integration und Gleichheit. Ihr Teenager kann ein Vorreiter für die neurodiverse Gemeinschaft sein. Ein Beispiel: Jugendliche mit Koordinationsstörungen benötigen möglicherweise länger für schriftliche Aufgaben. Wenn jemand Informationen diktiert und sie dabei Notizen machen, ermutigen Sie sie, sich zu melden und darum zu bitten, langsamer zu sprechen, statt sich ohne zusätzliche Unterstützung durch ihre Herausforderungen zu kämpfen.

Handlungsempfehlung:

Legen Sie ein wachstumsorientiertes Mindset und einen beständigen Lernstil an den Tag

Jugendliche mit neurodiversen Eigenschaften nehmen möglicherweise nicht immer den direktesten Weg, doch im richtigen Umfeld erreichen sie ihre Ziele. Tatsächlich könnte man den neurodiversen Weg als bereichernder ansehen. Menschen mit Legasthenie werden oft anekdotisch als kreativ beschrieben. Es gibt nicht viele empirische Belege dafür, aber die vorhandenen Beweise deuten darauf hin, dass es zum Teil wahr ist (wir sagen zum Teil, weil Kreativität schwer zu messen ist). Die Tatsache, dass man härter arbeiten muss, um die gleichen akademischen Ergebnisse wie Gleichaltrige zu erzielen, könnte als ungerecht empfunden werden. Man könnte es aber auch als eine wertvolle Lektion in Sachen Resilienz, dem Finden alternativer Wege zum Erfolg und der Kraft der Hartnäckigkeit verstehen.

Sie prägen maßgeblich die Erfahrungen Ihres Teenagers. Teilen Sie Ihre eigenen Erfahrungen mit einem wachstumsorientierten Mindset in verschiedenen Kontexten. Ein neurodiverses Dasein erfordert manchmal zusätzliche Energie. Es ist wichtig, die zusätzliche Anstrengung anzuerkennen, die es erfordert, einen Aufsatz zu schreiben, die Arbeiten doppelt zu überprüfen oder sich daran zu erinnern, Augenkontakt aufzunehmen. Das ist zeitaufwendig und manchmal frustrierend. Ihr legasthener Teenager fühlt sich vielleicht zu Recht entmutigt, weil er noch eine weitere Grammatikkorrektur an seinem Sozialkundeaufsatz vornehmen muss. Sie können die Erfahrung umformulieren, ohne die Gefühle des Kindes zu ignorieren. („Ja, es ist ein bisschen langweilig, aber Grammatik ist ein Mittel, damit die Welt den Sinn versteht – die Welt muss diese politischen Ideen kennenlernen, also mach die Grammatikkorrektur, oder wie willst du sonst die Welt verändern?"). Sie verstehen sicherlich das Prinzip.

Und die Moral von der Geschicht'...

Während der Adoleszenz müssen Sie und Ihr Teenager möglicherweise eine neue Beziehung zu seiner neurologischen Vielfalt finden. Vor allem in den Übergangsphasen kann es zusätzliche Herausforderungen geben, aber mit der richtigen Unterstützung kann Ihr Teenager seine Ziele mit einem Mehrwert erreichen: der Möglichkeit, Fähigkeiten für das Leben in Form von Hartnäckigkeit und Widerstandsfähigkeit zu entwickeln.

Downloads: Leben mit Neurodiversität

Junge Menschen mit neurodiversen Gehirnen und Lernprofilen benötigen besondere Unterstützung. Die Auswirkungen einer ausgeprägten Lernschwierigkeit können variieren, sind aber oft lebenslang präsent. Jugendliche können ihre Lernschwächen im Rahmen ihres Selbstbildes und ihrer Entwicklungsmöglichkeiten neu bewerten. Jetzt haben Sie die Gelegenheit, ihre Fähigkeiten positiv hervorzuheben, ihre Resilienz zu stärken und ihnen zu helfen, ihr Lernprofil zu akzeptieren, über sich hinauszuwachsen und die benötigte Unterstützung in Anspruch zu nehmen.

Übung

Notieren Sie die drei größten Herausforderungen, denen Ihr Teenager aufgrund seines neurodiversen Gehirns zu Hause und in der Schule gegenübersteht.

Herausforderung 1

....

....

....

Herausforderung 2

....

....

....

Herausforderung 3

....

....

....

Nennen Sie drei Stärken Ihres Teenagers, die ihm bei der Bewältigung seiner besonderen Herausforderungen helfen.

Stärke 1

....

....

Stärke 2

....

....

Stärke 3

....

....

Wenn Sie selbst Züge dieser neurodiversen Störung haben, machen Sie die gleiche Übung für sich selbst.

Herausforderung 1

....

....

Herausforderung 2

....

....

Herausforderung 3

....

....

Stärke 1

....

....

Stärke 2

....

....

Stärke 3

....

....

Wie geht Ihr neurodiverser Teenager mit exekutiven Funktionen wie Planung, Verteilung der Aufmerksamkeit auf mehrere Dinge, strategischem Denken oder Beharrlichkeit bis zum Abschluss einer Aufgabe um? Welche Systeme könnten Sie einführen, um ihm zu helfen, diese Aufgaben selbstständig zu erledigen?

....

....

....

....

....

....

Was tun oder sagen Sie, um Ihrem Teenager zu helfen, seine neurodiverse Persönlichkeit als positiv zu empfinden?

....

....

....

....

....

....

<table>
<tr><th>Wenn dies geschieht…</th><th>Sagen Sie nicht dies…</th><th>Sondern vielleicht das…</th></tr>
<tr><td>Ihr Teenager hat Legasthenie.</td><td>Er wird nie gut in Deutsch sein, weil er wegen seiner Legasthenie nicht gut schreiben kann.</td><td>Er wird sich mehr anstrengen müssen als andere, und wir müssen ihn unterstützen und ihm entgegenkommen. Er hat Stärken im mündlichen Bereich. Wie können wir das nutzen, um sein Schreiben zu fördern?</td></tr>
<tr><td colspan="3"> Bewahren Sie sich ein wachstumsorientiertes Mindset – unabhängig vom Lernprofil.</td></tr>
<tr><td>Ihr autistischer Teenager versteht die meisten Schulwitze nicht mehr, obwohl er in der Grundschule die lustigen Sachen verstand.</td><td>Mit dir ist alles in Ordnung. Die anderen Kinder sind gemein.</td><td>Autismus-Spektrum-Störung bedeutet, dass manche Arten von Gesprächen schwerer zu verstehen sind. Das ist ärgerlich, aber in Ordnung. Denke nie, dass es daran liegt, dass du nicht intelligent bist.</td></tr>
<tr><td colspan="3"> Nennen Sie die Störung beim Namen, um Ihren Teenager zu stärken.</td></tr>
<tr><td>Ihr Teenager hat ADHS. Sie hat die Notizen nicht dabei, die sie braucht, um eine Schulaufgabe zu erfüllen.</td><td>Die Schule weiß, dass du ADHS hast. Warum hat dir der Lehrer die Notizen nicht gegeben? Es ist schwer genug für dich zu lernen, auch ohne diese anderen Dinge zu tun.</td><td>Deine Lehrerin oder dein Lehrer werden immer versuchen, dir Notizen aus dem Unterricht zu geben, aber wenn sie es vergessen, musst du sie daran erinnern. Sie sind da, um dir zu helfen, aber es liegt in deiner Verantwortung, dafür zu sorgen, dass du die Notizen bekommst.</td></tr>
<tr><td colspan="3"> Bringen Sie Ihrem Teenager bei, sich selbst die Unterstützung zu holen, die er braucht.</td></tr>
<tr><td>Ihr Teenager hat das Tourette-Syndrom. Er hat diese Woche schon zweimal seine Hausaufgaben vergessen.</td><td>Es fällt ihm so schwer, seine Tics in den Griff zu bekommen. Ich weiß, ich lasse ihn schon wieder im Stich, aber er hat so viel um die Ohren.</td><td>Tics beanspruchen viel von seinen Ressourcen, wenn sie so oft auftreten, aber diese Woche sind sie etwas geringer. Er ist intelligent, also tue ich ihm keinen Gefallen, wenn ich nicht erwarte, dass er die Aufgaben stets erledigt. Zum schulischen Erfolg gehört es, ein verlässliches System für die Hausaufgaben zu finden.</td></tr>
<tr><td colspan="3"> Stellen Sie (angemessen) hohe Erwartungen – lassen Sie nicht zu, dass eine neurodiverse Erkrankung eine Ausrede für jegliche Probleme im Alltag ist.</td></tr>
</table>

TEIL 3

Prioritäten in der Entwicklung von Teenagern

Kapitel 8

Die Kunst des sozialen Erfolgs meistern

KURZ UND KNAPP

- Im Laufe der Zeit ändert sich die soziale Motivation.
- Die Anwesenheit und Akzeptanz von Gleichaltrigen beeinflussen Teenager stark.
- Bei Teenagern können soziale Signale (z. B. der Tonfall) so stark wirken, dass der eigentliche Inhalt unserer Worte verloren geht.
- Nutzen Sie die Stärke des sozialen Gehirns von Teenagern und ihre Orientierung an Gleichaltrigen, um positive Ziele zu erreichen.

EINLEITUNG

Das Verstehen der sozialen Welt ist komplex und erfordert Zeit zur Meisterung

Gehirne sind von Grund auf sozial eingestellt (siehe *Kapitel 5: Das Teenager-Gehirn – liebt andere Menschen*). Dieses Kapitel entschlüsselt die Prozesse, die damit einhergehen, dass Teenager besonders soziale Wesen sind. Betrachten Sie die komplexen sozialen Signale, die bei der Interaktion mit einer anderen Person beteiligt sind. Soziale Signale sind zahlreich und komplex, und Beziehungen haben unterschiedliche Werte und Einflüsse: Bei einigen geht es um Macht und Autorität, bei anderen um Zuwendung und Fürsorge. Bei jeder zwischenmenschlichen Beziehung spielen verschiedene Faktoren eine Rolle, wie zum Beispiel unsere Vergangenheit, die Dynamik innerhalb der Gruppe und die Fähigkeit, die Emotionen anderer zu erkennen. Diese Aspekte beeinflussen uns und müssen berücksichtigt werden, wenn wir eine

Beziehung aufbauen oder pflegen möchten. Es gibt jedoch noch viele weitere Faktoren, die in diesem Zusammenhang relevant sein können.

Es erfordert langjährige Erfahrung, um die Regeln und Geheimnisse der sozialen Welt zu verstehen und zu beherrschen. Tatsächlich dauert es 25 Jahre, bis das Gehirn seine neuronalen Schaltkreise geformt hat, um die Komplexität sozialer Informationen zu bewältigen. Interessanterweise ist das logische Denken viel früher ausgereift als das soziale Denken.

Der Schwerpunkt unserer sozialen Beziehungen ändert sich mit dem Erwachsenwerden

Obwohl soziale Beziehungen während des gesamten Lebens wichtig sind, gibt es dramatische Unterschiede im Schwerpunkt der Beziehungen (siehe Abbildung 8.1). Wir werden zu Veränderungen getrieben, und die Auswirkungen dieser Beziehungen (oder ihr Fehlen) variieren je nach Alter.

Abbildung 8.1 Sozialer Fokus ändert sich – Die Integration von Gleichaltrigen ist der Schlüssel für Teenager

Im **Säuglingsalter** steht die Hauptbezugsperson im Mittelpunkt der sozialen Beziehung. Das Baby oder Kleinkind wird von Natur aus von den

Eltern oder einer anderen Betreuungsperson umsorgt und fühlt sich zu ihnen hingezogen. Jahrzehntelange Forschung hat gezeigt, dass eine längere mütterliche Trennung im Säuglingsalter ohne eine feste Bezugsperson lebenslange Auswirkungen auf den Aufbau von Beziehungen hat. John Bowlbys Bindungstheorie, die in der Mitte des 20. Jahrhunderts entwickelt wurde, hat unser Verständnis für die Bedeutung von Beziehungen zu einer wichtigen Person in den frühen Lebensjahren grundlegend verändert (Bowlby 2005).

Während der **Jugendphase** (von etwa 4 bis 10 Jahren) liegt der Fokus der sozialen Entwicklung auf den Spielkameraden. Kinder haben den Drang, mit anderen Kindern zu spielen und gehen vom Spielen nebeneinander zum kooperativen Spiel mit anderen Kindern über. Grundschulkinder lernen, wie man mit Freunden spielt, bleiben aber weiterhin stark mit ihren Eltern verbunden.

Während der **Pubertät** sind Jugendliche bestrebt, sich in die Gruppe der Gleichaltrigen zu integrieren und Teil einer größeren Gruppe zu sein. Dies unterscheidet sich davon, einfach nur mit Freunden zu spielen oder mit ihren Klassenkameraden zu interagieren. Im Kern geht es darum, sich anzupassen, den eigenen Platz in der Gruppe zu finden und zu erkennen, wo man hingehört. Dies ist eine der wichtigsten Motivatoren für Ihren Teenager. Kein Wunder also, dass sich das Verhalten von Teenagern gegenüber Gleichaltrigen mit dem Beginn der Pubertät so stark verändert.

Die Teenagerjahre scheinen eine sensible Phase für die soziale Integration zu sein

Die Unterscheidung zwischen diesen Phasen der Kindheit ist wichtig, denn sie liefert uns den Code, um die Bedürfnisse junger Menschen jeden Alters zu entschlüsseln und das unglaubliche Teenager-Gehirn zu erschließen. Wenn wir verstehen, warum sich Teenager so sehr zu ihren Freunden und Gleichaltrigen hingezogen fühlen und was sie auf einer grundlegenden Ebene zu erreichen versuchen, können wir diesen Aspekt ihrer Entwicklung unterstützen und erleichtern. Die Forschung zeigt uns, dass die Isolation von Gleichaltrigen während der Pubertät am schädlichsten ist. Sowohl Tier- als auch Humanstudien zeigen, dass eine extreme soziale Isolation in dieser

Entwicklungsphase zu langfristigen Schwierigkeiten bei den kognitiven, sozialen und emotionalen Regulationsfähigkeiten führt, die mit strukturellen Unterschieden im Gehirn zusammenhängen. Wir könnten die Adoleszenz als eine sensible Zeit für die soziale Integration betrachten. So wie wir entdeckt haben, dass es ein sensibles Zeitfenster für die Entwicklung der Sprache oder das Erlernen des Gehens in den ersten Lebensjahren gibt, könnte es sein, dass die soziale Integration in der Entwicklung sensibel und entscheidend für den Lebensabschnitt der Adoleszenz ist. Wenn das stimmt, müssen wir diesen Aspekt der Umgebung für Teenager richtig gestalten.

Das Teenager-Gehirn ist darauf ausgerichtet, soziale Informationen aufzunehmen – und so viel wie möglich zu lernen, bevor sie unabhängig werden und erwachsen sind

Mit dem Beginn der Pubertät verändern sich sowohl die Quantität als auch die Qualität der sozialen Beziehungen dramatisch. Aus evolutionärer Sicht ist es sinnvoll, wenn Teenager sich darauf vorbereiten, ihre leibliche Familie zu verlassen, ihre eigene soziale Gruppe zu finden und ein unabhängigeres Leben zu führen. Die Auswirkungen der sozialen Beziehungen haben eine wichtige Rolle bei der Verarbeitung sozialer Informationen im Teenager-Gehirn und deren täglichem Verhalten.

Es gibt drei Merkmale der sozialen Neuausrichtung bei Jugendlichen:

- Das Gehirn ist so konzipiert, dass es alle sozialen Informationen in seiner Umgebung erkennt
- Sozialen Informationen wird eine hohe Bedeutung beigemessen
- Die Art und Weise, wie das Gehirn soziale Informationen verarbeitet, verändert sich während der Pubertät.

Der wissenschaftliche Teil: Gehirn und Verhalten

Der Einfluss und die Akzeptanz von Gleichaltrigen haben einen großen Einfluss auf Teenager und untermauern ihre Entscheidungen und Handlungen

Jeder wird von der Meinung anderer Menschen beeinflusst. Wir alle sind soziale Wesen, aber Jugendliche sind es ganz besonders. Viele Studien zeigen, dass die Meinung von Gleichaltrigen in der Pubertät einen besonders hohen Stellenwert hat. Daher werden junge Menschen vor allem in der frühen Adoleszenz stärker von der Meinung ihrer Altersgenossen beeinflusst. Darüber hinaus ist die Akzeptanz durch die Gruppe ein sehr starker Motivator. Soziale Belohnungen, wie die Wertschätzung durch Gleichaltrige, lassen die Belohnungszentren des Gehirns auf Hochtouren laufen. Wichtige Informationen – die für Jugendliche die Akzeptanz durch Gleichaltrige sind – müssen besonders deutlich sein, damit die Teenager die Signale für die soziale Integration lernen können. So wie wir wichtige Informationen in der Umgebung gut sichtbar machen – denken Sie an die Beschilderung von Notausgängen – so macht das Gehirn wichtige Informationen für die Entwicklungsprozesse von Teenagern gut sichtbar (Aufmerksamkeit von Gleichaltrigen). Es macht also Sinn, dass die Sorge um die Akzeptanz durch Gleichaltrige soziale Interaktionen und Entscheidungsfindungen prägen wird.

Die Anwesenheit von Gleichaltrigen kann einen gewissen Stress verursachen

Allein das Beisammensein mit Gleichaltrigen während der Pubertät hat seine Besonderheiten. Es gibt eine Veränderung im Stresshormon (Cortisol) und der Gehirnaktivität, die für **Jugendliche spezifisch** ist, wenn sie glauben, dass sie von Gleichaltrigen beobachtet werden. Sie müssen die Gleichaltrigen nicht einmal sehen, hören oder mit ihnen sprechen, sondern nur die Vorstellung haben, dass ihre Gleichaltrigen sie beobachten. Das leuchtet ein, da es sich um eine Zeit handelt, in der soziale Vergleiche von Gleichaltrigen gemacht werden können, deren Gedanken und Akzeptanz so wichtig sind. Wie wir im Kapitel über Stress erfahren werden (siehe *Kapitel 15: Guter Stress, schlechter Stress*), ist eine gewisse Menge an Stress an sich nicht schädlich – die Botschaft dieser Erkenntnis bezieht sich vielmehr auf die Bedeutung von Gleichaltrigen für Jugendliche.

Während der Pubertät erfordert die soziale Verarbeitung bewusstes Denken, während sie im Erwachsenenalter automatisch erfolgt

Das soziale Netzwerk des Gehirns besteht aus Regionen im denkenden Teil des Gehirns (dem Frontalkortex) und einigen im hinteren Teil des Gehirns, wo weniger bewusstes Denken involviert ist. Die Aktivität des sozialen Gehirns entwickelt sich von einer „Frontalgehirn-Dominanz" im Jugendalter zu einer „Hintergehirn-Dominanz" im Erwachsenenalter, was wahrscheinlich wichtige Veränderungen in der Art und Weise widerspiegelt, wie junge Menschen lernen, soziale Informationen zu verarbeiten.

Während der Adoleszenz wird die Verarbeitung sozialer Informationen im Teenager-Gehirn noch stärker und effektiver. Entscheidungsfindung erfordert daher mehr bewusstes Denken und Selbstreflexion für einen Teenager. Im Erwachsenenalter wird dieser Prozess im Gehirn immer mehr automatisiert und erfordert weniger bewusstes Denken. Laut Sarah-Jayne Blakemore in ihrem Buch *„Inventing Ourselves"* aus dem Jahr 2018, wird diese Theorie durch die Erkenntnis gestützt, dass Erwachsene besser in der Lage sind, Multitasking zu betreiben, während sie über soziale Informationen nachdenken als Jugendliche, wahrscheinlich weil es weniger Interferenzen mit anderen Formen der Verarbeitung verursacht.

Auf den Teenager übertragen

Teenager werden sozial interessierter und sozial bewusster

Jeder, der mit einem Teenager zu tun hat, weiß, dass dieser sich fast über Nacht verändern kann, insbesondere in der Wahrnehmung seiner Freunde. Plötzlich interessiert er sich mehr für ihre Meinungen und wird anfälliger für Scham in der Öffentlichkeit. Diese soziale Integration ist eine der wichtigsten Entwicklungsaufgaben in den Teenagerjahren. Machen Sie sich keine Sorgen; dies ist nur eine vorübergehende, wenn auch intensive, Phase. Sie ist wichtig, denn junge Menschen müssen auf soziale Informationen achten, um sich darauf vorzubereiten, wo sie im Erwachsenenalter hingehören werden.

Die Auswirkungen von Ausschluss sind in der Adoleszenz am stärksten

Sie werden sich aus *Kapitel 5 (Das Teenager-Gehirn liebt andere Menschen)* daran erinnern, dass die gleichen neuronalen Schaltkreise körperlichen und sozialen Schmerz verarbeiten. Jugendliche unterscheiden sich von Kindern und Erwachsenen in der Art und Weise, wie sie soziale Informationen verstehen. Einer dieser Unterschiede besteht darin, dass die Auswirkungen sozialen Schmerzes in der Pubertät stärker ausgeprägt sind.

Studien, in denen ein virtuelles Ballspiel nachgestellt wurde, haben ergeben, dass Jugendliche, wenn sie ausgeschlossen werden schlechte Stimmung und erhöhte Angst empfinden (siehe Abbildung 8.2). Die Ausgrenzung durch

Abbildung 8.2: Ausgrenzung ist für Teenager besonders schmerzhaft

die Gruppe kann den Gemütszustand eines Heranwachsenden stark verändern und möglicherweise sein Wohlbefinden beeinträchtigen. Die Angst vor Ausgrenzung kann sogar dazu führen, dass der junge Mensch seine Entscheidungen oder Aktivitäten einschränkt, wie in der Fallstudie mit Tammy weiter unten in diesem Kapitel. Versuchen Sie, dies zu bedenken, wenn Sie das Verhalten von Jugendlichen interpretieren. Es kann durchaus sein, dass ein junger Mensch Freundschaften höher priorisiert als das Lernen für einen Test oder das Üben eines Musikinstruments, und das nicht, weil er irrational oder ihm alles egal ist. Die Anerkennung durch Gleichaltrige ist aus gutem Grund ihre Priorität.

Ein wachstumsorientiertes Mindset macht soziale Ablehnung weniger schmerzhaft

Im *Kapitel 3 (Das Teenager-Gehirn - lernt und glaubt)* haben wir bereits über die Bedeutung von Denkweisen gesprochen. Erinnern Sie sich an die Vorteile eines wachstumsorientiertem Mindset für junge Menschen im Lernkontext? Es hat sich herausgestellt, dass diese Denkweise auch bei Freundschaften und in der sozialen Welt nützlich ist. Junge Menschen mit einer festgefahrenen Ansicht zur eigenen Persönlichkeit glauben, dass soziale Eigenschaften fest und unveränderlich sind. Solche Teenager empfinden Ablehnungen durch ihre Gruppe – etwa wenn sie nicht zu einer Party eingeladen werden – als besonders stressig, weil sie denken, dass dies in Stein gemeißelt ist und sie für den Rest ihres Lebens von Partys ausgeschlossen werden oder ihre Freunde sie immer für langweilig halten werden. Menschen mit einem wachstumsorientierten Mindset hingegen sehen die Persönlichkeit als formbar, und deshalb wird die verpasste Einladung zu einer Party nicht als so bedeutsam angesehen. Sie können diese Ereignisse als „einmalig" abtun. Sie glauben vielleicht, dass die Person bestimmte Gründe hatte, sie dieses Mal nicht einzuladen, oder dass Menschen sich ändern können und sie beim nächsten Mal vielleicht eingeladen werden.

Die gute Nachricht ist, dass Mindsets erlernt werden können, so dass Sie einem jungen Menschen helfen können, seine Verärgerung und Ablehnung nach einer verpassten Einladung zu einer Party zu minimieren. Darüber hinaus hat die Förderung einer flexiblen Denkweise weitere potenzielle Vorteile: Sie trägt dazu bei, dass soziale Übergänge wie ein Schulwechsel weniger stressig sind. Ein Schulwechsel mag für uns Erwachsene keine große Sache sein, aber angesichts des Bedürfnisses von Teenagern, sich sozial zu integrieren, ist dies eine äußerst heikle Zeit für sie. In dieser entscheidenden Zeit ist die Festigung ihres sozialen Status vermutlich wichtiger als das Erledigen von Hausaufgaben. Daher ist es nur natürlich, dass sich die Aufmerksamkeit auf die soziale Integration verlagert, möglicherweise auf Kosten des akademischen Fokus. Wenn dies geschieht, sollten Sie versuchen, dies nicht als eine festgelegte Eigenschaft des jungen Menschen zu betrachten. Sind Ihnen solche Gedanken bekannt?: „So werden sie nie ihre Prüfungen bestehen, an eine Universität gehen oder einen guten Job finden".

Es ist sehr wichtig, dass wir unser eigenes übermäßig negatives oder pessimistisches Denken und die Art und Weise, wie wir auf einen jungen Menschen reagieren, der diese Übergänge bewältigt, im Zaum halten. Ein wachstumsorientiertes Mindset ist auch für uns wichtig, aber dazu später mehr. Denken Sie daran, dass Teenager nur dann in ihrem positiven Lernzyklus bleiben können, wenn sie soziale und emotionale Ablenkungen vermeiden. Für einen Teenager ist der Beitritt zu einer neuen Gruppe zweifellos eine soziale Ablenkung, die Aufmerksamkeit und Unterstützung braucht, bevor andere Arten des Lernens wirklich in Gang kommen können.

Was bedeutet das für den Alltag?

Soziale Informationen haben Vorrang vor allen anderen Informationen; dennoch erfordern sie eine beträchtliche Menge an kognitiven Ressourcen

Betrachten wir das Verhalten von Teenagern, so erkennen wir, dass sich ihre sozialen Prioritäten grundlegend verändern. Dadurch kann es in sozialen Situationen vorkommen, dass sie sich plötzlich sehr selbstbewusst oder verlegen fühlen. Es wirkt, als wäre die Lautstärke des sozialen Bewusstseins eines Teenagers ein wenig zu hoch eingestellt. Tatsächlich berichten Teenager oft von einem gesteigerten Selbstbewusstsein im Alltag. Die Fallstudie weiter unten mit Jack verdeutlicht, wie wir diese Veränderungen und ihre möglichen Auswirkungen auf andere Familienmitglieder schon sehr früh in der Adoleszenz feststellen können. Obwohl sich junge Menschen intensiv auf die Gedanken anderer, insbesondere ihrer Gleichaltrigen, konzentrieren und darüber nachdenken, was diese meinen könnten, benötigt dies noch erhebliche Aufmerksamkeit und geistige Anstrengung. Dieser Prozess geschieht nicht vollautomatisch.

Soziale Isolation ist für Teenager besonders schädlich

Das grundlegende Bedürfnis von Teenagern nach sozialer Integration bedeutet, dass soziale Instabilität und Isolation für Teenager besonders schädlich sind. Es ist weder ethisch vertretbar noch wünschenswert, soziale Isolation bei Menschen zu untersuchen, aber Studien mit heranwachsenden Ratten haben ergeben, dass die Trennung von Gleichaltrigen zu strukturellen Unterschieden in den frontalen Regionen des Gehirns zur Folge hat. In anderen Lebensphasen war die Auswirkung von Isolation nicht so intensiv. Außerdem neigten diese heranwachsenden Tiere nach einer Zeit der Isolation dazu, weniger mit Gleichaltrigen zu spielen. Da sie weniger spielten, verpassten sie die Gelegenheit, das Gehirn zu trainieren und unter Gleichaltrigen Resilienz zu entwickeln. Die anfängliche „Beleidigung“ durch Stress hatte einen Dominoeffekt auf ihre Entwicklung mit langfristigen Auswirkungen.

Die soziale Interaktion findet oft über das Telefon statt

Das Bild eines Teenagers, der ständig an seinem Handy hängt, ist weit verbreitet. Wenn wir über das soziale Gehirn nachdenken, können wir den natürlichen Reiz des Telefons erkennen. Das Teenager-Gehirn ist zwar nicht auf Telefone ausgerichtet, aber definitiv auf Freundschaften. Wahrscheinlich findet gerade auf dem Handy Ihres Teenagers ein virtueller sozialer Austausch statt. Deshalb kann es sich für einen Teenager so anfühlen, als hätten Sie ihm sein Leben weggenommen, wenn Sie ihm das Telefon wegnehmen. Wir behandeln genau diese Thematik in *Kapitel 16: Soziale Medien und Technologie*. Aber denken Sie daran, dass junge Menschen nicht süchtig nach ihrem Telefon sind. Sie sind süchtig nach ihren Freunden.

WAS BEDEUTET DAS FÜR DAS LERNEN?

Emotionale Informationen können junge Menschen vom Lernen ablenken

Wir haben festgestellt, dass Jugendliche sehr sensibel für soziale Informationen sind und deshalb Gesichtsausdrücke, Tonfall und dergleichen mit ihren sensiblen sozialen Antennen wahrnehmen. Teenager sind kompetente Lernende, aber wenn soziale Reize emotional aufgeladen sind, wird ihre Lernfähigkeit negativ beeinträchtigt. Wenn sie sich mit einem Freund, der neben ihnen sitzt, gestritten haben, ihr Lehrer sauer auf sie ist oder sie sich sozial bedroht fühlen, kann ihr Lernen beeinträchtigt werden. Soziale Ausgrenzung ist für einen jungen Menschen besonders unsicher. Denken Sie daran, dass das Gehirn sich erst um Sicherheit kümmern muss, bevor es in den positiven Kreislauf des Lernens eintreten kann.

Für einen Teenager kann es ein großes soziales Risiko bedeuten, im Unterricht eine Frage zu stellen

Jeder, der schon einmal eine neue Gruppe von Teenagern unterrichtet hat, die sich einander nicht kannten, wird eine spürbare Unruhe im Raum gespürt haben. Jeder junge Mensch hat Angst, von den anderen negativ beurteilt zu werden. Im Unterricht die Hand zu heben und eine Frage zu stellen, ist vielleicht eines der größten Risiken für das soziale Ansehen, das ein Teenager eingehen kann, da er von seinen Klassenkameraden – seinen Gleichaltrigen – verurteilt werden könnte. Es kann für Lehrer wirklich nützlich sein, sich fachspezifisch zu überlegen, welche besonderen sozialen Risiken es in diesem Fach gibt. Beispielsweise kann das laute Sprechen in einer Fremdsprache ein großes soziales Risiko für einen Teenager darstellen, da wir oft Akzente in humorvollen Skizzen verwenden. Im Sportunterricht kann es ein Risiko sein, möglicherweise enge oder freizügige Kleidung zu tragen, und beim kreativen Schreiben im Deutschunterricht kann ein innerer Gedanke oder eine Idee offenbart werden, die eine gewisse Verletzlichkeit erfordert. Indem Sie das soziale Risiko für Teenager verringern, könnten Sie eine viel zugänglichere Gruppe von Schülern vorfinden.

Wenn sowohl der Verlust des sozialen Ansehens als auch eine Bestrafung als Konsequenzen in Betracht kommen, wird ersteres oft als schwerwiegender angesehen und hat Vorrang

Schulen verwenden eine Vielzahl von Techniken im Unterricht, um Schülern beim Zuhören und Lernen zu helfen. Lehrer werden vielleicht feststellen, dass verschiedene Strategien bei jungen Menschen in verschiedenen Altersstufen wirksam sind. Wenn ein Teenager zum Beispiel vom Lehrer gesagt bekommt: „Wenn du das noch einmal machst, musst du nachsitzen", und die Mitschüler daraufhin Blicke austauschen oder den Schüler anlächeln, kann es gut sein, dass der Schüler nachsitzen will. Ihr Teenager-Gehirn könnte das Nachsitzen als fairen Preis betrachten, den sie zahlen müssen, um soziales Ansehen zu gewinnen. Das Teenager-Gehirn sagt ihnen schließlich, dass die Integration mit Gleichaltrigen zu diesem Zeitpunkt ihres Lebens ihre wichtigste Aufgabe ist.

Was lernen wir daraus?

In der Adoleszenz erreicht die Entwicklung des sozialen Gehirns und der sozialen Aufmerksamkeit ihren Höhepunkt. Sie können zeigen, dass Sie verstehen, wie wichtig soziale Beziehungen für einen jungen Menschen sind, anstatt diesen Bereich als Soft Skills[17] abzutun, die von Prüfungen oder ähnlichem ablenken könnten. Starke Beziehungen, entwicklungsrelevante soziale Interaktionen und solide Freundschaften sind der Schlüssel zu einem widerstandsfähigen, selbstbewussten Teenager und können nebenbei auch das akademische Lernen unterstützen.

Unterstützen Sie Ihren Teenager bei sozialen Problemen und helfen Sie ihm, eine wachstumsorientierte Einstellung zu entwickeln, insbesondere wenn er bei einer Veranstaltung ausgeschlossen wird. Als Erwachsene sind wir in der Lage, die sozialen Beziehungen der uns anvertrauten Teenager zu fördern und zu schützen. Darüber hinaus können wir die Bedeutung sozialer Beziehungen unterstreichen, indem wir ihnen in unseren täglichen Gesprächen und Handlungen den gleichen (oder vielleicht sogar einen höheren) Stellenwert einräumen wie anderen Erfolgsfaktoren, z. B. akademischen Leistungen oder dem Weg in eine gut bezahlte Karriere.

Fallstudie: Sean

Sean war schon immer ein fröhlicher Junge, dem es völlig egal war, was er trug, ob sein Haar gekämmt war oder wie er aussah. Er liebte es, Fußball zu spielen, mit seinen Freunden Fußballspielerkarten zu tauschen und auf der Playstation zu spielen. Seine leibliche Mutter, Caoimhe, hatte ihn immer zur Schule gebracht. Sie gingen zusammen spazieren und unterhielten sich lebhaft, manchmal begleitet von einem von Seans Freunden, manchmal allein. Kurz nach seinem neunten Geburtstag sagte Sean, er wolle alleine zur Schule gehen. Es machte ihm nichts aus, wenn seine Mutter hinter ihm ging, aber er fragte, ob er ein paar Schritte vor ihr gehen dürfte.

Im Alter von 11 Jahren wurde Sean sich zunehmend bewusst, was seine Freunde von ihm dachten. Sein Freund Piers hatte eine ältere Schwester und die beiden sollten zusammen den Bus nehmen, aber meistens kam Piers allein in die Schule. Er hatte eine gewisse Selbstsicherheit an sich, die Sean auffiel. Er sagte nichts dazu, aber Sean bemerkte ein kleines Grinsen auf Piers' Gesicht, als Sean Caoimhe am Schultor einen Abschiedskuss gab. Früher wäre ihm das nicht aufgefallen, aber plötzlich fühlte sich Sean peinlich berührt und schämte sich. Er strebte nach Unabhängigkeit wie sein Freund und sah die einzige Möglichkeit, dies zu erreichen, darin, seine Mutter zu bitten, mehr Abstand zu halten.

Dies kam für Caoimhe überraschend. Sean wurde zwar älter, war aber noch immer klein von Statur, und sie schätzte diese morgendlichen Gespräche sehr. Sie fühlte sich etwas zurückgewiesen und war traurig. Diese Ablehnung brachte ein Gefühl der Verärgerung über ihren Sohn mit sich, dass sie zuvor noch nicht erlebt hatte. „Wie kann er nur so gemein sein?", dachte sie. „Versucht er, mich zu verletzen?"

Eine gute Lösung
Es dauerte ein paar Stunden, aber schließlich redete sie mit Seans anderer Mutter, ihrer Partnerin Naomi, darüber, und fragte, ob sie an diesem Abend Zeit miteinander verbringen und reden könnten. Naomi sagte ihren Schwimmkurs ab und sie beschlossen, einen Babysitter zu organisieren, der bei Sean bleiben sollte. Das Paar diskutierte über die Situation. Sie sprachen über die Veränderungen, die sie in Sean in den letzten Monaten sowohl äußerlich als auch emotional beobachtet hatten. Sie sprachen über ihre Entscheidung, Sean gemeinsam zu haben, und all die Arbeit, die dafür geleistet worden war. Sie begannen zu planen, wie sie zusammenarbeiten würden, um die Veränderungen zu verstehen, die er durchmachen würde, und wie sie ihn in den kommenden Jahren unterstützen könnten.

Naomi bot Caoimhe die Unterstützung und Sicherheit, die sie benötigte, nachdem ein kleines Ereignis mit Sean sie verunsichert hatte und ihr Sorgen um die Liebe und Zukunft ihres Sohnes bereitete. Gemeinsam konnten sie den Vorfall aus der Perspektive von Seans Entwicklung betrachten, ohne Sean mit der Erkenntnis und Verärgerung zu belasten, da es wenig gab, was er tun konnte, um die Situation zu ändern.

Was könnte da im Weg stehen?
Caoimhe hätte auf ihre erste emotionale Reaktion eingehen können, nämlich wütend auf ihren Sohn zu sein und sich von ihm verletzt zu fühlen. Dies hätte bei Sean für Verwirrung darüber sorgen können, wie er seine Entwicklungsbedürfnisse mit den Bedürfnissen seiner Mutter in Einklang bringen soll. Außerdem hätte es die Beziehung der beiden beschädigen können, so dass er es vermied, seinen Eltern zu sagen, wie er sich bei anderen Dingen fühlte. Das hätte ein Fenster der Unterstützung schließen können, die er in der Zukunft benötigen würde, während er durch die oft turbulente soziale Erfahrung der Pubertät ging.

Fallstudie: Tammy

Tammy war ein 16-jähriges Mädchen, das schon immer gut tanzen konnte. Schon im Kindergarten hatte sie ein Rhythmusgefühl entwickelt, das besser war als das ihrer Altersgenossen. Tammys Mutter war in den 1980er Jahren Balletttänzerin und hatte mit großer Freude beobachtet, wie ihre Tochter Zertifikate und Auszeichnungen erhielt. Tammys Engagement für den Tanz hatte einen großen Teil ihres Lebens ausgemacht. Sie war konsequent in ihrem Training und schien die Herausforderung zu lieben.

Seit kurzem war Tammy mit Ben zusammen, der auf der anderen Seite der Stadt wohnte. Beide besuchten dieselbe Schule und trafen sich fast täglich. Ben gehörte zu einer großen Gruppe von Teenagern, die alles gemeinsam unternahmen. Tammy und Ben waren im letzten Schuljahr unzertrennlich geworden.

Tammy sprach mit ihrer Mutter und sagte, dass sie darüber nachdachte, zwei ihrer drei Tanzkurse aufzugeben. Sie hatte das Gefühl, dass das Tanzen einen zu großen Mittelpunkt in ihrem Leben einnahm. Sie sagte, dass sie zu müde sei, um zu lernen und dass sie Ben deshalb nicht so oft sehen könne, wie sie es gerne hätte. Sie war sehr ruhig und hatte die ganze Situation klar durchdacht. Sie erklärte, dass sie so ein Gleichgewicht zwischen ihrem Unterricht und den Treffen mit Ben und seinen Freunden schaffen könne.

Ihre Mutter war schockiert, enttäuscht und verwirrt. Gleichzeitig konnte sie sehen, dass Tammys Fähigkeit, ihren Konflikt und die zugrunde liegenden Gefühle auszudrücken, sehr reif war und von Herzen kam. Sie erkannte Tammys enormes Talent und Potenzial, wusste aber auch, dass es sehr schwer wäre, später die Stärke zu finden, um wieder so gut tanzen zu können, wenn ihre Tochter es jetzt aufgeben würde. Sie wollte ihr dieses potenzielle Opfer vermitteln, ohne ihr zu sagen, was sie tun sollte.

Eine gute Lösung

Es war eine gute Gelegenheit für Tammys Mutter, darüber nachzudenken, was ihr in dieser Situation wichtig war und wie sich dies auf die Ratschläge, die sie Tammy gab, auswirken könnte, aber auch die Art und Weise zu analysieren, wie sie Emotionen vermittelte, wenn sie über diese heikle Situation sprach. Teenager erleben weitaus heftigere Reaktionen und sind möglicherweise weniger gut in der Lage, ihre Reaktion auf Gesichtsausdrücke zu kontrollieren, so dass ihre Mutter eine emotionale Reaktion von ihrer Teenager-Tochter erwarten könnte. Möglicherweise hat die Mutter ihre eigene Enttäuschung über das Aufgeben ihrer Tanzkarriere wiedererlebt, und Tammy wäre sich dieser Emotion sehr bewusst. Eine gute Lösung wäre es, wenn die Mutter ihr sagen würde, dass sie ihre Entscheidung unterstützt und versteht, dass Tammy das Risiko, das Tanzen aufzugeben, selbst eingeschätzt hat. Zusätzlich könnten sie sich auf mehrere „Check-ins" einigen, um zu überprüfen, wie Tammy sich in Bezug auf die Entscheidung fühlte. Ebenso könnte man eine Überlegung anstellen, wie man ihr einen Weg zurück zum Tanzen ermöglicht, falls sie beschließt, wieder mit dem Tanztraining anzufangen.

Was könnte im Weg stehen?

Wenn ein vergangenes Erlebnis des Erwachsenen, Elternteils, Lehrers oder Verwandten zu stark ist, um einen Perspektivenwechsel des Teenagers zu ermöglichen, kann dies zu Schwierigkeiten führen. Wenn der wichtige Erwachsene selbst nicht die Möglichkeit hatte, dieses Maß an emotionaler Regulation im Leben zu entwickeln, kann Unterstützung von einer dritten Person erforderlich sein. Es ist wichtig, sich in die Lage des Teenagers hineinzuversetzen, um zu verstehen, was ihn zu seinem Verhalten veranlasst, aber auch um zu bedenken, dass junge Menschen in der Lage sein sollten, ihre eigenen Entscheidungen zu treffen.

HANDLUNGSEMPFEHLUNG

Priorisieren Sie die sozialen Beziehungen Ihres Teenagers und stellen Sie sicher, dass er Möglichkeiten zur sozialen Integration hat

Stellen Sie sicher, dass Ihr Teenager Möglichkeiten hat, sich mit Gleichaltrigen zu integrieren, um wichtige und komplexe Lebenskompetenzen, wie den Umgang mit Beziehungen zu Gleichaltrigen, zu entwickeln.

HANDLUNGSEMPFEHLUNG:

Vorsicht bei konkurrierenden Belohnungen, da die Belohnung aus sozialen Beziehungen zu Gleichaltrigen wahrscheinlich gewinnen wird

Viele Erwachsene, sowohl zu Hause, als auch in der Schule, versuchen, das Verhalten von Jugendlichen durch externe Belohnungen wie Geld oder Zertifikate zu beeinflussen. Dies mag zwar für sich genommen funktionieren, aber wenn eine Aufgabe, die Sie Ihrem Teenager stellen, in direkter Konkurrenz zu einem Verhalten steht, das ihm sozialen Status verschaffen könnte, wird wahrscheinlich letzteres gewinnen. Ihr Teenager handelt nicht aus Unhöflichkeit oder Respektlosigkeit - vielmehr spürt er die intensive Anziehung der Belohnungszentren in seinem Gehirn, wenn er von seiner Altersgruppe positiv anerkannt wird. Die Natur hat es so eingerichtet, dass man ihr nur schwer widerstehen kann.

HANDLUNGSEMPFEHLUNG:

Fördern Sie stets ein wachstumsorientiertes Mindset, um die Widerstandsfähigkeit gegen soziale Ablehnung zu stärken

Fördern Sie durch Ihre Wortwahl eine wachstumsorientierte Denkweise im Hinblick auf die Beziehungen zu Gleichaltrigen. Dies bietet einen gewissen Schutz gegen die Angst, etwas zu verpassen (im Englischen prägnant bezeichnet als FOMO - Fear Of Missing Out), die unweigerlich zum Leben eines

Teenagers gehört. Versuchen Sie es mit Aussagen wie: „Oh, du wurdest dieses Mal nicht eingeladen. Schauen wir doch mal, wer alles kommt. Schau, er hat alle Familien eingeladen, die auf der anderen Seite der Stadt wohnen. Er meint das nicht persönlich", um eine wachstumsorientierte Denkweise zu vermitteln. Wenn Ihr Teenager einer neuen Gruppe von Gleichaltrigen beitritt, erwarten Sie, dass er sich zunächst auf die Integration in diese Gruppe konzentriert. Erst wenn er sich unter Gleichaltrigen sicher und wohl fühlt, kann er sich auf andere Aufgaben wie z. B. schulische Arbeiten konzentrieren. Diese Hierarchie ist ein Teil der Natur. Versuchen Sie, mit ihr zu arbeiten.

HANDLUNGSEMPFEHLUNG:

Nutzen Sie Ihre Teenager-Brille, um sich in die wichtigsten sozialen Risiken einzufühlen

Mit der Bedeutung der sozialen Welt geht einher, dass die Risiken, die mit einer möglichen sozialen Ausgrenzung verbunden sind, für einen Teenager weit größer sind, als wir uns vorstellen können. Für einen Teenager kann es ein großes soziales Risiko darstellen, die Hand zu heben und eine Frage zu beantworten, bei der er unsicher ist. Einen Freund anzurufen, um etwas zu fragen, kann bei einem Teenager alle möglichen Ängste auslösen. Versuchen Sie seine Perspektive einzunehmen und ihn bei der Überwindung dieser Ängste zu unterstützen. Es ist immer wichtig, sie zu respektieren und ihnen zuzuhören.

HANDLUNGSEMPFEHLUNG:

Achten Sie beim Sprechen mit Teenagern auf Ihren Gesichtsausdruck, Ihre Körpersprache und Ihren Tonfall, um Ablenkungen zu vermeiden

Achten Sie auf Ihren Gesichtsausdruck oder Ihren Tonfall, wenn Sie sich in der Gesellschaft eines Jugendlichen befinden, insbesondere wenn Sie möchten, dass er etwas lernt. Ihre Gefühle und die damit verbundene soziale Bedeutung sind wahrscheinlich das, was der junge Mensch am meisten wahrnimmt. Sarkasmus, Sprache von oben herab oder enttäuschte Blicke werden in der Praxis den Inhalt dessen, was Sie in der täglichen Erziehung oder im Unterricht sagen, beeinträchtigen.

Und die Moral von der Geschicht'...

Teenager sind sehr empfänglich für soziale Informationen und werden durch soziale Akzeptanz motiviert. Wir können uns diesen Drang nach sozialen Faktoren zunutze machen, um eine Vielzahl von Lernerfahrungen zu ermöglichen. Ihr Handeln ist wichtig, um diesen komplexen Prozess zu unterstützen.

Downloads: Die Kunst des sozialen Erfolgs meistern

Die soziale Motivation verändert sich im Laufe unseres Lebens. Während jüngere Kinder sich auf ihre Bezugspersonen konzentrieren, richten Teenager ihre Aufmerksamkeit auf ihre Freunde. Teenager sind darauf programmiert, sich an Gleichaltrigen zu orientieren und so viel wie möglich zu lernen, bevor sie unabhängig und erwachsen werden. Das bedeutet, dass das Teenager-Gehirn den Einfluss von Gleichaltrigen als entscheidend betrachtet und dass die Akzeptanz von Gleichaltrigen wahrscheinlich viele Entscheidungen und Handlungen beeinflusst.

Übung
Notieren Sie drei Beispiele, die verdeutlichen, wie sehr Ihr Teenager auf Gleichaltrige fixiert ist.

Beispiel 1

....

Beispiel 2

....

Beispiel 3

....

Nach seiner Reaktion auf soziale Einladungen – oder seinem Ausschluss davon – zu urteilen, denken Sie, dass Ihr Teenager ein fixes oder ein wachstumsorientiertes Mindset zu seinem eigenen sozialen Status oder dem seiner Altersgenossen hat?

....

....

Was können Sie als Elternteil tun, um die soziale Erfahrung Ihres Teenagers zu fördern und sicherzustellen, dass er daran arbeitet, Beziehungen zu Gleichaltrigen zu stärken?

....

....

Wenn dies geschieht …	Denken Sie nicht das …	Sondern vielleicht das …
Ihr Teenager weiß durch Snapchat, dass heute Abend eine Party stattfindet. Sie hat keine Einladung erhalten.	Oh nein, du wurdest nicht zu der Party eingeladen. Das ist ja furchtbar. Die sind wirklich das Letzte - halte dich von solchen Leuten fern.	Schade, dass du dieses Mal nicht eingeladen wurdest. Ich bin sicher, dass es einen guten Grund dafür gab – vielleicht war die Teilnehmerzahl begrenzt? Warum lädst du nicht eine Freundin zur Übernachtung ein?
 Unterstützen Sie ein wachstumsorientiertes Mindset zum sozialen Ansehen.		
Ihr Teenager möchte im Unterricht nicht vorne stehen und bei einer Gruppenübung zur Klasse sprechen.	Alle anderen in der Klasse haben es auch gemacht. Warum nicht du? Wenn ich für einen eine Ausnahme mache, führt das zu Chaos. Alle müssen vorgehen und reden.	Wenn du deine Antwort nicht mündlich geben möchtest, dann schreibe sie auf ein Blatt Papier. Wir werden darauf hinarbeiten, dass du in Zukunft mündliche Antworten gibst.
 Schützen Sie sie vor unnötigem sozialem Schmerz und Peinlichkeit.		
Ihr Teenager antwortet Ihnen in einem frechen Ton, wenn seine Freunde in der Nähe sind. Seine Freunde lachen über seine Witze, aber Sie fühlen sich peinlich berührt.	Mein Sohn bringt mich vor seinen Freunden in Verlegenheit. Normalerweise ist er nicht so und das gefällt mir nicht. Ich werde ihm das nicht durchgehen lassen, auch wenn ich ihn anschreie und es ihm peinlich ist.	Mein Sohn ist normalerweise nicht so frech. Ich werde ihn nicht damit konfrontieren, wenn seine Freunde hier sind, da es ihm peinlich sein könnte, aber ich werde sicherstellen, dass ich später mit ihm darüber spreche, denn das ist nicht in Ordnung.
 Konfrontieren Sie einen Teenager nicht, wenn sein sozialer Status auf dem Spiel steht, denn der Bewunderung durch Gleichaltrige kann man nur schwer widerstehen.		

Kapitel 9

Risikobereitschaft und Resilienzentwicklung

Kurz und knapp

- Risikobereitschaft kann zu einem guten oder schlechten Ergebnis führen.
- Teenager sind biologisch veranlagt, Risiken einzugehen – es handelt sich dabei nicht bloß um einen Mangel an Kontrolle.
- Die Anwesenheit von Gleichaltrigen erhöht das Risikoverhalten, da das Teenager-Gehirn sehr sensibel auf den Kontext reagiert.
- Risikobereitschaft ist wichtig – sie bietet Lernmöglichkeiten und stärkt die Widerstandskraft.
- Was Teenager als riskant empfinden, unterscheidet sich von dem, was wir im Erwachsenenalter als riskant empfinden.
- Ermutigen Sie Ihren Teenager, positive Risiken einzugehen, indem Sie an seiner Seite sind.

Einleitung

Risiken bezeichnen potenziell unsichere Ergebnisse

Wenn Sie an Risiken in Bezug auf Ihren Teenager denken, kommen Ihnen möglicherweise Wörter wie Alkohol, Drogen oder ungeschützter Sex in den Sinn.

Die Begriffe „Teenager“ und „Risiko“ assoziieren wir oft mit Gefahren. Tatsächlich bezeichnet „Risiko“ jedoch nur eine Ungewissheit des Ausgangs – er kann sowohl positiv als auch negativ sein. Ungewissheit ist ein vertrautes Gefühl, wenn man einen Teenager erzieht oder sich um ihn kümmert.

Sie könnten ein Risiko eingehen und Ihren alten Job aufgeben, um einen neuen zu beginnen. Vielleicht gefällt Ihnen die neue Aufgabe (positives Ergebnis) oder Sie wünschen sich, Sie wären in Ihrem alten Job geblieben (negatives Ergebnis) – ein Jobwechsel ist ein riskantes Verhalten. Die Voreingenommenheit, Risiken als grundsätzlich negativ zu betrachten, kann dazu führen, dass wir Risikobereitschaft als problematisch ansehen, aber sie hat auch erhebliche Vorteile.

Das Bedürfnis nach Sensationen ist bei Jugendlichen auf der ganzen Welt ausgeprägt

Teenager sind risikofreudiger als jede andere Altersgruppe. Die Gründe dafür sind komplex, aber es läuft darauf hinaus, dass das Gehirn Belohnungssignale aussendet, wenn sie neue Empfindungen suchen. Dies ist eine Feststellung, die in vielen Kulturen bestätigt wurde – es handelt sich nicht nur um ein westliches Phänomen. Wie der Psychologe Laurence Steinberg und seine Kollegen vor kurzem gezeigt haben, nimmt der Wunsch, Risiken einzugehen, während der Teenagerjahre in verschiedenen Kulturen zu und erreicht seinen Höhepunkt im Alter von 19 Jahren (Steinberg et al. 2017). Der jugendliche Drang zur Risikobereitschaft ist auch bei Tieren zu beobachten: Heranwachsende Mäuse gehen beispielsweise mehr Risiken ein als Erwachsene. Diese kultur- und artenübergreifenden Daten deuten stark darauf hin, dass die Risikobereitschaft im Teenageralter ein grundlegender biologischer Antrieb ist.

Der wissenschaftliche Teil: Gehirn und Verhalten

Gleichaltrige beeinflussen die Risikobereitschaft, vor allem bei männlichen Jugendlichen

Wir wissen, dass Teenager von Risiken angezogen werden. Die Forschung zeigt jedoch, dass die Risikobereitschaft kontextabhängig zunimmt. Teenager gehen mehr Risiken ein, wenn Gleichaltrige in der Nähe sind. Eine gut reproduzierte Studie von Laurence Steinberg (2007) beinhaltete das Spielen eines Autofahr-Videospiels in einem MRT-Scanner. Die Spieler gingen an jeder Ampel ein Risiko ein: weiterfahren (mehr Punkte, aber möglicherweise ein Unfall) oder anhalten (einen Unfall vermeiden, aber weniger Punkte). Es ging darum, das Risiko mit der Belohnung abzuwägen. Die Risikobereitschaft von vier Gruppen wurde aufgezeichnet: Erwachsene, die glauben, dass andere Erwachsene sie beobachten, Jugendliche, die glauben, dass andere Jugendliche sie beobachten und Erwachsene und Jugendliche, die glauben, dass sie alleine spielen. Wer ging die meisten Risiken ein? Jugendliche, die von Gleichaltrigen beobachtet werden, gingen die größten Risiken ein. Interessanterweise spielten Fahrfähigkeiten hier keine Rolle, da die unbeobachteten Jugendlichen eine ähnliche Anzahl an Risiken wie die Erwachsenen (allein oder beobachtet) eingingen. Es ist eine Frage der Abwägung zwischen Risiko und Belohnung.

Der erhebliche Einfluss von Gleichaltrigen wurde bereits vielfach beschrieben und anhand von Beispielen veranschaulicht. Konsistente Ergebnisse von Pseudo-Glücksspielen zeigen, dass Jugendliche eher eine kleine kurzfristige Belohnung in Anwesenheit von Gleichaltrigen in Kauf nehmen, als langfristig zu spielen, um größere Belohnungen zu erhalten (so genannte verzögerte Belohnungen). In der realen Welt könnte dies bedeuten, dass sie ihr gesamtes Taschengeld an dem Tag ausgeben, an dem sie es bekommen (kurzfristige Belohnung), anstatt es zu sparen, um im nächsten Monat Sportschuhe zu bekommen (die größere Belohnung in der Zukunft). Dieser Effekt ist auch bei Tieren zu beobachten: Heranwachsende Mäuse trinken mehr Alkohol in Gegenwart von Gleichaltrigen, aber ähnliche Mengen wie Erwachsene, wenn sie allein sind. Dasselbe gilt nicht für erwachsene Mäuse, die allein oder mit Gleichaltrigen eine ähnliche Menge trinken. Wir sind zwar ziemlich sicher, dass sich auch menschliche Teenager so verhalten, aber die Ethikkommissionen erlauben es zu Recht nicht, den Alkoholkonsum von Teenagern zu testen.

Auch das Geschlecht spielt eine Rolle, denn Jungen im Teenageralter sind in der Regel risikofreudiger und reagieren empfindlicher auf den Einfluss Gleichaltriger als Mädchen im gleichen Alter, obwohl diese Unterschiede mit zunehmendem Alter kleiner werden. Der Punkt ist klar: Die Risikobereitschaft von Teenagern ist höher, wenn andere Jugendliche in der Nähe sind.

Es handelt sich nicht um Gruppenzwang oder Ablenkung – allein die Anwesenheit von Gleichaltrigen ist ausschlaggebend

Sie denken sich vielleicht, dass der Einfluss von Gleichaltrigen auf das Verhalten dadurch entsteht, dass sie von Gleichaltrigen angestachelt werden („Mach schon, du schaffst es noch bei Grün"), aber das erhöhte Risikoverhalten hat nichts mit Gruppenzwang oder dem Bedürfnis zu tun, Gleichaltrige zu beeindrucken. Wir wissen das, weil es genügt, einem Jugendlichen zu sagen, dass seine Freunde oder Klassenkameraden ihn beobachten – auch wenn sie es nicht tun –, um den gleichen Effekt zu erzielen. Die Gleichaltrigen in den Fahrversuchen sind zum Beispiel virtuell – der Spieler kann sie nicht sehen und es werden keine Worte gewechselt. Wie Laurence Steinberg durch umfangreiche Forschungen aufgezeigt hat, neigen Jugendliche in Anwesenheit von Gleichaltrigen zu riskanterem Verhalten. Interessanterweise gibt es aber auch Hinweise darauf, dass die Risiken für Teenager abnehmen, wenn Mütter, ältere Teenager und romantische Partner zu der Gruppe hinzukommen. Das Verhalten von Teenagern ist in der Tat stark kontextabhängig (Steinberg 2014).

Steinbergs Gruppe hat die Auswirkungen von Veränderungen in der Anwesenheit anderer Personen im Leben eines Teenagers untersucht. Eine Studie ergab, dass die Teenager weniger Risiken eingehen, wenn ihre Mütter bei dieser Aufgabe anwesend sind; eine andere, dass sie weniger Risiken eingehen, wenn ein junger Erwachsener in der Gruppe ist; und eine weitere, dass sie weniger Risiken eingehen, wenn ein romantischer Partner dabei ist. Die Qualität der Beziehung scheint bei der Mäßigung des Risikos eine wichtige Rolle zu spielen. Eltern und Betreuer, die die Gefühle ihrer Teenager respektieren, deren Teenager ehrlich gegenüber ihren Gedanken, Gefühle und Erfahrungen sind und mit ihren Eltern weniger streiten, da sie keine Angst haben, ihre Meinung und Probleme mit ihnen zu teilen, haben Teenager, die weniger Risiken eingehen. Diese Studien müssen wiederholt werden, um die Ergebnisse zu bestätigen, aber sie legen nahe, dass die Rolle der anwesenden Personen und insbesondere vertrauensvolle Beziehungen die risikoreichen Entscheidungen von Jugendlichen beeinflussen.

Abbildung 9.1: Das Risikoverhalten von Jugendlichen ist stark situationsabhängig

Teenager können Risiken gut abschätzen und treffen gezielte Entscheidungen darüber, wann sie Risiken eingehen

Wir haben festgestellt, dass Teenager dazu getrieben werden, Risiken einzugehen, und dass sie dies vor allem in der Gegenwart von Gleichaltrigen tun, aber es gibt eine feine Nuance – sie sind wählerisch in ihren riskanten Entscheidungen. Wenn Jugendliche glauben, dass die Chancen gegen sie stehen oder die Belohnung unattraktiv ist, werden sie das Risiko nicht eingehen. Wenn die Erfolgsaussichten jedoch gut sind, werden sie es wagen. Erwachsene sind eher risikoscheu. Vielleicht sind Teenager in dieser Hinsicht intelligenter als wir.

Die Neurowissenschaft legt nahe, dass das Leben für Teenager einfach lohnender ist

Die Art und Weise, wie wir Entscheidungen treffen, hängt davon ab, welches der beiden Gehirne, das emotionale und das denkende Gehirn, die Oberhand gewinnt (siehe *Kapitel 2: Das Teenager- Gehirn – denkt und fühlt*). Die Jugendlichen im Fahrversuch zeigten spezifische Muster der Gehirnfunktion, die sich sowohl von denen jüngerer Kinder als auch von denen Erwachsener unterscheiden. In Übereinstimmung mit ihrem Fahrverhalten funktionierte ihr Gehirn in Gegenwart von Gleichaltrigen anders. Aber entgegen der Erwartung war es nicht so, dass ihr denkendes Gehirn schlecht war, sondern dass die belohnungsempfindlichen Bereiche des emotionalen Gehirns (ventrales Striatum) wie ein Weihnachtsbaum leuchteten.

Die interessanten Studien von Adriana Galvan (z. B. Galvan 2013) zeigen, dass Jugendliche im Vergleich zu Menschen in anderen Lebensabschnitten am stärksten von Anreizen und Belohnungen beeinflusst werden. Die Belohnungsregionen des Gehirns sind in dieser Zeit hochsensibel – sie reagieren auf die Wahrscheinlichkeit, eine Belohnung zu erhalten, auf die Höhe der Belohnung oder sogar nur auf den Gedanken an Belohnungen.

In belohnenden Situationen kann das denkende Gehirn von Jugendlichen nicht immer Schritt halten

Die klassische Theorie der Dualen Systeme von Laurence Steinberg (2007) besagt, dass sich das emotionale und das denkende Gehirn in den Teenagerjahren unterschiedlich schnell entwickeln. In sozialen Situationen ist das denkende Gehirn noch nicht ausreichend entwickelt, um zeitnah und durchdacht zu reagieren und wird oft von den starken Impulsen des emotionalen Gehirns überlagert, das auf Hochtouren arbeitet. Der wichtigste Punkt ist, dass die beiden Teile des Gehirns bis zum Alter von etwa 20 Jahren nicht auf gleichem Niveau arbeiten. Das bedeutet, dass jüngere Teenager zwar sehr gute rationale Entscheidungen treffen können, dass aber in bestimmten emotionalen Situationen (z. B. wenn sie mit Freunden zusammen sind) das emotionale Gehirn gewinnt.

Vielleicht ist emotional aufgeladenes und motiviertes Verhalten ein notwendiger Schritt auf dem Weg zur Regulierung im Erwachsenenalter

Die Theorie der Dualen Systeme war sehr einflussreich und in vielerlei Hinsicht bahnbrechend, aber sie nährt die negative oder „defizitäre" Sichtweise des jugendlichen Gehirns. In jüngster Zeit haben sich Psychologen gefragt, ob diese Phase erhöhter Risikobereitschaft möglicherweise ein wichtiger Lernschritt sein könnte, der nicht unterdrückt werden sollte. Sie gehen davon aus, dass es in der Entwicklung des Gehirns eine geordnete Hierarchie gibt und dass jede Stufe für das Endergebnis wichtig ist.

Zunächst werden die Belohnungs- und die emotionalen Teile des Gehirns stark miteinander verbunden, wodurch das impulsive Handeln der Teenager als Reaktion auf emotionale Reize erhöht wird. Die starken Signale des emotionalen Gehirns in dieser Zeit helfen Teenagern zu lernen, was sie als belohnend und motivierend empfinden, was für ihre langfristige Selbsterkenntnis wichtig ist. Erst nachdem diese Verbindung gut etabliert ist, verbindet sich das emotionale/impulsive Gehirn stärker mit dem denkenden Gehirn – was auf lange Sicht eine größere kognitive Kontrolle über ein gut vernetztes emotionales Belohnungssystem und ein zusammenhängendes Gehirnsystem ermöglicht. Anstatt emotional aufgeladenes und motiviertes Verhalten als Defizit zu betrachten, müssen wir es als entscheidend für die Entwicklung der Selbsterkenntnis von Teenagern und als wichtigen Schritt hin zu einer angemessenen Regulierung von emotional aufgeladenen Situationen im späteren Erwachsenenalter ansehen. Das bedeutet, dass wir diese Phase der Risikobereitschaft erwarten und vielleicht sogar begrüßen sollten, während wir junge Menschen vor den potenziellen negativen Folgen schützen. Der Versuch, diesen Prozess zu umgehen, könnte langfristig negative Konsequenzen für den Einzelnen haben.

Auf den Teenager übertragen

Zeit für eine neue Sichtweise - Risikobereitschaft hat Vorteile

Das Teenager-Gehirn signalisiert ihnen unmissverständlich, dass Risikobereitschaft eine wertvolle Aktivität ist. Das ist einleuchtend, denn die jüngsten Gehirnstudien deuten stark darauf hin, dass die Risikobereitschaft tatsächlich eine wichtige Entwicklungsphase ist. Wenn wir diesen Teil der Entwicklung auslassen, können wir zwar negative Folgen vermeiden, aber wir verlieren auch Vorteile beim Lernen und beim Wachstum des Gehirns. Mehr noch, es ist ein evolutionärer Vorteil, neue Möglichkeiten und Erfahrungen zu suchen. Wer Risiken eingeht, handelt flexibel und lernt effizient in verschiedenen Kontexten. Eine Periode hoch motivierter Risikobereitschaft und sozial angepassten Verhaltens, die Versuch und Misserfolg zulässt, hat positive Auswirkungen auf den Einzelnen und auf die Gesellschaft. Größere Flexibilität wird die Grenzen unseres Lernens und unserer Entwicklung erweitern. Risiko ist also ein Entdeckungsprozess für Teenager.

Laut Eveline Crone und Ron Dahl (2012) sind Teenager „schnelle Befürworter des sozialen Wandels" – denken Sie nur an die sprachlichen Innovationen, die Jugendliche entwickeln und die heute im allgemeinen Sprachgebrauch sind. Dieser Erfindungsreichtum und diese Kreativität spiegeln sich in ihrem flexiblen Lernstil wider und mit den Risiken, die sie bereit sind einzugehen, können sie einen sozialen Wandel und Innovationen anstoßen.

Risikofreudige Teenager sollten bewundert werden

Unser Gehirn wächst, wenn wir neue Dinge tun, unsere kognitiven Fähigkeiten herausfordern und Abwechslung erleben, und deshalb muss Risikobereitschaft unterstützt und gefördert werden. Ein risikoscheuer Mensch schränkt sich selbst bis zu einem gewissen Grad in seinem kognitiven Wachstum ein, während ein risikofreudiger Mensch die Grenzen seines Lernens ausreizt. Risikobereitschaft ist für einen Teenager unverzichtbar; sie wird von der Biologie angetrieben. Der Versuch, diesen Drang zu dämpfen, wird wahrscheinlich auf Widerstand stoßen. Die beste Antwort lautet daher, klug zu sein und mit der Natur zu arbeiten.

Wenn ein Teenager häufig Risiken eingeht, kanalisieren Sie diese Tendenzen in positive, prosoziale Risiken, anstatt sie zu unterdrücken. Ermutigen Sie sie zum Beispiel zu aufregenden Erlebnissen wie Highlining[18] oder Klettern, ermutigen Sie sie, sich in einem neuen Spielteam oder Sportteam zu versuchen oder an einer Demonstration teilzunehmen, um etwas zu unterstützen, das ihnen am Herzen liegt. Gleichzeitig können wir als Erwachsene das Steuer nicht völlig aus der Hand geben, wenn es darum geht, einen Heranwachsenden zu unterstützen, der Risiken eingeht und neue Erfahrungen ausprobiert. Heranwachsende brauchen natürlich Führung. Wenn das emotionale Gehirn zu dominant wird, kann das bedeuten, dass der junge Mensch in eine potenziell ernsthafte Gefahrensituation gerät.

Wer keine Risiken eingeht, entwickelt möglicherweise keine Widerstandsfähigkeit und erfährt keine sicheren Grenzen

Es gibt große individuelle Unterschiede zwischen Teenagern, und während viele Teenager nach Möglichkeiten suchen, Risiken einzugehen, vermeiden andere sie. Keines der beiden Extreme ist hilfreich. Ein gewisses Maß an Belastung für unseren Körper ist für die Entwicklung eines starken Immunsystems von entscheidender Bedeutung. Die Ärztin Mel Greaves (2018) stellt fest, dass das Risiko, an Leukämie zu erkranken, ohne eine gewisse Belastung durch Keime in der Kindheit steigt. Damit unser Körper seine volle Leistungsfähigkeit entfalten kann, muss er lernen, mit Schäden umzugehen und sich davor zu schützen. Das Gleiche gilt für die Entwicklung von Resilienz durch Lebenserfahrung (siehe Abbildung 9.2).

Abbildung 9.2: Jugendliche entwickeln Resilienz, indem sie lernen, „Stress" im Kontext sicherer und starker Beziehungen zu bewältigen

Betrachten Sie die Phase der proximalen Entwicklung (siehe *Kapitel 2: Das Teenager-Gehirn - denkt und fühlt*). In unserer Komfortzone zu bleiben, reicht nicht aus, um zu wachsen. Junge Menschen müssen gefordert werden und sich Herausforderungen stellen, um ihre Widerstandsfähigkeit für die

Zukunft zu entwickeln. Ermutigen Sie diejenigen, die zurückhaltend sind, aktiv zur Risikobereitschaft, indem Sie sie vor sichere Herausforderungen stellen, indem Sie ihnen Verantwortung übertragen (z. B. den Weg zu einem neuen Ort selbständig zu finden), sie ermutigen, an einem Wettbewerb teilzunehmen oder sich für einen anspruchsvollen Kurs anzumelden, in dem sie vielleicht nicht so gut abschneiden. Auch wenn es ihnen schwerfällt, werden sie es mit einem unterstützenden Erwachsenen an ihrer Seite (also Ihnen) durchstehen und sie werden etwas über sich selbst lernen, erkennen, dass sie schwierige Situationen überstehen können, wenn es hart auf hart kommt, und sich in Zukunft an schwierige Aufgaben wagen. Wenn es knifflig und unsicher wird, lassen Sie sich nicht dazu verleiten, sie zu sehr zu beschützen oder sie vor den natürlichen Konsequenzen des Lebens zu „retten". Wenn Sie ihnen raten, eine Debatte in der Schule nicht zu riskieren, werden sie vielleicht nie lernen, dass sie schwierige Situationen bestehen können, und sie werden sich in Zukunft nicht auf Herausforderungen einlassen.

Denken Sie daran, dass sich die neuronalen Schaltkreise im Gehirn nur entwickeln, wenn wir etwas tun. Vermeiden ist nie eine gute Strategie, da sich sonst die Fähigkeiten nicht entwickeln können. Ein altes englisches Sprichwort sagt dazu passend: „Bereite das Kind auf den Weg vor, nicht den Weg auf das Kind". Sie können junge Menschen nicht vor jeder schwierigen Herausforderung in ihrem Leben schützen, und das sollten Sie auch nicht. Sie können ihnen das Geschenk der Erfahrung innerhalb einer fürsorglichen Struktur machen, damit sie für ihr zukünftiges Leben Widerstandsfähigkeit entwickeln können.

Das Gehirn Ihres Teenagers funktioniert anders, wenn er mit Gleichaltrigen allein ist

Für Teenager ist die Anwesenheit ihrer Freunde äußerst anregend und belohnend (siehe *Kapitel 8: Die Kunst des sozialen Erfolgs meistern*). Allein durch das Zusammensein mit ihren Freunden verschiebt sich das Gleichgewicht im Gehirn, so dass belohnende Verhaltensweisen dominieren und überlegtes, rationales Denken in den Hintergrund tritt. Ihre Gehirne verhalten sich buchstäblich anders, wenn sie mit Gleichaltrigen allein sind. Das bedeutet nicht, dass sie unvernünftig werden oder ihr Gehirn nicht mehr richtig funktioniert, sondern dass sich ihr Verhalten je nach Situation verändert.

Eltern und Lehrer können diese Informationen nutzen, um sorgfältig über das Umfeld nachzudenken, in denen ein Teenager gefährdet sein könnte. Haben Sie schon einmal gehört, dass ein Teenager davon gesprochen hat, dass seine Freunde „Sturmfrei" haben? Das bedeutet, dass die Eltern nicht zu Hause sind. In den ersten Teenagerjahren ist dies wahrscheinlich eine Umgebung mit hohem Risiko für einen Teenager. Ihr Gehirn ist auf eine hohe Belohnung eingestellt und sie könnten eine schlechte Entscheidung treffen. Wir können das Risiko verringern, indem wir ihnen zunächst helfen, ihr eigenes Gehirn zu verstehen. Helfen Sie ihnen, darüber nachzudenken, wie sie sich gegenseitig unterstützen können, wenn sie in einer Gruppe sind. Können sie auf einer Party aufeinander aufpassen? Zweitens können wir das Risiko verringern, indem wir einen Erwachsenen in der Nähe haben, nicht im Zimmer, aber im Haus, so dass seine Anwesenheit spürbar ist. Es geht nicht darum, Teenager davon abzuhalten, auf eine Party zu gehen. Wir wollen, dass Teenager Spaß haben, aber wir wollen auch, dass sie sicher sind.

Wenn Teenager zu viel trinken und sich risikobereiter fühlen, kann das unangenehme Folgen haben und es erhöht die Wahrscheinlichkeit, dass sie sich auf unbedachte Situationen einlassen, z. B. sexuelle Risiken eingehen. Es ist unmöglich, Teenager vollständig vor risikoreichem Verhalten zu schützen. Deshalb ist es wichtig, mit ihnen darüber zu sprechen, wie sie mit Situationen umgehen und Risiken minimieren können. Natürlich gibt es Extremfälle, die man sich nicht einmal vorstellen kann – diese kommen nur in einer kleinen Minderheit der Fälle vor, aber genau davor wollen wir alle Teenager schützen.

Was bedeutet das für den Alltag?

Teenager haben tatsächlich mehr Verkehrsunfälle, wenn Gleichaltrige im Auto sind

Vielleicht fragen Sie sich, ob die hier beschriebenen Forschungsexperimente das wirkliche Leben widerspiegeln – verhalten sich Jugendliche wirklich anders, wenn sie mit Gleichaltrigen zusammen sind, und nehmen sie mehr Risiken auf sich? Die kurze Antwort lautet ja: Jugendliche neigen eher dazu, einen Autounfall zu verursachen, wenn sie mit ihren Freunden unterwegs sind, als wenn sie allein sind (oder ihre Eltern im Auto dabei sind). Diese Erkenntnis ist so gut belegt, dass in Teilen von Kanada und Neuseeland Teenagern verboten ist, mehr als einen gleichaltrigen Beifahrer im Auto mitzunehmen, außer es handelt sich um Familienmitglieder. Ebenso ist die Wahrscheinlichkeit, dass Jugendliche in Gruppen eine Straftat begehen, größer als wenn sie allein sind.

Jugendliche sind darauf programmiert, Dinge selbst herauszufinden

Es gibt zahlreiche Forschungsergebnisse, die zeigen, dass Erwachsene es vorziehen, Anweisungen zu befolgen (auch wenn sie falsch sind), anstatt durch Erfahrung zu lernen. Das Gehirn von Jugendlichen hingegen sagt ihnen, dass sie die Dinge selbst herausfinden und ein Risiko eingehen sollen. Die bevorzugte Art des Lernens ändert sich in der Pubertät. Einer der Autoren stellte eine kochend heiße Lasagne auf den Esstisch und sagte: „Die ist echt heiß". Wie viele der am Tisch sitzenden Jugendlichen haben ihre Hand ausgestreckt, um die Auflaufform zu berühren und dies zu bestätigen? 100 Prozent. Bedenken Sie, dass dieses Verhalten durchaus seine Gründe hat und zu Innovationen führen kann.

Risiken können positive Ergebnisse haben – insbesondere prosoziale Risiken

Aktuellere Forschungen, unter anderem von der amerikanischen Neurowissenschaftlerin Natasha Duell (2018), konzentrieren sich auf „positive Risiken", d.h. sozial erwünschte und konstruktive Risiken, wie z. B. sich für einen neuen Kurs einzuschreiben oder für ein Theaterstück vorzusprechen. Diese Arten von Risiken werden in den meisten Kulturen sehr bewundert und bieten enormes Prestige.

Prosoziale Risiken, die anderen zugutekommen, wie z. B. das Eintreten für einen Freund, sind insbesondere mit einer positiven Selbstidentität, guter geistiger Gesundheit und akademischen Leistungen verbunden. Das bedeutet, dass gerade die Teenager, die am anfälligsten für den sozialen Einfluss von Gleichaltrigen sind, eine positivere und gesündere Entwicklung in der Pubertät durchlaufen können. Der Einfluss von Gleichaltrigen hat auch positive Seiten.

Interessanterweise zeigen neue Daten, dass Personen, die negative Risiken eingehen, dieselben Personen sind, die dazu neigen, positive Risiken einzugehen. Dies widerspricht der Annahme, dass Jugendliche, die Risiken eingehen, sich auf einem negativen Entwicklungspfad befinden, sondern deutet vielmehr darauf hin, dass diese Qualität in einer Person – der Wunsch und der Mut, Risiken einzugehen – eine individuelle Eigenschaft ist, die positive Ergebnisse für den Einzelnen und die Gesellschaft bringen kann. Die Fallstudie weiter unten beschreibt, wie es möglich ist, die Risikobereitschaft in der Schule zu nutzen, um andere Fähigkeiten zu entwickeln.

Was bedeutet das für das Lernen?

Belohnungen, Risikobereitschaft und gemeinsames Lernen sind wahrscheinlich sehr effektive Lernstrategien für Teenager

Diese Erkenntnisse über das Risikoverhalten sind für Pädagogen sehr aufschlussreich. Sie bedeuten, dass Lernstrategien, die Belohnungen und Anreize nutzen, Risikobereitschaft zulassen und gemeinsames Lernen fördern, wahrscheinlich einen positiven Einfluss auf die unglaublichen Teenager-Gehirne haben werden. In Zusammenarbeit mit Pädagogen haben wir mit großem Erfolg entsprechende Programme mit Teenagern getestet.

Auf anekdotischer Grundlage konnten wir erkennen, dass die Teenager enthusiastisch auf diese reagierten. Schulen haben eine starke Struktur und sind regelgeleitet. Risikofreudige Schüler lassen sich nur schwer unterbringen, wenn tausend Teenager aus dem Hintergrund zusehen. Aber die Auswahl positiver Risiken, wie das Eintreten für starke Überzeugungen, kann in der Schule äußerst hilfreich sein und dazu beitragen, ein Umfeld zu schaffen, in dem die Teenager glücklich und erfolgreich sind.

Lernen birgt Risiken, und gemeinsames Lernen kann diese Risiken erhöhen

Gleichzeitig ist Lernen eine höchst riskante Tätigkeit. Wenn wir lernen, fehlt uns per Definition Wissen, und das kann bedeuten, dass wir vor Gleichaltrigen verletzlich sind. Das Eingehen von Risiken ist also mit einer gewissen Verletzlichkeit verbunden – und nicht nur eine hedonistische Handlung. Die Anwesenheit von Gleichaltrigen spielt eine zentrale Rolle dabei, warum Jugendliche in ihrer Gesellschaft eher risikobereit sind. Das Heben der Hand in der Klasse ist für einen Heranwachsenden von großer Bedeutung, weil das Ergebnis positiv (Anerkennung durch Gleichaltrige) oder negativ (Spott durch Gleichaltrige) sein kann. Es ist ein schmaler Grat, ein Risiko einzugehen, um in der Gruppe der Gleichaltrigen positiv aufzufallen, aber nicht so weit aufzufallen, dass man riskiert, von der Gruppe der Gleichaltrigen abgelehnt zu werden. Das größte Risiko für einen Teenager ist wahrscheinlich die Bedrohung seiner sozialen Stellung oder seines Selbstkonzepts. Ablehnung und sozialer Schmerz sind wirklich schmerzhaft (wie wir in *Kapitel 5: Das Teenager-Gehirn - liebt andere Menschen gelernt haben*), entfremden und können zu langfristigen Schwierigkeiten im Erwachsenenalter führen.

WAS LERNEN WIR DARAUS?

Die Entwicklung des Teenager-Gehirns bedeutet, dass sich Teenager von Natur aus zu Risikoerfahrungen und einer hohen Sensationslust hingezogen fühlen. Die Natur treibt diese Entwicklung zu einer Zeit voran, in der Teenager neue Erfahrungen machen müssen, um Lebenskompetenzen zu entwickeln. Teenager sind mutige Wesen, die Erwachsene brauchen, die sorgfältig über ihre Umgebung und ihr Umfeld nachdenken, sie beschützen und ihnen bewusste Ziele setzen, um sie zu fordern.

Fallstudie: Lara

Lara, 15 Jahre alt, war ein Mädchen, das das Leben liebte. Sie war in der Regel die erste, die sich freiwillig für eine Aktivität meldete. An ihrer alten Schule war sie glücklich gewesen, aber ihre Eltern hatten sich kürzlich scheiden lassen, was einen Umzug und eine neue Schule bedeuteten. Das war in einer Zeit, in der wichtige Schulprüfungen anstanden, was herausfordernd war, aber sie dachte, sie käme bisher ganz gut zurecht. Ihre größte Sorge war, wie sie Freunde finden würde. Es war schwer, Teil einer festen Gruppe zu werden, und anfangs konnte sie niemanden finden, mit dem sie sich enger anfreunden konnte.

Daisy aus ihrer Klasse lud Lara in der folgenden Woche zu einer Party in ihrem Haus ein. Lara freute sich, obwohl sie nervös war, da sie Daisy nicht gut kannte. Am nächsten Tag sah Laras Vater Simon eine SMS von Daisy auf ihrem Handy auftauchen, in der stand, dass ihr älterer Bruder versprochen hatte, Alkohol für die Party zu besorgen. Sein erster Instinkt war, Lara zu verbieten, Daisy jemals wieder zu sehen. Die Kommunikation zwischen ihren Eltern war angesichts der kürzlich erfolgten Scheidung schwierig, aber er atmete tief durch und sprach mit Laras Mutter darüber. Laras Eltern erkannten, dass das Ausprobieren von Alkohol und Drogen im mittleren Teenageralter sehr häufig vorkommt – die Frage war nur, wie sie damit umgehen sollten. Sie versuchten, die Tatsache, dass Alkoholkonsum mit 15 Jahren nichts Gutes ist, beiseite zu schieben und versuchten, es als eine andere Art von Risikobereitschaft zu betrachten, was ihnen half, Lösungen für die Situation zu finden.

Eine gute Lösung

Zunächst mussten Laras Eltern sich daran erinnern, dass Lara bisher keinen Alkohol getrunken hatte, und nun dazu eingeladen worden war. Zweitens erkannten sie, dass sie, da sie neu in der Gruppe war und daher verletzlich ist, eher versucht sein könnte, mitzumachen, um sich anzupassen, als wenn sie einen festen Platz in der Gruppe der Gleichaltrigen gehabt hätte. Schließlich bedeutete die bloße Anwesenheit von Gleichaltrigen, dass Lara viel eher dazu neigen würde, an solchen Experimenten teilzunehmen.

Sie hatten jedoch Recht damit, diese Situation sorgfältig zu handhaben. Der erste Schritt bestand darin, mit Lara über die SMS zu sprechen. Simon fragte sie, was sie darüber dachte, so ruhig und offen wie möglich, ohne zu urteilen. Es ist sehr schwierig, einen sachlichen Ton anzuschlagen, wenn es um junge Menschen geht, die sich in Situationen begeben, bei denen mögliche negative Folgen nicht ausgeschlossen werden können (vor allem, wenn es sich um Ihr Kind handelt, denn der Instinkt der Eltern ist es, es zu beschützen). Aber schimpfen, Vorwürfe machen oder laut werden – dem emotionalen Gehirn also die Kontrolle zu geben – wird wahrscheinlich keine gute Lösung ermöglichen. Ein Gespräch von Erwachsenem zu Erwachsenem kommt dem Statusbedürfnis von Teenagern entgegen und ist viel eher produktiv. Laras Eltern wurden etwas beruhigt, als Lara sagte, sie wolle nicht trinken, aber sie sagte auch, dass das Mitmachen der einzige Weg sein könnte, um Teil der Gruppe zu werden. Ihre Eltern nahmen diese Sorge ernst und besprachen Möglichkeiten, wie Lara Teil einer Gruppe sein und Entscheidungen treffen konnte, die für sie richtig waren.

Erst nach reiflicher Überlegung und Abwägung stimmten Laras Eltern zu, dass sie zu der Party gehen durfte. Indem sie das Trinken von Alkohol „nur" als eine Art von Risiko ansahen, konnten Laras Eltern darüber nachdenken, diesen sensationslüsternen Trieb durch ein anderes, positiveres Risiko zu ersetzen (z. B. die Teilnahme an einem Theaterkurs) – und idealerweise mit einer Gruppe Gleichaltriger, um neue soziale Bindungen eingehen zu können. Zweitens erkannten sie, wie wichtig es ist, sich in die Gruppe einzufügen. Von ihr zu verlangen, dass sie sich völlig von Daisy zurückzieht, war also weder praktikabel noch würde es ihr ermöglichen, ihr Gehirn so zu entwickeln, dass sie in anderen Kontexten mit Gleichaltrigen Resilienz aufbauen und einen Weg finden könnte, ähnliche Situationen in Zukunft zu bewältigen.

Was könnte im Weg stehen?
Oftmals haben Eltern unterschiedliche Ansichten darüber, wie man mit Risiken umgeht. Es ist wichtig, dass Sie eine gemeinsame Basis finden, bevor Sie mit Ihrem Teenager verhandeln. Das kann Kompromisse auf beiden Seiten bedeuten. Junge Menschen sind nicht immer bereit, mit ihren Eltern zu sprechen, insbesondere wenn sie glauben, dass ihnen dadurch Grenzen gesetzt werden, die ihnen nicht gefallen (z. B. sie dürfen nicht auf die Party gehen). Der richtige Ton des Gesprächs ist entscheidend. Es darf keine „Standpauke" sein. Die Phase des Zuhörens muss an erster Stelle stehen (siehe *Kapitel 17: Möge die Macht mit Dir sein, Luke!*) und erst dann, wenn der Teenager das Gefühl hat, gehört zu werden, wird er wahrscheinlich in der Lage sein, wirklich nachzudenken. Erinnern Sie sich an die Funktion des oberen und des unteren Gehirns – wenn ein Kind sich in die Ecke gedrängt, verurteilt oder wütend fühlt, wird es keinen guten Zugang zu seinem denkenden Gehirn haben. Letztendlich entscheiden die Erwachsenen, was passiert, aber in den Teenagerjahren ist es am besten, einen Weg zu finden, um zu einer kooperativen Entscheidung zu kommen.

Fallstudie: Risikomodellierung in Schulen

Als ein Gymnasiallehrer an seine neue Schule kam, wollte er den jungen Menschen unter seiner Obhut etwas über die Entwicklung des Gehirns beibringen und eine positive Risikobereitschaft fördern. Er begann mit einer Reihe von Seminaren und Workshops, die für die Schüler freiwillig waren, aber ein Engagement für ein langfristiges Projekt erforderten. Das Programm konzentrierte sich auf Themen, die von den Schülern ausgewählt wurden, und beinhaltete auch das Halten von Reden, was viele Schüler anfangs nur ungern taten, aber der Lehrer wusste, wie wichtig es war, die Schüler auf diese Weise zu fordern, damit ihre Gehirne neuronale Schaltkreise, Fähigkeiten und Widerstandsfähigkeit für die Zukunft entwickeln.

Um die Schüler zu motivieren und sie zum Mitmachen zu bewegen, fragte der Lehrer, was die Schüler gerne lernen würden und wie sie die Workshops gestalten wollten. Mehrere Schüler brachten Ideen ein, darunter Mode, Autorennen, Make-up und Filmschnitt. Das waren keine Themen, die normalerweise in der Schule gelehrt werden, aber der Schwerpunkt dieses Projekts lag auf den Prozessen des Lernens und der Risikobereitschaft, so dass die Wahl der Schüler ausschlaggebend war. Es sollte ein gemeinschaftliches Projekt sein, das die Jugendlichen nach ihren Interessen gestalten konnten, um die Motivation von Teenagern anzusprechen und ihre einzigartige Kraft zu nutzen.

Es wurden hohe Erwartungen gestellt (der Lehrer vermittelte, dass er glaubte, dass alle Schüler das Potenzial hätten, den Standard zu erfüllen, was schon total toll wäre) und den Schülern wurde gesagt, dass die Teilnahme an diesem Projekt mit dem Eingehen von Risiken verbunden sei. Wenn die Schüler sich nervös oder unsicher fühlten, würde das etwas Gutes sein. Sie wurden über die Vorteile eines gewissen Maßes an „Stress" als Form der Motivation im Körper aufgeklärt (siehe *Kapitel 15: Guter Stress, schlechter Stress*). Es wurde klargestellt, dass Fehler als Teil des Lernprozesses betrachtet werden und es wurde ein Problemlösungsforum eingerichtet, um Strategien zur Bewältigung der schwierigeren Aspekte des Projekts zu diskutieren. Die Schüler waren noch nie zuvor ermutigt worden, ihre Fehler zu offenbaren oder Problemlösungsstrategien auf so explizite Weise zu erörtern, so dass dies einige faszinierte.

Es wurden Regeln und Grenzen für das Projekt festgelegt und vereinbart, und die Schüler wurden gebeten, sich in Bezug auf Zeit und Ziele fest zu verpflichten. Die Schule stellte Geld für einen Neuropsychologen als Berater für das Projekt zur Verfügung, was sowohl für das Lehrpersonal als auch den Schülern in Bezug auf das Lernen über das Gehirn und seine Funktionsweise zugutekam und die Glaubwürdigkeit des Projekts erhöhte. Die Schule ging mit diesem Projekt auch ein Risiko ein, womit sie warben.

Das Programm wurde über einen Zeitraum von einem halben Schuljahr durchgeführt und war ein großer Erfolg, da mehr als 70 Prozent der Schüler daran teilnahmen. Das Projekt erfüllte die Schule mit Stolz und hatte den zusätzlichen Vorteil, dass die Schüler etwas über sich selbst lernten, sowohl über ihre Stärken als auch über ihre Schwächen, die sie in dem sicheren Rahmen des Projekts ausleben konnten. Viele Schüler nahmen das Projekt in ihre Bewerbungsunterlagen für die Universität auf, da es eine besonders wertvolle Lernerfahrung bot.

Was könnte im Weg stehen?

Ohne die notwendigen Überlegungen und Vorbereitungen hätte dies für die Jugendlichen und die Schule zu riskant sein können. Es bedurfte einer starken Führungspersönlichkeit, nämlich des Schulleiters, der das Projekt sowohl praktisch – indem er sich im Schulalltag dafür Zeit nahm – als auch emotional unterstützte, indem er an den Prozess glaubte, auch wenn andere daran zweifelten. Ohne den gemeinschaftlichen Charakter des Projekts hätten die Schüler es vielleicht als eine weitere Schulaufgabe betrachtet, die ihre Zeit in Anspruch nimmt. Wenn sie ihren Beitrag einbringen durften, waren sie nicht nur begeistert, sondern übernahmen auch mehr Eigenverantwortung und steigerten ihre Motivation. Das Vertrauen zwischen Schülern und Lehrern kann durch diese Art von Aktivitäten außerhalb des Lehrplans wachsen, da beide Parteien durch die Zusammenarbeit außerhalb ihrer typischen Rolle viel über den jeweils anderen lernen.

HANDLUNGSEMPFEHLUNG:

Berücksichtigen Sie den Kontext, um das Risiko zu bestimmen
Die Gehirne von Teenagern reagieren sehr empfindlich auf den Kontext und verhalten sich anders, wenn sie mit Gleichaltrigen zusammen sind, insbesondere wenn keine Erwachsenen in der Nähe sind. Sprechen Sie mit Teenagern über den Kontext und bringen Sie ihnen bei, wie sie ihr Gehirn steuern können. Seien Sie sehr vorsichtig, wenn Sie eine Gruppe von Teenagern unbeaufsichtigt lassen.

HANDLUNGSEMPFEHLUNG:

Geben Sie positive Herausforderungen, um das Bedürfnis des Teenagers nach Risikobereitschaft zu befriedigen und seine Entwicklung zu fördern
Als Erwachsene können wir eine positive Risikobereitschaft bewusst fördern und einen jungen Menschen in eine optimale Lernsituation bringen. Achten Sie darauf, dass Sie alle möglichen Bereiche berücksichtigen – akademisch (z. B. die Teilnahme an einer Debatte), sozial (zum ersten Mal mit dem Bus fahren), kulinarisch (Abendessen zubereiten) und körperlich (Training für einen Lauf-Wettbewerb). Denken Sie an die Zone der proximalen Entwicklung. Wenn die Herausforderung zu groß ist, kann es eine so negative Erfahrung werden, dass sie es nicht noch einmal versuchen wollen. Wenn sie zu sehr in ihrer Komfortzone liegt, werden sie nicht daran wachsen und Widerstandsfähigkeit entwickeln. Finden Sie heraus, wo sie stehen und unterstützen Sie sie dabei, den nächsten Schritt zu machen.

HANDLUNGSEMPFEHLUNG:

Setzen Sie Anreize für erwünschtes Verhalten
Die Belohnungszentren im Teenager-Gehirn stehen unter Strom. Überlegen Sie also – wenn möglich gemeinsam mit Ihrem Teenager – wie Sie Anreize

für wünschenswertes Verhalten schaffen können. Denken Sie über langfristige Ziele nach und ziehen Sie kleine Anreize in Betracht, um das Interesse und die Motivation aufrechtzuerhalten. Diese Belohnungen müssen nicht unbedingt materiell sein – denken Sie auch an Status und Wertschätzung als Anreize: Das Erhalten des eigenen Haustürschlüssels könnte beispielsweise eine sehr motivierende Belohnung sein, ebenso wie das Privileg, später heimzukommen oder ein eigenes Bankkonto zu eröffnen.

Handlungsempfehlung:

Reagieren Sie besonnen – mit Ihrem denkenden Gehirn – wenn Sie feststellen, dass ein Teenager ein negatives Risiko eingeht

Ein ruhiges Gespräch mit sorgfältiger Planung und Diskussion ist der einzige Weg, um mit den schlechten Entscheidungen eines Jugendlichen in Bezug auf Risikobereitschaft umzugehen, auch wenn Sie anfangs vielleicht den Kopf schütteln möchten. Als Erwachsener haben Sie das letzte Wort und können und sollten eine Grenze durchsetzen, aber erst nachdem Sie auf die Bedürfnisse des jungen Menschen gehört haben. Vielleicht wird er auf einige Kompromisse eingehen, auf jeden Fall wird dies in Zukunft für mehr Respekt und Ehrlichkeit sorgen. Teenager werden Risiken eingehen. Sie, als Autoritätsperson in deren Leben, sollten daran teilhaben.

Handlungsempfehlung:

Fördern Sie prosoziales Verhalten, vor allem bei Jugendlichen, die in diesem Bereich Schwierigkeiten haben

Ermutigen Sie junge Menschen, sich an Aktivitäten zu beteiligen, bei denen sie ein Risiko eingehen, um anderen zu helfen. Dies ist besonders effektiv für junge Menschen, die sich in Schwierigkeiten befinden, da sie dann davon profitieren, wenn sie sehen, was sie für andere tun können. Es gibt ihnen ein Gefühl von Verantwortung und Ehre, und die Belohnungszentren in ihrem Gehirn werden verrücktspielen vor Freude.

Handlungsempfehlung:

Wenn junge Menschen keine Risiken eingehen, schaffen sie diese bewusst
Wenn Sie einen jungen Menschen unterstützen, der zum Perfektionismus neigt, übermäßig darauf bedacht ist, gut abzuschneiden oder sich vor jeder Art von negativer Erfahrung fürchtet, dann helfen Sie ihm, ab und zu aus seiner Komfortzone herauszukommen. Erst wenn wir „Misserfolge" erleben, lernen wir, damit umzugehen, und wenn wir sie überstehen, fürchten wir sie weniger. In dem Bestreben, hilfsbedürftige junge Menschen zu schützen, verhindern wir manchmal eine kleine Katastrophe (sie haben den Bus verpasst und kommen deshalb zu spät zur Schule), indem wir sie retten (sie mitnehmen). Doch das hilft ihnen nicht, langfristig Widerstandsfähigkeit gegenüber Misserfolgen zu entwickeln.

Und die Moral von der Geschicht'...

Als Individuen und als Spezies benötigen wir Risiken, um zu gedeihen. Unterstützen Sie Ihren Heranwachsenden dabei, eine positive, prosoziale Risikobereitschaft einzugehen, die wahrscheinlich Vorteile für das Wohlbefinden mit sich bringt. Verzichten Sie darauf, Ihr Kind zu managen oder es vor jedem noch so kleinen Sturz zu „retten", um effektive Lernmuster zu fördern und seine Widerstandsfähigkeit aufzubauen.

Downloads: Risikobereitschaft und Resilienz-entwicklung

Biologisch gesehen werden Teenager dazu getrieben, Risiken einzugehen. Das liegt nicht nur an mangelnder Kontrolle – ihr Gehirn ist auf Risikobereitschaft optimiert, da das Ergebnis ein signifikanter Gewinn sein kann. Teenager gehen die größten Risiken in der Gegenwart von Gleichaltrigen ein.

Risiken bieten Lernmöglichkeiten und stärken die Widerstandskraft. Ihrem Teenager zu helfen, sich auf positive Risiken einzulassen, ist ein wichtiger Teil seiner Entwicklung.

Übung
Notieren Sie drei negative und drei positive Risiken, die Ihr Teenager in den letzten Monaten eingegangen ist.

Negatives Risiko 1 ....

Negatives Risiko 2 ....

Negatives Risiko 3 ....

Positives Risiko 1 ....

Positives Risiko 2 ....

Positives Risiko 3 ....

Zu welchen Arten von positiven Risiken könnten Sie Ihren Teenager ermutigen?

....

....

....

....

....

....

Wann geht Ihr Teenager eher negative Risiken ein? Bei wem? Wo? Wann? Wie könnten Sie den Kontext ändern, um das Risiko zu mindern und gleichzeitig den Teenager dabei zu unterstützen, etwas Neues zu entdecken und Spaß zu haben?

....

....

....

....

....

....

Wenn dies geschieht …	Denken Sie nicht das …	Sondern vielleicht das …
Ihr Teenager möchte Schulsprecher werden.	Was ist, wenn du es nicht schaffst? Der letzte Schulsprecher kandidiert wieder und hat letztes Jahr so gut abgeschnitten. Wenn du nicht gewinnst, würdest du dich hinterher abgelehnt fühlen. Riskiere es nicht.	Vielleicht wirst du nicht gewählt, aber mach dir keine Sorgen, wenn du diesmal nicht gewählt wirst. So sammelst du Erfahrung für das nächste Mal. Es ist eine gute Übung.
 Ermutigen Sie zu positiven Risiken.		
Ihr Teenager ist bei einem Freund eingeladen. Die Erwachsenen werden einen Teil des Tages anwesend, aber den ganzen Abend unterwegs sein. Später am Abend werden einige ältere Gleichaltrige hinzukommen.	Er geht zu niemandem nach Hause, es sei denn, die Eltern sind die ganze Zeit dabei. Wer weiß, was sie anstellen werden?	Es ist in Ordnung, wenn er und ein Freund zu Hause sind, während die Erwachsenen regelmäßig ein- und ausgehen. Am späten Abend, in einer größeren Gruppe und wenn die Eltern für mehrere Stunden weg sind, ist das eine Hochrisikosituation und für junge Teenager inakzeptabel.
 Denken Sie sorgfältig über den Kontext nach, wenn Sie das Risiko einschätzen.		
Die offiziellen Prüfungen stehen an. In den Probetests kam Ihr Teenager gut zurecht und Sie haben das Thema bereits mehrmals behandelt.	Ich möchte, dass du in diesem Test die volle Punktzahl erreichst. Wir haben alles letzte Woche besprochen, und wenn du nicht gut abschneidest, weiß ich, dass du nicht zugehört hast.	Wir haben hart an diesem Thema gearbeitet, aber der Sinn eines Probetests ist es, herauszufinden, welche Bereiche vielleicht übersehen wurden oder überarbeitet werden müssen. Fehler liefern uns genau diese Informationen, also tu einfach dein Bestes.
 Schaffen Sie eine sichere Umgebung, um Verletzlichkeit in einer Lernaufgabe zuzulassen.		

Kapitel 10

Starke Gefühle und mächtige Motivationen

Kurz und knapp

- Gefühle ermöglichen es uns, Erkenntnisse über Ereignisse zu gewinnen.
- Die Teenagerjahre sind geprägt von intensiven, leidenschaftlichen und emotionalen Höhen und Tiefen.
- Teenager sind stark motiviert, etwas über Dinge zu erfahren, die ihnen am Herzen liegen.
- Gefühle sind gültige Ausdrucksformen dessen, was in dem jungen Menschen vorgeht, und nicht „nur Hormone".
- Die Intensität der Gefühle ist anpassungsfähig – das Teenager-Gehirn will Gefühle wahrnehmen, um zu lernen.

Einleitung

Emotionen werden in den Teenagerjahren stark empfunden

Die Teenagerjahre werden von starken Gefühlen beherrscht – Höhen und Tiefen, Leidenschaften und Motivationen. Es ist eine Zeit, in der wir uns in etwas oder jemanden verlieben, in der Erfahrungen vielleicht intensiver empfunden werden als zu jeder anderen Zeit im Leben, und diese emotionalen Erinnerungen bleiben uns ein Leben lang erhalten. Haben Sie schon einmal bemerkt, wie Sie sich fühlen, wenn Sie ein Lied aus Ihrer Jugend hören? Haben Sie festgestellt, dass es ein intensives Gefühl aus der Vergangenheit zurückbringt? Der Wirtschaftswissenschaftler und Schriftsteller Seth Stephens-Davidowitz hat dies bemerkt und beschlossen, eine Untersuchung durchzuführen (2018). Er und sein Bruder waren sich nicht einig darüber, ob ein Song „gut" war oder nicht, und wie alle guten Analysten es tun, griff er zu Daten, um den Streit zu schlichten, und zeichnete die Spotify-Downloads auf, um die musikalischen Vorlieben von Erwachsenen zu untersuchen. Er stellte das Geburtsjahr der Bevölkerung mit dem Erscheinungsjahr der Songs gegenüber und fand heraus, dass die Menschen die Songs, die während ihrer Teenagerzeit am beliebtesten waren, am häufigsten hören. Es scheint, als ob diese Lieder einen emotionalen Abdruck im Gehirn hinterlassen haben, der ein Leben lang erhalten bleibt. Je mehr wir über die Adoleszenz und die Entwicklung des Gehirns wissen, desto mehr erkennen wir, dass es eine emotionale Sensibilität und Offenheit für Erfahrungen gibt, die für diese Lebensphase spezifisch ist.

Gefühle sind wichtige Signale im Gehirn, die für unser Überleben essentiell sind

Gefühle sind aus einem bestimmten Grund da. Sie entspringen komplizierten Prozessen, die in unserem Körper ablaufen, und sie helfen uns, Entscheidungen darüber zu treffen, wie wir in der Welt handeln und uns schützen. Wie wir in *Kapitel 2: Das Teenager-Gehirn – denkt und fühlt* besprochen haben, bedeutet der Überlebensinstinkt des Gehirns, dass wir fühlen, bevor wir denken. Gefühle machen uns darauf aufmerksam, was wir von unserer Umwelt brauchen. Hunger und Durst sind unerlässlich, um das körperliche Überleben zu sichern. Wenn unsere Hunger- oder Durstsignale nicht funktionieren würden, würde es nicht lange dauern, bis wir sterben. Wir müssen Angst empfinden, um uns zu schützen, und Schmerz, um körperlichen Schaden zu verhindern oder eine Verletzung zu behandeln. Und denken Sie daran, dass das soziale Schmerznetzwerk dasselbe ist wie das physische Schmerznetzwerk im Gehirn, so dass das Gehirn soziale Ausgrenzung als ähnlich bedrohlich für unser Überleben registriert – insbesondere bei Jugendlichen, die nach sozialer Integration streben.

Gefühle treiben uns auch zum Handeln an

Gefühle sind nicht nur innere Erfahrungen, die uns schützen, sondern sie veranlassen uns auch zum Handeln. Wenn wir ängstlich sind, sind wir motiviert, eine Situation zu vermeiden. Wenn wir Schmerzen haben, sind wir motiviert, uns um unseren Schmerz zu kümmern. Wenn wir etwas genießen, sind wir motiviert, mehr davon zu tun, oder wenn wir jemanden lieben, sind wir motiviert, Zeit mit ihm zu verbringen. Gefühle sind also eng mit der Motivation zum Handeln verknüpft. Wir können unsere Gefühle außer Kraft setzen, indem wir unser höheres, denkendes Gehirn benutzen („Auch wenn ich Angst davor habe, die Rede zu halten, bin ich gezwungen, sie vor meinem Kurs vorzutragen"), aber wir können Gefühle nicht loswerden und sollten dies auch nicht anstreben.

Jugendliche haben aus guten Gründen intensive Gefühle – sie haben einen starken Drang, mehr über die Welt zu erfahren

Dieses Zitat aus einem Brief von Stephen Fry an sein 16-jähriges Ich veranschaulicht sehr schön, wie Verliebtsein in den Teenagerjahren aussieht:

> *Wie leidenschaftlich und sturmumtost war meine Jugend. Wie erfüllt von wahren Gefühlen, Wut, Verzweiflung, Freude, Angst, Scham, Stolz und vor allem, ganz besonders, wie überwältigt ich von der Liebe war.*
> *(Stephen Fry, Brief an sein 16-jähriges Ich, 2009)*[19]

Ron Dahl hat den Begriff „Herzensziele" (Dahl etal. 2018) geprägt, um Situationen zu beschreiben, in denen Teenager innerlich auf ein Ziel zusteuern, so wie wir zum Trinken getrieben werden, wenn wir Durst haben. Es hat diese Überlebensqualität. Denken Sie an die Leidenschaft, die Teenager empfinden, wenn sie sich verlieben, nicht nur in eine andere Person, sondern auch in eine Band, einen Modetrend, ein politisches Anliegen, Tierrechte, Menschenrechte – die Liste ist unendlich. Aber warum ist das notwendig und welchen adaptiven Zweck könnte es haben? Wie wirkt sich eine Phase erhöhter Emotionalität auf den Einzelnen aus?

Viele führende Neurowissenschaftler, wie z. B. B.J. Casey (Casey et al. 2017), sagen, dass die Intensität von Gefühlen ein Indikator für ihre Bedeutung für das adaptive Überleben ist (und nicht für eine Überreaktion). Es ist entwicklungsbedingt wichtig, dass sie dieses Gefühl mit dieser großen Intensität haben, dass es nicht übersehen wird. Die durch Gefühle basierte Motivation ist ein effektiver Weg, um auf die Umgebung zu reagieren, da

Gefühle schnelle Hirnsignale sind, die uns effizient Informationen über das aktuelle Geschehen liefern können. Junge Menschen müssen etwas über die Welt lernen, und zwar schnell, wenn sie unabhängig überleben wollen – diese Signale müssen in der Pubertät am stärksten sein, wenn sie über sich selbst lernen, was sie lieben, wie sie dazugehören, wer sie sein wollen und wo ihr Platz in der Welt ist. Wir glauben, dass Teenager nicht nur launisch sind, um uns zu ärgern, und dass sie nicht einfach „überreagieren", sondern dass ihre Gehirne anders funktionieren als unsere – nach einem anderen Algorithmus – der es ihnen ermöglicht, schnell zu lernen.

Der wissenschaftliche Teil: Gehirn und Verhalten

In der Adoleszenz sind das emotionale und motivationale System des Gehirns besonders sensibel und reaktionsbereit

Was passiert also im Gehirn? Sie werden sich aus *Kapitel 2: Das Teenager-Gehirn – denkt und fühlt* erinnern, dass die unteren Gehirnregionen das Verhalten steuern und regulieren. Dort sind die Emotionen und Motivationen angesiedelt. Die Forschung hat gezeigt, dass diese unteren Hirnregionen schon früh in der Pubertät stark aktiviert werden. Wenn wir also die Gehirne von Teenagern in einer emotionalen Situation scannen, leuchten ihre Gehirne deutlich stärker auf als die von Kindern und Erwachsenen. Man nimmt an, dass dies der Grund dafür ist, dass Teenager Gefühle so intensiv erleben und eine natürliche Tendenz zu emotional getriebenem Handeln haben. Dies fällt auch mit einem signifikanten Anstieg der Hormone zusammen, und Forscher sind der Meinung, dass der Hormonschub die Empfindlichkeit des Gehirns verursachen kann. Ist es nicht faszinierend, wenn die Neurowissenschaft mit dem übereinstimmt, was wir bei jungen Menschen beobachten? Es hilft uns zu verstehen, dass junge Teenager diese Aktivierungsmuster im Gehirn noch nie in dieser Intensität erlebt haben. Das Ergebnis ist, dass es emotionale Reaktionen schneller und stärker auslöst als ihre bisherigen Erfahrungen und ihr Verhalten stärker von ihren Motivationen getrieben wird.

Bei starken Emotionen nimmt das limbische System im Gehirn an Dominanz zu

Erinnern Sie sich auch an den Aspekt in *Kapitel 3: Das Teenager-Gehirn – lernt und glaubt*, dass wir im vorderen Teil des Kortex ein denkendes Gehirn haben, das uns hilft, gute, rationale Entscheidungen zu treffen. Haben Sie nicht manchmal das Gefühl, dass das denkende Teenager-Gehirn einfach nicht funktioniert? Eine der langjährigen Theorien über die Entwicklung des Gehirns von Jugendlichen war, dass ihr präfrontaler Kortex noch nicht vollständig ausgebildet ist, aber diese Ansicht ist inzwischen überholt. Der präfrontale Kortex wird nicht schwächer und seine Fähigkeiten nehmen im Teenageralter auch nicht ab. Es findet keine Degeneration des Gehirns statt. Vielmehr sind die Emotionen und Motivationen in der Pubertät stärker und es ist für das denkende Gehirn schwieriger, die Kontrolle zu behalten, um in diesem Moment die richtige Entscheidung zu treffen. Das passiert uns allen von Zeit zu Zeit. Erinnern Sie sich an eine Situation, in der Sie vor lauter Wut auf jemanden „die Fassung verloren haben“ und dann im Nachhinein über das Geschehene nachgedacht und gesagt haben: „Ich kann nicht glauben, dass ich mich so verhalten habe.“ Ihr emotionales Gehirn hatte in diesem Moment das Sagen. Das Gleiche passiert mit Teenagern, nur vielleicht häufiger, weil sie stärkere Gefühle und Motivationen haben als wir.

Gefühle in Worte zu fassen ist eine hilfreiche Strategie

Eine erstaunliche Erkenntnis aus der Neurowissenschaft zeigt, dass das bloße Benennen einer Emotion deren Intensität verringern kann. Matthew Lieberman nennt dies „affect labelling“, also Emotionsbenennung (Torre und Lieberman 2018). Studien haben ergeben, dass Menschen, denen in einem Kernspintomographen Gesichter gezeigt werden, die starke Emotionen ausdrücken, erwartungsgemäß Aktivität im Emotionszentrum des Gehirns zeigen. Wenn man sie bittet, diese Emotion zu benennen, indem man einfach sagt: „Das ist ein wütendes Gesicht“, nimmt die Aktivität im Emotionszentrum des Gehirns ab und die Aktivität im Denkzentrum zu. Es scheint, als ob die Benennung der Gefühlslage der Person Abstand von der Erfahrung verschafft und dadurch deren subjektive Wirkung verringert. Dies ist vielleicht einer der Vorteile von Gesprächstherapien und Achtsamkeit. Indem Sie die emotionalen Erfahrungen der Menschen mit einem Etikett versehen, helfen Sie ihnen bei ihrer emotionalen Regulierung.

Auf den Teenager übertragen

Emotionen werden entstehen; jedoch sollten Sie in der Nähe bleiben, bis sich die „Schneeflocken" gelegt haben

Wenn wir uns an unsere Teenagerjahren erinnern oder tagtäglich mit jemandem in diesem Alter zu tun haben, dann kennen wir die stark ausgeprägten Gefühle. Das kleinste Ereignis kann eine sehr heftige emotionale Reaktion auslösen und die Jugendlichen verwirrt und überwältigt zurücklassen. Vielleicht ist genau das der Grund, warum Sie dieses Buch lesen: Sie möchten verstehen, warum sie so reagieren und wie Sie es möglicherweise beeinflussen können. Wenn Sie wüssten, dass es gute adaptive Gründe dafür gibt, warum junge Menschen emotional aufbrausend sind, würde es Ihnen dann leichter fallen, die Lawine der Gefühle zu bewältigen?

Aus der Neurowissenschaft wissen wir, dass wir effektiver reagieren, wenn wir die Gründe dafür verstehen. Lisa Damour, die Autorin des Buches *Untangled* (2017), hat über die einfache Interventionsmethode geschrieben, die ihr von einem Sekundarschullehrerin beigebracht wurde und die wir „Schneekugel-Intervention" nennen wollen. Wenn ein Teenager austickt und voller Emotionen ist, nimmt diese Lehrerin eine selbstgebaute Schneekugel, schüttelt sie und stellt sie auf den Tisch. Während sie das wirbelnde Chaos des herabfallenden Glitzers beobachten, sagt sie dem Mädchen, dass dies das ist, was gerade in ihrem Gehirn vor sich geht. Bevor sie reden, müssen sie warten, bis sich die „glitzernden Schneeflocken" gesetzt haben. Lisa setzt diese Methode nun konkret bei den Familien ein, die sie betreut. Es hilft den Erwachsenen zu wissen, dass sie „geduldig sein und ihre Zuversicht vermitteln müssen, dass Emotionen fast immer von selbst aufsteigen, aufgewirbelt werden und sich wieder beruhigen" (Damour 2019).

Erwachsene, die im Leben eines Teenagers eine zentrale Rolle spielen, sind die besten Vermittler emotionaler Regulierung

Christine Rogers und Kollegen (2019) fanden heraus, dass die Anwesenheit von Müttern Teenagern ermöglicht, ihre Emotionen besser zu regulieren als wenn sie allein sind. Bedenken Sie, was es bedeutet, einem jungen Teenager zu sagen: „Ich will dich jetzt nicht sehen, geh in dein Zimmer", wenn er die Kontrolle verloren hat. Wie sollen sie in der Isolation lernen, die Flut ihrer Gefühle zu verstehen? Die Forschung zeigt eine gewisse Voreingenommenheit, da sie sich auf mütterliche Beziehungen konzentriert, aber es ist sehr wahrscheinlich, dass jeder vertrauenswürdige Erwachsene, wie z. B. ein Lehrer, den sicheren Raum bieten könnte, um emotionale Regulierung zu erlernen. Das Gehirn ist darauf vorbereitet, diese wichtige Fähigkeit zu erlernen, und tut dies am effizientesten, wenn ein Erwachsener zur Seite steht. Lassen Sie sie nicht im Stich oder schicken Sie sie weg, sondern helfen Sie ihnen zu verstehen, damit sie beim nächsten Mal besser mit ihnen umgehen können.

Denken Sie daran, dass Ihr Teenager sich verändert und dass seine Entscheidungen nicht unbedingt dauerhafte Persönlichkeitsmerkmale widerspiegeln

Bedenken Sie, dass Teenager ihre Identität herausarbeiten und versuchen, die Entwicklung ihrer verschiedenen Ichs – akademisch, körperlich und sozial – in Einklang zu bringen. Ihre Motivationen und Antriebe ändern sich ständig und die Person, die vor Ihnen steht, ist nicht unbedingt die Person, die sie als Erwachsener sein wird. Deuten Sie ein Verhalten, das Ihnen nicht gefällt, nicht als eine dauerhafte Persönlichkeitseigenschaft. Nur weil sie mit 14 Jahren noch kein Interesse an akademischen Studien gezeigt haben, bedeutet das nicht, dass sie nie Interesse zeigen werden. Leben Sie das Verhalten vor, das Sie sich wünschen, und schaffen Sie eine Kultur, in der das Verhalten, das Sie bei dem jungen Menschen sehen wollen, geschätzt wird. Sie sind dazu da, junge Menschen zu Zielen zu führen, die sie für den Erfolg als Erwachsene vorbereiten, und das ist von entscheidender Bedeutung. Setzen Sie klare Regeln und Grenzen, aber seien Sie bereit, zuzuhören und ihre Sichtweise zur Kenntnis zu nehmen, denn ihr Verhalten ist motivationsgesteuert. Genauso wie wir Gefühle nicht loswerden können, können wir auch ihre inneren Beweggründe nicht loswerden.

Es ist nicht hilfreich, den Hormonen die Schuld zu geben – wir müssen zuhören

Es ist verlockend, und tatsächlich neigen viele Menschen dazu zu sagen, dass Teenager einfach nur „hormongesteuert" sind, wenn sie emotional reagieren. Es ist zwar richtig, dass große hormonelle Veränderungen im Gange sind, die sich auf die Hirnströme auswirken, aber emotionale Ausbrüche pauschal auf „Hormone" zurückzuführen, würde die Erfahrungen und Empfindungen des Teenagers trivialisieren. Es verleitet zu der Vorstellung, dass ein Gefühlsausbruch ein „irrationales Verhalten" ist, während die Stärke der Gefühle des jungen Menschen in Wirklichkeit einen echten Grund hat, der für ihn in diesem Moment von Bedeutung ist. Vergessen Sie nicht, dass das Gehirn Jugendliche dazu veranlasst, sich mehr auf bestimmte Aspekte ihrer Erfahrungen (soziale Integration, Selbstidentität) zu konzentrieren als auf andere, und dass diese Dinge aus gutem Grund eine hohe Bedeutung für sie haben. Was ihr bester Freund gesagt hat oder das Ergebnis ihrer Fußballmannschaft mag uns trivial erscheinen, aber das sind die Art von Ereignissen, die für einen Teenager von Bedeutung sind und die eine starke Reaktion hervorrufen können. Für sie sind diese Dinge in diesem Moment sehr wichtig und wir müssen das respektieren.

Das emotionale Verhalten von Teenagern wird von starken Motivationen angetrieben, die für sie in diesem Moment rational sind

Bedenken Sie, dass uns Gefühle zum Handeln anregen. Je intensiver wir also fühlen, desto stärker ist unsere Motivation. Da das Verhalten von Teenagern mehr von ihren emotionalen Gehirnen gesteuert wird, können die Motivationen sehr stark sein. Aber warum werden sie so häufig zu „schlechten" Entscheidungen verleitet? Warum wollen sie in der Woche vor wichtigen Prüfungen auf eine Party gehen? Verhalten sie sich irrational oder „verschwenden sie das gute Geld, das ich für ihre Ausbildung ausgegeben habe"? Die Antwort lautet nein. Sie sind keine verrückten, faulen oder irrationalen Menschen. Ihr Verhalten wird nur stark von dem bestimmt, was für sie zu diesem Zeitpunkt wichtig ist.

Nehmen wir beispielhaft eine Situation, in der ein junger Mensch, Troy, zu einer Party eingeladen worden ist. Außerdem hat er eine Prüfung, für die er am nächsten Tag lernen muss. Er möchte den Test gut bestehen, aber seit kurzem genießt er es, mit seinen Freunden zusammen zu sein. Da er sich in der Vergangenheit sozial isoliert gefühlt hat, ist seine Motivation, seinen sozialen Status auszubauen, jetzt besonders groß. Er schneidet akademisch gut ab, so dass bei der Abwägung zwischen akademischem Wert und sozialem Wert in diesem Moment für ihn der letztere gewinnt. Macht ihn das verrückt oder faul oder zu jemandem, der sich nicht um seine akademische Arbeit kümmert? Nein, es macht ihn zu jemandem, der seinen sozialen Wert zu diesem Zeitpunkt schätzt und motiviert ist, ihn zu stärken.

Sollten Sie also zulassen, dass Ihr Teenager die ganze Zeit Party macht und sein Leben wegwirft? Nein, wir schlagen nicht vor, dass Sie die Triebe und Motivationen von Teenagern vollständig die Kontrolle übernehmen lassen. Erinnern Sie sich an die Analogie des Co-Piloten in *Kapitel 1: Das unglaubliche Teenager-Gehirn – Zeit für ein Upgrade*. Sie haben nicht das Sagen, aber Sie haben auch nicht die volle Kontrolle. Sie können metaphorisch ein Machtwort sprechen und in manchen Fällen sollten Sie das auch tun (und Grenzen sind wichtig), aber wenn Sie dazu in der Lage sind, ihre Perspektive und Beweggründe nachzuvollziehen, können Sie empathisch reagieren und gemeinsam Probleme lösen. Wenn der Besuch der Party heute Abend tatsächlich erhebliche Auswirkungen auf den akademischen Erfolg Ihres Teenagers hätte und die Entscheidung deshalb ist, dass er nicht hingehen sollte, könnten Sie vielleicht einen anderen Zeitpunkt vorschlagen, an dem er Zeit mit diesen Freunden verbringen kann, besonders wenn sein sozialer Status ihm gerade sehr wichtig ist.

Was bedeutet das für den Alltag?

Mit starkem emotionalem Verhalten sollte gerechnet werden

Wenn der junge Mensch, den Sie betreuen, ins Teenageralter kommt, werden Sie möglicherweise feststellen, dass sich sein emotionales Verhalten stark verändert. In der Psychologie sprechen wir von „externalisierenden" Verhaltensweisen (Emotionen, die sich sehr deutlich in ihrem Verhalten zeigen, wie z. B. Schreien und Schlagen bei „ungezogenen" Kindern) und „internalisierenden" Verhaltensweisen (Emotionen, die sie für sich behalten und über die sie nicht sprechen bei „ängstlichen" Kindern), was beschreibt, wie unterschiedlich junge Menschen Emotionen ausdrücken. Handlungen, die zu weit in ein Extrem gehen, sind nicht adaptiv. Jungen Menschen dabei zu helfen, ihre Emotionen zu regulieren und ihr Verhalten zu kontrollieren, ist eine wichtige Aufgabe in dieser Lebensphase, in der sich ihre Gehirne in einer besonders anpassungsfähigen und lernfähigen Phase befinden. Vergessen Sie jedoch nicht, dass das Lernen über Emotionen nicht dasselbe ist wie das Unterdrücken von Emotionen. Wir können Emotionen nicht verschwinden lassen, wir müssen den Teeangern helfen, sie zu bewältigen. Nutzen Sie die „Schneekugel-Intervention", indem Sie Ihrem Teenager zur Seite stehen und ihm metaphorisch die Hand halten, während sich sein emotionales Gehirn beruhigt. In *Kapitel 17: Möge die Macht mit dir sein, Luke!* finden Sie eine Anleitung für das weitere Vorgehen.

Neue Interessen und Motivationen sind wahrscheinlich

Junge Menschen sind bestrebt, Dinge zu finden, die sie lieben. Ihr Gehirn sagt ihnen, dass sie etwas finden sollen, wofür sie eine Leidenschaft haben, so wie ihr Gehirn die treibende Kraft war, als sie als Kleinkind laufen lernten. Das Problem ist nur, dass sie sich vielleicht nicht in die Sache verlieben, in die Sie sie verlieben wollen. Die Entwicklungspsychologin Alison Gopnik (2016) spricht vom Schreiner und dem Gärtner, wenn es um die Erziehung geht. Schreiner versuchen, ein Kind so zu formen, wie sie es gerne hätten, sie legen an allen Seiten die Meißel an und versuchen, es zu formen. Gärtner bearbeiten den Boden, um ihn so üppig und wachstumsreif wie möglich zu machen, und lassen das Kind gedeihen, wobei sie akzeptieren, dass sie selbst nur begrenzte Möglichkeiten haben, das Ergebnis zu kontrollieren. Wenn Sie ihre neu gefundene Richtung im Leben unterstützen (und dabei die doppelte Kontrolle behalten), werden Sie das Beste aus diesen unglaublichen Teenagerjahren herausholen und ihnen helfen, aufzublühen.

Teenager können sich immens in eine Sache verlieben

Jugendliche, insbesondere ältere Teenager und junge Erwachsene, engagieren sich oft in Debatten, politischen Bewegungen oder anderen Formen des Aktivismus. Sie setzen sich vehement für Menschenrechte und Tierrechte ein, manchmal bis zum Punkt der Besessenheit. Wenn wir darüber nachdenken, was in ihren Gehirnen vor sich geht, ist das einleuchtend. Es sieht so aus, als ob sie nicht nur ihren eigenen Schmerz intensiver empfinden, sondern auch sehr gut auf den Schmerz anderer Menschen eingestellt sind. Sie haben auch ein grundlegendes Bedürfnis, ihrem Leben einen Sinn zu geben, und wie wir in einem späteren Kapitel (*Kapitel 12: Startklar (mit Ihrer Unterstützung)*) entdecken werden, haben sie ein grundlegendes Bedürfnis, eine Rolle und einen Status in der Gesellschaft zu haben. Diese starken Motivationsimpulse können sie dabei unterstützen, „positive Risiken" einzugehen (siehe *Kapitel 9: Risikobereitschaft und Resilienzentwicklung*), und Sie haben die Möglichkeit, diese Handlungen und Verhaltensweisen zu unterstützen. Es kann auch sein, dass Jugendliche, die in ihrer Jugend negative Lebensentscheidungen treffen und sich anschließend auf einen negativen Lebensweg begeben, dies oft tun, weil ihnen kein alternativer positiver Weg zur Verfügung stand. Das ist es, was Ron Dahl einen „Wendepunkt" nennt (Dahl et al. 2018). Wir möchten Sie ermutigen, intensiv darüber nachzudenken, wie Sie jungen Menschen helfen können, eine positive Rolle und einen Sinn in ihrem Leben zu finden und in dieser wichtigen Phase ihres Lebens positive Motivationsquellen zu erschließen.

Manchmal können Emotionen falsche Signale über die Welt geben

In den meisten Situationen dienen Emotionen dazu, uns wertvolle Informationen über die Welt zu geben und uns zu helfen, unsere nächsten Handlungen zu planen. In seltenen Fällen führen uns Emotionen in die Irre und vermitteln uns ein falsches Bild von der Welt. Nehmen Sie zum Beispiel eine Fahrt in einem Karussell – unsere Emotionen sagen uns vielleicht, dass es beängstigend ist und vermieden werden sollte, obwohl es eigentlich sicher ist. Gleichzeitig kann es in manchen Fällen schwierig sein, Rationalität anzuwenden: Wir wissen logisch, dass wir keine Schokolade essen sollten, auch wenn es sich gut anfühlt, und doch packen wir manchmal diese verlockenden Versuchungen aus. Dieser Punkt ist in der Pubertät besonders wichtig, denn wir wissen, dass Teenager sehr empfindlich lernen und sehr sensibel auf Signale aus ihrer Umgebung reagieren. Falsche Informationen aufgrund einer positiven oder negativen Emotion nach einem Ereignis können unter bestimmten Umständen zu einer gewohnheitsmäßigen Reaktion werden: Im schlimmsten Fall kann es zu psychischen Problemen wie Phobien oder Drogenabhängigkeit kommen. Wenn zum Beispiel ein junger Mensch nach dem Genuss von Alkohol auf einer Party weniger Angst empfindet, wird er vor der nächsten Party zum Alkohol greifen. Wenn ein junger Mensch jedes Mal, wenn er sich über Erwachsene in seiner Umgebung ärgert, das bekommt, was er will, lernt er, dass Wut der Weg ist, um das zu bekommen, was er will, und dieses Verhalten wird zur Gewohnheit. Es ist wahrscheinlich, dass das Instinktgehirn hier seine Arbeit tut, um den Teenager zu schützen, aber es führt zu einer unangepassten Reaktion, die vielleicht vor 10.000 Jahren nützlich war, als die Risiken weit weniger gut kontrolliert wurden.

Was bedeutet das für das Lernen?

Wenn ein Teenager motiviert ist, etwas zu lernen, ist der Unterschied in seiner Energie deutlich spürbar

Viele Lehrpläne sind festgelegt wie in Stein gemeißelt, was zu einem Mangel an Wahlmöglichkeiten führt. Wenn Sie jedoch Auswahlmöglichkeiten anbieten und das Lernen auf die Interessen eines Teenagers abstimmen können, wird das Gehirn eines Teenagers „auf allen Zylindern auf Hochtouren laufen." Das liegt nicht daran, dass Sie schwierige junge Menschen haben, sondern daran, dass deren Gehirne so strukturiert sind, dass sie Motivationen auf positive Weise nutzen, um schnell etwas über die Welt zu lernen. Ihr Verhalten ist einfach viel stärker vom Kontext abhängig als das von Kindern oder Erwachsenen. Um die Analogie mit dem Auto fortzusetzen: Wenn die Motivation von ihnen ausgeht, sind sie im höchsten Gang, aufmerksam und engagiert. Wenn sie nicht motiviert sind, ist es, als ob die Bremsen angezogen sind und sie sich den Berg hinaufschleppen. Stellen Sie sich vor, wie viel leichter es ist, die erforderlichen 10.000 Stunden Wiederholung zu erreichen, wenn ein junger Mensch wirklich motiviert ist. Warten Sie darauf, dass das Feuer entfacht wird und beobachten Sie, wie ihre Gehirne rasant wachsen. Helfen Sie ihnen auf dem Weg, wenn sie nicht motiviert sind. Tadeln Sie sie nicht. Geben Sie ihnen vielleicht einen Anreiz. Zeigen Sie zuerst Verständnis („Ich weiß, dass du heute keine Lust auf Erdkunde hast") und geben Sie dann Anreize. Auf diese Weise werden Sie immer eine bessere Reaktion erhalten (siehe *Kapitel 15: Guter Stress, schlechter Stress*).

Lernen kann eine emotionale Erfahrung sein

Wenn junge Menschen an eine schwierige Aufgabe herangehen, kann ihre emotionale Erfahrung sie überwältigen und ablenken. Erinnern Sie sich an *Kapitel 2: Das Teenager-Gehirn – denkt und fühlt*, dass das Gefühlsgehirn in der Hierarchie des Gehirns dominiert. Anspruchsvolle Lernaufgaben können Gefühle von Angst, Frustration oder Traurigkeit auslösen. Seien Sie darauf vorbereitet, ihnen in diesen Momenten zur Seite zu stehen. Schimpfen Sie nicht mit ihnen, wenn sie sich nicht anstrengen. Unterstützen Sie sie stattdessen dabei, den Moment zu verarbeiten. Machen Sie ihnen klar, dass die schwierigsten Momente bei einer Lernaufgabe die Momente sind, in denen am meisten gelernt wird. In solchen Augenblicken findet ein tatsächliches Wachstum des Gehirns statt. Benennen Sie ihre Gefühle („affect labelling"), bestätigen Sie ihre Erfahrungen und helfen Sie ihnen, diese schwierigen Momente zu verarbeiten und zu akzeptieren. Das ist nicht einfach, aber es wird dem jungen Menschen jetzt und in den kommenden Jahren guttun.

Sollten wir unser Bildungssystem neu überdenken?
Dieses Wissen kann uns helfen, einen Moment lang über das Bildungssystem in weiten Teilen der westlichen Welt nachzudenken. Die Adoleszenz ist eine Zeit der emotionalen Intensität, der Sensibilität und der Verletzlichkeit im Leben und eine Zeit, in der die Gehirne von Teenagern zu anderen Arten von sozialen und selbstlernenden Aufgaben hingezogen werden. Dies hat einige Menschen zu der Frage veranlasst, ob dies der richtige Zeitpunkt im Lebenszyklus ist, um öffentliche Prüfungen mit hohem Einsatz und Stress anzusetzen. Es wird zunehmend darüber diskutiert, ob es angesichts all der Erkenntnisse über das jugendliche Gehirn eine Revolution im Bildungswesen geben muss.

WAS LERNEN WIR DARAUS?

Teenager durchleben eine Phase hoher Emotionalität, in der sie sich in Dinge, Ideen und Menschen verlieben. Sie haben Motivationen und Triebe, die neu sind, und sie lernen, damit umzugehen. Sie können auch schwierige Emotionen erleben und brauchen Erwachsene, die ihnen zur Seite stehen. In *Kapitel 17: Möge die Macht mit dir sein, Luke!* finden Sie viele Ideen, wie Sie mit Teenagern umgehen können, aber nutzen Sie zunächst diese neue Sichtweise, um ihr Verhalten zu verstehen.

Fallstudie: Juan

Juan war ein geselliger, beliebter, kontaktfreudiger 15-jähriger Junge. Er hatte vor kurzem damit begonnen, nach der Schule in einen Filmclub zu gehen, der manchmal zwei Stunden oder länger dauerte. Eines Abends kam er weinend nach Hause. Seine Mutter öffnete die Tür und fragte sich, was um alles in der Welt passiert war. Er war in einem solchen Zustand, dass sie sich fragte, ob er schwer verletzt worden war. Sie konnte ihn nicht zur Vernunft bringen und begann, sich alle möglichen Schreckensszenarien auszumalen. Er holte sein

Telefon heraus und setzte sich an den Tisch, dann weinte er noch verzweifelter. Er berichtete, dass nach dem Unterricht eine Party bei einem Jungen stattgefunden hatte, der eine neue Spielkonsole besaß. Er hatte jedoch die Einladung verpasst, da er im Filmclub war. Er konnte alle Fotos auf Instagram sehen. „Alle" waren dort und er hatte die Party verpasst. Mit jedem neuen Instagram-Post wurde sein Heulen lauter.

Sein Vater kam ins Zimmer und sagte: „Ach komm schon Kumpel, sei nicht albern, das ist nicht das Ende der Welt." Er war perplex, als er die Erklärung für seine Stimmung hörte. Warum hatte er so eine heftige Reaktion? Aber für Juan fühlte sich das Verpassen eines Treffens mit vielen seiner Mitschüler in diesem Moment wirklich wie das Ende der Welt an. Für einen Teenager, der von Natur aus von seinen Klassenkameraden gemocht werden will und dessen soziale Identität sehr wichtig ist, war das Verpassen eines wichtigen Treffens mit einer Flut an Fotobeweisen wirklich sehr belastend. Auch wenn es ein gut gemeinter Versuch war, ihm zu helfen, und natürlich objektiv richtig war, wurde die Bedeutung, die es für Juan hatte, nicht anerkannt.

Eine gute Lösung

In dieser Situation bestand die wichtigste Reaktion darin zu erkennen, wie wichtig dieses Ereignis war. Es war eine echte Bedrohung für Juans soziales Selbstverständnis. Seine Eltern erinnerten sich daran und waren in der Lage, ihm zuzuhören, mitzufühlen und empathisch dafür zu sein, dass er verärgert war und sich Sorgen machte, dass er nie wieder eine Einladung zu einem Treffen bekommen würde. Als Juan sich wieder beruhigt hatte, konnte er darüber sprechen, wie unwahrscheinlich es ist, dass es nie wieder ein solches Treffen geben wird, und er verabredete sich für das folgende Wochenende mit einigen seiner Freunde zu Hause, um einen Film zu schauen.

Was könnte im Weg stehen?

Wenn ein Teenager weint oder in Not ist, kann es schwer sein, ihm zur Seite zu stehen und nicht zu handeln. Wenn wir verärgert oder wütend sind, sind wir motiviert zu handeln – wir wollen die Dinge besser machen. Das gilt insbesondere für Eltern, die ihr Kind mehr als alles andere auf der Welt lieben. Es ist wichtig, dass der Erwachsene nicht mit einem Urteil einspringt oder versucht, die Situation zu lösen („Komm, ich bringe dich zum Auto, dann kannst du zumindest das Ende des Treffens miterleben.") oder sich über das Kind zu ärgern („Oh mein Gott, das ist ja furchtbar") oder wütend zu werden („Ich habe dir doch gesagt, dass du zu viele außerschulische Aktivitäten machst. Du willst nicht auf mich hören"). All dies sind Formen der Entwertung der Erfahrung des jungen Menschen. Seien Sie geduldig und versuchen Sie, Ihre eigene emotionale Reaktion zu kontrollieren. Wenn Sie mit den Emotionen des jungen Menschen nicht zurechtkommen, können Sie zu 100 Prozent sicher sein, dass er es auch nicht kann. Sie werden sich besser fühlen, wenn Sie ihm in diesem Moment zur Seite stehen, und wissen, dass Sie das Beste für ihn tun.

Fallstudie: Leon

Leon, 17 Jahre alt, hatte das ganze Jahr über sehr hart an seinem Roboterprojekt gearbeitet. Er hatte kein besonders gutes Verhältnis zu seinem Physiklehrer, aber seine Leidenschaft für Robotik und sein Wunsch, in Zukunft im Ingenieurwesen zu arbeiten, hatten ihn motiviert. Er verbrachte viele Stunden im Robotik-Studio und nahm oft nicht an Aktivitäten teil, bei denen seine Freunde dabei waren. Leon hatte sein ganzes Herzblut in dieses Projekt gesteckt.

Einen Monat vor dem Abgabetermin, was viel später war als ideal, präsentierte Leon sein Projekt seinem Physiklehrer. Der Lehrer war zunächst ziemlich abweisend und wurde dann kritisch, indem er eine kleine Schwäche nach der anderen in dem Konzept aufzeigte. Der

Lehrer war sichtlich verärgert darüber, dass er erst so spät konsultiert wurde und gab Leon die Schuld daran, dass er seine Arbeit nicht früher vorgestellt hatte. Leon war am Boden zerstört. Er ging nach Hause, holte sein Fahrrad und radelte zum Strand, wo er weinte. Er war verzweifelt, wollte die Schule abbrechen, stellte die Universitätsstudiengänge, für die er sich beworben hatte, in Frage und fühlte sich generell nicht genug gewürdigt. Später am Abend setzte er sich mit seinen Eltern zusammen, die ihm aufmerksam zuhörten, seine wütenden und schwierigen Gefühle reflektierten und ihm halfen, einen Plan zu machen. Er war fest entschlossen, die Situation selbst in den Griff zu bekommen.

Eine gute Lösung

Leon sah sich noch einmal die Charta der Internationalen Föderation für Robotik an. Er hatte die Website und den Leitfaden bereits zu Beginn des Projekts konsultiert, um Ideen zu sammeln. Mit Hilfe seiner Mutter erstellte er eine Liste mit den Stärken und Schwächen des Projekts, die auf den offiziellen Quellen basierte. Die Beurteilung war detailliert und sehr ehrlich. Er holte tief Luft und schickte eine E-Mail an seinen Physiklehrer, um ein Treffen zu vereinbaren. Der Lehrer hatte ein schlechtes Gewissen wegen der Interaktion und war sich bewusst, dass er die Sache nicht auf die beste Weise angegangen war. Er hatte gedacht, dass er Leon in der Schule ansprechen und mit ihm über den Vorfall sprechen würde. Er war sich auch bewusst, dass er Leon früher im Jahr hätte ansprechen sollen. Leon präsentierte seine unabhängige Bewertung seines Projekts auf der Grundlage der Richtlinien, die er besorgt hatte. Der Lehrer und Leon hatten eine gute Diskussion und konnten ihre jeweiligen Bedenken darlegen. Der Lehrer versuchte, respektvoll zu sein und viele der positiven Eigenschaften von Leons Arbeit hervorzuheben. Er erinnerte sich daran, wie wichtig der Status für Jugendliche ist und fragte Leon, ob er nach Abschluss der Prüfungen dabei helfen könnte, eine Anleitung für die angehenden Robotikschüler, die in die Oberschule kommen, zusammenzustellen, damit sie einen Einblick in die Anforderungen des

Kurses und den Zeitplan erhalten. Der Lehrer konnte sogar ein paar Gelder beantragen, aus dem er Leons Zeit bezahlen konnte. Außerdem schlug er vor, dass Leon einen Artikel für die Schulzeitung über Robotik und insbesondere über sein Projekt und seine Erfahrungen mit dem Kurs schreiben sollte. Leon war begeistert und nahm das Angebot seines Lehrers an.

Was könnte im Weg stehen?
Wenn Schüler sich für ein Thema begeistern, möchten sie oft alles alleine bewältigen. Ihre inneren Antriebe können die Oberhand gewinnen und in ihrem emotionalen Zustand können sie die richtige Reihenfolge der Dinge vergessen. Leons Lehrer hätte seine Autorität geltend machen und ihm sagen können, er solle mit den richtigen Ratschlägen neu anfangen, aber das hätte Leons Leidenschaft und Motivation zunichte gemacht. Stattdessen fand er einen Weg, Leon aufzubauen und seine Interessen zu unterstützen, indem er ihm neue Aufgaben und Verantwortlichkeiten zuwies, durch die sich Leon geschätzt und respektiert fühlte. Wer weiß, wohin ihn seine Leidenschaft für dieses Fach in Zukunft führen wird?

Handlungsempfehlung:

Sprechen Sie mit Ihren Teenagern über Emotionen
Sprechen Sie über Emotionen im täglichen Leben. Es ist auf Dauer nicht effektiv, so zu tun, als gäbe es keine Emotionen oder emotionale Momente zu verdrängen. Das bedeutet nicht, dass die ganze Welt stillsteht, wenn der Jugendliche, den Sie betreuen, eine Emotion zeigt. Erkennen Sie jedoch seine Gefühle an und nehmen Sie sich später Zeit, darüber zu sprechen. Sie können nicht bestimmen, wann sie zum Reden bereit sind. Erzwingen Sie also kein Gespräch, sondern warten Sie, bis sie dazu bereit sind.

HANDLUNGSEMPFEHLUNG:

Helfen Sie Teenagern, die emotionalen Kämpfe beim Lernen zu bewältigen

Lernen ist eine emotionale Angelegenheit, und intensives Lernen kann starke Gefühle auslösen, so dass man am liebsten weglaufen möchte. Finden Sie Wege, um junge Menschen dabei zu unterstützen, die mit dem Lernen verbundenen, starken Emotionen zu verarbeiten. Denken Sie daran, dass Emotionen ein Teil des Lernens sind und dass die Zeiten der größten Frustration beim Lernen die Zeiten sind, in denen ihr Gehirn am meisten wächst. Das sind die Momente, in denen sie nicht aufgeben sollten, denn dabei werden bedeutende neuronale Verknüpfungen hergestellt.

HANDLUNGSEMPFEHLUNG:

Es sind nicht nur die Hormone – erkennen Sie emotionale Ereignisse als wichtig an und berücksichtigen Sie die Motivation Ihres Teenagers

Wenn Ihr Teenager eine starke emotionale Reaktion auf ein Ereignis zeigt, ist das kein Zeichen dafür, dass die Situation nicht bewältigt werden kann. Aufgrund der Funktionsweise ihres Gehirns können sich Teenager manchmal durchaus überfordert fühlen, aber das Gefühl ist real. Wir können diese Gefühle nicht abtun und sollten dem jungen Menschen helfen, sie zu verstehen.

HANDLUNGSEMPFEHLUNG:

Verstehen Sie, dass ihre Werte ihre Entscheidungsfindung beeinflussen

Es scheint vielleicht so, als ob die Entscheidungen Ihres Teenagers mehr vom Herzen als vom Kopf geleitet werden. Das ist wahrscheinlich eine zutreffende Beobachtung, auch wenn sie weniger optimal erscheinen mag, wenn der Teenager Entscheidungen zu treffen hat, die sich wie lebenslange

Entscheidungen anfühlen. Sie wägen ab, was für sie am wichtigsten ist, und ihre Entscheidungen können sehr unterschiedlich ausfallen. Leiten Sie sie an und setzen Sie ihnen, wenn nötig, klare Grenzen, aber versuchen Sie, sich Zeit zu nehmen, um sie zu verstehen. Ihr Gehirn ist die treibende Kraft hinter ihrem Verhalten.

Handlungsempfehlung:

Helfen Sie Teenagern, eine Verbindung zu etwas aufzubauen, das größer ist als sie selbst

Die Teenagerjahre sind geprägt von motiviertem Handeln, in denen junge Menschen „Herzensziele“ entwickeln. Überlegen Sie, wie Sie diese emotionale und motivierende Kraft zum Guten nutzen können – für sie und für die Gesellschaft. Teenager können sich oft an einem Gefühl der Ungerechtigkeit festbeißen. Helfen Sie ihnen, zu etwas Größerem eine Verbindung aufzubauen und politisch aktiv zu werden. Das kann auch ihr Bedürfnis ansprechen, Risiken einzugehen und neue Dinge auszuprobieren.

Und die Moral von der Geschicht'...

In der Pubertät sind Emotionen aus triftigem Grund intensiv. Sie können Teenagern helfen, sich ein Leben lang emotional wohlzufühlen, indem Sie jede Art von Emotion anerkennen und benennen und ihnen helfen, auf ihre Emotionen zu hören, ihre emotionalen Erfahrungen mitzuteilen und zu lernen, wie sie damit umgehen können.

Downloads: Starke Gefühle und mächtige Motivationen

Die Teenagerjahre sind geprägt von intensiven, leidenschaftlichen emotionalen Höhen und Tiefen. Gefühle helfen uns dabei, etwas über Ereignisse zu lernen und sind in den Teenagerjahren aus gutem Grund intensiv. Eine gesunde Gefühlsregulierung kann Teenagern helfen, sich ein Leben lang wohl zu fühlen. Nun ist der Moment gekommen, sie dabei zu unterstützen, ihre Emotionen zu verstehen: Erkennen Sie diese an, hören Sie ihnen zu und helfen Sie ihnen, ihre Gefühle zu benennen. So können sie diese steuern und im Einklang mit ihren Leidenschaften und Talenten nutzen.

Übung

Notieren Sie zwei „Herzensziele" Ihres Teenagers (z. B. Tierschutz oder ein Hobby wie Tanzen oder Fahrradfahren).

Interesse 1

....

Interesse 2

....

Wie reagieren Sie in den Momenten, in denen sich Ihr Teenager stark emotional fühlt, und unterstützen Sie die emotionale Regulierung? Was sagen Sie dann? Was tun Sie? Woran denken Sie?

....

....

....

....

....

Was sagen Sie Ihrem Teenager oder tun Sie, um ihm zu zeigen, dass Sie seine emotionale Erfahrung verstehen (selbst wenn Sie das Gefühl haben, dass seine Emotionen die Bedeutung des Ereignisses überwiegen)?

....

....

....

....

....

Was sagen oder tun Sie, um zu zeigen, dass Sie alle Arten von Emotionen akzeptieren, ob sie nun gut oder schlecht sind?

....

....

....

....

....

Wenn dies geschieht …	Denken Sie nicht das …	Sondern vielleicht das …
Ihr Teenager hat sich dazu entschlossen, vegan zu leben.	Veganismus ist lächerlich und du setzt deine Gesundheit aufs Spiel. Bitte hör jetzt damit auf, bevor du krank wirst.	Ich kann sehen, wie leidenschaftlich du dich für die Umwelt einsetzt, und das ist bewundernswert. Wir müssen aber auch dafür sorgen, dass deine Gesundheit nicht darunter leidet.
Akzeptieren Sie ihre Leidenschaften und verurteilen Sie sie nicht.		
Ihr Teenager verbringt dreimal so viel Zeit mit seinen Kunsthausaufgaben wie mit seinen Geografiehausaufgaben.	Wie kommt es, dass du so konzentriert bist, wenn du Kunst machst? Warum gibst du dir nicht die gleiche Mühe in einem „richtigen" wissenschaftlichen Fach wie Geografie?	Deine Konzentration auf deine Kunst ist erstaunlich. Das ist eine echte Leidenschaft. Ich frage mich, wie du diese Fähigkeiten auch in anderen Fächern nutzen kannst, um dein ganzheitliches Lernen zu unterstützen.
 Verstehen Sie, dass ein motiviertes Gehirn auf allen Zylindern auf Hochtouren läuft.		
Ihr Teenager erkundigt sich, ob Sie jemals verärgert sind, nachdem er einen starken emotionalen Ausbruch hatte.	Ich glaube nicht, dass ich jemals wütend werde. Ich habe gelernt, dass das keinen Sinn hat.	Ich werde manchmal wütend, aber ich habe im Laufe der Jahre hart daran gearbeitet, Wege zu finden, damit ich nicht explodiere und Dinge tue oder sage, die ich später bereue.
 Sprechen Sie mit Ihren Teenagern über seine und Ihre Gefühle.		

Kapitel 11

Selbstreflexion

Kurz und knapp

- Selbstreflexion ist ein wichtiger Aspekt der Entwicklung.
- Die Fähigkeiten von Teenagern zur Selbstreflexion werden komplexer und können von begrenzter bis zu starker Einsicht schwanken.
- Das Selbstbild von Teenagern reagiert sehr empfindlich auf alle Rückmeldungen von anderen – sie streben nach Selbstbestätigung.
- Vergessen Sie nicht, dass Extreme in der Selbstwahrnehmung oft nur vorübergehend sind – aber anhaltende negative Erfahrungen können einen dauerhaften Einfluss haben.
- Sie können Ihrem Teenager helfen, eine Identitätskrise zu überwinden, indem Sie ihm zuhören, die jüngsten Ereignisse sortieren und gemeinsam mit ihm sinnvolle, positive Alternativerklärungen entwickeln.

Einleitung

Die Fähigkeit, über uns selbst nachzudenken, ist eine einzigartige menschliche Eigenschaft

Unsere Fähigkeit, über uns selbst zu reflektieren und darüber nachzudenken, wer wir sind und wie wir uns von anderen unterscheiden, ist eine einzigartige menschliche Eigenschaft. Diese Überlegungen beinhalten die Bewertung – bin ich ein guter Musiker oder ein schwacher Mathematiker oder eine freundliche Schwester? Dabei handelt es sich um einen hochkomplexen Prozess, der auf der Vielzahl von Rollen basiert, die wir in der Gesellschaft einnehmen, und Eigenschaften, die wir im Leben zeigen.

Das Selbstkonzept wird vom Kindes- bis zum Erwachsenenalter immer komplexer, abstrakter und bereichsspezifischer

Dieses differenzierte Selbstverständnis wird im Laufe der Kindheit langsam aufgebaut und durch Erfahrungen und wachsende kognitive Fähigkeiten geformt. Kleine Kinder beschreiben konkrete und beobachtbare Verhaltensweisen oder Eigenschaften, wie z. B. „Ich bin ein Junge". Später in der Kindheit werden sie komplexer und schließen soziale Vergleiche ein („Ich bin besser als mein Freund beim Trommeln"). In der Adoleszenz nehmen das Interesse und die Fähigkeit, über sich selbst zu reflektieren, zu, indem abstrakte Konzepte wie „Ich bin launisch, tolerant, introvertiert" verwendet werden. Man konzentriert sich auf die innere Welt der Gefühle, Gedanken und der Persönlichkeit. Auch die Rollen werden differenziert, indem man sich selbst in Bezug auf akademische Leistungen, körperliche Merkmale und die soziale Welt reflektiert. Dies ist Teil eines Prozesses, bei dem es darum geht, ein komplexes und robustes Selbstkonzept zu entwickeln, mit Wissen über die eigene Person im Verhältnis zu anderen. Es ist eine Zeit, in der wir uns mit unserer Rolle in der Gesellschaft und unserer Beziehung zur Welt auseinandersetzen. Junge Menschen zweifeln möglicherweise an dem, was die Familie oder andere erwachsene Schlüsselfiguren ihnen beigebracht haben, während sie ihre Identität herausarbeiten und sich von ihnen abgrenzen. Dies wird als Phase der Identitätsgestaltung und Identitätsentwicklung bezeichnet.

Die Identitätsgestaltung ist ein iterativer Prozess, der Jugendliche verletzlich macht – gehen Sie dabei vorsichtig vor

Psychologische Modelle beschreiben, wie Jugendliche ihre Identität im Laufe der Zeit aufbauen und überarbeiten. Diese Modelle betonen den dynamischen Prozess, durch den Jugendliche ihre Identität bilden, bewerten und überarbeiten. Elisabetta Crocetti, Monica Rubini und Wim Meeus (2008) nehmen dabei an, dass wir bei der Herausbildung unserer Selbstidentität drei Phasen durchlaufen. Die erste – das Bekenntnis zu einem Selbstkonzept – ist eine stabile Phase, die das Wohlbefinden fördert. Wenn wir uns an neue Identitäten anpassen, kann es eine Phase der eingehenden Erforschung dieser Identität geben, die durch das Sammeln von Informationen, das Nachdenken, das Sprechen über diese Identität und das Reflektieren darüber gekennzeichnet ist. Dies verleiht Offenheit für neue Erfahrungen (typisch für die Adoleszenz), aber ein zu tiefes Erforschen kann zu emotionaler Instabilität führen. Wenn man mit dieser Identität unzufrieden ist, kommt es zu einer Phase des Überdenkens, die in der Regel eine instabile oder krisenhafte Phase ist, in der die Person anfällig für schlechte Stimmung und Ängste ist. Dieser sich wiederholende Prozess, der sich zwischen Gewissheit und Ungewissheit bewegt, ist charakteristisch für die Adoleszenz, mit oft kurzen Phasen der Stabilität und häufigen Veränderungen. Die gute Nachricht ist, dass, wenn Ihr Teenager außergewöhnlich radikale Frisuren oder Mode ausprobiert, dies wahrscheinlich Teil einer Erkundung ist, die in Kürze neu bewertet werden kann. Der ernstzunehmende Aspekt ist, dass die Zeit zwischen dem Verwerfen eines Looks und der Erkundung eines anderen eine Zeit erheblicher Verletzlichkeit für Teenager ist. Wir wissen, wie wichtig es ist, negative Kommentare gegenüber Ihrem Teenager zu vermeiden. Gehen Sie behutsam mit ihnen um.

Abbildung 11.1: Teenager sind anfällig für die Auswirkungen negativer Kommentare über sich selbst

Der Erziehungsstil steht in Zusammenhang mit der Zeit, die Teenager in jeder Phase verbringen, wobei ein stärkeres Engagement mit starken und vertrauensvollen Eltern-Teenager-Beziehungen in Verbindung gebracht wird und ein größeres Überdenken in Familien mit schlechten Beziehungen, einschließlich starker elterlicher Kontrolle und geringem Vertrauen, zu beobachten ist. Dies unterstreicht, worauf wir immer wieder zurückkommen, nämlich wie wichtig Ihre Beziehung zu Ihrem Teenager in dieser sensiblen Entwicklungsphase ist.

Während der späteren Adoleszenz werden Identitäten intensiver erforscht, allerdings mit mehr Tiefenschärfe und selteneren Revisionen

Der Mensch beginnt die Adoleszenz mit einer Reihe von Identitäten in Bezug auf sein zwischenmenschliches und ideologisches Leben, das vor allem von den Werten der Familie beeinflusst wird. Diese werden in Frage gestellt, wenn der junge Mensch um die Zeit der Pubertät herum beginnt, sich von seinen Eltern zu lösen (manchmal auch **Individuation** genannt).

Die Phase des Überdenkens dominiert zwischen 12 und 16 Jahren, wenn die Tendenz besteht, verschiedene Identitäten auszuprobieren, was die Instabilität in dieser Zeit widerspiegelt. Ältere Heranwachsende erforschen ihre Identität intensiver. Die Identitätsgestaltung setzt sich bis ins junge Erwachsenenalter fort, mit zunehmender Stabilität. Nicht alle Jugendlichen zeigen das gleiche Entwicklungsmuster, aber es gibt überzeugende Beweise dafür, dass ein beträchtlicher Teil der Jugendlichen in diesem Lebensabschnitt Unsicherheiten in ihrer Identitätsentwicklung zeigt.

Wie Teenager diese Phasen der Identitätsgestaltung durchlaufen, wird von engen Beziehungen beeinflusst

Eltern und Geschwister sind Vorbilder für die Identitätsgestaltung. Eltern, deren Identität stärker ausgeprägt ist – d.h. die ein klares und stabiles Selbstkonzept haben – neigen dazu, Kinder mit einer stärkeren Verbindung zu ihrer Identität zu haben. Ein älteres Geschwisterkind mit einem starken Selbstkonzept ist ebenfalls einflussreich.

Auch die Beziehungen zu Gleichaltrigen spielen eine Rolle: Konflikte mit Freunden werden beispielsweise mit einem schwachen Selbstkonzept in Verbindung gebracht. Wenn ein Teenager über ein hohes Maß an Engagement und ein gesundes Maß an Entdeckungsfreude verfügt, scheint er vor dem Druck durch Gleichaltrige geschützt zu sein, der zu unerwünschten Verhaltensweisen führt. Unsere Vorbildfunktion als Eltern und Lehrer ist wichtig, um jungen Menschen in dieser potenziell turbulenten Zeit zu helfen, in der sie sich fragen wer sie wirklich sind.

Das Selbstkonzept zeigt oft extreme Ausprägungen, da Teenager sehr empfindlich auf Rückmeldungen reagieren

Die Adoleszenz ist eine Phase im Leben, in der wir viel instabiler und unsicherer in Bezug auf unsere Identität sind, mit manchmal täglichen Schwankungen und Überlegungen. Wie wir in Abbildung 11.2 sehen können, kann dies mit erhöhtem Stress, Ängsten und schlechter Stimmung verbunden sein. Wenn wir uns auf eine stabile Identität zubewegen, kalibriert sich das System und kann, wie alles, was versucht, das richtige Gleichgewicht zu finden, darüber hinausschießen oder zu wenig sein. Wir wissen, dass junge Menschen sehr empfindlich auf soziale Signale von anderen reagieren. Diese Sensibilität für Rückmeldungen kann der Grund dafür sein, dass ein Teenager an einem Tag einen völligen Mangel an positiver Selbstwahrnehmung beschreibt und am nächsten Tag ein gesteigertes Selbstwertgefühl zu haben scheint. Die Selbstidentität Ihres Teenagers ist während der Entwicklung chamäleonartig. Sie verändert sich schnell als Reaktion auf die Umwelt, von einem Extrem zum anderen. Wenn die Umweltsignale widersprüchlich sind, erscheinen Chamäleons tatsächlich halb in der einen und halb in der anderen Farbe was eine perfekte Analogie für die verwirrende Erfahrung der Identitätsgestaltung in der Pubertät darstellt.

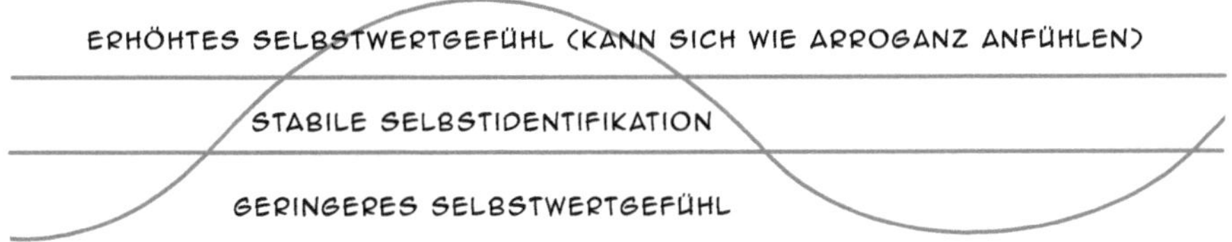

Abbildung 11.2: Extreme Variationen sind möglich, wenn Teenager auf eine stabile Identität hinarbeiten

Was wir Teenagern über sich selbst erzählen, kann zu einer sich selbst erfüllenden Prophezeiung werden

Es gibt zahlreiche Belege dafür, dass Teenager den Stereotypen entsprechen, die wir ihnen zuschreiben. Teenager, die ein negatives Klischee über das Verhalten von Teenagern im Kopf haben, wie z. B. „Teenager sind irrational und verhalten sich gefährlich", zeigen eher dieses Verhalten, während Teenager, die eine positivere Einstellung haben, ein konstruktiveres Verhalten an den Tag legen. Wir müssen sorgfältig darüber nachdenken, wie wir Teenager darüber informieren, was typisch für ihr Alter und ihren Entwicklungsstand ist, denn das hat Auswirkungen.

Drei Schlüsselbereiche des Selbstkonzepts

Drei Schlüsselaspekte des Selbstkonzepts, die häufig untersucht werden, sind: körperliche (wie wir aussehen), akademische (wie gut wir in der Schule sind) und soziale (Beziehungen) Bereiche. Während die körperlichen und sozialen Bereiche im Laufe der Pubertät in der Regel auf demselben Niveau bleiben, schätzen Jugendliche ihr akademisches Selbstkonzept insgesamt niedriger ein und ihre akademischen Eigenschaften nehmen in der mittleren Adoleszenz ab. Warum wird das akademische Selbstkonzept in diesem Zeitraum kleiner? Liegt es daran, dass sie in einer Zeit, in der sie täglich Rückmeldungen über ihre akademischen Leistungen erhalten, sehr empfindlich auf schulische Anforderungen reagieren? Liegt es daran, dass sie unter akademischem Druck stehen und sich mit Gleichaltrigen vergleichen, was zu einer negativen Bewertung führt? Wir müssen überlegen, wie dies längerfristig mit der psychischen Gesundheit und dem Wohlbefinden zusammenhängen könnte.

Der wissenschaftliche Teil: Gehirn und Verhalten

Der präfrontale Kortex ist an der Selbstreflexion beteiligt

Neuroimaging-Studien, die mithilfe von bildgebenden Verfahren im Gehirn durchgeführt werden, zeigen, dass es ein von den frontalen Regionen dominiertes Netzwerk im Gehirn gibt, das unabhängig von unserem Alter immer dann „aufleuchtet“, wenn wir über uns selbst und unsere Persönlichkeit nachdenken. In der Tat wissen wir eine ganze Menge darüber, welche Teile des Gehirns an welchen Aspekten der Selbstreflexion beteiligt sind. Es handelt sich um ein komplexes System mit vielen verschiedenen Teilen, die im Laufe einer langen Entwicklungszeit und insbesondere während der Teenagerjahre aktiviert werden. Es scheint, dass sich das Gehirn evolutionär angepasst hat, um viele subtile Aspekte der Selbstreflexion und der Beziehung zwischen uns und anderen zu berücksichtigen. Diese Fähigkeiten sind eindeutig wichtig für unser Überleben.

Die Gehirnbereiche, die mit dem Selbstkonzept verbunden sind, sind in der Adoleszenz aktiver als in der Kindheit oder im Erwachsenenalter

Aus MRT-Daten wissen wir, dass die mit dem Selbstkonzept verbundenen Hirnareale in der Jugend extrem aktiv sind. Warum ist das so? Es könnte daran liegen, dass die Vorstellungen über das Selbstkonzept in der Adoleszenz dominanter sind oder dass Jugendliche sich sehr anstrengen müssen, um über sich selbst nachzudenken, da sich ihr Selbstkonzept im Wandel befindet. Oder es könnte beides sein.

Auf den Teenager übertragen

Ihr Teenager ist entwicklungsbedingt darauf programmiert, in gewissem Maße auf sich selbst konzentriert zu sein, während er seine Selbstidentität bildet

Die in dieser Zeit beobachteten Veränderungen des Gehirns und des Verhaltens zeigen, dass die Adoleszenz eine kritische Zeit für die Entwicklung der Identität ist. Wenn Sie einen Teenager haben, der manchmal etwas egozentrisch zu sein scheint, übermäßig viel Zeit damit verbringt, Fotos von sich selbst auf seinem Handy zu machen, sich im Spiegel zu betrachten und sich um seine Haare und sein Make-up zu kümmern, oder der in der Schule ständig darüber reden muss, „wer was gesagt hat“ und was das über ihn aussagen könnte, dann tut Ihr Teenager genau das, was für seine Entwicklungsphase erforderlich ist. Denken Sie daran, dass die Herausbildung einer starken Selbstidentität Zeit und Ressourcen erfordert. Die Tatsache, dass sie sich mehr auf Fragen der Selbstidentität konzentrieren als auf andere konkurrierende Themen und daher keinen Platz im Kopf für andere Anliegen haben, die Sie beschäftigen, ist normal in der Entwicklung.

Während sie herausfinden, wer sie sind, können Teenager ein wenig gereizt auf persönliche Kommentare reagieren

Zu den Verhaltensänderungen, die Eltern und Lehrer bei Teenagern feststellen, gehört eine erhöhte Sensibilität oder ein gewisses Maß an „Gereiztheit". Das kann sich so anfühlen, als ob man plötzlich nichts mehr sagen oder nicht einmal mehr einen Witz machen kann, wenn es um persönliche Informationen geht – es ist, als ob die Haut von Teenagern dünn und leicht verletzbar ist. Das liegt daran, dass Teenager eine erhöhte Aufmerksamkeit für persönlich relevante Informationen haben und persönliche Kommentare sie leichter aus dem Gleichgewicht einer gesunden Selbstidentität bringen könnten.

Was bedeutet das für den Alltag?

Was wir zu Jugendlichen sagen ist von großer Bedeutung

Wir alle können uns an eine Bemerkung erinnern, die uns gegenüber gemacht wurde, wie z. B. „Das sieht Dir gar nicht ähnlich", und fragen uns, was jemand damit gemeint hat. Die gleiche Bemerkung, wenn sie einem Kind oder einem Erwachsenen gemacht wird, hat vielleicht nicht denselben Effekt wie bei einem Teenager. Jugendliche befinden sich in einer sensiblen Phase der Identitätsentwicklung und schenken daher diesen Meinungen wahrscheinlich mehr Glauben als jüngere Kinder oder Erwachsene. Diese Sensibilität bedeutet, dass Teenager sehr sensibel auf Interaktionen und Kommunikationshinweise reagieren, einschließlich Gesichtsausdrücke, implizite Bedeutungen oder Rückmeldungen über Dinge, die sie produziert haben, zum Beispiel akademische Arbeiten. Es ist zwar wichtig, persönliche Äußerungen zu oder über eine Person in jedem Alter sorgfältig abzuwägen, aber die Wirkung solcher Kommentare ist in den Jahren der Pubertät am größten.

Jugendliche reagieren auf kleinste Vorkommnisse, die für sich genommen oder im Laufe der Zeit erheblich zu ihrem Selbstverständnis beitragen. Im schlimmsten Fall kann eine Herabsetzung durch einen Erwachsenen zu extremer Demütigung und vielleicht sogar zu langanhaltendem Schamgefühl führen.

Teenager sind empfindlich in Bezug auf Feedback – nutzen Sie es weise

Diese Sensibilität bietet auch eine große Chance, positive Prozesse in Gang zu setzen. Teenager können durch positive Wertschätzung enorm gestärkt werden. Sie sind hoch motiviert, Ansehen zu gewinnen und von der Gesellschaft geschätzt zu werden. In Anbetracht all dessen, was wir aus langjähriger Forschung über die Beziehungen zwischen Kindern und Erwachsenen wissen, ist es vielleicht nicht überraschend, dass Erwachsene in ihrer Fähigkeit, dem jugendlichen Selbst eine positive Entwicklung zu ermöglichen, als Superkräfte angesehen werden können. Viele werden sich aus ihrer Vergangenheit an einen Lehrer oder Mentor erinnern, der eine Schlüsselrolle dabei gespielt hat, dass sie etwas von großem Interesse gelernt haben. Wir denken vielleicht, dass wir uns zuerst für ein Thema interessiert haben und dann ein guter Lehrer uns ermutigt hat, aber oft ist es umgekehrt. Der positive Kommentar eines Lehrers kann für einen Menschen so wertvoll sein, dass er ihn für dieses Fach begeistert und ihn dann auf einen Weg des Interesses und der Entwicklung für viele Jahre bringt.

Lassen Sie sich nicht täuschen. Die Antwort „Das ist mir egal" dient dem Selbstschutz

Ihre Kommentare sind immer wichtig. Stellen Sie sich eine Situation vor, in der ein Erwachsener einer jungen Person gegenüber einen abwertenden Kommentar äußert. Der Erwachsene denkt sich vielleicht: „Naja, es schien ihm nichts auszumachen, er war unhöflich und ging lachend mit seinen Freunden weg. Ich glaube nicht, dass mein Kommentar auch nur den geringsten Unterschied für ihn gemacht hat." Da Teenager sehr empfindlich auf Feedback reagieren, sind sie ständig damit beschäftigt, ihr Selbstwertgefühl zu schützen, so dass es in dieser Lebensphase sehr gefährlich ist, anderen gegenüber Verletzlichkeit zu zeigen. Es kann durchaus sein, dass die äußere Reaktion eines Jugendlichen nicht mit seinen inneren Gefühlen übereinstimmt, insbesondere wenn er niedergeschlagen ist. Lassen Sie sich nicht täuschen. Es ist Jugendlichen nicht egal, was Sie von ihnen denken und sie wissen sehr genau, wie Sie sie als Individuum sehen und schätzen. Wenn ein Teenager eine schwierige Zeit durchmacht, ist das genau der Zeitpunkt, an dem er Ihre Hilfe braucht, um sich neu zu orientieren und herauszufinden, wie er mit einer Situation umgehen will. Die Fallstudie über Zac unten ist ein gutes Beispiel dafür.

Was bedeutet das für das Lernen?

Taten sagen mehr als Worte – Sagen Sie auch, was Sie meinen?
Wenn wir genau nachempfinden können, was eine andere Person von uns denkt, zeugt das von einer hohen Sensibilität für verschiedene Kommunikationsformen. Wir kommunizieren zwar mit Worten, was wir meinen, doch Forschungen zeigen, dass Jugendliche oft zwischen den Zeilen lesen und verstehen, was jemand wirklich meint. Mit anderen Worten: Sie beobachten genau, um herauszufinden, was wir wirklich meinen. Wenn ein junger Mensch zum Beispiel einen Fehler macht und sein Lehrer eingreift, um ihn zu korrigieren, kann der junge Mensch erkennen, dass der Lehrer ihm nicht zutraut, den Fehler selbst zu beheben. Das gilt selbst dann, wenn der Lehrer sagt: „Ich weiß, dass du das kannst“, aber den Fehler trotzdem korrigiert. Die Worte des Lehrers wären in dieser Situation weniger bedeutsam als sein Verhalten. Dies trifft natürlich auch auf Eltern zu, die bei den Hausaufgaben helfen, sowie auf viele andere Situationen, in denen Teenager Rückmeldungen von Erwachsenen erhalten.

Reflektieren Sie die Botschaft Ihrer Worte – was könnte zwischen den Zeilen gelesen werden?
Wie können wir es dem Teenager ermöglichen, sich kompetent zu fühlen, indem wir ihm unsere Hilfe oder Unterstützung anbieten, wenn wir bedenken, wie empfindlich ein Schüler auf Feedback reagiert? Das bloße Anbieten von Hilfe könnte als Kritik aufgefasst werden oder als Andeutung, dass der

Erwachsene glaubt, er sei nicht in der Lage, es allein zu schaffen. Haben Sie schon einmal zu einem Teenager gesagt: „Wann machst du endlich deine Hausaufgaben?" und ein emotionales „Ich werde meine Hausaufgaben schon noch machen. Du nörgelst doch sowieso nur an meinen Hausaufgaben herum" erhalten? Vielleicht wollten Sie nur eine Auskunft, aber ein hochsensibler Teenager könnte diese Frage als Andeutung verstehen, dass Sie glauben, dass er nicht vorhat, seine Hausaufgaben zu machen. Was ist die Folge? Sie sind verwirrt, der Jugendliche ist verärgert, fühlt sich möglicherweise unterschätzt und ist mit Sicherheit sehr emotional (kein guter Zustand, um sich an die Hausaufgaben zu machen), und Ihre Chance, zu helfen und eine Verbindung zu dem Jugendlichen aufzubauen, ist vertan. Der Punkt ist, dass die Botschaft von Handlungen oder Worten sehr sorgfältig überdacht werden muss, und zwar in dieser Zeit viel mehr als in jeder anderen Phase des Lebens.

WAS LERNEN WIR DARAUS?

Da sich die Bereiche des Teenager-Gehirns, die mit der Selbstidentität verbunden sind, verstärkt entwickeln, neigen Jugendliche dazu, etwas egozentrischer zu sein und empfindlicher auf persönliche Kommentare zu reagieren. Jetzt ist es an der Zeit, persönliche Kommentare („Du hast abgenommen", „Deine Beine sind so lang") zu unterlassen, selbst wenn Sie glauben, dass sie positiv gemeint sind, denn sie haben in dieser Zeit eine besonders starke Wirkung.

Fallstudie: Zac

Zac, ein 18-Jähriger Junge, war an einem Abend mit einigen Freunden unterwegs. Sie alle waren gerade dabei, sich für die Universität zu bewerben und daher auch sehr nervös. Zac hatte verschiedene Freundesgruppen und die drei Teenager, mit denen er an diesem Abend zusammen war, waren allesamt akademisch ehrgeizige und kompetente Freunde mit leichtem Konkurrenzdenken. Zac mochte diese Freunde, aber zusammen fand er sie ein wenig überwältigend und hatte die Tendenz, sich in ihrer Anwesenheit minderwertig zu fühlen. Diskussionen über Politik und Geschichte konnten ziemlich hitzig und unruhig werden, ständig ging es darum, sich gegenseitig Fakten an den Kopf zu werfen, um sich gegenseitig zu übertrumpfen. Trotzdem war der Abend unterhaltsam. Seine Freunde gingen später noch zu einer Party, aber Zac entschied sich, zu Hause zu bleiben, da er samstags immer Musikunterricht hatte. Am nächsten Tag wollte Zac zu seinem Musikunterricht gehen. Er spielte Klavier in einer Jazzgruppe, was ihm zwar Spaß machte, manchmal aber auch Unsicherheit in ihm auslöste. Bei dieser Gelegenheit leitete der Lehrer eine Aktivität an, die nicht zu Zacs Stärken gehörte. Zur Mittagszeit wurde Zac von negativen Gedanken übermannt. Sein Gehirn sagte ihm, dass er nicht sehr klug, kein guter Musiker und nicht sehr beliebt sei. Tatsächlich kam er zu dem Schluss, dass er in nichts wirklich gut war. Seine Stimmung sank und er fühlte sich ziemlich unruhig.

Eine gute Lösung

Zac befand sich in einer Lebensphase, in welcher er sein Selbstbewusstsein formte. Das bedeutet, dass er sehr genau darauf achtete, wie sich Interaktionen, Gespräche und Ereignisse auf ihn als Person auswirkten. Auch sein Selbstwertgefühl war anfällig für Schwankungen. Obwohl es keine direkten negativen Kommentare oder Rückmeldungen zu seiner Leistung gab, schloss er daraus, dass sein Wert in zwei etwas angespannten und wettbewerbsfähigen Situationen geringer war als der seiner Altersgenossen. Glücklicherweise hatte Zac eine gute Beziehung zu seiner Mutter, die in der Lage war, ihm zuzuhören und seine Sorgen zu verstehen, sie nicht zu entkräften oder übermäßig darauf zu reagieren, sondern seine Gefühle in diesem Moment einfach nur aufzunehmen. Er rief sie an und sagte: „Mama, wir müssen reden. Ich habe das Gefühl, dass ich einfach zu nichts gut bin." Er erzählte seiner Mutter, dass er sich in der Jazzgruppe überfordert fühlte. Er sprach über seine Bewerbung für die Universität und seine Sorgen, dass er vielleicht keinen Platz an seiner Wunschuniversität bekommen würde. Er sagte, er sei besorgt, dass seine Freunde ihn langweilig fänden, weil er nicht immer so viel feiern wolle wie sie. Während er erzählte und seine Mutter zuhörte, beruhigten sich seine Gefühle. Seine Mutter half ihm, die Ereignisse, die dazu geführt hatten, dass er sich so fühlte, zu verarbeiten und wies ihn sanft auf einige positive Aspekte hin, die seine negativen Gedanken in Frage stellen könnten. Allmählich gelang es Zac, eine neue Perspektive zu finden und sein Selbstwertgefühl wurde wieder positiver. Obwohl er immer noch sehr verletzlich war, hatte Zac mit Hilfe seiner Mutter die Welle der Selbstunsicherheit überwunden.

Was könnte im Weg stehen?

Achtzehnjährige wenden sich nicht immer an ihre Eltern, wenn es ihnen schlecht geht – vielleicht, weil es ihrem Charakter entspricht oder weil sie in der Vergangenheit die Erfahrung gemacht haben, dass ihnen nicht zugehört wird. Versuchen Sie, auf Anzeichen zu achten, die darauf hindeuten, dass ein junger Mensch Probleme hat. Vielleicht ist er ruhiger als sonst, mürrischer als sonst oder verhält sich anders als sonst, z. B. geht er nicht zu seinen Freunden, wenn er es sonst tun würde. In solchen Momenten helfen einfache Fragen (z. B. „Was ist los?") vielleicht nicht weiter. Versuchen Sie jedoch, ein Gespräch über etwas anderes zu beginnen, um die Person in ein Gespräch zu verwickeln, und fragen Sie dann nach und nach, ob alles in Ordnung ist. Wenn sich der Teenager nicht sofort öffnen will, sagen Sie ihm, dass Sie immer ein offenes Ohr für ihn haben, wenn er mit etwas kämpft oder „schwierige" Gedanken hat. Wenn Teenager wissen, dass die Tür offensteht, werden sie reden, wenn sie dazu bereit sind.

Fallstudie: Ein lehrreiches Erlebnis für eine Pädagogin

Katie ist eine engagierte Lehrerin, die schon seit mehreren Jahren unterrichtet. Sie liebt junge Menschen und ist begeistert von ihrer Lebendigkeit. Nachdem sie einen Vortrag über das Teenager-Gehirn gehört hatte, hatte Katie einen Moment der Erkenntnis, insbesondere über ihre „Superkraft“ als Lehrerin von Teenagern. Sie erkannte, wie wichtig das Feedback eines Lehrers für die Selbstidentität eines Schülers ist, als sie an das Feedback dachte, dass sie einer Schülerin zu einer Arbeit gegeben hatte. Dort hatte sie geschrieben: „Das ist nicht deine beste Arbeit, Najma, ich erwarte mehr von dir.“ Es mag überraschen, dass Najma ihrer Lehrerin sagte, dass dieser Kommentar ihr Selbstvertrauen wirklich gestärkt habe, da sie nicht wusste, dass ihre Lehrerin so viel von ihr hielt. Was für eine Macht.

Katie reflektierte, wie oft sie ihren Schülern schriftlich und mündlich Feedback gab, ohne dessen Auswirkungen zu bedenken: „Ich äußere mich ständig zu ihnen, ohne wirklich darüber nachzudenken. Jedes Wort hat Gewicht. Ich werde sicherstellen, dass jedes zählt.“

HANDLUNGSEMPFEHLUNG:

Halten Sie Ihre Erwartungen im Rahmen

Rechnen Sie im Leben eines Teenagers mit einer gewissen Fluktuation seines Selbstbildes. Reagieren Sie nicht über, wenn sie ein neues Image pflegen möchten oder neuen Slang verwenden. Sie probieren neue Identitäten aus. Es kann sein, dass es sich nur um ein vorübergehendes Phänomen handelt. Wenn Sie jedoch heftig reagieren, könnte das paradoxerweise dazu führen, dass dieses Verhalten länger anhält, als ursprünglich vom Teenager beabsichtigt. Rechnen Sie damit, dass Teenager in dieser Zeit oft mit sich selbst beschäftigt sind. Seien Sie vorsichtig, was Sie damit machen, und wenn Sie sich dabei ertappen, wie Sie eine Charakterinterpretation vornehmen („Oh mein Gott, ich habe das egozentrischste Kind der Welt“), halten

Sie inne und denken Sie daran, dass dies ein wichtiger Teil ihrer Entwicklung ist.

HANDLUNGSEMPFEHLUNG:

Zuhören, nachdenken und positive Alternativen anbieten
Rechnen Sie damit, dass das Selbstverständnis eines Teenagers Schwankungen unterworfen sein wird. Es ist normal und natürlich, dass junge Menschen ihre Identität in Frage stellen und sich dabei auch darauf konzentrieren, wie sie aussehen. Unsere Aufgabe als Eltern oder Lehrer ist es, diese Gedanken „festzuhalten" und den jungen Menschen dabei zur Seite zu stehen. Haben Sie immer ein offenes Ohr für Ihren Teenager, mit dem er reden kann. Teenager versuchen herauszufinden, was andere von ihnen denken und wie sie dazu passen. Das tun sie, indem sie über das Gesagte und seine Bedeutung nachdenken und es mit jemandem besprechen. Vielleicht hören Sie dabei manchmal Reflexionen über ein geringes Selbstwertgefühl oder ein gesteigertes Selbstwertgefühl. Versuchen Sie, in der Nähe zu bleiben, das Gesagte zu reflektieren, um zu signalisieren, dass Sie es gehört haben, neue Perspektiven anzubieten und auf objektivere positive Alternativen hinzuarbeiten.

HANDLUNGSEMPFEHLUNG:

Seien Sie vorsichtig, was Sie zu einem Teenager sagen
Denken Sie daran, dass Ihre Superkraft das positive Selbstbild eines Teenagers stärken oder zerstören kann. Setzen Sie Ihre Worte in der Gegenwart von Teenagern weise ein und achten Sie darauf, was Sie über sie sagen. Ein schneller Witz oder eine beiläufige Bemerkung könnte bei ihnen hängen bleiben und ihr Selbstbild beeinflussen, ohne dass Sie es überhaupt merken. Wenn Sie etwas sagen, dass Sie später bereuen, sollten Sie sich nicht scheuen, sich später zu entschuldigen. Dies könnte für die junge Person, die Sie unterstützen, sehr wichtig sein.

HANDLUNGSEMPFEHLUNG:

Achten Sie darauf, dass Ihre Kommentare sich auf das beziehen, was die Person getan hat, und nicht darauf, wer sie ist

Kleine Worte machen einen großen Unterschied. Es ist etwas ganz anderes, einem jungen Menschen zu sagen, dass er faul ist (Charaktereigenschaft), als ihm zu sagen, dass er sich faul verhalten hat (situative Eigenschaft). Achten Sie auf diese Details, denn junge Menschen speichern sie ab und bauen ihre Identität darauf auf. Wenn Sie ihnen immer wieder sagen, dass sie faul sind, beginnen sie vielleicht, das zu glauben, und es kann zu einer sich selbst erfüllenden Prophezeiung werden.

HANDLUNGSEMPFEHLUNG:

Achten Sie auf Ihre Vorbildfunktion gegenüber Ihrem Teenager

Als Erwachsene haben wir alle Schwächen und Tage, an denen wir uns selbst nicht sicher fühlen. Versuchen Sie, sich bewusst zu machen, wie Sie sich in der Gegenwart Ihres Teenagers verhalten und was Sie sagen. Denken Sie daran, dass Teenager am meisten dadurch lernen, dass sie wichtige Erwachsene in ihrem Leben beobachten. Wenn Sie den gesamten Tag damit verbringen, über den Schokoladen-Brownie zu lamentieren, den Sie gegessen haben, und sich selbst als willensschwache Person beschimpfen, wird sich Ihr Kind wahrscheinlich auf ähnliche Weise runtermachen, wenn es sich etwas gönnt.

HANDLUNGSEMPFEHLUNG:

Streben Sie stets eine warme und vertrauensvolle Beziehung an, ohne Ihren Teenager zu sehr zu kontrollieren

Wir wissen, dass Wärme und Vertrauen in der Eltern-Kind-Beziehung mit mehr Engagement beim Finden einer eigenen Identität und mehr Offenheit sowie letztlich mit einer robusten psychischen Gesundheit und einem guten Wohlbefinden einhergehen. Versuchen Sie, sich bei Ihren Interaktionen mit Ihrem Teenager daran zu erinnern, wie wichtig dies ist, und widerstehen Sie der Versuchung, zu sehr die Kontrolle übernehmen zu wollen. Dies ist für alle Aspekte der Entwicklung eines Teenagers so wichtig, dass wir es immer wieder sagen.

HANDLUNGSEMPFEHLUNG:

Achten Sie gut auf sich selbst

Wenn Sie mit der Entwicklung der Selbstidentität Ihres Teenagers zu kämpfen haben, geben Sie sich selbst etwas Raum. Üben Sie sich in positiver Selbstfürsorge. Reden Sie mit jemandem, gehen Sie spazieren, machen Sie Yoga, essen Sie einen leckeren Pfirsich und atmen Sie durch. Versuchen Sie, diese Phase als einen notwendigen Teil der Entwicklung zu sehen, zu der auch Sie selbst gehören.

UND DIE MORAL VON DER GESCHICHT'...

Das Selbstbild entwickelt sich auf der Grundlage des Feedbacks aus den täglichen Erfahrungen: Ihre Worte und Taten machen einen Unterschied für Ihren Teenager. Nutzen Sie diese Zeit der Sensibilität als eine Gelegenheit, sie dabei zu unterstützen, ein positives, ausgewogenes Selbstbild für das Erwachsenenalter zu entwickeln.

Downloads: Selbstreflexion

Teenager entwickeln ein komplexes Selbstkonzept. Während sie herausfinden, wer sie sind und wie sie in die Welt passen, reagieren sie sehr empfindlich auf persönliche Bemerkungen von wichtigen Erwachsenen in ihrem Leben. Innerhalb kurzer Zeit kann ihre Identität entweder stark gefördert oder gedämpft werden, was in beiden Fällen nicht zielführend ist.

Kritische Rückmeldungen können langanhaltende Schäden verursachen und die Teenager von spannenden Chancen abhalten. Positives Feedback öffnet die Menschen und erweitert ihre Möglichkeiten.

Übung

Notieren Sie die Art des Feedbacks, das Sie jungen Menschen geben. Kommt es vor, dass Sie ihnen negatives Feedback geben („du räumst nie richtig auf", „du gibst dir keine Mühe beim Lernen", „du bist kein guter Mathematiker"), das ihnen schaden könnte, weil Sie glauben, es würde sie motivieren?

....

....

....

....

....

....

....

....

....

Schreiben Sie sich fünf verschiedene Feedback-Aussagen auf, die Sie Ihrem Teenager in letzter Zeit gegeben haben. Wenn sie negativ sind, versuchen Sie, sie so umzuformulieren, dass sie positiv werden. Sagen Sie dem Teenager, was Sie anstreben möchten, und nicht, was Ihnen Sorgen bereitet.

Feedback-Aussage 1

....

....

Feedback-Aussage 2

....

....

Feedback-Aussage 3

....

....

Feedback-Aussage 4

....

....

Feedback-Aussage 5

....

....

<table>
<tr><th>Wenn dies geschieht ...</th><th>Denken Sie nicht das ...</th><th>Sondern vielleicht das ...</th></tr>
<tr><td>Ihr Teenager hat Teetassen in seinem Zimmer stehen lassen. In einigen von ihnen hat sich Schimmel gebildet, weil sie so lange gestanden haben.</td><td>Du räumst nie richtig auf. Wie willst du mit einem Partner zusammenleben, wenn du so ein Chaos hinterlässt?</td><td>Aufräumen ist langweilig, aber es muss getan werden. Hast du eine Idee für ein System, das schnell funktioniert? Und jetzt stell die Tassen in die Spülmaschine.</td></tr>
<tr><td colspan="3"> Bauen Sie sie auf, anstatt sie niederzumachen.</td></tr>
<tr><td>Ihr Teenager sitzt mürrisch bei einem Familienessen.</td><td>Ich bin eine so schlechte Mutter. Kein anderer Teenager ist so unhöflich wie meiner. Ich muss etwas falsch gemacht haben.</td><td>Ich bin wirklich verärgert. Normalerweise ist er ein soziales Kind, aber er wird nicht jeden Tag perfekt sein und wir alle haben schlechte Tage. Ich muss auf mich aufpassen und ruhig bleiben, damit ich ihm helfen kann, herauszufinden, was los ist, und diese Art von Schwierigkeiten in Zukunft vermeiden kann.</td></tr>
<tr><td colspan="3"> Achten Sie auf sich selbst, während Sie sich auf die Bedürfnisse Ihres Teenagers einstellen.</td></tr>
<tr><td>Ihr Teenager hat den ganzen Vormittag mit einem Videospiel verbracht.</td><td>Du tust nichts anderes, als dein Videospiel zu spielen und hast keine Motivation im Leben. Wie willst du einen Job bekommen, wenn du Videospiele spielst? Nur Taugenichts spielen den ganzen Tag Videospiele.</td><td>Du liebst dieses Videospiel so sehr. Ich verstehe, dass es schwer ist, mit etwas aufzuhören, das du liebst. Es ist aber auch wichtig, andere Dinge zu tun, also lass uns einen Plan für den Tag machen.</td></tr>
<tr><td colspan="3"> Verbinden Sie das Verhalten mit emotionalen Erfahrungen, nicht mit einer Charaktereigenschaft, die in Stein gemeißelt ist.</td></tr>
</table>

Kapitel 12

Startklar – (mit Ihrer Unterstützung)

Kurz und knapp

- Die Beziehung zwischen Eltern bzw. Betreuern und Jugendlichen sollte sich von der eines Piloten zu der eines Co-Piloten entwickeln.
- Erwachsene müssen ihre Kommunikation mit Teenagern anpassen, wenn sich ihre Rolle verändert.
- Ihnen Anweisungen zu geben, ohne ihre Meinung zu respektieren, wird in diesem Alter selten zu einer Verhaltensänderung beitragen.
- Jugendliche, die im Haushalt mithelfen, sind zufriedener, offener gegenüber anderen und empfinden ihren Beitrag als bereichernd.
- Isolation ist in der Pubertät schädlich; eine Rolle zu haben ist wichtig.

Einleitung

Der Übergang: Vom Co-Piloten zum Selbstfliegen

Wie Ronald Dahl anmerkte: „Die Adoleszenz umfasst den Übergang vom sozialen Status eines Kindes, das der Aufsicht von Erwachsenen bedarf, zu dem eines Erwachsenen, der selbst für sein Verhalten verantwortlich ist" (2004, S. 9).

Die Adoleszenz ist ein Zeitraum von etwa 10-15 Jahren nach der Kindheit, den die Natur dazu nutzt, den jungen Menschen auf das Erwachsensein vorzubereiten. All die Anpassungen des Gehirns, über die wir gesprochen haben, bereiten den jungen Menschen auf ein integriertes Leben mit Gleichaltrigen vor, in dem er unabhängig von seinen Eltern lebt und in dem er besser versteht, wer er ist und was ihn motiviert. Das ist eine ziemlich lange Zeit der

Vorbereitung, aber das Leben ist eine anspruchsvolle Aufgabe und es gibt viel zu lernen.

Als Eltern, Betreuer oder Lehrer haben Sie in dieser Zeit der Pubertät eine andere Rolle als im Leben eines Kindes. Sie werden gebraucht, um für die Sicherheit der Teenager zu sorgen, aber Ihre Rolle verschiebt sich vom Piloten zum Co-Piloten, wie wir in *Kapitel 1: Das unglaubliche Teenager-Gehirn – Zeit für ein Upgrade* besprochen haben. Sie sind auf jeden Fall an seiner Seite und können im übertragenen Sinne „ein Machtwort sprechen", wenn Gefahr droht, aber der junge Mensch versucht, das Steuer in die Hand zu nehmen und zu lernen, wie er in Zukunft auch ohne Ihre Anwesenheit an seiner Seite sicher fliegen kann.

Teenager benötigen während ihres gesamten Lebens die Unterstützung von Eltern und Lehrern, aber ihre Rollen ändern sich im Laufe der Zeit

Teenager haben eine besondere Beziehung zu den Erwachsenen in ihrem Leben. Das ist einfach eine Tatsache. Sie sind biologisch dazu veranlasst, das, was Sie sagen, zu hinterfragen. Sie beginnen zu erkennen, dass Sie fehlbar sind und mit ihrem neu gewonnenen Selbstbewusstsein tun oder sagen Sie vielleicht etwas, das sie peinlich finden. Das kann sich so anfühlen, als würden sie Sie wegstoßen und Sie würden nicht mehr gebraucht. Aber lassen Sie sich nicht täuschen. Eltern, Lehrer und Mentoren sind das ganze Leben hindurch wichtig, ganz besonders in diesen oft turbulenten Teenagerjahren. Ihre Rolle ändert sich, und Sie müssen Ihre Beziehung zu den Teenagern und die Art und Weise, wie Sie mit ihnen sprechen, etwas verändern. Wir sind beeindruckt von der Herausforderung für Eltern und Lehrer, das richtige Gleichgewicht zwischen Autonomie, Neugier und Lernen zu finden und gleichzeitig nahe genug zu sein, um ausreichend Schutz zu bieten.

Denken Sie daran, dass Autonomie nicht das Gegenteil von Verbundenheit ist. Beide sind für eine gesunde Entwicklung unerlässlich. In der Tat brauchen Teenager in diesem Alter angesichts ihrer Verletzlichkeit die Nähe der wichtigsten Erwachsenen in ihrem Leben vielleicht mehr denn je. Sie haben nur manchmal eine komische Art, dies zu zeigen. Sie werden vielleicht ein Gefühl des Verlustes empfinden – den Verlust des Kindes, das Sie einmal hatten, den Verlust der Macht, die Sie einmal über sie hatten – aber

Flexibilität und Nachdenken werden Sie durch diese Zeit bringen. Das ist in der Tat der Grund, warum Sie dieses Buch lesen. Das Geheimnis der Teenagerjahre besteht darin, dass Sie, wenn Sie diesen Teil Ihrer Beziehung richtig gestalten, für den Rest Ihres Lebens reichlich belohnt werden.

Der wissenschaftliche Teil: Gehirn und Verhalten

Teenager haben ein grundlegendes Bedürfnis nach Status und Respekt

Teenager wollen respektiert werden. Sie sind plötzlich viel sensibler und nehmen ihren Status in ihrem sozialen Umfeld viel bewusster wahr als in ihrer Jugend und bemerken Dinge, die ihnen früher entgangen sind. Forschungsergebnisse deuten darauf hin, dass dies mit dem Anstieg des Testosterons (einem Hormon) sowohl bei Jungen als auch bei Mädchen in dieser Lebensphase zusammenhängt, was dazu führt, dass der Einzelne aufmerksamer und reaktionsfähiger auf den Respekt anderer reagiert und eher bereit ist, Anweisungen zu befolgen, die in respektvoller Sprache gegeben werden. In einer Studie reduzierte eine einfache Änderung der Formulierung von „Es könnte eine gute Idee sein, dieses Medikament zu nehmen" zu „Nimm einfach das Medikament" die Bereitschaft von Teenagern mit hohem Testosteronspiegel, der Anweisung zu folgen. Außerdem nehmen Jugendliche im Vergleich zu jüngeren Kindern Versuche von Erwachsenen, ihr Verhalten zu beeinflussen, als ein Zeichen von Respektlosigkeit wahr. Dies könnte erklären, warum sie plötzlich so empfindlich darauf reagieren, wie mit ihnen gesprochen wird, und dass sie dazu neigen, beleidigt zu sein. Es ist aber auch wichtig, dass wir verstehen, wie wir das Verhalten von Teenagern am besten beeinflussen können, um die von uns gewünschten Verhaltensänderungen zu erreichen.

Um das Verhalten von Teenagern zu ändern, ist ein anderer Ansatz erforderlich

Eine der ältesten Theorien der Psychologie beeinflusst maßgeblich, wie wir typischerweise Verhalten ändern. Sie wird als verhaltensbasierte Entscheidungsfindung bezeichnet und basiert auf der Idee, dass die Aufklärung über die Risiken eines Verhaltens zu einer positiven Verhaltensänderung führt. Wenn wir zum Beispiel wollen, dass Menschen weniger rauchen, wird eine Kampagne, die die Menschen über die Gesundheitsrisiken des Rauchens informiert, die Zahl der Raucher verringern. Dieser Ansatz wird auch bei Kindern angewendet und bildet oft die Grundlage sowohl für Anti-Mobbing-Kampagnen als auch für Kampagnen zur Förderung gesunder Ernährung in Schulen. Die Forschung hat jedoch immer wieder festgestellt, dass diese Maßnahmen im Jugendalter weniger wirksam oder sogar völlig unwirksam sind. Dies gilt für Studien zur Prävention von Fettleibigkeit und Depressionen sowie für Hunderte von Studien, die auf das Training sozial-emotionaler Fähigkeiten abzielen. Eine Studie zeigte sogar, dass nach einem Anti-Fettleibigkeits-Programm für Jugendliche die Fettleibigkeit tatsächlich zugenommen hat.

Laut David Yeager und seinem Team (2018) sind konventionelle Programme zur Verhaltensänderung bei Jugendlichen ineffektiv. Ein Grund dafür ist, dass Jugendliche besonders darauf bedacht sind, respektvoll behandelt zu werden und einen hohen sozialen Status anzustreben. Obwohl die Forschung in diesem Bereich noch relativ neu ist, liefern einige Untersuchungen wichtige Hinweise darauf, wie man das Verhalten von Jugendlichen beeinflussen kann.

In einer Studie von Christopher Bryan und Kollegen aus dem Jahr 2016 wurden die Methoden zur Förderung einer gesunden Ernährung bei Jugendlichen verglichen, um herauszufinden, welche am effektivsten ist. Es nahmen zwei Schulen teil. Schule 1 setzte auf eine traditionelle Intervention, bei der den Jugendlichen Wissen über die Verarbeitung ungesunder Lebensmittel im Körper vermittelt wurde, vor den langfristigen Risiken einer ungesunden Ernährung gewarnt und Aktivitäten in den Schulalltag und die Hausaufgaben eingebaut wurden, die diese Botschaften verstärkten (der verhaltensorientierte Entscheidungsansatz). Schule 2 machte sich das Verlangen nach Status und Respekt zunutze, das für Heranwachsende so typisch ist, indem sie im journalistischen Stil darüber berichtete, wie die Junkfood-Industrie junge Menschen um den Profit willen betrügt und Lebensmittel so vermarktet, dass Kinder süchtig werden. Sie konzentrierte sich darauf, wie die Lebensmittelindustrie junge Menschen respektlos behandelt. Die Vorgehensweise von Schule 2 hatte den Effekt, dass sich eine soziale Bewegung bildete, die sich gegen die heuchlerischen Erwachsenen auflehnte und, was noch wichtiger war, den Jugendlichen nicht sagte, was sie zu tun hatten. Vielmehr wurden die Jugendlichen aufgefordert, die Bedeutung der Botschaft zu entdecken – damit wurde ihrem Bedürfnis entsprochen, ihrem Alter entsprechend und nicht auf kindliche Weise behandelt zu werden.

Das wichtigste Ergebnis dieser Studie war die Menge an Zucker, für die sich die Schüler der einzelnen Schulen am nächsten Tag entschieden (bei der Wahl zwischen einem gesunden und einem ungesunden Snack). Schule 2 wählte deutlich weniger Zucker, was ihre Hypothese bestätigt. Dies veranschaulicht eine Möglichkeit, wie das Bedürfnis der Jugendlichen nach Respekt und Status für positive Veränderungen genutzt werden kann. Anstatt ihnen vorzuschreiben, was sie zu tun haben, appellierte Schule 2 an den Wunsch der Jugendlichen, Teil von etwas zu sein, das größer ist als sie selbst, ermutigte sie, sich gegen Ungerechtigkeit zu wehren und wurde von Jugendlichen geleitet. Es scheint effektiver zu sein, die Motivationen von Jugendlichen anzusprechen, um sie zu Handlungen zu bewegen.

Am positivsten reagieren Jugendliche, wenn sie respektvoll angesprochen werden.

Jeder, der einen Teenager in seiner Obhut hat, wird die Erfahrung gemacht haben, dass man ihm immer wieder sagen muss, was er zu tun hat. Starre Unterrichtsmethoden, in denen Botschaften ständig wiederholt und den Jugendlichen vorgeschrieben wird, was sie zu tun haben, führen oft dazu, dass diese sich widersetzen (seien wir ehrlich, das ist uns bekannt – doch warum wiederholen wir solche Methoden?). Das liegt wahrscheinlich daran, dass sie diese Art der Kommunikation als respektlos und kindlich empfinden. In einer Studie wurden die Gehirne von Teenagern gescannt, während sie von ihren Müttern kritisiert (oder „ausgeschimpft") wurden. Dabei stellte sich heraus, dass die Teenager eine erhöhte Aktivität in den emotionalen Teilen ihres Gehirns (insbesondere Wut) und eine verringerte Aktivität in den Kontrollregionen des Gehirns (denkendes Gehirn) und in den sozial-kognitiven Netzwerken aufwiesen (was darauf hindeutet, dass sie größere Schwierigkeiten hatten, den Standpunkt einer anderen Person zu verstehen – was unter den gegebenen Umständen nicht hilfreich ist), wenn ihre Eltern sie kritisierten, im Vergleich zu anderen, neutraleren Kommunikationsformen. Dies deutet darauf hin, dass Kritisieren bei Teenagern eher eine emotionale Reaktion (im unteren Teil des Gehirns) hervorruft und ihre Fähigkeit, im Moment klar zu denken, verringert.

Auch wenn alle Eltern und Lehrer Teenagern mit guten Absichten sagen, was sie tun sollen – schließlich liegt ihnen der junge Mensch, mit dem sie sprechen, sehr am Herzen –, können von oben herab erteilte, schwerfällige oder drohende Anweisungen die Wahrscheinlichkeit verringern, dass der Teenager sich an ihre Botschaft hält. Wir müssen sorgfältiger darüber nachdenken, wie wir in diesem Alter mit jungen Menschen kommunizieren.

Wenn Teenager anderen helfen, gewinnen sie Respekt und fühlen sich gut

Sie kennen sicher das Sprichwort „Mit großer Macht kommt große Verantwortung". Wenn Teenager Unabhängigkeit und Selbstständigkeit wollen, wie kommen sie dann mit der Verantwortung zurecht, die damit einhergeht? Die Forschung hat sich mit der Frage beschäftigt, ob es sich positiv oder negativ auf die Entwicklung von Teenagern auswirkt, wenn sie anderen auf sinnvolle Art und Weise helfen. Viele Studien in diesem Bereich haben sich auf die Verantwortung konzentriert, wenn Kinder in Familien helfen, in Situationen, in denen die Eltern an einer psychischen oder physischen Erkrankung leiden. Wenn die Verantwortung jedoch nicht von den Entwicklungsaufgaben des Jugendlichen ablenkt, könnte sie möglicherweise für den Teenager von Vorteil sein. Die Übernahme von Verantwortung und Aufgaben im Haushalt könnte es jungen Menschen nicht nur ermöglichen, wichtige Lebenskompetenzen zu entwickeln, sondern könnte auch eine Möglichkeit für Teenager sein, sich respektiert zu fühlen und einen wertvollen Beitrag innerhalb der Familie zu leisten. Tatsächlich gibt es positive Auswirkungen, wie Andrew Fuligni und Kollegen herausgefunden haben (siehe Fuligni 2018; Fuligni und Telzer 2013). Eine Gruppe von 17- bis 18-Jährigen, die im Haus der Familie mithalfen, berichteten von mehr Glück und Positivität und hatten ein größeres Gefühl für den Sinn ihres Lebens. Sie waren auch großzügiger, wenn sie ein Online-Spiel spielten, und als ihre

Gehirne gescannt wurden, leuchteten die Belohnungszentren ihres Gehirns stärker auf, wenn sie anderen etwas gaben. Nebenbei bemerkt: Teenager finden es genauso lohnend, für ihre Mütter zu gewinnen wie für ihre Freunde, zumindest wenn man die Reaktionen ihrer Gehirne betrachtet. Obwohl es sich so anfühlt, als würden sie ihr letztes Bonbon lieber ihrem Freund geben, liegen ihnen ihre Beziehungen zu Erwachsenen sehr am Herzen.

Andere Studien haben ergeben, dass junge Menschen mit stärkeren familiären Verpflichtungen bei kognitiven Kontrollaufgaben eine stärkere Aktivierung der Frontalregion des Gehirns aufweisen, was mit einer besseren Entscheidungsfähigkeit einhergeht. Da diese Daten nur zu einem bestimmten Zeitpunkt erhoben wurden, lässt sich nur schwer sagen, was die Ursache dafür ist. Es könnte jedoch sein, dass junge Menschen, die es gewohnt sind, die Bedürfnisse anderer in den Vordergrund zu stellen, indem sie ihren familiären Verpflichtungen nachkommen, eine effektivere kognitive Kontrolle entwickeln.

Jugendliche sind motiviert, innerhalb ihrer Familie, ihres Kulturkreises oder der Gesellschaft Prestige zu erlangen

Eine verblüffende Wendung in diesem Teil der Forschung deutet darauf hin, dass das Bedürfnis von Teenagern nach Respekt und Prestige durch kulturelle Werte beeinflusst wird. Man könnte meinen, dass alle Teenager berühmt oder „cool" sein wollen oder sich um körperliche Anziehungskraft bemühen. Es könnte aber auch sein, dass alles, was in einer Kultur implizit oder explizit hohes Ansehen genießt, das ist, was Jugendliche anstreben, um in dieser Kultur einen hohen Status zu erlangen. Nicht alle Kulturen legen Wert auf die gleichen Eigenschaften in der Gesellschaft – in der tibetischen Kultur beispielsweise, die Mitgefühl und Freundlichkeit schätzt, arbeiten die Heranwachsenden darauf hin, sich entsprechend dieser Werte Ansehen zu verschaffen, während eine Kultur, die Ruhm schätzt, ihre Heranwachsenden dazu bringt, berühmt zu werden.

Es lohnt sich, über die Bedeutung dieser Ergebnisse im Kontext kleiner kultureller Einheiten, wie etwa Familien, nachzudenken. Was auch immer in dieser Kultur – implizit oder explizit – hohes Ansehen genießt, ist wahrscheinlich das, was Jugendliche anstreben, um in dieser Kultur einen hohen Status zu erlangen. Wir müssen darüber nachdenken, wie unser Verhalten junge Menschen direkt und indirekt dazu beeinflusst, was eine erstrebenswerte Eigenschaft ist (erinnern Sie sich an die Lernmodelle in *Kapitel 5: Das Teenager-Gehirn – liebt andere Menschen*). Indirektes Lernen kann für junge Menschen wirkungsvoller sein. Wenn ein Teenager zum Beispiel von der Schule nach Hause kommt und das erste, was wir sagen, wenn er zur Tür hereinkommt, ist: „Welche Hausaufgaben hast du?", wird der Teenager daraus schließen, dass Hausaufgaben das wichtigste für uns sind. Wenn wir das in „Wie war dein Tag?" oder „Was hat dir heute am meisten Spaß gemacht?" ändern, geben wir zu verstehen, dass wir mehr Wert darauflegen, wie sie sind. Gesellschaftliche Werte sind schwer zu ändern, aber wir können im Kleinen etwas Veränderung bewirken. Sie sollten darüber nachdenken, welche Werte Sie in Gesprächen mit Ihrem Jugendlichen vermitteln. Diese Zusammenkünfte sind sehr wirkungsvoll und beeinflussen zwar zu jeder Zeit im Leben eines Kindes die Werte, aber es ist besonders wichtig, dies in den Jahren der Pubertät richtig zu machen.

Auf den Teenager übertragen

Teenager reagieren empfindlich darauf, wie mit ihnen gesprochen wird

Wenn wir wollen, dass Teenager ihr Verhalten ändern, müssen wir uns genau überlegen, wie wir mit ihnen sprechen. Strategien der Verhaltenskontrolle mit autoritären Ansätzen, die bei jüngeren Kindern wirksam sind, funktionieren an diesem Punkt ihrer Entwicklung möglicherweise nicht mehr. Wenn wir an ihnen herummeckern oder sie belehren, rollen sie oft mit den Augen oder schauen uns schief an, und wenn wir ganz ehrlich sind, wissen wir ganz genau, dass das nicht gut funktioniert. Dennoch sagen wir die Dinge weiterhin auf dieselbe Weise, vielleicht weil wir keinen anderen Weg kennen. Die Neurowissenschaft bei Jugendlichen zeigt uns, dass der Teufel im Detail steckt. Die Kommunikation muss respektvoll sein, ihre Sinne ansprechen und sie nicht bevormunden oder ihnen das Gefühl geben, klein oder dumm zu sein. Wenn Sie sie für das Ziel, das Sie zu erreichen versuchen, gewinnen können, umso besser.

Viele Schulen versuchen, jungen Menschen die Regeln für akzeptables Verhalten durch Nachsitzen und sogar Ausschluss beizubringen. Die Neurowissenschaft legt nahe, dass dieser Ansatz eine kontraintuitive Wirkung haben kann. In diesem Alter durch Bestrafungen das Verhalten zu ändern, ist unwahrscheinlich. Außerdem können Bestrafungen einen Schüler, der sich ohnehin schon unzufrieden fühlt, entfremden und sogar das oppositionelle Verhalten, das sie eigentlich verhindern sollten, noch verstärken. Darüber hinaus könnte eine solche negative Erfahrung einen jungen Menschen an diesem wichtigen Wendepunkt in eine Negativspirale treiben, aus der er nur schwer wieder herauskommt.

Einen Beitrag für andere zu leisten und eine positive „Rolle“ zu haben, erfüllt unser grundlegendes Bedürfnis nach Zugehörigkeit

Viele Theorien über die menschliche Entwicklung helfen uns zu verstehen, warum die Bereitschaft, einen Beitrag zu einer sozialen Gruppe zu leisten, das Gefühl der Verbundenheit verstärkt, die Erfahrung, dass man etwas bewegt oder verändert hat und dem Einzelnen das Gefühl gibt, kompetent und effektiv zu sein. Dies wird vielleicht nie deutlicher als in den Teenagerjahren, wenn sich die sozialen Welten erweitern und junge Menschen ein starkes Bedürfnis haben, zu einer sozialen Gruppe zu gehören und eine positive Rolle unter Gleichaltrigen zu spielen. Diese soziale Anziehungskraft, kombiniert mit einem wachsenden Verständnis junger Menschen für komplexe soziale Situationen, einschließlich Fairness und Gleichberechtigung, bedeutet, dass wir es hier mit einer Zeit zu tun haben, in der sich junge Menschen mit großer Leidenschaft und Bedeutung für Politik und Fragen der sozialen Ungleichheit engagieren. Diese Möglichkeiten, die ein positives Risiko darstellen, sind für das sich entwickelnde Teenager-Gehirn äußerst wertvoll.

Sie mögen sich von Ihnen zurückziehen und scheinen Sie weniger zu brauchen, aber lassen Sie sich nicht täuschen und fühlen Sie sich nicht zurückgewiesen

Wenn Sie auf das Bedürfnis von Jugendlichen, Autonomie und Unabhängigkeit zu entwickeln, reagieren, indem Sie sich zurückgewiesen fühlen und sich von ihnen zurückziehen, verlieren Sie die Möglichkeit, ihnen die dringend benötigte Orientierung zu geben. Dies scheint eine der Arten zu sein, in denen Jugendliche am verletzlichsten sind, da sie allein gelassen werden, um die Dinge zu regeln, was dazu führen kann, dass sie sich auf gefährliche Pfade begeben. Es ist wichtig, positive, nährende Beziehungen zu pflegen. Jüngste Studien mit Teenagern und ihren Müttern (Renske Van der Cruijsen et al. 2019) zeigen uns, dass es wahrscheinlicher ist, dass Ihr Teenager Entscheidungen in Ihrem Sinne trifft, wenn Sie eine gute Beziehung zu ihm

Abbildung 12.1: Teenager brauchen mehr denn je elterliche Liebe und Aufmerksamkeit, auch wenn sie sich vielleicht zurückziehen

haben. Es ist sehr wahrscheinlich, dass dieser Effekt auch für Väter, Lehrer und alle Erwachsenen gilt, die eine wichtige Rolle im Leben des Teenagers spielen. Vergessen Sie nicht, dass Teenager ein grundlegendes Bedürfnis nach engen Beziehungen haben. Wenn Sie nicht da sind, um sie zu führen, können Sie sicher sein, dass jemand anderes einspringen wird – dieser jemand könnte das Internet sein oder eine Person, die sie ausnutzt. Wenn es einen Zeitpunkt im Leben gibt, an dem Sie mit ihnen sprechen sollten, dann ist es jetzt.

Was bedeutet das für den Alltag?

Behalten Sie ein wachstumsorientiertes Mindset in Bezug auf das Verhalten von Jugendlichen

Erinnern Sie sich daran, wie wichtig das Mindset für unser Verhalten ist? (Siehe *Kapitel 3: Das Teenager-Gehirn – lernt und glaubt*) Unsere Überzeugungen über eine Situation können sogar unser zukünftiges Verhalten beeinflussen. Seien Sie also vorsichtig mit der fixen Idee, dass die Teenagerjahre furchtbar sein werden. In manchen Familien und Schulen kommt es in den Teenagerjahren zwar zu Konflikten und Spannungen, aber in vielen nicht. Im Rahmen von Beziehungen, die emotional offen und unterstützend sind, können Erwachsene und Teenager problemlos ihre Individualität aushandeln und gleichzeitig miteinander verbunden bleiben. Denken Sie daran, dass Konflikte und die Autonomie von Teenagern keine Anzeichen für eine Funktionsstörung sind – tatsächlich sollten wir uns eher Sorgen über eine Beziehung machen, in der es an Autonomie und Konflikten während der Pubertät mangelt. Konflikte sind in jeder Beziehung normal, und wir möchten Sie dazu ermutigen, Teenagern zu erlauben, ihre Meinung zu äußern, auch wenn dies zu Meinungsverschiedenheiten führt.

Erlauben Sie ihnen, wütend zu sein, aber nicht unhöflich

Wut ist eine interessante Emotion, die oft mit jugendlicher Rebellion in Verbindung gebracht wird. Wut auf eine andere Person kann ein Weg sein, sie zu zwingen, sich unseren Ansichten anzupassen, oder ein Weg, die andere

Person zum Handeln zu zwingen. Leidenschaft und Wut können treibende Kräfte sein, die Dinge zu durchbrechen und uns dazu bringen, bestimmte Aspekte auf eine neue Art und Weise zu sehen oder andere zu motivieren, dasselbe zu tun. Wut tritt daher eher in Situationen auf, in denen Dinge von großer Bedeutung sind. Wenn man also weiß, was wir über die Leidenschaft und die Motivationen von Jugendlichen wissen, ist es nicht überraschend, dass Wut das Leben vieler Teenager prägt. Wut hat auch mit Macht zu tun. Sie wird oft ausgelöst, wenn wir die Dinge nicht unter Kontrolle haben und zeigt sich oft, wenn das Machtverhältnis zwischen Eltern/Lehrern/Erwachsenen und Jugendlichen ausgehandelt wird. Auch wenn wir unhöfliches oder aggressives Verhalten in keiner Weise gutheißen, ist es für die langfristige Entwicklung von Teenagern wahrscheinlich sehr wichtig, dass sie ihre Wut auf angemessene Weise zum Ausdruck bringen können.

Versuchen Sie nicht, Ihre Kontrolle im Machtbereich der Teenager auszuüben

Teenager lernen, für sich selbst zu sorgen, und ein Teil dieses Prozesses besteht darin, die Kontrolle darüber zu übernehmen, was sie essen, wann sie schlafen und wie viel Sport sie treiben, worauf wir in Teil 4 näher eingehen. Sie sind ihr Ratgeber in diesem Prozess, aber es ist unklug, Ihre Macht über diese Lebensbereiche auszuüben, denn das könnte nach hinten losgehen. Wenn Sie Bedenken bezüglich der Gesundheit eines jungen Menschen haben, kann es durchaus sein, dass Sie ängstlich werden, was wiederum dazu führt, dass Sie hart durchgreifen – Kommunikation in Form von Neugier, Diskussion und Problemlösung ist jedoch der einzige Weg. Wenn das Problem anhält, sollten Sie sich an einen Facharzt oder Psychologen wenden.

Kommunizieren Sie, um Probleme zu lösen

Das Teenager-Gehirn ist bereit für das Lernen auf höherer Ebene. Der vordere Teil des Gehirns, der wichtige Problemlösungsfähigkeiten beherbergt, ist reif und bereit für die Entwicklung. In Verbindung mit dem Bedürfnis des Teenagers nach Respekt ist dies der ideale Zeitpunkt, um einem jungen Menschen zu helfen, Probleme zu lösen, wenn sie auftreten. Nehmen Sie sich Zeit für Debatten, lassen Sie Kontroversen zu. Wir würden zwar niemals empfehlen, zu schreien oder zu streiten, aber Meinungsverschiedenheiten, die dem jungen Menschen die Möglichkeit geben, selbst zu denken, sind absolut empfehlenswert. Wenn es eine Meinungsverschiedenheit gibt, nehmen Sie sich die Zeit, sich die Sichtweise des Jugendlichen vollkommen anzuhören. Sie müssen ihm nicht zustimmen, aber Sie müssen zuhören. Dann können Sie betonen, dass auch sie Ihnen zuhören sollten, während Sie Ihre Sichtweise darlegen. Sie werden vielleicht keine klare Einigung erzielen, aber Sie respektieren Ihr Kind und zeigen ihm, wie man mit Meinungsverschiedenheiten umgeht. Klare, freundliche, aber feste Grenzen zu setzen, ist in dieser Zeit der richtige Weg.

Was bedeutet das für das Lernen?

Ältere Teenager benötigen mehr Kontrolle über ihr Lernen in Übereinstimmung mit ihrem Bedürfnis nach Autonomie

Klare Anweisungen und Grenzen in Bezug auf Arbeitsthemen und Hausaufgaben sind für junge Kinder unerlässlich, aber wenn Ihr Teenager heranwächst, muss er beginnen, mehr Autonomie und persönliche Identität in Bezug auf die Schularbeit auszuüben. Es kann für Lehrer und Eltern schwer sein, loszulassen, besonders wenn man bedenkt, wie viel auf dem Spiel steht, sollte man in der Schule versagen, und wie sehr man jedem jungen Menschen helfen möchte, sein Potenzial auszuschöpfen. Der Versuch, Jugendliche durch strenge Regeln und harte Grenzen beim Lernen zu kontrollieren, wird in diesem Alter jedoch wahrscheinlich scheitern und könnte auf lange Sicht den Nebeneffekt haben, dass ihr inneres Interesse und ihre Motivation zum Lernen abnehmen. Angesichts ihres Bedürfnisses nach Autonomie und persönlicher Identität kann es für ältere Schüler schwieriger sein, engagiert zu lernen, wenn man ihnen nicht die Freiheit lässt, wie sie lernen und sogar bis zu einem gewissen Grad, was sie lernen. Die beste Strategie ist es, ihnen gutes Lernverhalten vorzuleben, ihr Interesse am Lernen zu zeigen und sie bei der Arbeit zu unterstützen, ihnen aber auch die Entscheidung zu überlassen, wann und wo sie ihre Arbeit erledigen.

Verhalten, das vorgelebt und geschätzt wird, ist bei Teenagern sehr begehrt

Da Jugendliche in der Schulkultur oft nach Prestige und Status streben, sollten Sie darauf achten, welche Werte implizit oder explizit hochgehalten werden. Überlegen Sie genau, welches Verhalten Sie belohnen. Belohnen Sie immer die Noten und nicht den Einsatz? Halten Sie Verhaltensweisen wie Freundlichkeit und Mitgefühl für erstrebenswert, kommentieren Sie sie und heben Sie sie hervor? Wenn wir mitfühlende junge Menschen in einer Schule wollen, müssen wir allen Schülern gegenüber Mitgefühl vorleben.

Nutzen Sie die Motivation von Teenagern, um Verhaltensänderungen in Schulen herbeizuführen

Es gibt gute Belege dafür, dass traditionelle Methoden zur Verhaltensänderung in Schulen für Teenager weniger effektiv sind. Jugendliche befinden sich in einer Phase ihres Lebens, in der sie sich in Richtung Autonomie und Unabhängigkeit bewegen, und es ist normal, dass sie selbst über ihr eigenes Verhalten nachdenken wollen. Der Versuch, von Gleichaltrigen ausgehende Interventionen zu nutzen, die die Motivation von Teenagern zum Guten wenden und die Macht der sozialen Gruppe anzapfen, wird von Teenagern wahrscheinlich am ehesten angenommen. Betrachten Sie zum Beispiel die jüngste, von Greta Thunberg angeführte Klimabewegung, den umfangreichsten Umweltprotest, den die Welt je gesehen hat und der von Teenagern und jungen Menschen dominiert wird. Die Kraft von Teenagern, eine Botschaft unter der jungen Bevölkerung zu verbreiten, ist in vielen Lebensbereichen, einschließlich Gesundheit und Bildung, eine bisher ungenutzte Ressource.

Teenager haben ein Bedürfnis nach Zugehörigkeit und Status, was dazu führen kann, dass sie in der Schule positive oder negative „Rollen" annehmen

Bonell und Kollegen (2019) erörtern, auf welche Weise das Bedürfnis eines Schülers nach einer positiven „Rolle" und dem Gefühl der Zugehörigkeit zu einer Gruppe das Engagement beim akademischen Lernen in der Schule beeinflussen kann. Alle Schüler entscheiden sich für eine Rolle, um ihre

Chancen auf einen hohen Status und Respekt zu maximieren. Wenn eine eher schulfreundliche Rolle (z. B. ein engagierter, folgsamer, leistungsstarker Schüler) aus irgendeinem Grund nicht zur Verfügung steht, kann es sein, dass sie sich zu einer eher schulfeindlichen Rolle oder Gruppe hingezogen fühlen, z. B. zu einem desinteressierten oder störenden Schüler. Es gibt viele Faktoren, die die Wahl der Rolle beeinflussen, die mit den individuellen Faktoren und der Kultur innerhalb des schulischen Umfelds zu tun haben. Klar ist jedoch, dass Schulen mit einer engeren Definition von „Erfolg" (wie z. B. Schulen, die nur akademische Schüler oder solche, die sich in Kunst oder Sport hervortun, feiern), mit größerer Wahrscheinlichkeit mehr schulfeindliche Schüler haben, die desinteressiert sind und vielleicht dazu neigen, die Schulregeln herauszufordern, was sie anfälliger für akademische Leistungsschwäche und psychische Probleme macht.

Sie können diesen Rahmen nutzen, um Strategien für den Umgang mit unzufriedenen jungen Menschen in der Schule oder zu Hause zu finden, indem Sie ihnen helfen, einen Beitrag zu leisten und eine Rolle zu übernehmen. Wir wissen, dass in der Sekundarschule das Gefühl der Zugehörigkeit oft von der Überzeugung der Schüler abhängt, dass ihre Ideen von der Organisation wertgeschätzt werden. Wenn wir Wege finden, wie Schüler, die sich nicht engagieren, an Entscheidungen beteiligt werden können, wie z. B. schülergeleitetes Lernen, Unterrichtspraktiken und die Mitwirkung bei der Aushandlung von Schulregeln, kann dies dazu beitragen, dass sich diese Schüler als Teil einer Gemeinschaft fühlen. Dadurch kann sich ihre Einstellung zu ihrer Person ändern, so dass sie sich als junge Menschen sehen, die einen Wert haben und einen Beitrag leisten können. Gleichzeitig erhalten sie ein Gefühl von Respekt und Sinn, was in diesem Alter so wichtig ist.

Was lernen wir daraus?

Teenager streben nach mehr Autonomie und Unabhängigkeit und es ist eine Entwicklungsaufgabe für sie, zu hinterfragen, was die Erwachsenen in ihrem Leben denken und glauben. Lassen Sie sich von diesem Verhalten nicht abschrecken und versuchen Sie, Ihre Reaktionen und Anweisungen auf dieses Bedürfnis abzustimmen. Das wird wahrscheinlich viel effektiver sein.

Fallstudie: Tessa

Tessa fand das Gitarrenüben in letzter Zeit sehr langweilig. Sie spielte, seit sie neun Jahre alt war, flog förmlich durch die Noten und hatte viel Potenzial. Ihr Vater, Michael, der selbst Musiker ist, war besorgt, dass sie das Interesse verlieren und wie viele ihrer Freunde im Alter von 12 Jahren anfangen könnte, vom Aufhören zu reden. Tessas erste Lehrerin war eine junge Frau, Martha, die dafür sorgte, dass der Unterricht Spaß machte, Tessa fand sie ziemlich cool. Sie freute sich auf ihren Unterricht und wollte ihre Lehrerin beeindrucken. Martha glaubte wirklich an Tessa, unterrichtete sie gerne und hatte hohe Erwartungen an sie. Sie fanden einen Weg zu lachen, wenn es schwierig war, und Marthas Kommentare wie „Ich weiß, dass es schwierig ist, aber ich weiß auch, dass du es schaffst" waren sehr hilfreich. Der positive Kreislauf des Lernens funktionierte bei Tessa wunderbar.
Eines Tages musste Martha den Unterricht für Tessa beenden, da sie ins Ausland ging, um zu studieren, und so begann Tessa mit dem Unterricht bei einem anderen Gitarrenlehrer der Schule, der sich freute, eine so talentierte Schülerin aufzunehmen. Es fing gut an, aber Michael bemerkte, dass Tessa ihre Gitarre immer seltener in die Hand nahm und zum ersten Mal widersetzte sie sich dem Üben, was zu Hause zu Spannungen führte.

Eine gute Lösung

Michael beschloss, das Thema anzusprechen, wenn sie den ganzen Tag unterwegs waren und die Gesellschaft des anderen genossen. Er wusste, dass es wichtig war, nicht zu nörgeln oder ihr einfach zu sagen, dass sie mehr üben sollte oder dass er „viel Geld für den Unterricht bezahlt". Er musste die Verhaltensänderung verstehen, also fragte er sie vorsichtig nach der Gitarre. Er erfuhr, dass Tessa den Unterricht nicht mehr so sehr genoss. Sie mochte ihren Lehrer, aber sie hatte mit Martha mehr Spaß gehabt. Und was noch wichtiger war: Der neue Lehrer zwang sie, in einer Gitarrengruppe zu spielen, worauf sie keine Lust hatte. Alle anderen Kinder waren jünger und die zusätzliche Zeit für die Gitarrengruppe nahm ihr die Zeit für die Pausen und die Mittagspause mit ihren Freunden, die ihr so wichtig waren. Michael konnte sich in sie hineinversetzen und bot ihr an, mit dem Lehrer zu sprechen. Er war der Meinung, dass es sich um eine vorübergehende Phase handelte. Wenn sie mehr Wahlmöglichkeiten hätte und das Gruppenspiel mit einer geeigneteren Gruppe von Gleichaltrigen stattfinden würde, könnte dies dazu beitragen, dass sie sich innerlich mehr motiviert fühlen würde, weiterzuspielen. Zudem käme Martha in einem Jahr wieder und könnte Tessa wieder unterrichten, so dass nur eine kurzfristige Lösung nötig war, um sie durchzubringen. Allein durch das Gespräch und das Gefühl, mehr Kontrolle zu haben, hatte sich etwas verändert und Tessa erkannte, wie wichtig die Gitarre für sie war. Außerdem schloss sie sich der spanischen Gitarrengruppe in der Schule an, was für sie eine große Herausforderung war, aber die Kinder waren ziemlich cool und ihre Motivation war wieder da.

Was könnte im Weg stehen?

Ein anderer Elternteil hätte vielleicht wütend und abschreckend reagiert, ohne die Sichtweise des Teenagers zu berücksichtigen. Die Schüler-Lehrer-Beziehung war ein Schlüsselelement für ihre Freude an ihrem Instrument gewesen und ihre Eltern mussten einen Weg finden, sie auch dann zum Weitermachen zu bewegen, wenn ihre Lieblingslehrerin fehlte. Ohne diesen Ansatz hätte Tessa darauf reagieren können, indem sie sich weniger ins Zeug gelegt hätte und ihr Gitarrenspiel hätte sich verschlechtert. Bei Teenagern ist es wichtig, auf Details zu achten und ihren Entscheidungen zu vertrauen. Die Beziehungen zu den Lehrern sind wichtig, und mit wem sie Zeit verbringen, ist ein wichtiges Detail, selbst bei Gruppenensembles. Es ist zwar wichtig, junge Menschen nicht einfach „aufgeben“ zu lassen, aber es ist auch wichtig, kleine Änderungen vorzunehmen, um ihre Bedürfnisse zu unterstützen.

Fallstudie: Chip

Chip, 11 Jahre alt, trieb seine Lehrerin Vanessa zur Verzweiflung. Er war ein kluger Junge, aber er kam immer zu spät, vergaß seine Bücher, seine Hausarbeit war unordentlich und er hörte nicht auf, im Unterricht zu schnattern. Ein strikter Lehrplan war zu bewältigen und noch mehr hilfsbedürftige Schüler in der Klasse. Vanessa versuchte es mit positiver Motivation, indem sie ihm gratulierte, wenn er pünktlich war. Sie versuchte es mit Konsequenzen für sein Verhalten, indem sie ihm Nachsitzen androhte, wenn er nicht aufhörte zu reden. Sie änderte die Sitzordnung. Diese Ansätze halfen eine Zeit lang, aber nicht lange. Am Ende ihrer Kräfte, verlor sie in einer Stunde die Fassung – ihr emotionales Hirn übernahm die Kontrolle und sie schrie ihn an: „Gott, wann wirst du endlich lernen dich zu benehmen? Was ist nur los mit dir?“ Sofort bereute sie, was sie gesagt hatte, auch wegen des schockierten Gesichtsausdrucks ihrer Schüler.

Eine gute Lösung

Vanessa wusste, dass sie Hilfe brauchte. Sie bat um ein Treffen mit dem Schulleiter, um das Problem gemeinsam mit ihm zu besprechen. Vanessas Vorgesetzter gab ihr Zeit zum „Reflektieren“. Das Lehren war stressig und diese Klasse war besonders herausfordernd. Angesichts der bevorstehenden Prüfung am Ende des Jahres musste sie ihre Klasse dazu bringen, sich zu konzentrieren, damit sie alles im Lehrplan abdecken konnte. Vanessa brauchte ein offenes Ohr und dann konnten die beiden Lehrer mit der Problemlösung beginnen. Sie entschieden sich für einen dreigleisigen Ansatz. Am Ende jeder Unterrichtsstunde sprach Vanessa kurz mit Chip, um ihm zu sagen, was gut gelaufen war und um ihre Beziehung zu stärken. Sie nutzte eine einfühlsame Herangehensweise an sein Verhalten und bemühte sich, zu verstehen, was der Auslöser war. Sie übertrug ihm eine „schulfreundliche Rolle", die es ihm ermöglichte, einen Status unter seinen Mitschülern einzunehmen. Er leitete den „Klassenrat", in dem Schüler und Lehrer kreative Ideen für das Lernen diskutierten und Regeln aushandelten. Dies kam seinem schnellen, kreativen Verstand und seinem einnehmenden Kommunikationsstil mit seinen Mitschülern zugute. Die Treffen fanden jedes halbe Jahr statt und gaben allen Schülern das Gefühl, dass sie unter der Leitung von Chip eine gewisse Autonomie bei der Gestaltung ihres Klassenzimmers hatten. Der Schulleiter führte auch ein Gespräch mit seinen Eltern, um zu erörtern, ob dieses Verhalten in der Vergangenheit schon einmal aufgetreten war und ob eine Beurteilung im Hinblick auf Neurodiversität erforderlich war.

Was könnte im Weg stehen?
Unter anderen Umständen hätte ein Lehrer vielleicht an der gleichen Vorgehensweise festgehalten und die Anzahl der Nachhilfestunden erhöht, als Chip sich immer mehr vom Lernen zurückzog. Es fällt Lehrern oft schwer, zuzugeben, dass sie Schwierigkeiten haben, ihre Klasse zu kontrollieren. Um Rat bei einem Kollegen zu fragen, sollte nicht als Versagen angesehen werden. Vielmehr muss man die Kraft haben, Probleme zu lösen, um für jedes Kind eine Antwort zu finden. Außerdem hätte sich ohne diese umsichtige Vorgehensweise die Schüler-Lehrer-Beziehung verschlechtert und Chip hätte keine Gelegenheit gehabt, aus seinen Fehlern zu lernen.

Fallstudie: Jacob

Jacob war 14 Jahre alt und der Sohn von Maxine und Ed. Er hatte eine ältere Schwester, Phoebe, sie war 17. Phoebe hatte eine turbulente Zeit in ihrer frühen Pubertät, als sie an einem chronischen Müdigkeitssyndrom litt. Etwa zur gleichen Zeit suchte die Familie einen Psychologen wegen Jacob auf, dem es schon immer schwergefallen war, am

Unterricht teilzunehmen, sich zu konzentrieren und der in der Grundschule oft in Schwierigkeiten kam. Bei ihm wurde ADHS diagnostiziert und er erhielt Medikamente. Die positiven Auswirkungen auf seine schulischen Leistungen und sein Verhalten waren enorm. Jacob und seine Eltern waren der Meinung, dass die Diagnose genau richtig war und die Medikamente sein Leben veränderten. Allerdings hatte die Familie eine schwierige Zeit hinter sich und die Jahre vor der Diagnose mit ihren starken Emotionen und Verhaltensauffälligkeiten hatten bei allen Spuren hinterlassen. Maxine fühlte sich schuldig. Sie hatte das Gefühl, ihre Familie im Stich gelassen zu haben, weil sie die Schwierigkeiten ihres Sohnes nicht früher erkannt hatte, und kämpfte immer noch damit, was ADHS genau bedeutete.

Bei einem Erziehungsexperten suchte Maxine Unterstützung, um Wege zu finden, wie sie ihre Beziehung zu ihrem Sohn stärken konnte. Sie gab zu, dass sie versucht hatte, seine Hausaufgaben zu kontrollieren. Je mehr sie ihn fragte: „Was hast du für Hausaufgaben?“ oder seine Arbeitsmoral kommentierte – „Du hast heute Abend nur eine halbe Stunde mit den Hausaufgaben verbracht, das kann nicht genug sein“ – desto mehr zog er sich zurück, ging in sein Zimmer, schloss die Tür und weigerte sich, mit ihr zu sprechen. Obwohl seine Lehrer sagten, er mache sich gut, machte sie sich immer mehr Sorgen, dass er nicht mithalten könnte und in zwei Jahren bei den Prüfungen nicht gut genug abschneiden würde. Gleichzeitig fingen er und seine Freunde an, sich abends zu treffen und sie gingen langsam auf mehr Partys. Ed und Maxine hatten sich bemüht, ihren Sohn in Gespräche über Drogen und Alkohol und ihre möglichen schädlichen Auswirkungen einzubeziehen. Doch die ADHS-Diagnose verwirrte Maxine. Was bedeutete das für ihren Sohn? War er aufgrund seiner Diagnose nicht eher geneigt, Risiken einzugehen? Sie war sehr besorgt und wollte ihn einfach nur zu Hause behalten und die Tür abschließen. Maxine sagte, sie könne nicht einfach dasitzen und zusehen, wie er an den Wochenenden Risiken einging und seine Chancen in der Schule verspielte, und sie wusste, dass sie mit ihrem Instinkt richtig lag.

Jacob zog sich mehr und mehr von seinen Eltern zurück, weil sie immer ängstlicher wurden und versuchten, ihn zu kontrollieren. Es schien, als ob sich seine Eltern nur für seine schulischen Leistungen interessierten und kein Interesse an seinem sozialen Leben hatten, das ihm so wichtig war. Aufgrund seiner biologischen Veränderung dachte er hauptsächlich darüber nach, wie er sich in seine Freundesgruppe integrieren konnte und wie er sich in ihrer Gegenwart verhalten sollte. Er kam zwar mit seinen Schulaufgaben zurecht, aber das war nicht seine treibende Kraft. Sobald er nach Hause kam, ging er so schnell wie möglich in sein Zimmer, um der ständigen Nörgelei zu entkommen.

Eine gute Lösung

Die Herausforderung für Jacobs Eltern bestand darin, ihm die nötige Autonomie für seine Entdeckung und Lernphasen zu gewähren, während sie ihm gleichzeitig Schutz und Unterstützung boten. Die Antwort scheint erstmal kontra-intuitiv. Der Instinkt seiner Mutter mag zwar richtig gewesen sein, aber sie konnte ihrem Sohn nicht mehr einfach sagen, was er zu tun und zu lassen hatte, und erwarten, dass er sich daranhielt. Seine Biologie sagte ihm, dass er anfangen sollte, seine eigene Sichtweise zu entwickeln und eine gewisse Autonomie von seinen Eltern haben sollte. Gleichzeitig konnte sie sich aber auch nicht zurücklehnen und nichts tun. Denken Sie daran, dass Autonomie nicht das Gegenteil einer engen Beziehung ist. Der Weg nach vorne bestand darin, zuzuhören, Gespräche zu führen, weitreichende Grenzen zu setzen, aber nicht zu diktieren. Ein gewisses Maß an Verhandlung innerhalb der Grenzen war notwendig. Maxine musste ihre Ängste anderweitig in den Griff bekommen und durfte nicht zulassen, dass diese ihre Interaktionen mit ihrem Sohn dominierten. Sie fand ein regelmäßiges Zeitfenster in der Woche, in dem sie Zeit mit ihrem Sohn allein verbrachte. Da er gerne kochte, beschlossen sie, am Mittwochabend gemeinsam einzukaufen und zu kochen. Sie achtete darauf, dass sie nicht über Hausaufgaben und Hausarbeiten sprach und nicht nörgelte. Während ihre Beziehung stärker wurde, wurde er offener dafür, über Hausaufgabenstrategien zu sprechen, und er bat seine Mutter sogar um Hilfe bei der Erstellung eines Zeitplans für seine Prüfungen. Das Vertrauen wuchs.

Was könnte im Weg stehen?

Gespräche sollten zunächst unter ihren Bedingungen stattfinden - wenn sie bereit sind und zu einem Zeitpunkt, an dem sie sich dazu in der Lage fühlen. Wenn ein Elternteil zu sehr drängt, kann es sein, dass der junge Mensch sich noch mehr zurückzieht. Wenn eine neue Diagnose gestellt wird, versucht jeder zu verstehen, was sie bedeutet, und das kann eine verwirrende Zeit sein. Es ist eine gute Idee, die hervorragenden Bücher und Ressourcen zu nutzen, die zur Verfügung stehen, oder, wenn das Gespräch immer noch schwierig ist, einen Termin mit einem Fachmann zu vereinbaren, der möglicherweise in der Lage ist, die Dinge ein wenig zu verschieben, damit bessere Gespräche stattfinden können.

HANDLUNGSEMPFEHLUNG:

Unterschätzen Sie niemals die Bedeutung Ihrer Beziehung zu Ihrem Teenager

Auch wenn Teenager in ihrem Drang nach Unabhängigkeit an ihre Grenzen stoßen, sollten Sie niemals an Ihrer Bedeutung in ihrem Leben als Elternteil, Mentor oder Lehrer zweifeln. Sie drängen weg, aber sie wollen nicht, dass Sie verschwinden. Eine enge Beziehung zu fürsorglichen Erwachsenen, selbst in den ersten Jahren an der Universität oder am College, kann eine schützende Wirkung haben.

Handlungsempfehlung:

Wenn Sie mit Teenagern sprechen, achten Sie darauf, ihr Bedürfnis nach Status und Unabhängigkeit zu respektieren und vermeiden Sie es, sie zu nerven

Mit dem Heranwachsen des jungen Menschen wächst auch sein Bedürfnis nach Autonomie, Respekt und Unabhängigkeit. Überdenken Sie die Art und Weise, wie Sie mit Ihrem Teenager umgehen. Um sicherzustellen, dass Ihre Aussagen nicht untergraben werden, ist es ratsam, respektvoll zu sein und die Anzahl der Drohungen zu minimieren. Als verantwortlicher Erwachsener haben Sie auf jeden Fall das letzte Wort bei dem, was geschieht, und Sie müssen die Grenzen setzen, aber in diesem Alter blinden Gehorsam zu erwarten, wird wahrscheinlich nicht funktionieren. Nehmen Sie sich die Zeit, mit dem Teenager Probleme zu lösen, fragen Sie ihn nach seiner Meinung, hören Sie zu und zeigen Sie Interesse an seiner Meinung, auch wenn Ihre Meinung anders aussieht. Das wird Sie sehr weit bringen.

Handlungsempfehlung:

Geben Sie älteren Jugendlichen mehr Kontrolle und Autonomie über ihre Lernmethoden und -inhalte

Bei älteren Schülern wächst das Bedürfnis nach Autonomie und der Entwicklung einer eigenen Identität im Lernprozess. Versuchen Sie, die Zügel etwas loszulassen und ihnen mehr Freiheit zu gewähren. Anstatt beispielsweise zu sagen: „Geh jetzt und mach deine Hausaufgaben und komm um 19 Uhr zum Abendessen", sollten Sie ihnen dabei helfen, zu überlegen, wie sie ihre Zeit verbringen wollen, indem Sie sagen: „Hast du einen Plan, wie du deine Arbeit heute erledigen willst? Das Abendessen ist um 19 Uhr und wir haben vereinbart, dass nach 22 Uhr keine Hausaufgaben mehr gemacht werden. Wie sieht dein Plan aus?".

HANDLUNGSEMPFEHLUNG:

Bieten Sie verschiedene Aktivitäten und Rollen innerhalb der Schule an, um mehr Schüler einzubeziehen

Schulen sollten eine weit gefasste Definition des Begriffs „Erfolg" in Betracht ziehen, damit die Schüler eine größere Auswahl an schulischen Aufgaben haben, die ihnen zur Verfügung stehen. Berücksichtigen Sie zum Beispiel nicht nur akademische und sportliche Erfolge, sondern auch Rollen wie die Leitung einer Jugendgruppe oder die Tätigkeit als Mentor. Finden Sie für Jugendliche, die sich nicht zu engagieren scheinen, eine Rolle oder Verantwortung, die sie übernehmen können und durch die sie nicht nur bei den Lehrern, sondern auch bei ihren Mitschülern an Ansehen und Respekt gewinnen. Beobachten Sie, wie sie wachsen, wenn sie anfangen, sich selbst gut zu fühlen.

HANDLUNGSEMPFEHLUNG:

Wenn Sie oft mit Wut konfrontiert werden, versuchen Sie, mehr Autonomie zu gewähren

Wut ist oft ein Anzeichen dafür, dass jemand sich in seiner Macht oder Kontrolle bedroht fühlt. Es ist zwar wichtig, unangemessene Wut oder aggressives Verhalten nicht zu belohnen und mit rebellischem Verhalten umzugehen, aber ebenso wichtig ist es, auf Wut nicht mit Überkontrolle zu reagieren. Ziehen Sie es in Erwägung, sich zurückzuziehen und dem jungen Menschen mehr Autonomie und Selbstkontrolle zuzugestehen, wo immer es möglich ist.

Handlungsempfehlung:

Überlegen Sie sorgfältig, was in Ihrer Gemeinschaft bewundert und geschätzt wird

Nutzen Sie die Tatsache, dass junge Menschen besonders sensibel auf Gefühle von Respekt, Bewunderung und Wertschätzung reagieren, und überlegen Sie, welche Werte in der Gemeinschaft – in der weiteren Umgebung, in der Schule oder in der Familie – vorgelebt werden. Wenn Sie wollen, dass Jugendliche freundlich und mitfühlend sind, müssen Sie zeigen, dass dies in Ihrer Gemeinschaft geschätzt wird. Wenn Sie eine Kultur des Konkurrenzkampfes und der Überlegenheit unterstützen, dann erwarten Sie, dass die Teenager sich darin üben, die Besten zu sein und andere zu übertreffen. Es lohnt sich, das richtig zu machen.

Und die Moral von der Geschicht'...

Obwohl das Verhalten von Teenagern eine Herausforderung darstellen kann und Erwachsene oft das letzte Wort haben, ist es wichtig, die Art und Weise zu ändern, wie Sie mit Ihrem Teenager umgehen. Da diese Phase ein Übergang ist, sind Anpassungen notwendig, um sie erfolgreich zu meistern.

Downloads: Startklar (mit Ihrer Unterstützung)

Erwachsene müssen ihre Kommunikationsweise mit Teenagern ändern, da sie von der Rolle des alleinigen Piloten zur Rolle des Co-Piloten an der Seite ihres Teenagers wechseln.

Teenager brauchen Eltern, Lehrer und weitere erwachsene Schlüsselfiguren, zu denen sie aufschauen können. Um das Verhalten von Teenagern zu unterstützen, muss man mit ihnen kommunizieren, zusammenarbeiten, Probleme lösen und diskutieren und ihr Bedürfnis nach Respekt und Status anerkennen. Auch wenn sie Sie manchmal wegstoßen werden, brauchen sie jetzt mehr denn je vertraute Erwachsene in ihrem Leben.

Übung

Denken Sie an die zwei wichtigsten Momente der Kommunikation zwischen Ihnen und Ihrem Teenager bei schwierigen Themen. Wie hat diese funktioniert?

Moment 1

....

....

Moment 2

....

....

Notieren Sie drei Situationen, in denen Sie und Ihr Teenager in Konflikt geraten sind und wie Sie die Situation lösen konnten.

Situation 1

....

....

Situation 2

....

....

Situation 3

....

....

Welches sind die Verhaltensweisen, ethischen Grundsätze und Werte, die Sie in Ihrer Schule oder zu Hause anwenden? An diesen wird sich Ihr Teenager orientieren.

....

....

....

....

....

....

<table>
<tr><th>Wenn dies geschieht ...</th><th>Denken Sie nicht das ...</th><th>Sondern vielleicht das ...</th></tr>
<tr><td>Ihr Teenager hat die ganze Woche über kaum ein Wort mit Ihnen gewechselt - es ist schwer, etwas über ihr Wohlbefinden aus ihr herauszubekommen.</td><td>Sie braucht mich nicht mehr und ich scheine ihr auch egal zu sein, so kalt ist sie mir gegenüber.</td><td>Sie kommuniziert nicht viel, sie steht unter Stress. Vielleicht ist sie sich ihrer Gefühle unsicher. Ich werde täglich präsent sein, um ihr meine Unterstützung zu signalisieren. Selbst wenn sie nicht spricht, weiß sie, dass ich in dieser schwierigen Zeit da bin.</td></tr>
<tr><td colspan="3"> Unterschätzen Sie niemals die Bedeutung der Beziehung zu Ihrem Teenager.</td></tr>
<tr><td>Ihr Teenager hat sein Fußballspiel verloren. Er hat den Bus verpasst und schreit Sie an, dass er eine Mitfahrgelegenheit zu seinem Freund braucht, weil er sonst ein Treffen verpassen würde.</td><td>Ich werde meine Meinung nicht ändern, auch wenn du mich noch so sehr anschreist, ich werde dich mit dem Auto nirgendwo hinfahren. Du musst lernen, höflich mit mir zu reden. Ich bin nicht eins deiner Teammitglieder.</td><td>Dein Team hat verloren. Ich weiß, dass das eine große Sache ist, aber es ist nicht in Ordnung, in diesem Ton mit mir zu sprechen. Ich kann dich jetzt nicht mit ins Auto nehmen. Lass uns später darüber reden, wenn du ruhiger bist.</td></tr>
<tr><td colspan="3"> Lass Sie sie nicht unhöflich sein, aber dafür wütend sein.</td></tr>
<tr><td>Ihre Stieftochter soll einen 500-Wörter-Essay für ihre Uni-Bewerbung verfassen. Die Auswahl, welche ihrer zahlreichen Hobbys und Aktivitäten zu erwähnen, überfordert und stresst sie.</td><td>Gib es mir und ich mache es. Du bist zu aufgeregt, um klar zu denken.</td><td>Das ist gar nicht so einfach. Lass uns mit dem Hund spazieren gehen, um einen klaren Kopf zu bekommen. Dann lass uns ein Brainstorming mit all deinen Ideen machen. Das reicht für einen Tag und morgen kannst du es noch einmal versuchen.</td></tr>
<tr><td colspan="3"> Helfen Sie ihnen, starke Problemlösungskompetenzen zu entwickeln.</td></tr>
</table>

TEIL 4

Hilfe und Selbsthilfe für das Teenager-Gehirn

Kapitel 13

Verschlafene Teenager

Kurz und knapp

- Schlaf wird als „Wundermittel“ bezeichnet.
- Schlafmangel ist unter Teenagern weit verbreitet.
- Teenager benötigen ausreichend Schlaf für ihre langfristige Gehirnentwicklung und zur Bewältigung des Alltags.
- Obwohl sich die biologischen Schlafzyklen von Teenagern verschieben, ist vorrangig der soziale Kontext für ihren Schlafmangel verantwortlich.
- Ausreichender und regelmäßiger Schlaf fördert das Lernen und das Gedächtnis.
- Mangelhafter Schlaf beeinträchtigt die geistige Gesundheit und das Wohlbefinden.

Einleitung

Als Elternteil oder Lehrer eines Teenagers ist Ihnen sicherlich bewusst, wie weit verbreitet Schlafmangel in dieser Altersgruppe ist. Nur wenige Teenager bekommen die empfohlenen acht Stunden Schlaf pro Nacht, und die Folgen sind sowohl kurz- als auch langfristig erheblich. Darüber hinaus beeinträchtigen Konflikte aufgrund von Schlafmangel – weil Jugendliche im Unterricht einschlafen, gereizt sind oder sich nicht auf das konzentrieren, was ihnen gesagt wird – die Beziehungen zwischen Jugendlichen und den Erwachsenen in ihrem Leben. Anstatt das einfach hinzunehmen und zu sagen: „Ach, das gehört zum Teenagerdasein“, sollten wir uns lieber damit auseinandersetzen und verstehen, was da los ist und was wir dagegen tun können.

Schlaf als Wundermittel

Wir verbringen viel Zeit schlafend. Wenn wir 79 Jahre alt werden, haben wir 26 Jahre geschlafen. Die Frage, warum wir so viel Zeit unseres Lebens schlafend verbringen, wird seit vielen Jahren diskutiert. Auch wenn sich Schlaf passiv und unproduktiv anfühlen mag, zeigt uns die Neurowissenschaft, dass das Gehirn keineswegs abschaltet, wenn wir schlafen, sondern sehr aktiv und für das körperliche und geistige Wohlbefinden unerlässlich ist. Matthew Walker, Autor des Buches „*Why we Sleep*" (2017), erklärt uns, dass Schlaf ein Wundermittel ist:

> *Wissenschaftler haben eine revolutionäre neue Behandlung entdeckt, die Sie länger leben lässt. Es verbessert Ihr Gedächtnis, macht Sie attraktiver. Es hält Sie schlank und senkt Ihren Heißhunger. Es schützt Sie vor Krebs und Demenz. Es wehrt Erkältungen und Grippe ab. Es senkt Ihr Risiko für Herzinfarkte und Schlaganfälle, ganz zu schweigen von Diabetes. Sie werden sich sogar glücklicher, weniger deprimiert und weniger ängstlich fühlen. Klingt das für Sie interessant? (Walker 2017, S.107 englische Ausgabe))*[20]

„Das will ich unbedingt!" höre ich Sie sagen. Aber wie können wir diese Botschaft an Teenager weitergeben? Wie können wir ihnen klarmachen, dass Schlafmangel die Motivation beeinträchtigt, unsere Fähigkeit, unsere Aufmerksamkeit zu fokussieren, verringert, uns reizbarer und reaktiver macht, unsere Stimmung senkt, unser Risiko für Fettleibigkeit erhöht und uns eher zu Stimulanzien wie Kaffee greifen lässt, um uns auf Trab zu halten? Studien zeigen, dass zwischen Schlafmangel und Selbstmordgedanken bei Teenagern ein Zusammenhang besteht. Dieser kann jedoch von verschiedenen individuellen, sozialen oder psychologischen Faktoren beeinflusst werden und darf nicht als einfacher kausaler Zusammenhang gesehen werden.

Und das sind nur die kurzfristigen Auswirkungen. Die Neurowissenschaft beginnt nach und nach, die langfristigen Auswirkungen von Schlafmangel auf die Gehirnstruktur von Teenagern zu enthüllen. Es gibt deutliche Hinweise darauf, dass Schlaf in dieser Zeit der bedeutenden Plastizität und Entwicklung des Gehirns mehr denn je benötigt wird. Mit anderen Worten: In der Zeit ihres Lebens, in der sie den meisten Schlaf brauchen, bekommen Jugendliche nicht genug.

Der wissenschaftliche Teil: Gehirn und Verhalten

Die innere Uhr verschiebt sich in der Pubertät

Wenn wir mit Lehrern und Eltern über das Teenager-Gehirn sprechen und eine Art neurowissenschaftliches „Richtig-oder-Falsch"-Quiz machen, wissen die meisten, dass sich der zirkadiane Rhythmus in den Teenagerjahren verändert, was dazu führt, dass Teenager natürlicherweise später einschlafen. Unser zirkadianer Rhythmus ist der Schlaf- und Wachzyklus, der durch eine innere 24-Stunden-Uhr gesteuert wird. Zur Schlafenszeit wird in unserem Gehirn ein Hormon namens Melatonin ausgeschüttet, das unserem Körper im Zusammenhang mit der Dunkelheit ein internes Signal gibt, das den Einschlafprozess unterstützt. Bei Teenagern geschieht dies später, was dazu führt, dass sie die biologische Neigung haben, etwas später einzuschlafen als ihre jüngeren Geschwister und ihre Eltern.

Wissenschaftler haben dies als Erklärung dafür herangezogen, warum Teenager so spät ins Bett gehen wollen. Darüber hinaus hat diese Erkenntnis zu Forderungen geführt, die Schulanfangszeiten für Teenager zu verschieben. Das Argument: Wenn wir darauf bestehen, dass Teenager früh aufstehen, obwohl ihr Körper ihnen sagt, dass sie später ins Bett gehen sollten, verringern wir die Menge an Schlaf, die sie bekommen. In Europa und den Vereinigten Staaten werden aktuell Studien durchgeführt, bei denen der Schultag für Jugendliche später beginnt. Der spätere Beginn ermöglicht es den Schülern, später aufzuwachen, und scheint sich positiv auf die Noten und die Anwesenheit auszuwirken. Dies ist ein spannender Bereich, der noch weiter erforscht werden muss.

Doch... der soziale Kontext trägt maßgeblich zum Schlafmangel bei

Ron Dahl und Daniel Lewin (2002) weisen jedoch darauf hin, dass die Veränderung des zirkadianen Rhythmus bei Teenagern nur ein Teil des Problems ist. Sie argumentieren, dass die Verzögerung bei der Freisetzung von

Melatonin vielleicht nur 1 Prozent des Problems ausmacht. Die anderen 99 Prozent, so sagen sie, sind auf den sozialen Kontext zurückzuführen, was einen winzigen biologischen Effekt verstärkt, so dass ein späterer Schulbeginn allein nicht ausreichen wird.

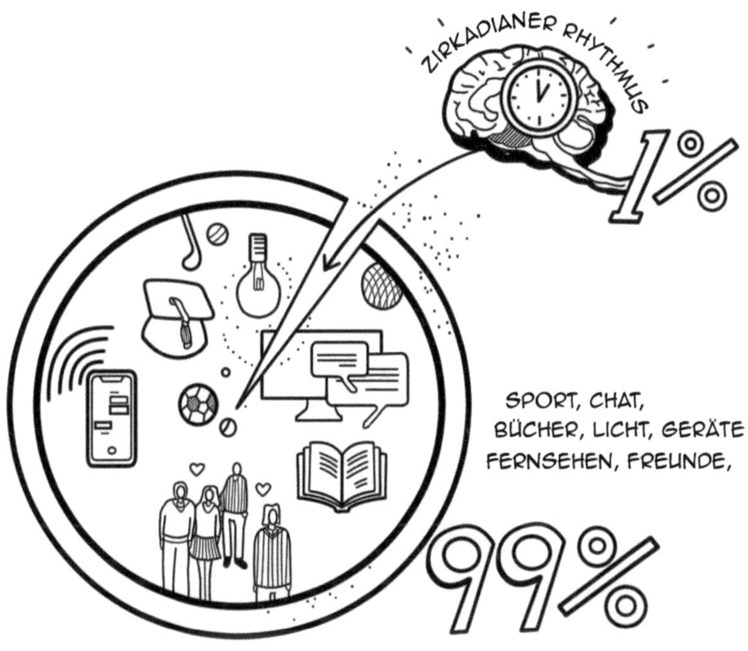

Abbildung 13.1: Der soziale Zusammenhang erklärt das Schlafverhalten von Teenagern

Der Begriff „sozialer Kontext" beinhaltet diverse Faktoren. So führt die Technologie wahrscheinlich zu einer späteren Schlafenszeit, weil das von Computern und mobilen Geräten ausgestrahlte Licht dem Gehirn vorgaukelt, es sei Tag, wenn es nicht so ist. Hinzu kommt die soziale Anziehungskraft der Technologie in dieser Lebensphase. Das Gehirn des Teenagers signalisiert ihm, dass er mit Gleichaltrigen in Kontakt treten und sich als Teil der Gruppe fühlen muss. Dies bewegt ihn dazu, zum Telefon zu greifen und die sozialen Medien zu checken. Außerdem hat die Forschung herausgefunden, dass nächtliche Grübeleien und Sorgen während der Pubertät zunehmen, was dazu führt, dass Teenager länger wach sind, während sie im Bett liegen und über ihren Alltag nachgrübeln. All diese Faktoren überlagern sich mit einer winzigen biologischen Verschiebung und führen zu größerer Besorgnis und potenziell negativen Auswirkungen auf die Gesundheit und das Wohlbefinden von Teenagern. Es ist ihre Sensibilität gegenüber dem sozialen Umfeld, die die größten Auswirkungen mit sich bringt.

Nicht nur die Dauer, sondern auch die Variabilität des Schlafzeitpunkts ist äußerst problematisch

Bemerkenswert ist, dass die Forschung darauf hinweist, dass allein die gezählten Schlafstunden nicht ausreichen, um das Problem vollständig zu verstehen. Wie Sie wissen, ist eine der auffälligsten Verhaltensänderungen in der Pubertät die Verschiebung der Schlafzeiten. Da sie beginnen, sich online mit Freunden zu treffen, auf Partys zu gehen oder an „Übernachtungspartys" teilnehmen (eine etwas irreführende Bezeichnung angesichts der Menge an „Schlaf", die tatsächlich stattfindet), neigen Teenager dazu, die „Zeitzonen" an Wochenenden und in den Schulferien zu verschieben, so dass sie an Wochenenden vielleicht von 3.30 Uhr bis Mittag schlafen, anstatt wie üblich von 22.30 Uhr bis 7 Uhr morgens an Werktagen. Die Menge des Schlafs ist gleich, aber es gibt eine große Verschiebung in der Zeit, in der sie ihren Schlaf bekommen.

Bemerkenswert ist, dass dieses als „sozialer Jetlag" bekannte Phänomen (Roenneberg et al. 2004) eine stärkere negative Auswirkung auf die Gehirnentwicklung und -funktion hat als der bloße Verlust an Schlafstunden. Dies ist vielleicht überraschend, hängt aber wahrscheinlich mit den Schlafzyklen zusammen. Durch den Wechsel der Zeitzone verschieben sich unsere Schlafzyklen, so dass unser Körper verwirrt wird und weniger gut funktioniert. Stellen Sie sich vor, Sie fliegen jedes Wochenende auf die andere Seite der Welt – klingt unheimlich anstrengend, oder?

Auf den Teenager übertragen

Unzureichender Schlaf schadet der geistigen Gesundheit und dem Wohlbefinden erheblich

Die psychische Gesundheit reagiert sehr empfindlich auf Schlafmangel. Interessanterweise liegt die „optimale“ Schlafdauer für eine positive geistige Gesundheit bei 8 bis 10 Stunden, was etwas mehr ist als die optimale Anzahl von Stunden, die für ein gutes Abschneiden bei standardisierten Tests erforderlich ist (7- 7,5 Stunden). Zudem ist die Verbindung zwischen psychischem Wohlbefinden und Schlaf komplex und zeigt sich in zweierlei Hinsicht. Wenn emotionale Erregung und Stress den Schlaf beeinträchtigen, da Grübeln und Sorgen einen jungen Menschen wach machen und ihn am Einschlafen hindern, kann es schnell zu einer Negativspirale kommen, da Emotionen ohne ausreichenden Schlaf schwerer zu regulieren sind, einschließlich einer schlechten Stimmung, wodurch wir weniger in der Lage sind, mit den Widrigkeiten des Alltags umzugehen. Hinzu kommt, dass wir nach wenig Schlaf reizbarer sind und unsere Frustrationstoleranz sinkt, was zu mehr Konflikten und negativen Interaktionen mit anderen führen kann. Es wird schnell deutlich, wie wenig Schlaf unsere Teenager in den Teenagerjahren für Dysregulationen anfällig macht, aber auch, wie regelmäßiger Schlaf einen jungen Menschen unterstützen kann, der emotional zu kämpfen hat. Sehen Sie sich weiter unten die Fallstudie über Kasia und die Auswirkungen des Schlafmangels auf ihr Wohlbefinden an.

Was bedeutet das für den Alltag?

Ein Teenager mit unzureichendem Schlaf kann mürrisch wirken, weil dann das primitive Gehirn dominiert

Nach einem schlechten Schlaf (oder einer durchzechten Nacht) fühlen wir uns alle emotionaler, sagen eher etwas, was wir später bereuen, und verfallen eher in schlechte Gewohnheiten wie eine ungesunde Ernährung. Das gilt für uns alle – wir alle neigen eher dazu, zu „verlieren“, wenn wir schlecht geschlafen haben. Das liegt daran, dass das emotionale Gehirn dominiert und Teile des Gehirns, die für komplexe kognitive Funktionen verantwortlich sind, Schwierigkeiten haben, schnell genug aktiviert zu werden (erinnern Sie sich an die Funktionsweise unseres Gehirns aus *Kapitel 2: Das Teenager-Gehirn – denkt und fühlt*). Für Teenager gilt dies vielleicht noch mehr, da die Bereiche ihres Gehirns, die Emotionen und Verhalten regulieren, noch nicht vollständig ausgereift sind. Falls Ihr Teenager schlecht geschlafen hat, selbst wenn es daran lag, dass er unterwegs war und sich amüsiert hat (was Sie ein wenig geärgert hat), versuchen Sie, ihm am nächsten Tag ein wenig Spielraum zu lassen und die Erwartungen an ihn zu senken. Direkte Konflikte werden wahrscheinlich nur dann aufflammen, wenn das Gehirn mit weniger Schlaf arbeitet. Wenn Ihr Teenager eines dieser emotionalen oder verhaltensbedingten Anzeichen oder Symptome zeigt, nehmen Sie sich die Zeit, ihm zu helfen, seinen Schlafrhythmus zu managen und sicherzustellen, dass er ausreichend und regelmäßig schläft. Wie Matthew Walker sagt, ist Schlaf ein Wundermittel.

Nachts verstärken sich die Sorgen oft

Wir alle haben schon einmal die Erfahrung gemacht, dass wir nachts im Bett liegen und über etwas nachgrübeln, das uns das Leben schwer macht – wie wir die Rechnungen bezahlen werden, ob wir unseren Freund verärgert haben, wie wir den Bericht für die Arbeit schreiben werden usw. Tatsächlich machen wir uns nachts oft Sorgen um unsere Teenager. Aber bei Teenagern kann dieses Grübeln auf Hochtouren laufen - wiederkehrende negative Gedanken können sie die ganze Nacht hindurch plagen. Angst steigert die Kampf- oder Fluchtreaktion des Körpers, so dass er bereit ist zu handeln, und in diesem Modus ist unser Körper nicht in der Lage, einzuschlafen. Eine kürzlich durchgeführte Studie im Labor von Ron Dahl hat gezeigt, dass im Zusammenhang mit familiärem Stress die elterliche Unterstützung ein wichtiger Prädiktor für längeren und gleichmäßigeren Schlaf bei Teenagern ist. Ihre Beziehung zu Ihrem Kind ist wichtig für seinen Schlaf. Sprechen Sie mit Ihrem Teenager über das Grübeln und helfen Sie ihm zu verstehen, was vor sich geht. Erinnern Sie sie daran, dass die Gedanken in ihrem Kopf nicht immer wahr sind, vor allem nicht vor dem Schlafengehen (warum werden unsere Gedanken nach 22 Uhr so selbstsabotierend?). Geben Sie ihnen einen anderen Zeitpunkt und Ort während des Tages, an dem sie schwierige Dinge in ihrem Leben besprechen können, damit ihr Gehirn nachts für den Schlaf frei ist.

Es fällt Teenagern schwer, ihre Handys nicht ins Schlafzimmer mitzunehmen

Wir haben gelernt, dass Jugendliche mit ihrem hoch entwickelten sozialen Gehirn den Drang haben, sich mit Gleichaltrigen zu vernetzen, und ein Großteil der Vernetzung mit Gleichaltrigen findet in dieser Generation über das Handy statt. Handys im Bett zu später Stunde üben daher nicht nur eine starke soziale Anziehungskraft auf Teenager aus, sondern das von der Technologie ausgestrahlte Licht signalisiert ihrem Gehirn auch, dass noch genug Zeit zum Wachbleiben ist (Erinnern Sie sich daran, dass Dunkelheit die Melatoninausschüttung auslöst). Die Auswirkungen von Handys auf den Schlaf von Teenagern sind also doppelt schlimm. Wir behandeln soziale Medien in *Kapitel 16: Soziale Medien und Technologie*, aber wenn es um Schlaf und Teenager geht, lautet die wichtigste Regel: Keine Handys im Schlafzimmer zur Schlafenszeit! Wenn sich alle Eltern an diese eine Regel halten würden, würde eine ganze Generation von Teenagern davon profitieren.

Kleine Dinge können einen großen Unterschied für die Schlafqualität ausmachen

Eine jüngste Studie brachte eine überraschende und einfache Erkenntnis ans Licht. Die von Adriana Galvan geleitete Studie untersuchte die Schlafqualität junger Menschen im Alter von 14-18 Jahren (2018). Ihre Gehirnscans nach zwei Wochen zeigten, dass diejenigen, die besser geschlafen hatten, eine größere Konnektivität in den Bereichen des Gehirns aufwiesen, die mit Selbstkontrolle, Emotionen und Belohnungsverarbeitung in Verbindung stehen. Eine detaillierte Betrachtung der Umweltzusammenhänge war überraschend. Es waren nicht die Personen mit weniger Technik im Zimmer, weniger Lärm oder mehr Dunkelheit, die besser schliefen. Vielmehr waren es die, die mit ihrer Bettwäsche und ihrem Kissen zufriedener waren. Dies ist nur ein kleines Ergebnis, denn was ein gutes Kopfkissen ausmacht, ist bei jedem unterschiedlich. Zudem besitzen die meisten Teenager heutzutage ein ziemlich komfortables Kopfkissen. Die Botschaft ist jedoch klar: Guter Schlaf ist mit guter Gehirnaktivität verbunden und Komfort ist wichtig, wenn es um Schlaf geht.

Was bedeutet das für das Lernen?

Guter Schlaf erhöht die Fähigkeit junger Menschen, in den positiven Lernzyklus einzutreten

Wir haben den positiven Lernzyklus in *Kapitel 3: Das Teenager-Gehirn – lernt und glaubt* beschrieben, bei dem das Gehirn eines Teenagers mit einer Aufgabe beschäftigt ist und dadurch die neuronalen Verbindungen gestärkt werden. Schlechter Schlaf kann sich negativ auf den positiven Lernzyklus auswirken, da er die Aufrechterhaltung der Aufmerksamkeit und die Regulierung von Emotionen erschwert und so die Fähigkeit eines jungen Menschen beeinträchtigt, eine anspruchsvolle Lernaufgabe zu bewältigen. Nach einer unruhigen Nacht arbeitet das Gehirn einfach nicht mehr so gut und kann die Höhen und Tiefen des Lernens nicht mehr so gut bewältigen. Das gilt für uns alle, aber für Jugendliche noch mehr, da sich die Systeme zur Regulierung von Aufmerksamkeit und Emotionen in ihrem Gehirn noch entwickeln. Studien haben immer wieder gezeigt, dass die Dauer des Schlafs mit den schulischen Leistungen zusammenhängt. Der Schlaf ist also eine der ersten Anlaufstellen, um den schulischen Erfolg junger Menschen zu unterstützen.

Guter Schlaf hilft Teenagern, Erinnerungen zu kodieren

Der Schlaf wird als „Klebstoff des Lernens“ bezeichnet, denn während des Schlafs kodiert das Gehirn die kürzlich gelernten Informationen. Matthew Walker beschreibt den Schlaf in der Nacht nach dem Lernen als das Klicken auf die Schaltfläche „Speichern“ für diese neu erstellten Informationen. Das faktenbasierte Lernen, das Jugendliche für die Schule brauchen, wird im Tiefschlaf verarbeitet, typischerweise in den ersten Stunden des Schlafs.

Helfen Sie Teenagern zu schlafen und klären Sie sie über die Bedeutung des Schlafs für die Gedächtniskonsolidierung und das Lernen auf.

Ein hohes Arbeitspensum frisst die Freizeit von Teenagern auf, was sich auf den Schlaf auswirkt

Wir sollten als Gesellschaft über das hohe Arbeitspensum junger Menschen nachdenken. Selbst nach einem vollen Tag des Lernens in der Schule wird von vielen jungen Menschen erwartet, dass sie am Nachmittag oder am Abend drei bis fünf Stunden Hausaufgaben machen. Wir sind uns nicht sicher, wie wir uns fühlen würden, wenn wir nach einem vollen Tag im Büro noch drei Stunden arbeiten müssten, aber diese Kultur ist im Bildungssystem vieler westlicher Gesellschaften verankert. Dies erhöht nicht nur den Stresspegel und die Spannungen im Familienleben, sondern bedeutet auch, dass viele junge Menschen keine Zeit für Entspannung, Sozialleben oder das Ausleben ihrer eigenen Interessen haben. Es ist gut möglich, dass Jugendliche in ihrem Bestreben, sich Zeit für sich selbst zu nehmen und gleichzeitig die Anforderungen zu erfüllen, die die Hausaufgaben an sie stellen, oft bis spät in die Nacht aufbleiben. Vielleicht ist dies die einzige Zeit, die sie haben, um Dinge zu tun, die sie lieben. Viele haben über den chronischen Schlafmangel dieser Generation von Teenagern geschrieben, der sich wahrscheinlich auf die Entwicklung des Gehirns und die geistige Gesundheit auswirkt. Aber anstatt nur den Teenagern selbst die Schuld zu geben, sollten wir uns vielleicht fragen, ob wir für ihre Überplanung verantwortlich sind.

Was lernen wir daraus?

Ausreichender und regelmäßiger Schlaf ist für das einwandfreie Funktionieren des Gehirns von Teenagern unerlässlich, aber zu viele Teenager bekommen nicht genug davon. Wissen wir doch, wie sehr sich Schlafmangel in dieser entscheidenden Lebensphase auf Gehirnfunktion und -entwicklung auswirkt, müssen wir alles in unserer Macht Stehende tun, um Teenagern zu mehr Schlaf zu verhelfen. Das soziale Umfeld spielt bei diesem Problem eine große Rolle, und es ist wichtig, sich der Problematik bewusst zu sein, damit Sie wissen, wann Sie eingreifen und wie Sie einen Teenager dabei unterstützen können, mehr Schlaf zu bekommen. Denken Sie daran, dass Ihr Kind gerade lernt, für sich selbst zu sorgen, und dass es dabei Lernerfahrungen macht, die manchmal auch mit Fehlschlägen verbunden sind. Setzen Sie Ihre Teenagerbrille auf, um sich auf ihre Bedürfnisse einzustellen, und beachten Sie unsere Handlungsempfehlungen weiter unten.

Fallstudie: Kasia

Kasia, ein 16-jähriges Mädchen, steht kurz vor ihren Abschlussprüfungen. Sie ist ein fleißiges und gewissenhaftes Mädchen, ist stolz darauf, ihre Arbeit pünktlich zu erledigen und legt Wert darauf, dass ihre Schulunterlagen immer ordentlich und korrekt sind. Sie war schon immer so und ihre Eltern haben diese Eigenschaft stets an ihr bewundert. Ihre Lehrer haben immer gesagt, dass sie es im Leben weit bringen wird.

Im Vorfeld der Prüfungen gibt es eine Menge Hausaufgaben zu erledigen. Kasia versucht, gründlich zu sein, und nimmt sich viel Zeit, um ihre Arbeit zu erledigen. Das bedeutet, dass sie oft bis spät in die Nacht wach ist. Ihre Eltern lassen sie oft in ihrem Zimmer weiterarbeiten und vertrauen darauf, dass sie ihr Handy weglegt und ins Bett geht, wenn die Arbeit erledigt ist. Sie sind meistens einfach nur erleichtert, dass sie keinen Teenager haben, der Party macht und sie herausfordern will. Sie ist einfach ein so liebenswertes, fleißiges und gewissenhaftes Mädchen.

Allerdings haben sie in letzter Zeit festgestellt, dass Kasia über Kopf- und Bauchschmerzen klagt. Sie hatte schon immer eine Tendenz zu Migräne, aber sie werden immer stärker und treten für ihren Geschmack zu häufig auf. Kasia sagt auch, dass es ihr schwerfällt, sich in der Schule zu konzentrieren. In der Schule wird ein Treffen mit Kasia, ihren Eltern und ihren Lehrern einberufen, um ihre Fortschritte zu besprechen. Dabei sorgt eine einfache, freundliche Frage ihres Lehrers bei Kasia für Tränen: „Wie kommst du mit der Menge an Arbeit zurecht?“ Kasia beichtet, dass sie oft bis 2 oder 3 Uhr morgens arbeitet, um ihre Arbeit so gut zu erledigen, wie sie es von sich selbst erwartet. Ihre Eltern sind schockiert. Sie hatten keine Ahnung. Sie errechnen, dass sie im Durchschnitt vielleicht nur vier bis fünf Stunden pro Nacht schläft. Kein Wunder, dass sie Kopfschmerzen bekommt und anfängt, weinerlich und ängstlich zu sein.

Eine gute Lösung

Kasias Eltern brauchen die Unterstützung ihrer Lehrer in der Schule, um Kasia zu versichern, dass sie nicht all diese Hausaufgaben machen muss, um in der Schule gut zu sein. Kasia, als begabtes Mädchen, sollte in dieser Phase ihres Lebens besonders ein Gleichgewicht zwischen Leistung, Gesundheit und geistigem Wohlbefinden finden. Kasias Lehrer stimmen zu, ihr Arbeitspensum zu reduzieren. Sie wird darauf hingewiesen, dass sie unter keinen Umständen länger als bis 22 Uhr arbeiten darf, und es wird ihr versichert, dass sie keinen Ärger bekommen wird, wenn sie nicht alle ihre Hausaufgaben erledigt. Ihre Lehrer und Eltern helfen Ihr dabei, eine gute Schlafroutine zu entwickeln, damit sich ihr Gehirn entspannen kann (Bad, Buch, Licht aus). In drei Wochen wird ein weiteres Treffen angesetzt, um zu evaluieren, ob der Plan funktioniert und wie man weiter für Kasias Wohlbefinden sorgen kann.

Was könnte im Weg stehen?

Eltern und Lehrer können so sehr darauf bedacht sein, dass junge Menschen gute akademische Leistungen erbringen, weil sich dadurch Türen für den nächsten Lebensabschnitt öffnen, dass sie sich davor scheuen, das Arbeitspensum zu reduzieren. Es ist wichtig zu bedenken, dass Balance im Leben wesentlich ist. Nicht nur sollten wir das Wohlbefinden eines Teenagers fördern, sondern ihm auch zeigen, wie essentiell es ist, diese Ausgewogenheit im Leben zu erreichen. Selbst bei harter Arbeit an einem Ziel ist es essentiell, dass wir gut schlafen, uns gut ernähren und regelmäßig Sport treiben. Das Gehirn arbeitet besser, wenn es ausgeruht, gut versorgt und trainiert ist.

Handlungsempfehlung:

Überlegen Sie, was sie dazu motivieren könnte, mehr zu schlafen

Wenn es um das Thema Schlaf geht, sollten Sie sich überlegen, wie Sie junge Menschen durch motivierendes Lernen unterstützen können. Einem jungen Menschen zu sagen, er solle früh zu Bett gehen, um bessere Noten zu bekommen, damit er eine gute Universität besuchen kann, wird nicht gegen ein sozial bedeutsames Ziel in seinem Leben ankommen. Wenn Sie versuchen, sie dazu zu bringen, früher ins Bett zu gehen, ist es vielleicht besser, sich an Dingen zu orientieren, die für sie sozial und emotional bedeutsam sind. Für einen jungen Menschen, der Wert auf akademische Leistungen, aber auch auf Zeit mit seinen Freunden legt, könnte es zum Beispiel motivierender sein, ihm zu zeigen, dass er durch mehr Schlaf aufmerksamer und effizienter arbeiten kann und dadurch mehr Zeit für soziale Kontakte hat. Ein Teenager, der möchte, dass seine Haut am Morgen geschmeidig und jugendlich aussieht, wird vielleicht feststellen, wie viel besser sie nach einer guten Nachtruhe aussieht. Durch Gespräche, Problemlösung, Reflexion und Ausprobieren können Erwachsene den Teenagern helfen, herauszufinden, was für sie am besten funktioniert.

Handlungsempfehlung:

Niemals mit Wut ins Bett gehen

Es überrascht vielleicht nicht, dass enge familiäre Bindungen besonders wichtig für den Schlaf von Jugendlichen sind. Elterliche Unterstützung wirkt wie ein sicherer Hafen oder eine Rückversicherung, dass es dem Jugendlichen ermöglicht, sich zu entspannen und seine Sorgen beiseitezuschieben. Versuchen Sie, dafür zu sorgen, dass Ihr Teenager möglichst nicht mit Wut über einen ungelösten Konflikt ins Bett geht. Wenn Familien stressige Lebensereignisse durchmachen, kann der Schlaf eines Teenagers durchaus beeinträchtigt werden, so dass eine zusätzliche nächtliche Unterstützung und Beruhigung gerechtfertigt sein kann. Viele Teenager freuen sich immer noch über eine Umarmung vor dem Schlafengehen.

Handlungsempfehlung:

Beachten Sie, wie Sie mit Ihrem Teenager sprechen

Denken Sie daran, dass Teenager eine neue Art der Interaktion brauchen, die nicht zu sehr „von oben nach unten“ verläuft, sondern bei den Diskussionen und Problemlösungen im Vordergrund stehen. Wir können ihnen gute Grenzen setzen (z. B. eine angemessene Schlafenszeit, die wir empfehlen würden) und gute Schlafroutinen aufstellen (z. B. Telefon ausschalten, Bad, dann ein Buch, vielleicht ein Gespräch mit Mama oder Papa, dann Licht aus), aber letztendlich ist es viel nützlicher und nachhaltiger, sie zu überzeugen, genug Schlaf zu bekommen. Lösen Sie die Probleme gemeinsam mit ihnen oder führen Sie ein paar Versuche durch, damit sie sehen, wie sie sich nach mehr oder weniger Schlaf fühlen.

Handlungsempfehlung:

Seien Sie vorsichtig mit Technik im Schlafzimmer

Handys zur Schlafenszeit sind für Jugendliche ein starker sozialer Anziehungspunkt, dem sie nur schwer widerstehen können, der sich aber negativ auf den Schlaf auswirken kann. Auch andere elektrische Geräte wie Fernseher oder Computer können den Schlaf beeinträchtigen. Sprechen Sie mit Ihrem Teenager, der darauf besteht, Geräte im Zimmer zu haben, und verhandeln Sie mit ihm, dass er sie über Nacht woanders aufbewahrt. Eine Diskussion über die wissenschaftliche Grundlage der Melatonin HJunemmung kann die Motivation steigern, aber angesichts der starken sozialen Anziehungskraft der sozialen Medien wird es nicht leicht sein, diese Diskussion zu gewinnen.

Handlungsempfehlung:

Versuchen Sie, den sozialen Jetlag zu reduzieren

Teenager lieben es, am Wochenende lange aufzubleiben, aber die Auswirkungen des sozialen Jetlags sind weitaus gravierender als zu wenig Schlaf. Auch wenn es wahrscheinlich wichtig ist, an Wochenenden und in den Ferien etwas länger aufzubleiben, sollten Sie darauf achten, dass die Zeitverschiebung zwischen Wochentagen und Wochenenden nicht so groß ist, dass sie Probleme verursacht, insbesondere in akademisch wichtigen Zeiten wie der Prüfungszeit. Auswärts zu übernachten kann in den Schulferien angemessen sein, aber jedes Wochenende in der Schulzeit, insbesondere in Zeiten akademischen Stresses, ist absolut nicht empfehlenswert.

Handlungsempfehlung:

Sorgen Sie dafür, dass Teenager einen Ort zum Reden haben

Grübeln kann nachts die Oberhand gewinnen, besonders bei Teenagern. Besprechen Sie dies mit den Jugendlichen und sorgen Sie dafür, dass sie jemanden haben, mit dem sie regelmäßig über Dinge sprechen können, die ihnen durch den Kopf gehen, um das nächtliche Grübeln zu reduzieren.

Handlungsempfehlung:

Denken Sie daran, dass Schlaf die Grundlage für eine gute geistige Gesundheit ist

Wenn Sie sich wirklich Sorgen um die psychische Gesundheit eines jungen Menschen machen (auch wenn er in der Schule gut abschneidet), ist der Schlaf der erste Punkt, an dem Sie nach Verbesserungen suchen sollten. Wenn dies bedeutet, dass die Arbeitsbelastung reduziert werden muss, um mehr Schlaf zu ermöglichen, dann soll es so sein. Schließlich nützt es nichts, wenn ein Teenager hervorragende Schulnoten hat, aber gleichzeitig ein schwerwiegendes psychisches Problem aufweist.

Und die Moral von der Geschicht'...

Viele Teenager bekommen nicht genug Schlaf. Es gibt zwar eine kleine Verschiebung in ihrer biologischen Uhr, die dazu führt, dass sie etwas später einschlafen als Kinder oder Erwachsene, aber dieses Verhalten wird hauptsächlich von ihrem Umfeld gesteuert. Angesichts der Bedeutung, die Schlafmangel für die Entwicklung und Funktion des Gehirns junger Menschen hat, müssen wir ihnen helfen, diesen Teil ihres Lebens zu bewältigen.

Downloads: Verschlafene Teenager

Schlaf ist ein Wundermittel für das Gehirn, und Schlafmangel ist bei Teenagern weit verbreitet. Die biologischen Schlafzyklen von Teenagern verschieben sich, aber der soziale Faktor ist in erster Linie für das Schlafdefizit von Teenagern verantwortlich. Ausreichender und regelmäßiger Schlaf fördert das Lernen, während schlechter Schlaf dem Wohlbefinden abträglich ist. Erwachsene müssen junge Menschen dabei unterstützen, regelmäßig und ausreichend zu schlafen, damit sie ihr Potenzial ausschöpfen können.

Übung
Schreiben Sie in dieser Woche jeden Tag das Schlafverhalten Ihres Teenagers auf, einschließlich der Zeit, die er geschlafen hat, und des sozialen Jetlags (d.h. der Zeitverschiebung an Wochenenden oder Feiertagen).

Montag

....

Dienstag

....

Mittwoch

....

Donnerstag

....

Freitag

....

Samstag

....

Sonntag

....

Gibt es bestimmte Zeiten, in denen Ihr Teenager sich Sorgen macht? Bemerken Sie, dass sein Verhalten schwieriger zu steuern ist, wenn er müde ist? Bemerkt er, dass seine Gedanken negativ werden und er nachts grübelt? Führen Sie ein Tagebuch über die Schlafstunden und bitten Sie Ihren Teenager, ein Tagebuch über seine Stimmung, seine Sorgen und seine Gedanken zu führen. Vergleichen Sie die Tagebücher gemeinsam und schauen Sie sich die Muster an.

....

....

....

....

....

Hat Ihr Teenager ein derart hohes Arbeitspensum, dass er kaum Freizeit hat und das seinen Schlaf beeinträchtigt? Was könnten Sie tun, um ihm zu helfen, ein besseres Gleichgewicht zu finden?

....

....

....

....

....

<table>
<tr><th>Wenn dies geschieht …</th><th>Denken Sie nicht das …</th><th>Sondern vielleicht das …</th></tr>
<tr><td>Ihr Teenager löscht sein Licht selten vor der Nachtruhe.</td><td>Wenn du so spät schlafen gehst, wirst du es nie zur Uni schaffen. Deine Schularbeiten werden darunter leiden. Du wirst Pickel im Gesicht bekommen. Du musst die Prüfungen gut bestehen.</td><td>Ich verstehe den Reiz, spät aufzubleiben, doch Schlafmangel ist ungesund. Wie können wir deine Gespräche mit Freunden und genug Schlaf vereinbaren? Versuch, eine Woche lang täglich acht Stunden zu schlafen und schau, wie es dir geht.</td></tr>
<tr><td colspan="3"> Helfen Sie Ihrem Teenager, innere Motivationen für mehr Schlaf zu finden.</td></tr>
<tr><td>Ihr Teenager benutzt sein Handy als Wecker, aber die Benachrichtigungen in den sozialen Medien scheinen die ganze Nacht einfach nicht aufzuhören.</td><td>Es ist ein zu großer Kampf, ihr das Telefon vor dem Schlafengehen abzunehmen. Alle ihre Freunde sind am Handy - sie wird den Chat verpassen und sich ausgeschlossen fühlen.</td><td>Es wird eine Herausforderung sein, ihr Handy vor dem Schlafengehen auszuschalten, aber es ist für ihre geistige Gesundheit wichtig. Ich werde an dieser Regel festhalten.</td></tr>
<tr><td colspan="3"> Schützen Sie den Schlaf, indem Sie klare Regeln für die nächtliche Nutzung von technischen Geräten aufstellen.</td></tr>
<tr><td>Wenn Ihr Teenager wieder einmal die ganze Nacht durchgemacht hat, ist der nächste Tag ein Reinfall. Sie ist einsilbig, blass und scheint an allem zu zweifeln, was sie sagt.</td><td>Sie kann am Wochenende anderswo übernachten und Sonntagabend alles nachholen. Sie ist nur müde, es wird sie nicht umbringen. Außerdem muss ich ihr etwas Spaß gönnen, weil sie in der Woche so hart arbeitet.</td><td>Ich möchte, dass sie Freude hat, daher sind gelegentliche Übernachtungen okay. Unter der Woche könnten sie jedoch ihr Lernen und Wohlbefinden beeinträchtigen. Wir müssen darüber sprechen und einen Plan erstellen, wenn wir uns beruhigt haben.</td></tr>
<tr><td colspan="3"> Versuchen Sie, den sozialen Jetlag zu reduzieren.</td></tr>
</table>

Kapitel 14

Gesunde Gewohnheiten entwickeln

KURZ UND KNAPP

- Die Teenagerjahre sind wichtig, um gesunde Verhaltensweisen zu entwickeln.
- Eine schlechte Ernährung kann die Entwicklung des Gehirns und der kognitiven Fähigkeiten in den Teenagerjahren beeinträchtigen.
- Bewegung kann sich positiv auf das Lernen auswirken.
- Essensvorlieben, die sich im Jugendalter herausbilden, können lebenslange Essgewohnheiten beeinflussen.
- Essstörungen treten häufig im Jugendalter auf und sollten idealerweise frühzeitig erkannt und behandelt werden.

EINLEITUNG

Die Teenagerjahre sind eine wichtige Zeit, um gute Gewohnheiten für die Selbstfürsorge in Bezug auf Ernährung und Bewegung zu entwickeln
Ernährung und Bewegung sind bedeutende Faktoren, die Gehirnfunktion und Verhalten beeinflussen. Wenn Ihr Teenager beginnt, eigene Entscheidungen zu treffen, hat er schon viele Menschen und deren Essgewohnheiten sowie Einstellung zu sportlichen Aktivitäten beobachtet. Wie bekannt ist, stellt das Nachahmen von Vorbildern eine effektive Lernmethode dar. Ess- und Bewegungsgewohnheiten sind eng mit sozialen Interaktionen verbunden und variieren je nach Kultur zu Hause und in der weiteren Umgebung. Allgemein gilt, dass die Teenagerjahre eine wichtige Zeit sind, um sich gute

Gewohnheiten anzueignen, die die gesunde Entwicklung von Gehirn und Körper unterstützen.

Teenager wissen meistens, wie gesunde Ernährung aussieht, aber ihre Essgewohnheiten passen oft nicht dazu

Die Zahl der Kinder, die als übergewichtig und fettleibig eingestuft werden, ist gegen Ende des 20. Jahrhunderts dramatisch gestiegen. Die Ernährung vieler Jugendlicher ist oft arm an bestimmten notwendigen Lebensmittelgruppen (insbesondere Obst und Gemüse), mangelhaft an Nährstoffen (wie Eisen, Zink, Folsäure, Vitamin A, Ballaststoffe usw.) und extrem fett-, salz- und zuckerhaltig. Jugendliche wissen zwar, was gesunde Lebensmittel sind, aber ihr Verhalten spiegelt dieses Wissen oft nicht wider und macht nicht den Eindruck, als ob sie sich um ihre zukünftige Gesundheit sorgen würden – vielen Erwachsenen geht es da sicher nicht anders. Die Essgewohnheiten von Teenagern tendieren zu häufigem Naschen, dem Auslassen von Mahlzeiten, dem Verzehr von „Junkfood" und dem seltenen Verzehr von Milch, Obst und Gemüse.

Junge Menschen können in einen negativen Kreislauf aus schlechter Ernährung und Bewegungsmangel geraten, der sich auf die psychische Gesundheit auswirkt

Das Gesundheitsministerium der USA empfiehlt, dass Jugendliche sich täglich mindestens 60 Minuten mäßig bis intensiv bewegen sollten. Dies ist wahrscheinlich recht einfach zu erreichen, wenn Ihr Teenager zu Fuß oder mit dem Fahrrad zur Schule kommt oder regelmäßig Sport treibt. Für Teenager, die auf öffentliche Verkehrsmittel (oder Aufzüge) angewiesen sind oder die eher sitzende Tätigkeiten ausüben, kann dies jedoch schwieriger sein. Mit dem zunehmenden Einsatz von Technologie im 21. Jahrhundert ist die sportliche Betätigung bei Teenagern stärker zurückgegangen als in jeder anderen Altersgruppe. Viele sehen den Grund dafür in der wachsenden Anzahl technischer Geräte. Doch auch wenn man es vermuten könnte, ist der Zusammenhang zwischen sitzender Tätigkeit und Bewegungsmangel nicht so stark. Manche Teenager treiben zwar viel Sport, sitzen dann aber auch viel, so dass wir nicht unbedingt den Geräten die Schuld geben können. Es ist jedoch offensichtlich, dass ein Teufelskreis entstehen kann, in dem unzureichende Ernährung und fehlende körperliche Bewegung die psychische Gesundheit beeinflussen und zu ungünstigen Bewältigungsstrategien führen, die wiederum mit schlechten Ernährungsgewohnheiten einhergehen. Wie wir in *Kapitel 16: Soziale Medien und Technologie* näher erläutern, sollten Sie einen ganzheitlichen Ansatz wählen, wenn es um gesunde Entscheidungen im Leben Ihres Teenagers geht.

Der wissenschaftliche Teil: Gehirn und Verhalten

Die Qualität der Ernährung und kognitive Fähigkeiten sind in Gehirnstudien miteinander verknüpft, auch im Hinblick auf Jugendliche

Es gibt viele Studien (viele davon aus Ländern mit niedrigem Einkommen), die einen starken Zusammenhang zwischen einer gesunden und ausgewogenen Ernährung in den ersten beiden Lebensjahren und einer späteren besseren kognitiven Funktion zeigen. Es gibt zwar weniger Studien, die zeigen, dass eine gesündere Ernährung und ein höheres Maß an Bewegung im Teenageralter die Wahrscheinlichkeit einer stärkeren Denkfähigkeit im Erwachsenenalter fördern. Diese Studien spiegeln dieses Ergebnis auch dann wider, wenn die Auswirkungen der Erziehung, der sozialen Schicht und des häuslichen Umfelds ausgeschlossen werden.

Es überrascht nicht, dass die Qualität der Ernährung in den Teenagerjahren besonders wichtig ist. Antonia Manduca und Kollegen (2017) untersuchten bei Mäusen die Auswirkungen eines Nährstoffmangels während der Pubertät. Sie fütterten die Mäuse bis zur frühen Adoleszenz mit einer ausgewogenen Ernährung. Dann erhielten einige der Mäuse eine Diät mit einem Mangel an mehrfach ungesättigten Omega-3-Fettsäuren, so dass sie die Auswirkungen der Ernährungsumstellung in den Teenagerjahren gezielt untersuchen konnten. Die Mäuse, denen Omega-3-Fettsäuren fehlten, zeigten Veränderungen sowohl im emotionalen als auch im denkenden Gehirn und wiesen außerdem ein verstärktes angstähnliches Verhalten und eine schlechtere Leistung bei einer Gedächtnisaufgabe auf. Dieser Effekt hielt bis ins Erwachsenenalter an und war vermutlich darauf zurückzuführen, dass die minderwertige Ernährung die Fähigkeit des Gehirns zur Feinabstimmung der Verbindungen zwischen den Neuronen in diesen Regionen beeinträchtigte. Natürlich können wir nicht von ausgereiften Mäusegehirnen auf menschliche Gehirne schließen, doch in einer umfangreichen Studie mit schwedischen männlichen Jugendlichen wurde ein Zusammenhang zwischen dem Verzehr von Fisch (mit hohem Omega-3-Gehalt) und der kognitiven Leistung festgestellt. Darüber hinaus ergab zumindest eine Studie mit menschlichen Teenagern Hinweise darauf, dass mehrere Ernährungsfaktoren – wie vermehrter Fastfood-Konsum, geringer Gemüseverzehr und das Auslassen von Mahlzeiten – im Erwachsenenalter zu geringeren verbalen Fähigkeiten führen. Diese Studien wurden durchgeführt, um genetische Effekte auszuschließen.

Ein gesundes Frühstück hat positive Auswirkungen auf Aufmerksamkeit, Verhalten und akademische Leistung

Es ist nicht nur wichtig, was man isst, sondern auch wann man isst. Das Frühstück wird oft als die „wichtigste Mahlzeit des Tages“ bezeichnet, und das ist auch wissenschaftlich belegt. Studien haben gezeigt, dass es sich unmittelbar positiv auf das Gedächtnis und die Konzentration junger Menschen auswirkt und ihnen Energie für das Lernen, den Sport und die Ausübung ihrer Interessen gibt. Trotzdem ist das Frühstück die am häufigsten ausgelassene Mahlzeit des Tages. Diejenigen, die dazu neigen, das Frühstück auszulassen, kommen oft aus sozioökonomisch schlechteren Verhältnissen. Als Katie Adolphus und ihr Team in Großbritannien (2016) viele Studien systematisch auswerteten, zeigte sich ein positiver Effekt des Frühstücks bei Schülern im Unterricht. Die Daten zeigten, dass ein regelmäßiges Frühstück zu Hause oder im Rahmen von Schulprogrammen mit ausreichender Vielfalt (einschließlich ausreichenden Kalorien) einen positiven Effekt auf die akademischen Leistungen und das Verhalten junger Menschen im Klassenzimmer hatte. Die deutlichsten Auswirkungen des Verzichts auf das Frühstück waren schlechtere Leistungen in Mathematik und Rechnen, die ein hohes Maß an Konzentration und exekutiven Funktionen erfordern.

Strukturierte und abwechslungsreiche außerschulische Aktivitäten unterstützen das Lernen

Es gibt überzeugende Belege für den positiven Einfluss körperlicher Aktivität auf Gehirnfunktion und Kognition in allen Altersgruppen. Irene Esteban-Cornejo und Kollegen (2015) untersuchten die außerhalb des Schulbereichs stattfindende körperliche Aktivität von Jugendlichen und fanden heraus, dass die Struktur und die Anzahl der außerschulischen Aktivitäten mit der kognitiven Leistung zusammenhängen. Ihre Studie legte insbesondere nahe, dass Jugendliche, die an mehreren außerschulischen Aktivitäten teilnahmen, bessere kognitive Leistungen aufwiesen als diejenigen, die nur eine einzige organisierte Aktivität oder gar keine ausübten. Der genaue Mechanismus, durch den sich körperliche Aktivität langfristig auf die Gehirnfunktion und die geistige Gesundheit auswirkt, ist nicht eindeutig geklärt, aber er gibt Anlass zum Nachdenken. Wie viel für jeden Teenager ausreichend ist, hängt jedoch von vielen Faktoren ab – es ist unwahrscheinlich, dass es eine „Einheitsgröße" für alle gibt.

Auf den Teenager übertragen

Mit dem neu erlangten Fokus auf die eigene Identität geht bei vielen Teenagern ein Interesse an der eigenen Figur einher

Die Figur (und das Körpergefühl) eines Teenagers unterliegt großen Veränderungen. Junge Menschen beiderlei Geschlechts können von Gleichaltrigen unter Druck gesetzt werden, auf eine bestimmte Art und Weise auszusehen, was sich auf die Lebensmittel auswirken kann, die ein Teenager zu sich nimmt. Da eine der wichtigsten Entwicklungsaufgaben der Teenagerjahre darin besteht, sich auf die eigene Identität zu konzentrieren, ist dies vielleicht nicht überraschend. Vergessen Sie nicht, dass Teenager darauf programmiert sind, Zeit damit zu verbringen, herauszufinden, wer sie sind und wie sie sich in die Gesellschaft einfügen. Dazu gehört auch ein neuer Blick auf ihren Körper. Es ist normal, dass sich junge Menschen eine Zeit lang auf ihren Körper konzentrieren, wie die Fallstudie von Hanifa unten zeigt, aber diese Konzentration macht sie auch anfällig für die Entwicklung einer Essstörung.

Einige wenige können in den Teenagerjahren eine Essstörung entwickeln

Essstörungen entwickeln sich besonders häufig während der Pubertät und können sich auf verschiedene Arten äußern. Sie sind beängstigende Erfahrungen für den betroffenen jungen Menschen und auch für seine Familie. Menschen mit einer Essstörung erleben extreme Störungen in ihrem Essverhalten und den damit verbundenen Gedanken und Gefühlen. Sie können auch ihr Maß an körperlicher Aktivität erheblich steigern, einen überwältigenden Drang verspüren, dünn zu sein, und eine krankhafte Angst haben, zuzunehmen und die Kontrolle über ihr Essverhalten zu verlieren. Essstörungen können Ausdruck einer zugrundeliegenden psychischen Entwicklungsstörung sein und, wenn sie sich festsetzt, auch ernste körperliche und psychische Probleme verursachen.

Essstörungen treten oft familiär bedingt auf. Einige, wie die Anorexia nervosa (Magersucht), weisen ein starkes genetisches Vererbungsmuster auf während andere Erkrankungen, wie die Bulimia nervosa (Heißhungeranfälle mit anschließendem selbstausgelösten Erbrechen) und Essanfällen, die von negativen Gefühlen begleitet sind, offenbar stärker durch Erfahrungen und das Umfeld des Betroffenen beeinflusst werden. Essstörungen können wirksam behandelt werden, und je früher damit begonnen wird, desto größer ist die Wahrscheinlichkeit einer Heilung. Wie wir in diesem Buch immer wieder erwähnen, sollten Sie das Verhalten immer nur als die Spitze des Eisbergs betrachten. Was ist die Ursache für den Kummer des jungen Menschen? Wenn Sie die zugrundeliegende Sorge in den Griff bekommen, kann er das krankhafte Verhalten ablegen.

Teenager sind dankbar, wenn wir fragen und nicht wenn wir bestimmen

Wie wir in *Kapitel 12: Startklar (mit Ihrer Unterstützung)* erörtert haben, können wir Teenagern nicht einfach sagen, was sie tun sollen, wenn wir ihr Verhalten ändern wollen. Sie haben ein angeborenes Bedürfnis nach Status und Respekt und wollen die Dinge selbst in die Hand nehmen. Die Psychologen Samia Addis und Simon Murphy haben in einer Studie untersucht, wie walisische Schüler der Sekundarschule neue Speisenangebote und die Auswirkungen auf das Essen in der Mittagspause wahrgenommen haben (2019). Die Studie unterstrich die „Bedeutung“ von Lebensmitteln für Teenager. Die Schüler bevorzugten tragbare Lebensmittel und Snacks, und sie lehnten die Idee einer „Hauptmahlzeit“ ab, weil sie sie an das Essen zu Hause erinnerte. Für sie war die Mittagszeit ein Ort, an dem sie sich entspannen und mit ihren Freunden zusammen sein konnten, und in diesem Zusammenhang sahen sie in den von oben verordneten Ansätzen der Essensplanung wenig Verhandlungsspielraum. Wenn es darum geht, das Verhalten von Teenagern zu beeinflussen, ist es wichtig, dass wir uns ihres Bedürfnisses nach Autonomie und Unabhängigkeit bewusst sind und sie fragen, statt ihnen etwas vorzuschreiben.

Die Auswahl der Lebensmittel bei jungen Menschen basiert möglicherweise auf Emotionen

Eine interessante Studie von Eloise Howse und Kollegen aus dem Jahr 2018 mit jungen erwachsenen Teilnehmern aus Schottland und Australien hat gezeigt, dass Jugendliche eine stärkere emotionale Verbindung zu Lebensmitteln haben als Erwachsene oder Kinder, die dabei auftretenden Gefühle können zum Beispiel Genuss oder Nostalgie sein. Ein weiterer wichtiger Faktor für das Verständnis von Lebensmittelentscheidungen war das Gleichgewicht zwischen Zeit und Geld. Die Wahl wurde durch die Attraktivität der Lebensmittel beeinflusst, die wahrscheinlich durch soziale Medien und Werbung beeinflusst wird. Gefühle im Zusammenhang mit ethischen Fragen (z. B. Veganismus in Verbindung mit Tierschutz) und moralischen Aspekten (z. B. Boykott von Lebensmitteln multinationaler Unternehmen) spielten ebenfalls eine Rolle. Wir denken vielleicht, dass Essen ein rein körperliches Bedürfnis ist, das eine rationale Herangehensweise erfordert, aber für Teenager spielen Emotionen und Bedeutung eine viel größere Rolle.

Es gibt Beweggründe und Hindernisse für die sportliche Betätigung von Teenagern

Wenn es um sportliche Betätigung geht, spielen Motivationsfaktoren eine wichtige Rolle. Eine Studie von Antonio Lopez-Castedo und Kollegen aus dem

Jahr 2018 ergab, dass die motivierenden Faktoren für sportliche Betätigung bei Jugendlichen Wettbewerb, soziale Anerkennung, Herausforderung, muskuläre Stärke und positive Gesundheit waren. Zu den Hindernissen gehörten Müdigkeit, ein schlechtes Körperbewusstsein oder körperlich-soziale Ängste sowie Zeitmangel. Leider können Hänseleien und Mobbing wegen des Körpergewichts zu einem negativen Körperbild und einem geringen Selbstwertgefühl führen, dass wiederum dafür sorgt, dass man sich noch weniger bewegt. Dies zeigt, wie verletzlich junge Menschen in der Gesellschaft sind und wie schwierig es für Jugendliche sein kann, sich für einen bestimmten Lebensstil zu entscheiden.

Was bedeutet das für den Alltag?

Gemeinsame Mahlzeiten in der Familie haben einen positiven Einfluss auf die psychische Gesundheit und das Wohlbefinden von Jugendlichen
Studien haben immer wieder gezeigt, dass das gemeinsame Essen in der Familie, insbesondere das Abendessen, mit einer besseren Ernährung und einer besseren psychischen Gesundheit bei jungen Menschen verbunden ist. Der positive Effekt erstreckt sich auch auf das Verhalten, das emotionale Wohlbefinden der Jugendlichen und vertrauensvollere Beziehungen. Dieser Befund gilt unabhängig von Geschlecht, Alter, Wohlstand der Familie oder, was vielleicht überraschend ist, inwieweit die Familie funktioniert. Der Schlüsselfaktor ist nicht, wie leicht ein Teenager mit seinen Eltern sprechen kann; vielmehr scheinen regelmäßige Mahlzeiten Lernmöglichkeiten und Schutz für das Wohlbefinden von Teenagern zu bieten.

Eine bewusste Lebensmittelauswahl gemeinsam mit Jugendlichen ist von großer Bedeutung
Der Einfluss der Familie nimmt in der Pubertät tendenziell ab und konkurriert mit dem Druck von Freunden, da die Teenager von Gleichaltrigen beeinflusst werden und beginnen, Lebensmittel unterwegs zu kaufen und zu konsumieren. Studien haben jedoch ergeben, dass das familiäre Umfeld einen entscheidenden Einfluss auf die Ernährung von Teenagern hat und

dass das Essverhalten in hohem Maße von den Vorlieben und Gewohnheiten der Familie beeinflusst und entwickelt wird. In einer kanadischen Studie von Raewyn Bassett und Kollegen (2008) übernahmen Jugendliche aus einem breiten Spektrum ethnischer Hintergründe häufig Verantwortung und reflektierten ihr Verhalten, wobei sie die Ratschläge ihrer Eltern im Hinterkopf behielten, auch wenn sie in einigen Fällen noch nicht in der Lage waren, diese zu befolgen. Dies deutet darauf hin, dass die Wahl der Lebensmittel sowohl von den Jugendlichen als auch von ihren Eltern mitgestaltet wird, da jeder dem anderen vertraut und auf ihn reagiert.

Vorleben von Verhalten ist die wirkungsvollste Form des Lernens

Wir wissen um die Macht des Vorbilds in Beziehungen, und die Selbstfürsorge ist da keine Ausnahme. Wie wir auch in *Kapitel 12: Startklar (mit Ihrer Unterstützung)* gelernt haben, sind Verhaltensweisen, die vorgelebt werden und hohes Ansehen genießen, bei Teenagern aufgrund ihres Strebens nach Prestige und Status in einer Kultur sehr begehrt. Bedenken Sie die Botschaften, die Teenagern bezüglich ihrer Figur, ihrer Ernährung und des Sports vermittelt werden. Leben Sie ihnen vor, wie wichtig es ist, sich regelmäßig zu bewegen, um den Körper gesund zu halten? Zeigen Sie Schuldgefühle, wenn Sie ungesundes Essen zu sich nehmen, indem Sie sagen: „Ich werde so fett!", oder betonen Sie, wie wichtig es ist, unabhängig vom Körperbild eine gesunde Ernährung zu wählen? Die Sesamstraße hat die Begriffe „manchmal Essen" und „immer Essen" geprägt. Das ist eine nette Art, dem Verzehr bestimmter Lebensmittel die Schuld zu nehmen und gleichzeitig zu vermitteln, dass es verschiedene Arten von Lebensmitteln gibt. Unser Verhalten und unsere emotionalen Reaktionen auf Teenager in Bezug auf Essen und Bewegung sind wichtig und können ihre lebenslangen Verhaltensmuster beeinflussen.

Halten Sie sich aus Konflikten heraus und ermutigen Sie Teenager, auf die Signale ihres eigenen Körpers zu achten

Es ist ratsam, sich aus Konflikten in Lebensbereichen wie Ernährung und Bewegung herauszuhalten, in denen der Teenager letztlich die Macht hat. Es ist besser, gutes Verhalten vorzuleben und Selbstreflexion zu fördern.

Strenge Anweisungen darüber, was und wann Ihr Teenager essen und wie viel Sport er treiben soll, können in einer Zeit, in der er seine eigenen Entscheidungen treffen muss, nach hinten losgehen. Wie beim Schlaf und den sozialen Medien sollten Sie die Selbstreflexion fördern. Legen Sie eine grobe Grenze fest (z. B., dass sie jede Woche etwas Sport treiben müssen), aber lassen Sie ihnen innerhalb dieser Grenze die Wahl und die Autonomie. Bitten Sie Ihren Teenager, auf die Signale seines Körpers zu achten, die besagen, dass er hungrig oder müde ist oder eine sportliche Betätigung braucht. Zeigen Sie Interesse daran, wie sie sich nach dem Verzehr bestimmter Lebensmittel oder nach dem Sport fühlen und mit einer offenen Diskussion kann die Selbstregulierung beginnen. Es ist viel gesünder, dies zu tun, als sich auf äußere Anhaltspunkte wie Zeiten, Regeln, irgendwelche verrückten Tipps aus dem Internet oder sich auf die Figuren anderer Menschen zu konzentrieren.

Geben Sie jungen Erwachsenen die Möglichkeit, gesunde Essgewohnheiten zu entwickeln, bevor sie ihr Zuhause verlassen

Vor allem das erste Jahr an der Universität wird mit schlechten Essgewohnheiten und Gewichtszunahme in Verbindung gebracht. Zeitmangel kann ein Hindernis für junge Erwachsene sein, gesündere Ernährungsentscheidungen zu treffen, und außerdem werden sie über die sozialen Medien aggressiv mit Werbung für Junkfood bombardiert. Darüber hinaus haben sie in dieser Zeit zum ersten Mal ein eigenes Budget, was sie vor neue und manchmal unwiderstehliche Entscheidungen stellt. Es kann sehr wertvoll sein, dafür zu sorgen, dass Teenager einen Teil dieses Lernprozesses bereits zu Hause absolvieren, indem man ihnen beispielsweise ein Budget vorgibt und sie bittet, einen Abend ein Familienessen zu kochen. Denken Sie daran, dass unser Gehirn durch Wiederholung lernt, und das erste Mal, dass wir etwas tun, wird wahrscheinlich nicht so gut laufen.

Was bedeutet das für das Lernen?

Das Gehirn braucht Nahrung und Bewegung, um das Lernen zu unterstützen

Das Gehirn braucht regelmäßige Mahlzeiten und Bewegung. Das Frühstück ist dabei besonders wichtig, damit Teenager den ganzen Tag über gut funktionieren und sich das Gehirn entwickeln kann. Das Lernen ist viel effektiver, wenn das Gehirn mit Nahrung und Flüssigkeit versorgt ist und das Gefäßsystem durch Bewegung gepflegt wird. Denken Sie daran, dass das Gehirn darauf ausgelegt ist, uns zu schützen. Wenn das Gehirn übermäßigen Hunger registriert, ist es viel schwieriger, in den positiven Kreislauf des Lernens einzutreten. Es wird individuelle Unterschiede geben, aber ermutigen Sie die Teenager, sich auf ihren eigenen Körper einzustellen. Können sie sich besser konzentrieren, wenn sie etwas gegessen haben, sich ausreichend bewegt oder einen Spaziergang gemacht haben? Können sie ihre Emotionen nach dem Sport oder Essen besser kontrollieren? Die Antwort lautet höchstwahrscheinlich ja.

Passen Sie gut auf, wenn junge Menschen nicht essen oder sich der Bewegung widersetzen

Wenn junge Menschen in der Schule nicht essen oder sich nicht bewegen, sollten Sie überlegen, was dies für sie bedeuten könnte. Wir wissen, dass es emotionale Faktoren gibt, die sich auf die Wahl der Lebensmittel auswirken sowie soziale Ängste, die die Lust an Bewegung hemmen können. Wenn Sie herausfinden können, was das für sie bedeutet und ihnen helfen, dieses Problem zu lösen, können sie wieder normal essen und an körperlichen Aktivitäten teilnehmen.

Was lernen wir daraus?

Die Teenagerjahre sind eine großartige Gelegenheit, um Selbstfürsorge in Form von guten Ernährungs- und Bewegungsgewohnheiten zu lernen. Wenn wir verstehen, wie das Teenager-Gehirn arbeitet, können wir es besser unterstützen, indem wir die Antriebe und Motivationen des Teenagers berücksichtigen.

Fallstudie: Hanifa

Hanifa war 13 Jahre alt. Sie war ein lebhaftes junges Mädchen, das immer voll und ganz am Leben teilnahm. Sie liebte es zu singen, zu schauspielern und andere zum Lachen zu bringen und hatte immer viel Energie. Außerdem kochte sie gerne und das Backen war früher eine ihrer Lieblingsbeschäftigungen. Hanifa ernährte sich gesund, war aber im Vergleich zu ihren Altersgenossen immer etwas kräftiger gewesen. Ihre Figur hatte sie nie in ihrer körperlichen Aktivität eingeschränkt und sie spielte gerne Volleyball, schwamm und war Teil des Hockeyteams. Niemand machte sich Sorgen um ihr Aussehen, auch nicht Hanifa. Doch im Alter von 13 Jahren begannen sie und ihre Freunde sich mehr für ihr Aussehen zu interessieren und viele gaben den Sport ganz auf. Es gab Partys, auf denen viele der Mädchen begannen, enganliegende Kleidung zu tragen. Jungen und Mädchen begannen, sich gegenseitig anders zu betrachten, und Körper und Figur bekamen eine ganz neue Bedeutung.

Hanifas unbeschwerte Einstellung zum Essen und den Lebensmitteln änderte sich. Sie begann, Süßigkeiten abzulehnen, und manchmal, wenn ihre Mutter alle zum Essen rief, antwortete sie: „Ich habe keinen Hunger." Ihre Mutter wurde aufmerksam. Solch ein Verhalten erschien ungewöhnlich. Könnte dies der Beginn eines ernsthaften psychischen Problems sein?

Eine gute Lösung

Hanifas Mutter Joan, die seit ihren frühen 20er Jahren an einer leichten Bulimie nervosa litt, für die sie eine ausgezeichnete Behandlung erhalten hatte, beschloss, dass es wichtig war, nicht überzureagieren. Sie entschied, dem Verhalten nicht zu viel Aufmerksamkeit zu schenken. Sie sagte ihrer Tochter, dass sie, auch wenn sie keinen Hunger verspüre, zum gemeinsamen Abendessen mit der Familie kommen solle. Sie konzentrierte sich nicht darauf, ihre Tochter zu zwingen, eine bestimmte Menge zu essen, sondern sagte: „Nimm einfach ein bisschen weniger, wenn du nicht so hungrig bist." Sie wusste, dass es das Vermeidungsverhalten verstärken könnte, wenn man ihm zu viel Aufmerksamkeit schenkt. Zudem war ihr bewusst, wie wichtig es ist, eine klare Grenze zu ziehen („Komm und iss mit der Familie, auch wenn du nur ein wenig isst"). Sie bemerkte, dass ihre Tochter immer ein wenig am Tisch aß und nicht hungrig ins Bett ging. Ein paar Tage später waren Hanifa und ihre Mutter zusammen unterwegs, um einen neuen Badeanzug zu kaufen. Joan erkundigte sich vorsichtig nach der Schule und ihren Freunden und fragte, ob Hanifa etwas auf dem Herzen liege. Hanifa sagte, dass sie sich neben ihren dünnen Freundinnen zu dick fühle und versuchen wolle, abzunehmen. Sie hatte sich überlegt, mehr Sport zu treiben, aber eigentlich wollte sie es aufgeben. Joan hörte zu, hatte Verständnis für die Gefühle ihrer Tochter und sagte, sie würde mit Hanifa darüber nachdenken, wie sie ihre Abendmahlzeiten kalorienärmer gestalten könnte, wenn ihr das wichtig wäre. Hanifa fühlte sich besser, wenn sie darüber sprach. Sie fühlte sich gehört und hatte das Gefühl, dass ihre Mutter ihr zur Seite stand und ihre Sorgen ernst nahm. Gemeinsam fand die ganze Familie gesunde Alternativen zu raffiniertem Zucker und hatte Spaß daran, verschiedene Speisen zuzubereiten. Hanifas Gedanken, dünn sein zu wollen, dominierten nun weniger und ihr Essverhalten blieb gesund.

Was könnte uns im Weg stehen?

In einer Zeit, in der Teenager zunehmend selbstbewusst werden und in einer Kultur aufwachsen, die schlanke Körper bevorzugt, ist es wahrscheinlich, dass sie eine Phase erleben, in der sie intensiv über ihren eigenen Körper reflektieren. Versuchen Sie, nicht überzureagieren, wenn ein junger Mensch beginnt, seine Essgewohnheiten anzupassen, denn das kann die Aufmerksamkeit auf das Verhalten lenken und es verstärken. Vermeiden Sie es, zu kommentieren, ob ein Kind abgenommen hat, denn das kann die Problematik ebenfalls verschlimmern. Versuchen Sie keine Kommentare abzugeben, wenn das Kind zugenommen hat, denn das kann dazu führen, dass es sich selbst schlecht fühlt. Es ist wichtig, dass Sie Ihrem Kind gute Gewohnheiten vorleben, indem Sie regelmäßig Sport treiben und sich gesund ernähren, klare Grenzen setzen und die Mahlzeiten gemeinsam einnehmen. Es ist wichtig, dass Sie Anzeichen, dass ein junger Mensch nicht isst, nicht ignorieren, oder wenn Sie einen deutlichen Gewichtsverlust feststellen. Wenn dies andauert oder Sie nicht in der Lage sind, ein hilfreiches Gespräch mit der jungen Person zu führen, sollten Sie ärztlichen Rat einholen.

HANDLUNGSEMPFEHLUNG:

Leben Sie gesunde Gewohnheiten vor und essen Sie gemeinsam mit der Familie

Ihr Teenager beobachtet Sie – dies bietet eine gute Lernmöglichkeit. Regelmäßige gemeinsame Mahlzeiten scheinen vor psychischen Problemen zu schützen und bieten Ihrem Teenager eine gute Lernmöglichkeit. Achten Sie darauf, wie Sie sich beim Essen und beim Sport verhalten, denn Ihr Teenager könnte Sie durchaus nachahmen.

HANDLUNGSEMPFEHLUNG:

Setzen Sie Grenzen, doch bestimmen Sie nicht alles für sie

In den Teenagerjahren sind Sie nicht mehr in der Lage Ihrem Teenager alles vorschreiben. Essen und Bewegung sind sensible Themen, die zu Konflikten führen können, da sie sich ihrer Autonomie bewusst werden. Fördern Sie gesunde Gewohnheiten und unterstützen Sie ihre guten Entscheidungen, indem Sie ihnen helfen, auf ihre Körpersignale zu achten. Einige klare Grenzen sind wichtig. Sagen Sie ihnen zum Beispiel, dass sie beim Abendessen mit Ihnen zusammensitzen müssen, aber sagen Sie ihnen nicht, was oder wie viel sie essen sollen. Sagen Sie ihnen, dass sie sich in irgendeiner Form körperlich betätigen müssen, aber sagen Sie ihnen nicht, wann und wie, denn das könnte nach hinten losgehen. Im Laufe der Zeit können sich ihre Vorlieben ändern und das ist ihr gutes Recht. Appellieren Sie an ihr Bedürfnis nach Respekt und autonomen Entscheidungen. Bei anhaltenden Bedenken sollten Sie aber einen Arzt aufsuchen.

Handlungsempfehlung:

Nutzen Sie die Interessen Ihres Teenagers, um ihn bei der Selbstfürsorge zu unterstützen

Machen Sie sich die Interessen Ihres Teenagers zunutze, um ihm bei der Selbstfürsorge zu unterstützen. Wenn er sich für Naturwissenschaften interessiert, sollten Sie einen wissenschaftlichen Ansatz wählen („Welche Vitamine und Mineralien brauchst du?"), um seine Vorlieben bei der Ernähr-ung zu erörtern. Wenn Ästhetik wichtig ist, sollten Sie vorsichtig sein und keine Urteile über den Körper abgeben.

Handlungsempfehlung:

Geben Sie ihnen die Möglichkeit, positive neuronale Verbindungen im Gehirn zu entwickeln

Nutzen Sie die Teenagerjahre, bevor sie das Haus verlassen, um Ihren Teenager zu ermutigen, gute Gewohnheiten kennenzulernen und zu entwickeln. Es gibt überzeugende Hinweise darauf, dass das Lesen von Lebensmittelkennzeichnungen zu einer gesunden Ernährungsweise beisteuert. Unterstützen Sie sie dabei zu verstehen, warum wir Ballaststoffe, Kohlenhydrate und gesunde Fette essen. Sprechen Sie über „Energiezufuhr und Energieverbrauch", damit sie die Zusammenhänge verstehen. Geben Sie ihnen die Möglichkeit, Lebensmittel einzukaufen und für Sie zu Hause zu kochen, damit es Spaß macht. Sie bauen dadurch wichtige Grundstrukturen im

Gehirn auf. Für Teenager ist es wichtig, dass sie sich respektiert fühlen und dass sie ihre eigenen Entscheidungen treffen können.

Handlungsempfehlung:

Hören Sie zu und diskutieren Sie, sagen Sie ihnen nicht, was sie tun sollen

Wenn Ihr Teenager sich in Bezug auf Essen seltsam verhält oder sich vor dem Sport drückt, passen Sie gut auf. Sie sind emotionale Wesen, die selbstbewusst sind und die Integration durch Gleichaltrige brauchen, was kompliziert sein kann. Wenn Sie herausfinden können, was hinter ihrem Verhalten steckt, haben Sie eine viel bessere Chance, es zu ändern.

Handlungsempfehlung:

Machen Sie ihnen klar, dass ihr Gehirn Nahrung und Bewegung braucht, um zu lernen

Denken Sie daran, dass das Gehirn Treibstoff braucht, insbesondere das Frühstück. Wenn es eine Mahlzeit gibt, zu der Sie Ihren Teenager ermutigen sollten, regelmäßig zu essen, dann ist es das Frühstück. Ermutigen Sie sie, sich für die Auswirkungen von Nahrung und Bewegung zu interessieren, damit sie die Vorteile für ihre Aufmerksamkeit, Konzentration und Gehirnfunktion erkennen. Wenn es mit dem Selbststudium, z. B. bei den Hausaufgaben, nicht so gut läuft, sollten Sie überlegen, ob sie eine Essens- oder Bewegungspause brauchen. Das kann den Unterschied ausmachen.

Und die Moral von der Geschicht'...

Die Teenagerjahre sind eine entscheidende Zeit, um gesunde Ess- und Bewegungsgewohnheiten zu etablieren. Eine gesunde Ernährung und regelmäßige Bewegung können nicht nur das körperliche Wohlbefinden fördern, sondern auch die kognitive Leistung und die allgemeine geistige Gesundheit verbessern. Es ist wichtig, dass Eltern und Erziehungsberechtigte die Bedeutung von Ernährung und Bewegung betonen und ein positives Umfeld schaffen, das gesunde Entscheidungen fördert. Gleichzeitig sollten Sie aufmerksam auf mögliche Anzeichen von Essstörungen achten und bei Bedarf professionelle Hilfe in Anspruch nehmen.

Downloads: Gesunde Gewohnheiten schaffen

Die Teenagerjahre sind eine wichtige Zeit, um gesunde Gewohnheiten zu etablieren, einschließlich guter Ernährung und regelmäßiger Bewegung. Schlechte Ernährung kann die Entwicklung des Gehirns und der kognitiven Fähigkeiten beeinträchtigen. In ähnlicher Weise ist Bewegung sehr förderlich für das Lernen. In der Jugend können sich gestörte Essgewohnheiten entwickeln. Wenn Sie also in dieser Zeit alles richtig machen, können Sie sich vor zukünftigen Schwierigkeiten schützen. Wie immer gibt Ihr Verhalten den Ton für die Teenager in Ihrem Leben an. Achten Sie also darauf, dass Sie ein Verhalten vorleben, das gesunde Ernährungs- und Lebensstilentscheidungen hervorruft.

Übung

In welchem Bereich ist Ihr Teenager besonders gut darin, sich um sich selbst zu kümmern? Nennen Sie drei.

Bereich 1

....

....

Bereich 2

....

....

Bereich 3

....

....

Notieren Sie alle Gewohnheiten der Selbstfürsorge, die Ihnen an Ihrem Teenager auffallen. Können Sie einen Zeitpunkt finden, um mit ihm über das zu sprechen, was Ihnen auffällt? Konzentrieren Sie sich auf die Gewohnheiten und nicht auf persönliche Kommentare – denken Sie daran, dass das Selbstbild eines Teenagers durch Ihre Gedanken beeinflusst werden kann.

....

....

....

....

....

....

Gibt es Mahlzeiten, die Ihr Teenager regelmäßig meidet, oder hat sich die Auswahl der Lebensmittel verändert? Was können Sie zu Hause oder in der Schule tun, um regelmäßige gesunde Essgewohnheiten vorzuleben?

....

....

....

....

Macht Ihr Teenager regelmäßig Sport und hat er ein positives Körperbild? Wenn er nicht regelmäßig Sport treibt, woran liegt das? Notieren Sie drei Hindernisse für den Sport. Könnten Sie diese ändern?

Hindernis 1

....

....

Hindernis 2

....

....

Hindernis 3

....

....

Wenn dies geschieht …	Denken Sie nicht das …	Sondern vielleicht das …
Ihr Teenager meidet den Sportunterricht und hat aufgehört, nach der Schule zum Turnkurs zu gehen.	Ich weiß, dass ich keinen Sport treibe, aber dafür war ich auch nie gebaut. Aber meine Tochter muss wirklich aufstehen und etwas tun, sonst wird sie ihren Babyspeck nie los.	Bewegung ist mir schon immer schwergefallen, aber ich muss eine Form von Bewegung vorleben, wenn ich von meiner Tochter erwarten will, dass sie lernt, wie wichtig Fitness im Leben ist. Wir werden mit einem regelmäßigen Abendspaziergang mit dem Hund beginnen.
 Seien Sie ein Vorbild für gutes, gewohnheitsmäßiges Verhalten.		
Die Teenager in Ihrer Klasse haben sich angewöhnt, Kohlenhydrate zu essen, aber das Gemüse liegen zu lassen.	Ihr verlasst die Kantine erst, wenn ihr das ganze Grünzeug auf eurem Teller aufgegessen habt.	Dieses Gemüse steckt voller gesunder Inhaltsstoffe. Es wäre schön, wenn ihr wenigstens etwas davon essen würdet, bevor ihr den Tisch verlasst – entweder den Brokkoli oder den Kohl.
 Setzen Sie Grenzen, aber bieten Sie Wahlmöglichkeiten, wo möglich.		
In den letzten sechs Monaten hat Ihre Tochter begonnen, Mahlzeiten mit der Familie zu meiden und jeden Abend Sport zu machen. Sie hat stetig an Gewicht verloren und ihr Verhalten scheint extrem zu sein.	Sie sind entsetzt und fangen an, ihr strenge Grenzen zu setzen, was die Einnahme von Mahlzeiten und die Ausübung von Sport angeht.	Das Verhalten meiner Tochter ist beängstigend, aber wenn ich ihr zu strenge Regeln auferlege, könnte sie sich von mir entfremden. Ich mache noch diese Woche einen Termin bei meinem Arzt, um mich beraten zu lassen.
 Wenn Sie die Gewohnheiten Ihres Teenagers Ihnen Sorgen bereiten, suchen Sie sich Hilfe.		

Kapitel 15

Guter Stress, schlechter Stress

Kurz und knapp

- Stress kann als positive Energie zur Leistungssteigerung dienen, doch zu viel davon ist schädlich.
- Kurzfristiger Stress kann bewältigt werden, aber langfristiger und übermäßiger Stress kann schwerwiegende Folgen haben.
- Das Teenager-Gehirn reagiert intensiver auf Stress, was sowohl Vorteile als auch Schwachstellen mit sich bringt.
- Die Förderung einer stressfreundlichen Denkweise beeinflusst die Reaktion des Gehirns auf Stress und stärkt die Widerstandsfähigkeit.
- Stress ist ein Teil des Lebens eines jeden Teenagers – Sie können sie nicht vollständig davor schützen.
- Die soziale Unterstützung durch eine andere Person ist eine hervorragende Möglichkeit, Stress abzubauen.
- Lernumgebungen, die von Bedrohungen geprägt sind, reduzieren das Denkvermögen und den positiven Lernzyklus.

Einleitung

Wie Stress einen schlechten Ruf bekam

Das Wort „Stress" hat einen schlechten Ruf. Die Psychologin Kelly McGonigal (2015) hat sich intensiv mit Stress auseinandergesetzt und erzählt die faszinierende Geschichte von Hans Selye, einem ungarischen Endokrinologen, der in den 1930er Jahren versuchte, die Wirkung von Hormonen auf den Körper zu untersuchen. Bevor Sie weiterlesen, hier eine Warnung: Im weiteren Verlauf geht es um ein ziemlich grausames Tierexperiment. Wenn Sie diese Art von Experimenten aufwühlen, sollten Sie den folgenden Absatz vielleicht überspringen.

Hans setzte Ratten Hormoninjektionen aus und stellte fest, dass diese einen erheblichen Einfluss auf ihr Wohlbefinden und sogar ihre Lebenserwartung hatten, da das Immunsystem der Tiere geschädigt wurde. Dies schien seine Hypothese zu stützen, dass Hormone das Immunsystem von Tieren beeinträchtigen. Er musste jedoch noch überprüfen, ob die Schädigung wirklich auf die Hormone zurückzuführen war. Zu diesem Zweck führte er auch eine Kontrolluntersuchung durch, bei der er anderen Ratten andere Substanzen wie Salzwasser injizierte, die keine Giftstoffe enthielten. Zu seiner Überraschung stellte er fest, dass das Salzwasser die gleiche Wirkung auf das Immunsystem und das Wohlbefinden der Ratten hatte und erhebliche Schäden verursachte. Er ging noch einen Schritt weiter und setzte die Ratten weiteren, nicht invasiven, aber stressigen Situationen aus, wie z. B. extremem Lärm und erzwungener Bewegung über einen längeren Zeitraum. Auch hier war die Wirkung auf die Ratten dieselbe wie bei der Hormonspritze – ihnen wurde unwohl, ihr Immunsystem funktionierte nicht mehr richtig und ihr Leben wurde verkürzt. Er kam zu dem Schluss, dass die Symptome bei den Ratten durch die allgemeine Belastung durch ein hohes Maß an „Stress“ verursacht wurden. An dieser Stelle wurde der Begriff „Stress“ geprägt, der sich bis heute hält.

Stress als hilfreiche Energie neu definieren, die zur Leistungssteigerung beiträgt

Kelly Mc Gonigal weist darauf hin, dass das Problem darin liegt, wie Selye Stress definiert hat. Anstatt ihn als Reaktion auf ein extremes und anhaltendes Umfeld zu definieren, was die Lebensbedingungen der Ratten, mit denen er arbeitete, beschreiben würde, sagte er, Stress sei die „Reaktion des Körpers auf jegliche Anforderungen, die an ihn gestellt werden“. Das ist jedoch irreführend. Extreme Belastungen in schwierigen Umgebungen können dem Körper und dem Gehirn durchaus schaden. Andererseits gedeihen sowohl unser Körper als auch unser Gehirn, wenn ihnen bestimmte Anforderungen gestellt werden. Diese Anforderungen werden in eine wichtige Form von

Energie umgewandelt, die wir zur Steigerung unserer Konzentration und Leistungsfähigkeit nutzen können. Es ist sinnvoll, diese Energie eher als „Anregung" zu betrachten, wie Abbildung 15.1 zeigt. Diesem Modell zufolge steht die Leistung in direktem Zusammenhang mit dem Grad der Anregung (auch „Stress" genannt). Zu wenig und ein junger Mensch erbringt eine schwache Leistung, weil ihm die Energie fehlt. Zu viel und die Leistung ist beeinträchtigt. Sie werden jedoch feststellen, dass die Leistung bei optimaler Anregung am höchsten ist. Eine hervorragende Leistung bedeutet nicht, dass es keine Anregung (oder keinen Stress) gibt. Ein gewisses Maß an Anregung oder „Stress" ist hilfreich und notwendig.

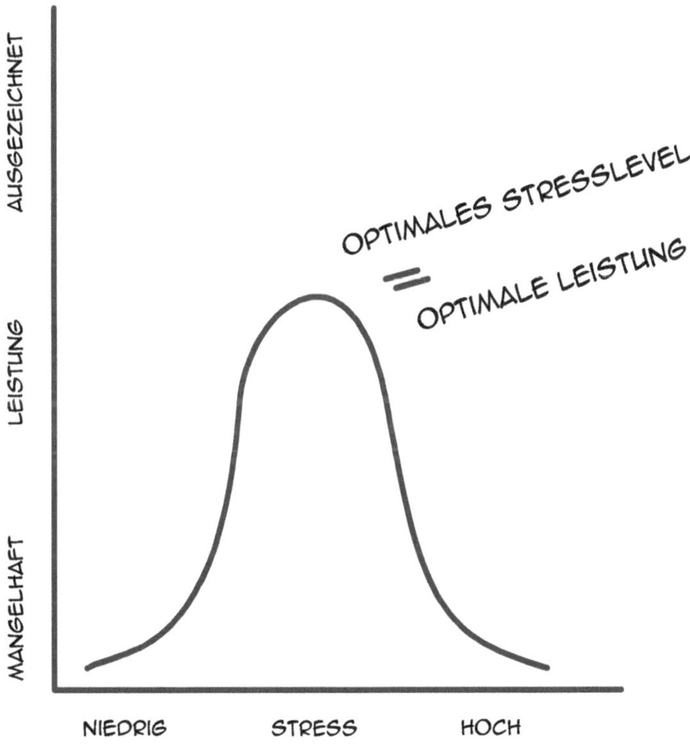

Abbildung 15.1: Ein gewisses Maß an Anspannung („Stress") ist für eine optimale Leistung erforderlich

Der wissenschaftliche Teil: Gehirn und Verhalten

Langfristige hohe Stressbelastungen sind schädlich, und Jugendliche zeigen eine verstärkte Stressreaktion

Selyes Forschung war bedeutend, weil sie die Effekte von extremem Stress auf das Immunsystem sowie geistige und körperliche Gesundheit darstellte. Wie die meisten Menschen wissen, sind die Auswirkungen von extremem Stress auf den Menschen ähnlich wie bei Tieren. Zu viel Cortisol (ein Stresshormon, das unter extremen Bedingungen im Gehirn ausgeschüttet wird) ist schlecht für das Gehirn eines jeden Menschen. Was für uns noch wichtiger ist, ist die Tatsache, dass die hormonelle Stressreaktion in den Teenager-Gehirnen stärker ist und länger anhält (45-60 Minuten länger) als in den Gehirnen von Kindern oder Erwachsenen, was darauf hindeutet, dass das Teenager-Gehirn eine verstärkte Stressreaktion hat. Was das genau bedeutet, bleibt Interpretationssache. Es könnte sein, dass wir uns so entwickelt haben, dass wir in den Teenagerjahren eine stärkere Stressreaktion haben, um mehr Energie für die Bewältigung des Stresses in dieser Zeit zu haben. Chronisch übermäßiger Stress wirkt sich jedoch negativ auf Wachstum und Entwicklung aus und erhöht die Anfälligkeit für ein langsames Gehirnwachstum, schlechte Gedächtnisleistungen und andere Auswirkungen von chronischem Stress auf das Wohlbefinden. Es gibt sogar erste Hinweise darauf, dass Aspekte der stressbedingten Gehirnveränderungen mit Depressionen bei Teenagern in Verbindung stehen, was mit einer höheren Verwundbarkeit im Kindesalter zusammenhängen könnte.

Vielleicht können wir den Umgang mit Stress verbessern, ohne den Stress selbst zu reduzieren – die Kraft des Mindsets

Die Forschung zum Mindset (siehe *Kapitel 3: Das Gehirn von Teenagern - lernt und glaubt*) ist auch für den Bereich Stress von großer Bedeutung. Eine Studie von Abiola Keller und Kollegen aus dem Jahr 2012 untersuchte in den USA 30.000 Erwachsene über einen Zeitraum von 80 Jahren. Die Teilnehmer wurden gebeten, zu bewerten, wie viel Stress sie erlebt hatten und ob sie glaubten, dass Stress ihrer Gesundheit schadet. Menschen, die angaben, in einem Jahr viel Stress erlebt zu haben, hatten ein um 43 Prozent erhöhtes Risiko, vorzeitig zu sterben. Dies galt jedoch nur für diejenigen, die glaubten, dass Stress schädlich sei. Diejenigen, die glaubten, Stress sei nicht schädlich, hatten das geringste Risiko, jung zu sterben, selbst wenn sie ein stressiges Leben hatten. Die Autoren interpretieren dies als Beweis dafür, dass „die individuelle Wahrnehmung der Gesundheit eine wichtige Rolle bei der Bestimmung der Gesundheitsergebnisse spielt" (S.682). Vielleicht müssen wir unseren Teenagern einfach dabei helfen, ihre Einstellung zum Thema Stress zu ändern.

Optimaler Stress ist mit einer Hormonreaktion verbunden, die Menschen dabei hilft, unter Stress zu gedeihen

Wenn Sie die Effekte von Stress auf das Gehirnwachstum genauer unter die Lupe nehmen möchten, sollten Sie das Folgende berücksichtigen. Zwei Stresshormone werden von unseren Nebennieren in Stresssituationen freigesetzt: Cortisol unterstützt die Umwandlung von Zucker und Fett in Energie und steigert die Fähigkeit von Körper und Gehirn, diese Energie zu verwenden; DHEA (Dehydroepiandrosteron) fördert die Erholung des Gehirns nach stressigen Erlebnissen, indem es den Reparaturprozess beschleunigt und das Immunsystem kräftigt. Beide Hormone sind notwendig, aber das Verhältnis ihrer Freisetzung ist entscheidend dafür, ob die Erfahrung hauptsächlich negativ ist oder zur Resilienz beiträgt. Erhöhte Cortisolwerte über längere Zeit hinweg stehen in Zusammenhang mit einer geschwächten Immunfunktion. Höhere DHEA-Spiegel verursachen ein geringeres Risiko für Angstzustände, Neurodegeneration und andere Krankheiten. Das Verhältnis von DHEA zu Cortisol wird als Wachstumsindex einer Stressreaktion bezeichnet. Ein höherer Wachstumsindex trägt dazu bei, dass Menschen unter Stress besser gedeihen, und ist nachweislich ein Indikator für akademische Ausdauer, Widerstandsfähigkeit usw.

Die Förderung einer „stressfreundlichen" Denkweise fördert eine positive Reaktion auf Stress

Alia Crum und Kollegen von der Stanford University führten Experimente durch, um die Auswirkungen einer stressfreundlichen Denkweise auf den

Wachstumsindex der Stressreaktion des Gehirns zu untersuchen (2013, 2017). Die Probanden wurden an ein Messgerät angeschlossen, das Anzeichen von Stress misst (Blutdruck, Schwitzen, Untersuchung des Speichels auf Stresshormone). Anschließend wurde ihnen eine Simulation eines Vorstellungsgesprächs präsentiert. Sie erhielten eine von zwei Mitteilungen. Der ersten Gruppe wurde gesagt: „Die meisten Menschen denken, dass Stress negativ ist, aber die Forschung zeigt, dass Stress positiv ist". In dem Interview ging es dann darum, wie Stress die Leistungsfähigkeit steigern, das Wohlbefinden verbessern und zum persönlichen Wachstum beitragen kann. Der anderen Gruppe wurde gesagt: „Die meisten Menschen wissen, dass Stress negativ ist, aber die Forschung zeigt, dass Stress sogar noch lähmender ist, als Sie denken". In dem Interview wurde weiter ausgeführt, dass Stress die Gesundheit, das Glück und die Leistungsfähigkeit schwächen kann. Die Intervention hatte keine Auswirkung auf den Cortisolspiegel, der bei beiden Gruppen während des Interviews anstieg. Die Teilnehmer, die das stressverstärkende Video hörten, schütteten jedoch mehr DHEA aus und hatten einen höheren Wachstumsindex als die Teilnehmer, die das stressmindernde Gespräch hörten. Dies ist ein weiterer Beweis für die Macht des Geistes bei der Bestimmung der Stressreaktion, sogar auf der Ebene des Körpers. Die Denkweise ist wie ein Filter, durch den wir die Dinge sehen. Was wir glauben, erwarten und über Stress denken, hat Einfluss darauf, ob Stress förderlich und nützlich ist, und kann dazu führen, dass wir Resilienz entwickeln.

Beziehungen sind die größten Puffer gegen Stress

Mehrere Studien des Psychologen Jim Coan und seiner Kollegen in den USA (2006, 2015) haben aufgezeigt, dass wir Stress am effizientesten regulieren können, wenn wir mit anderen Menschen zusammen sind. In ihrer bahnbrechenden Studie wurden die Gehirne der Teilnehmer in einem MRT-Gerät gescannt und eine Elektrode an ihrem Fuß angebracht. Die Elektrode konnte und musste zeitweise einen Elektroschock abgeben, der allem Anschein nach schmerzhaft war. Es gab zwei Bedingungen: Die Teilnehmer sahen entweder einen roten Kreis auf dem Bildschirm aufblitzen, der signalisierte, dass kein Elektroschock erfolgen würde – die sichere Bedingung; oder sie sahen ein blaues Kreuz auf dem Bildschirm aufblitzen, das signalisierte, dass eine 20-prozentige Chance bestand, dass sie einen elektrischen Stoß erhalten würden. Wie zu erwarten war, leuchteten beim Anblick des blauen Kreuzes die Angstzentren in ihrem Gehirn auf (das untere Gehirnsystem, die Amygdala). Sie waren verängstigt. Dann wurde eine clevere Anpassung vorgenommen: Eine Person, die dem Teilnehmer nahestand (z. B. sein Partner), wurde gebeten, sich hinzusetzen und während des Experiments die Hand des Teilnehmers zu halten. Unter dieser Bedingung leuchtete die Amygdala der Teilnehmer deutlich weniger auf, was auf eine geringere Stressreaktion hinweist. Die Interpretation ist, dass die soziale Unterstützung durch eine andere Person in Zeiten von übermäßigem Stress die wahrgenommene Bedrohung erheblich reduzieren kann. Es ist wichtig, dass der Unterschied zwischen den Bedingungen „Händchenhalten" und „allein" auf der Ebene des Gehirns nicht darin bestand, inwieweit die Person ihre Emotionen regulierte. Der Unterschied bestand darin, dass die Reaktion des Gefühlshirns (der Amygdala) reduziert wurde, als ob die Bedrohung durch die Anwesenheit einer anderen Person verringert würde.

Viele andere Paradigmen haben bestätigt, dass die Anwesenheit einer vertrauten anderen Person ein stressreduzierendes Mittel ist, das dazu beiträgt, dass die Umgebung weniger einschüchternd und alarmierend erscheint. Stehen Sie beispielsweise am Fuße eines steilen Hügels, so wirkt dieser weniger steil, wenn Sie in Begleitung eines Freundes sind. Das Leben ist einfacher, wenn wir ein wenig Hilfe von unseren Freunden bekommen.

Wir verwenden die Gehirne anderer als Ressourcen zur Stressminderung

Daraus folgt, dass wir uns so entwickelt haben, dass wir die Gehirne anderer Menschen als stressreduzierende Ressourcen nutzen, was dazu beiträgt, unsere Wahrnehmung von Risiko und Bedrohung in einer Situation zu gestalten. Dies ermöglicht es uns, unsere eigenen Gehirnressourcen zu schonen und weniger Anstrengung auf die äußere Umgebung anzuwenden. Jim Coan und Kollegen argumentieren, dass es die Grundannahme des Gehirns ist, eine soziale Ressource an unserer Seite zu haben. In dieser Situation befindet sich das Gehirn im Ruhezustand. Wenn diese Annahme verletzt wird und eine

Person allein ist, wird zusätzliche Energie benötigt, um in der Welt zu funktionieren.

Auf den Teenager übertragen

Teenager benötigen Herausforderungen, um optimale Leistungen zu erbringen

In den ersten Kapiteln dieses Buches haben wir gelernt, dass sich das Gehirn als Reaktion auf die Umwelt und gemachte Erfahrungen entwickelt. Wir haben ebenfalls erfahren, dass Jugendliche das Gefühl von leichtem bis mäßigem Stress, wie es etwa vor dem Halten einer Rede auftreten kann, als wertvolle Energiequelle nutzen können. Teenager gedeihen in einem herausfordernden, zugleich aber unterstützenden Lernumfeld, in welchem sie zur Konzentration und Leistung angeregt werden und so das enorme Potenzial ihres Gehirns vollständig ausschöpfen können. Es ist wichtig, die richtige Balance zu finden, aber wenn man alle Anforderungen wegnimmt, führt dies zu einer geringen Leistung und einem geringen Wachstum des Gehirns.

Chronischer, erhöhter Stress kann für das Gehirnwachstum äußerst schädlich sein

Zu viele Anforderungen führen zu übermäßigem, chronischem und anhaltendem „Stress" und behindern die Entwicklung des Gehirns von Teenagern. Sie wirken sich auch auf das Immunsystem, das Wohlbefinden und sogar die geistige Gesundheit aus. Teenager sind möglicherweise anfälliger für chronischen Stress als Kinder oder Erwachsene. Es ist daher entscheidend, in dieser Lebensphase den richtigen Umgang mit Stress zu erlernen.

Die Art und Weise, wie ein Teenager Stress wahrnimmt, ist ein wichtiger Faktor für die Reaktion seines Gehirns

Sie müssen darauf achten, wann und wie Sie den Begriff „Stress" verwenden und welche Einstellung Sie zum Thema Stress vermitteln. Wenn Sie die Einstellung „Stress ist schädlich" verstärken, riskieren Sie, im Teenager-Gehirn einen niedrigeren Stressindex auszulösen, der mit Schäden und nicht mit Resilienz verbunden ist. Wenn Sie eine stressfreundliche Einstellung fördern, indem Sie sagen, dass Stress die Leistung verbessern und das Wachstum fördern kann, ist es wahrscheinlicher, dass der Körper entsprechend reagiert, so dass das Gehirn daran wachsen kann.

Sie stellen die bedeutendste Ressource zur Stressreduktion im Leben eines Teenagers dar

Schließlich dürfen Sie nicht vergessen, dass Sie die größte Quelle für Stressabbau sind, die Teenager zur Verfügung haben. Wenn Sie Ihrem Teenager zur Seite stehen, wenn er gestresst ist, wird dies von seinem Gehirn registriert, und er wird buchstäblich Ihr Gehirn nutzen, um seine Stresserfahrung zu reduzieren. Selbst ohne dass Sie etwas sagen oder tun müssen, wird Ihr Teenager Sie als unterstützende Ressource sehen, die ihm hilft, sich besser zu fühlen und die Herausforderungen des Jugendalters zu bewältigen.

Was bedeutet das für den Alltag?

Für Jugendliche können soziale Signale und Einflüsse potenziell sehr stressig sein

Wie wir bereits gelernt haben, ist die soziale Welt für Teenager von großer Bedeutung. Schon wenn sie von Gleichaltrigen beobachtet werden, steigt der Cortisolspiegel. In dieser Lebensphase zeigen junge Menschen eine zunehmende neuronale Sensibilität für soziale Signale, und soziale Einflüsse werden als besonders wichtig bewertet. Dies ist eine für diese Entwicklungsphase typische Veränderung, die jedoch das Risiko für aufkommende emotionale Schwierigkeiten mit sich bringt. So wie es in diesem Alter einen enormen Auftrieb bedeutet, von Gleichaltrigen geschätzt zu werden, kann die Intensität einer Demütigung oder einer sozialen Kränkung in diesem Alter erdrückend sein.

Was Sie sagen, kann ihre Bedrohungsreaktion beruhigen

Wenn Ihr Teenager sagt: „Ich bin gestresst", sollten Sie sich genau überlegen, wie Sie darauf reagieren. Erinnern Sie sich an die drei Regelsysteme, die wir in *Kapitel 2: Das Teenager-Gehirn - denkt und fühlt* besprochen haben. Wenn wir denken, dass Stress schädlich ist, wird unser Bedrohungssystem dominieren, was die Gehirnfunktion herabsetzen und verhindern wird, dass wir klar denken können. Versuchen Sie nicht, einfach nur zu sagen: „Beruhige dich", denn das ist weder einfühlsam noch hilft es ihnen zu wissen, was sie tun sollen. Nehmen Sie sich Zeit, um mit Ihrem Teenager zu sprechen. Seien Sie neugierig auf das, was er erlebt, und sagen Sie ihm dann, dass sein Herzklopfen ihn auf eine Aktion vorbereitet und sein schnelleres Atmen bedeutet, dass der Körper mehr Sauerstoff in den Körper lässt. Helfen Sie ihnen, eine ausgewogenere Sichtweise von Stress zu entwickeln – ihn weniger zu fürchten, darauf zu vertrauen, dass sie ihn bewältigen können und ihn als Ressource zu nutzen, um sich mit herausfordernden Aspekten des Lebens auseinanderzusetzen.

Teenager sind nicht dazu bestimmt, allein zurechtzukommen

Fragen Sie einen beliebigen Teenager, was er in seinem Leben als stressig empfindet, und nahezu alle würden die schulischen Verpflichtungen als zentralen Faktor nennen. Aber wie wir gesehen haben, gibt es im Leben eines Teenagers viele potenzielle Stressquellen – sie arbeiten an ihrer Selbstidentität, sie empfinden Dinge intensiver als andere und sie sind darauf programmiert, sich gegen Erwachsene zu behaupten und die akzeptierte Norm in Frage zu stellen. Die Neurowissenschaft zeigt uns, dass Teenager nicht dafür geschaffen sind, allein zurechtzukommen. Sie brauchen vertrauenswürdige Erwachsene in ihrem Leben als wichtige Ressource zum Stressabbau. In diesem Buch finden Sie Tipps, wie Sie das Verhalten von Teenagern entschlüsseln können und was zu tun ist, wenn die Emotionen hochkochen und alle angespannt sind. Es ist lohnenswert, sich intensiv darum zu bemühen, dass Ihr Teenager in Stresssituationen auf Sie als mentale Stütze zurückgreifen kann.

Was bedeutet das für das Lernen?

Mäuse können bei Anwesenheit einer bedrohlichen Präsenz nicht lernen

In einer Studie wurde Mäusen eine Lernaufgabe unter verschiedenen Bedingungen gestellt und die Lerngeschwindigkeit und die Anzahl der Fehler aufgezeichnet. In der Studie gab es drei Bedingungen: Die Mäuse befanden sich zu Hause, in einer unbekannten Kammer oder mit einer Katze außerhalb des Käfigs, die hineinschaute. Der Käfig war durchsichtig. Wie erwartet, lernten die Mäuse am meisten, wenn sie sich zu Hause befanden, wo die Situation vertraut war und ihre unteren Gehirnbereiche vermutlich ruhig und entspannt waren. In einer unbekannten Kammer lernten sie etwas weniger, aber das schockierende Ergebnis war die Auswirkung der Anwesenheit einer Katze, die für jede Maus eine Bedrohung darstellt, auf das Lernen. Sie hörten nicht nur auf zu lernen, sondern machten auch deutlich mehr Fehler. Darüber hinaus wurden die Auswirkungen im Gedächt-

Abbildung 15.2: Gestresste Mäuse können nicht lernen

niszentrum der Mäuse (dem Hippocampus) gezeigt, wo die übliche Verbindung von Neuronen und zellulären Veränderungen, die mit dem Lernen zusammenhängen, fehlten. Wie bei allen Tierversuchen müssen wir bei der Übertragung dieser Ergebnisse auf den Menschen etwas vorsichtig sein, aber sie legen nahe, dass das Lernen in einer stressigen Lernumgebung wahrscheinlich beeinträchtigt wird.

Bedrohungsbasierte Lernumgebungen bringen wahrscheinlich keine Vorteile und können unerwünschte Nebenwirkungen haben

Viele Erwachsene, die dieses Buch lesen, haben vielleicht Erinnerungen an Personen, die in ihrer Kindheit absichtlich Stress oder Bestrafung in einer Lernsituation verursacht haben – dies geschieht leider auch heute noch manchmal. Dieser bestrafende Erziehungsstil ist überholt, und die große Mehrheit der heutigen Lehrer weiß, dass man Kindern keine Angst einjagen sollte, um das Beste aus ihrem Gehirn herauszuholen. Die negative Anwesenheit eines Erwachsenen in einem Lernumfeld kann dazu führen, dass eine bedrohungsbasierte Gehirnreaktion ausgelöst wird, die den Zugang zum Denken und Lernen blockiert und die Wahrscheinlichkeit verringert, dass sie in den positiven Lernzyklus eintreten. Die Bedrohung kann jedoch ein Antrieb sein, nicht als positive Antriebsquelle, sondern als sicherheitssuchende, schützende Reaktion zu handeln. Zum Beispiel können „furchteinflößende" Lehrer manchmal gute Noten bei Schülern hervorrufen. Wie kann das sein? In diesem Fall kommt der Antrieb, hart zu arbeiten und sich zu konzentrieren, von einem Ort des Stresses und der Angst.

Untersuchungen von Paul Gilbert und Kollegen (2007) haben ergeben, dass das Streben nach guten Leistungen aus Angst vor Versagen oder Minderwertigkeit häufig mit Depressionen, Angst und Stresssymptomen einhergeht. Der direkte Zusammenhang zwischen Lerneffizienz und Stress bei Teenagern ist aber noch nicht ausreichend untersucht worden. Welche Eltern, Teenager oder Lehrer wollen schon die ersten sein, die das ausprobieren, wo wir doch wissen, dass belohnungsbasiertes Lernen und sichere Lernumgebungen dazu führen, dass sich Menschen produktiv und zuversichtlich fühlen und deshalb so effektiv arbeiten?

Schulischer Erfolg kann für Jugendliche eine erhebliche Stressquelle sein

Wenn sich Teenager auf ihren Schulabschluss vorbereiten und die Berufswahl ansteht, während der Druck auf sie wächst, hohe Leistungen zu erbringen, kann dies einen wahren Sturm des Stresses entfachen. Wer um alles in der Welt würde entscheidende Prüfungen genau zu dem Zeitpunkt ansetzen, an dem das Gehirn eines Teenagers radikale Veränderungen mit erhöhter Sensibilität durchläuft? Bildungssysteme auf der ganzen Welt natürlich! Als vertrauenswürdiger Erwachsener im Leben eines Teenagers bewegen Sie sich immer auf dem schmalen Grat, Ihrem Teenager ein Umfeld zu bieten, das genug Herausforderung bietet, um ihn zu motivieren, aber nicht so viel, dass es ihn überfordert. Das ist nicht einfach und jeder junge Mensch ist anders, aber wir hoffen, dass Sie in diesem Buch einige Tipps finden, wie Sie das richtig machen können.

Teenager benötigen Erwachsene in ihrer Umgebung, die an sie glauben und hohe Erwartungen an sie stellen. In einer Studie zeigte sich, dass Schüler, die ihre Kritik an einem Aufsatz in einem „weisen" Ton („Ich gebe dir diese Kommentare, weil ich sehr hohe Erwartungen habe und weiß, dass du sie erfüllen kannst.") im Vergleich zu einem neutralen Ton („Ich gebe dir diese Kommentare, damit du ein Feedback zu deinem Aufsatz erhältst.") erhielten, mit einer um mehr als 50 Prozent höheren Wahrscheinlichkeit ihren Aufsatz überarbeiteten und verbesserten. Darüber hinaus gab es ein Jahr später bei derselben Gruppe von Schülern deutlich weniger Disziplinprobleme.[21] Die Änderung einiger weniger Formulierungen kann sich erheblich auf die Botschaft auswirken, die bei den Jugendlichen ankommt, und sie werden nach Hinweisen darauf suchen, ob Sie ihnen das zutrauen. Fordern Sie sie auf, die Grenzen ihres Lernens zu erweitern, um das Beste aus ihren unglaublichen Gehirnen herauszuholen.

Was lernen wir daraus?

Die Gehirne von Teenagern sind bereit zu handeln, aber sie brauchen Erwachsene, die den Grad des Stresses überwachen, dem sie ausgesetzt sind.

Ermutigen Sie sie, die Signale ihres Körpers zu deuten und ihnen zur Seite zu stehen, wenn es ihnen zu viel wird. Sie sind nicht dafür geschaffen, allein zurechtzukommen.

Fallstudie: Hanu

Der 16-jährige Hanu wollte Krankenpfleger werden, seine wichtigsten Prüfungen standen gerade bevor. Seine Schule hatte ein paar Monate zuvor Probeklausuren für die Schüler abgehalten. Hanu hatte das Angebot seiner Eltern, ihm zu helfen oder ihn zu beraten, abgelehnt. Seine ältere Schwester hatte gute Ergebnisse erzielt. Es schien, als könnte er es alleine schaffen, und es wurden ihm gute Noten prognostiziert. Als die Prüfungen näher rückten, begann er leichte Anzeichen von Stress zu zeigen, wie z. B. Einschlafprobleme und Gereiztheit gegenüber seinen Eltern. Er sagte, die Prüfungen seien „okay" gelaufen, aber er habe in einer Biologiearbeit die Mindestpunktzahl nicht erreicht. Das war besorgniserregend, denn er musste Biologie bestehen. Außerdem wurden die Noten öffentlich in der Aula der Schule ausgehangen, sodass ein Vergleich zwischen den Mitschülern möglich war. An dem Tag, an dem er die Ergebnisse erfuhr, war er am Boden zerstört und verließ das Schulgelände, ohne sich abzumelden oder jemandem Bescheid zu sagen. Seine Eltern erhielten einen Anruf, dass er nicht zum Nachmittagsunterricht gekommen war, und sein Lehrer erwähnte dabei seine Ergebnisse. Er war ein paar Stunden lang verschwunden, ging nicht ans Handy und alle waren sehr besorgt. Hanu kam mit schlechter Laune nach Hause. Er war unhöflich zu seinen Eltern, rannte die Treppe hinauf und knallte die Tür zu.

Hanus Eltern waren besorgt und zu diesem Zeitpunkt ziemlich wütend. Sein Vater war genervt von dem, was er als mangelnde Anstrengung seines Sohnes bei den Schularbeiten ansah, und seine Mutter ärgerte sich mehr darüber, dass er die Schule verlassen hatte, ohne jemandem Bescheid zu sagen, und sie sich um seine Sicherheit sorgen musste. Die Situation war kurz davor zu eskalieren, aber seine

Eltern erkannten, dass es auf lange Sicht vorteilhafter wäre, einen Schritt zurückzutreten und die Sache zu überdenken.

Eine gute Lösung

Hanus Eltern nahmen sich die Zeit, die Hinweise in seinem Verhalten zu lesen. Obwohl sein Verhalten auf Wut schließen ließ, versuchten sie herauszufinden, was wirklich vor sich ging. Seine Mutter ging in sein Zimmer, klopfte an die Tür und setzte sich neben ihn auf sein Bett, wo er mit dem Gesicht nach unten lag. Sie strich ihm sanft über den Rücken und sagte, sie könne sehen, dass er Probleme habe. Sie versicherte ihm, dass alles in Ordnung sei, was auch immer passiert sei, und sagte, sie habe ein offenes Ohr für ihn, wenn er darüber sprechen wolle, und bot ihm an, ihm eine heiße Schokolade zu machen. Widerwillig kam er die Treppe hinunter, und als er sich ruhiger fühlte, begann er darüber zu sprechen, weinte ein wenig und offenbarte seine Verzweiflung über seine Noten und vor allem über die öffentliche Demütigung, die er vor seinen Mitschülern empfunden hatte. Obwohl seine Mutter versucht war, sich mit Wiederholungsstrategien einzumischen und ihm anzubieten, einen Lernplan für das nächste Mal zu erstellen, wusste sie, dass sie ihm metaphorisch „die Hand halten" würde, um ihn wieder auf den Boden der Tatsachen zu bringen. Sie kochten gemeinsam zu Abend und vereinbarten, dass sie am nächsten Tag einige positive Pläne machen würden.

In den nächsten Tagen erzählte Hanu seinen Eltern, dass sein Zeitmanagement während der Prüfung nicht mehr funktioniert hatte. Er hatte sich vom Stress überwältigt gefühlt und konnte einfach nicht mehr denken. Es war wichtig, Hanu über eine stressresiliente Denkweise aufzuklären und ihn an den positiven Aspekt von Stress zu erinnern, der sowohl den Geist als auch den Körper anspornen kann. Sie besprachen angemessenere Wege, mit starken Gefühlen der Verärgerung und Wut umzugehen. Verschwinden und Unhöflichkeit waren nicht akzeptabel. Sie halfen ihm, Frühwarnzeichen für Überforderung zu erkennen und erstellten einen Aktionsplan, wie er das nächste

Mal damit umgehen würde, einschließlich der Kontaktaufnahme mit einem vertrauenswürdigen Erwachsenen.

Was könnte im Weg stehen?
Hanus Vater hatte sich in einer Karriere wiedergefunden, die nicht seine erste Wahl war. Er sah etwas von sich selbst in Hanu und war sehr darauf bedacht, dass sein Sohn nicht die gleichen Fehler wie er machen würde. Das machte es ihm schwer, seine Emotionen in diesem Moment zu kontrollieren. Die Situation hätte sich verschlimmern können und nicht nur ihre Beziehung hätte Schaden genommen, sondern Hanu hätte auch eine Lernchance verpasst.

Fallstudie: Franko

Franko, 13 Jahre alt, hatte eine große Leidenschaft für Fußball und seine Playstation und liebte seine Mutter über alles. Obwohl er ein aufgeweckter Junge war, hasste er Hausaufgaben und es war jeden Abend ein Kampf. Er wollte unbedingt gut abschneiden, aber er war oft überfordert und die Hausaufgaben endeten in Tränen. Seine Mutter hatte begonnen, sich vor dem Nachhausekommen von der Arbeit zu fürchten. Ihr Herz schlug für ihn und sie wusste, dass er ein sensibler Junge war. Er hasste es, Ärger mit seinen Lehrern zu bekommen und bettelte deshalb seine Mutter an, ihm bei den Hausaufgaben zu helfen, damit er eine gute Note bekam. Angstzustände hielten ihn nachts oft wach, so dass er oft müde war. Seine Mutter wollte das Beste für ihren Sohn und half ihm, so dass er immer gut abschnitt und stets seine Hausaufgaben hatte. Es kam ein paar Mal vor, dass er seine Hausaufgaben zu Hause vergessen hatte, aber er rief dann seine Mutter an und sie holte sie mit dem Auto, so dass er nie in Schwierigkeiten geriet. Mit der Zeit entwickelte sich jedoch ein Muster, bei dem sie die Hausaufgaben mehr und mehr übernahm.

Eines Abends, als Franko sehr müde war, fiel ihm ein, dass er in der Nacht einen langen Aufsatz schreiben musste. Er hatte es vergessen!

In seiner Verzweiflung sagte seine Mutter, er solle ins Bett gehen, und sie schrieb den Aufsatz für ihn. Der Aufsatz handelte vom Ersten Weltkrieg, einem Thema, das seine Mutter an der Universität studiert hatte, und sie ließ sich ganz schön hinreißen und hatte viel Spaß beim Schreiben. Einige Tage später teilte Frankos Lehrerin der Klasse mit, dass sie so von Frankos Arbeit angetan war, dass sie ihn aufforderte, vor die Klasse zu treten und über seinen Aufsatz zu berichten. Franko war wie erstarrt. Er wusste nicht, was im Aufsatz geschrieben stand, weil er es ja selbst nicht geschrieben hatte. Er brach zusammen und die Wahrheit kam ans Licht.

Eine gute Lösung

Frankos Mutter und seine Lehrerin trafen sich zu einem Gespräch. Seine Mutter gab zu, dass sie, um ihren Sohn zu entlasten, immer mehr seiner Hausaufgaben gemacht hatte. Man war sich einig, dass dies in bester Absicht geschah. Sie erkannte auch, dass sie ihm damit nicht half. Indem sie seine Hausaufgaben machte und Dinge in die Schule mitnahm, wenn er sie vergessen hatte, half sie ihrem Sohn nicht, die natürlichen Konsequenzen des Lebens zu erfahren und er entwickelte keine Widerstandsfähigkeit gegenüber den schwierigeren Teilen des Lebens. Sie erkannte auch, dass sie mehr gegen seine Ängste tun musste. Sie kaufte sich ein paar wirklich gute Selbsthilfebücher, die ihr und Franko helfen sollten, zu verstehen, wie seine Gedanken ihn dazu brachten, zu glauben, dass etwas Schreckliches passieren könnte, wenn er zum Beispiel seine Hausaufgaben nicht abgab oder eine schlechtere Note als gewöhnlich erhielt. Sie verpflichteten sich, die Selbsthilfebücher ein paar Monate lang durchzuarbeiten, und wenn sich die Situation nicht bessern würde, würden sie sich professionelle Hilfe holen. Franko übernahm die Verantwortung für seine Hausaufgaben und seine Mutter hielt sich zurück, indem sie bei ihm saß und ihn ermutigte, aber nicht die Verantwortung übernahm. Seine Lehrerin besuchte Franko, um zu sehen, wie es mit den Hausaufgaben lief und versicherte ihm, dass er nur sein Bestes geben müsse. Wenn er seine Hausaufgaben vergaß, gab es eine kleine Konsequenz, wie bei jedem Schüler, aber Franko kam damit zurecht und wurde widerstandsfähiger, wenn etwas nicht immer klappte.

Was könnte da im Weg stehen?
Frankos Mutter hatte vielleicht Schwierigkeiten, sich zurückzuhalten und ihrem Sohn zu erlauben, seine Hausaufgaben eigenständig zu machen. Eltern sind manchmal besorgt darüber, wie gut ihr Kind in der Schule abschneiden wird, und es fällt ihnen schwer, ihr Kind „scheitern" zu lassen. Kindern die Möglichkeit zu geben, natürliche Konsequenzen zu erfahren, ist so wichtig, damit sie etwas über das Leben lernen und erkennen, dass es in Ordnung ist, nicht immer gut zu sein, nicht immer der Beste zu sein oder sich perfekt zu verhalten. In der Tat kann eine Kindheit ohne Hindernisse später im Leben zu Problemen führen. Halten Sie sich also zurück, bieten Sie Ihrem Kind bei Bedarf Unterstützung an und bringen Sie ihm bei, dass das Leben hart sein kann, aber dass man es immer überlebt.

HANDLUNGSEMPFEHLUNG:

Helfen Sie jungen Menschen dabei, Stress als eine Form von Energie zu sehen, die sie zu ihrem Vorteil nutzen können
Unsere Einstellung zu Stress bestimmt, wie wir Stresssignale im Körper interpretieren und auch, wie unser Körper auf Stress reagiert. Die Sprache, die wir im Umgang mit jungen Menschen verwenden, kann wichtig sein, um ihnen zu helfen, ihre Erfahrungen positiv zu interpretieren.

HANDLUNGSEMPFEHLUNG:

Unterstützen Sie ruhige Lernumgebungen mit optimalem Stressniveau
Tun Sie, was Sie können, um den Grad der Bedrohung und der Emotionen für einen Teenager, der studiert oder lernt, zu reduzieren. Das Gehirn funk-

tioniert am besten in einem ruhigen Zustand, so dass sie in einen positiven Lernkreislauf eintreten können. Scheuen Sie sich nicht, anspruchsvollere Lernaufgaben zu stellen. Sie wird sicher mit etwas Anstrengung verbunden sein, aber das ist völlig in Ordnung.

HANDLUNGSEMPFEHLUNG:

Nutzen Sie Ihre Beziehung, um Teenager gegen übermäßigen Stress abzuschirmen

Die Gehirnforschung legt nahe, dass Teenager soziale Nähe und Verbundenheit mit einer anderen Person nutzen, um Stressreaktionen zu reduzieren. Ihre Gehirne kommen mit einem unterstützenden Erwachsenen an ihrer Seite besser zurecht, also lassen Sie sie in der Stunde der Not nicht im Stich. Wenn sie unhöflich sind, sagen Sie ihnen, dass sie so nicht mit Ihnen sprechen können und seien Sie neugierig, was der Grund dafür ist. Schauen Sie hinter das Verhalten. Was ist wirklich los?

HANDLUNGSEMPFEHLUNG:

Schützen Sie Teenager vor sozialem Stress

Die soziale Sensibilität in den Teenagerjahren erhöht den potenziellen Stress eines sozialen Ausrutschers und den Schaden der sozialen Isolation. Versuchen Sie, sich an die Entwicklungsaufgaben des Teenagers zu erinnern, seine Perspektive einzunehmen und ihm Unterstützung zu bieten, während Sie gleichzeitig hart daran arbeiten, die soziale Integration in dieser Zeit zu fördern.

Handlungsempfehlung:

Stellen Sie sicher, dass junge Menschen nicht dem chronischen Stress ausgesetzt sind
Das Teenager-Gehirn ist besonders anfällig für Stress, der die Immunabwehr, das Wohlbefinden und die Entwicklung des Gehirns beeinträchtigen kann. Wenn es einen Zeitpunkt in der Entwicklung gibt, an dem wir sicherstellen müssen, dass junge Menschen vor chronischem Stress geschützt sind, dann sind es die Teenagerjahre.

Und die Moral von der Geschicht'...

Teenager benötigen eine Balance aus Anforderungen und Unterstützung, um optimale Leistungen zu erbringen und ihr Gehirn zu entwickeln. Ein Umfeld, das leicht bis mäßig stressig ist, kann als wertvolle Energiequelle dienen. Allerdings kann chronischer, hoher Stress die Gehirnentwicklung beeinträchtigen und negative Auswirkungen auf das Immunsystem und das Wohlbefinden haben. Es ist entscheidend, dass Jugendliche einen gesunden Umgang mit Stress lernen. Eine stressfreundliche Einstellung, die das Potenzial von Stress zur Verbesserung der Leistung und des Wachstums anerkennt, kann hier hilfreich sein. Eltern und Betreuer stellen dabei die wichtigsten Ressourcen zur Stressreduktion im Leben eines Teenagers dar. Zusätzlich sollte das schulische Umfeld so gestaltet sein, dass es die Jugendlichen nicht überfordert. Es sollte sie vielmehr ermutigen, ihre Fähigkeiten weiterzuentwickeln, indem realistisch hohe Erwartungen gesetzt werden.

Downloads: Guter Stress, schlechter Stress

Es ist wichtig, ein ausgewogenes Stressniveau zu haben. Stress kann Energie liefern, die die Leistung fördert. Zu viel davon ist jedoch schädlich und wird sich wahrscheinlich negativ auf das Lernen auswirken. Kurzfristiger Stress kann bewältigt werden, aber langfristiger Stress ist in der Regel schädlich.

Stress ist ein Bestandteil im Leben jedes Teenagers. Doch wie sie ihn wahrnehmen und wie Erwachsene ihnen in stressigen Zeiten beistehen, beeinflusst ihre Reaktion darauf. Eine wachstumsorientierte Denkweise zum Stress hilft Teenagern, Stress als nützliche Energieressource zu nutzen.

Übung
Schreiben Sie drei Situationen auf, die Ihr Teenager als übermäßig stressig empfindet.

Situation 1

....

....

Situation 2

....

....

Situation 3

....

....

Was könnten Sie tun oder sagen, um Ihrem Teenager zu helfen, die Körpersignale hoher Anregung als eine Form von Energie zu deuten?

....

....

....

....

....

....

Wie können Sie Ihrem Teenager in Zeiten von Stress zur Seite stehen?

....

....

....

....

....

....

<table>
<tr><th>Wenn dies geschieht …</th><th>Denken Sie nicht das …</th><th>Sondern vielleicht das …</th></tr>
<tr><td>Ihr Teenager bewirbt sich für ein akademisches Stipendium an einer renommierten Universität. Sie ist gewissenhaft und sich der finanziellen Vorteile, die sich daraus ergeben, sehr bewusst. Das Geld in der Familie ist aber knapp. Sie hat sich seit einem Monat nicht mehr mit ihren Freunden getroffen.</td><td>Das Leben ist hart. Sie muss lernen, mit Druck umzugehen. Das musste ich auch und es hat mich zu dem gemacht, was ich heute bin.</td><td>Sie ist jung und stressanfällig. Sie sollte Herausforderungen realistisch begegnen und nicht die finanziellen Lasten der Familie tragen. Ein ausgewogenes Aktivitätenverhältnis in ihrem Leben ist wichtig.</td></tr>
<tr><td colspan="3"> Schützen Sie Teenager vor chronischem Stress.</td></tr>
<tr><td>Das Schulvolleyballteam muss dieses Spiel gewinnen, sonst verlieren sie die Meisterschaft um einen Punkt. Ihr Teenager ist der Kapitänin. Vor dem Spiel ist sie sehr nervös.</td><td>Beruhige dich. So schlimm ist es nicht – um Himmels willen, das Schlimmste, das euch passieren kann, ist, dass ihr Zweiter werdet!</td><td>Ich sehe, dass du nervös bist. Was macht dir am meisten Sorgen? Was können wir dagegen tun? Denke daran, dass du diese erstaunliche Energie nutzen kannst, um dich auf dein Spiel zu konzentrieren.</td></tr>
<tr><td colspan="3"> Unterstütztzen Sie eine wachstumsorientierte Denkweise gegenüber Stress.</td></tr>
<tr><td>Das Band-Vorspielen ging schief. Ihr Teenager knallt Türen zu und schreit herum.</td><td>Warum gehst du nicht auf dein Zimmer, bis du dich besser fühlst?</td><td>Bleib bei mir, auch wenn dir nicht nach Reden zumute ist, und wir können zusammen fernsehen. Wenn du dich bereit fühlst, können wir darüber sprechen.</td></tr>
<tr><td colspan="3"> Stehen Sie Ihrem Teenager zur Seite, wenn er gestresst ist.</td></tr>
</table>

Kapitel 16
Soziale Medien & Technologie

KURZ UND KNAPP

- Es herrscht übertriebene Besorgnis hinsichtlich des Gebrauchs von sozialen Medien und Technologie bei Teenagern.[22]
- Ein Smartphone ist oft die soziale Lebensader für Teenager.
- Es gibt wenige Beweise dafür, dass soziale Medien bei Teenagern psychische Probleme verursachen.
- Die Nutzung sozialer Medien kann die Entwicklungsbedürfnisse von Teenagern beeinflussen, daher ist Vorsicht geboten.
- Berücksichtigen Sie den gesamten Lebensstil eines Teenagers, anstatt sich auf seine „Bildschirmzeit" zu konzentrieren.
- Setzen Sie klare Grenzen für den Umgang mit technischen Geräten in der Familie und halten Sie sich selbst daran.
- Eine ansprechende und spielerische Oberfläche kann sehr motivierend sein und Jugendlichen helfen, in einen positiven Lernzyklus einzutreten.

EINLEITUNG

Ausschnitt aus der Daily News vom Mittwoch, dem 29. Juni 1938
„Zu viel Lesen ist schädlich" *von Angelo Patri*

Da ist Clare mit einem Buch. Sie liest immer. Ich habe noch nie ein Kind gesehen, das so sehr von Büchern fasziniert ist. Wollte sie nicht auf die Party gehen? Ich dachte, alle Kinder der Stadt wären da. Sie werden sich den Film ansehen. Sie sind einfach alle ganz wild vor Aufregung. Geht es ihr nicht gut, oder was? Man kann sie einfach nicht von einem Buch trennen. Sie würde lieber lesen als irgendetwas anderes tun![23]

Es herrscht eine Massenpanik in Bezug auf die Mediennutzung von Jugendlichen

Im Laufe der Geschichte wurden neue Erfindungen, vor allem solche, die junge Menschen ansprechen, stets mit Sorge und Bangen betrachtet. Das obige Zitat beschreibt eine gesellschaftliche Befürchtung, dass Kinder, die Bücher lesen, Entwicklungserfahrungen verpassen würden. Das erscheint uns heute lächerlich, und tatsächlich verbringen Eltern oft viel Zeit damit, ihre Kinder zum Lesen zu überreden, da ein klarer Zusammenhang zwischen schulischen Leistungen und Lesekompetenz besteht. Wir stehen weltweit vor einer Revolution beim Zugang zu Technologie und sozialen Medien, und da Teenager oft die ersten sind, die die Technologie nutzen und die Online-Welt einen großen Teil ihres Lebens ausmacht, werden viele unserer Sorgen über die Auswirkungen auf sie gelenkt. Weil Sie selbst nicht mit der Technologie aufgewachsen sind und sich die Online-Welt so schnell verändert, haben Eltern und Lehrer in diesem Bereich oft wenig Vertrauen. Wir wissen, dass Technologie sowohl die positiven als auch die negativen Aspekte der physischen Welt verstärken kann.

Nur ein kleiner Prozentsatz junger Menschen ist den Risiken der Online-Nutzung ausgesetzt

Die Internetnutzung und die Online-Erfahrungen junger Menschen ändern sich schnell und es werden aktuelle Umfragen benötigt. Zum Zeitpunkt der Veröffentlichung dieses Buches ergab eine kürzlich durchgeführte Umfrage der London School of Economics[24], dass ein kleiner Prozentsatz junger Menschen online Risiken ausgesetzt ist, aber die Zahlen steigen nicht und außerdem führt nicht jedes Risiko zu einem Schaden. Jeder Schaden für junge Menschen ist zu viel und muss beseitigt werden, und es besteht zweifellos die Notwendigkeit einer strengeren Regulierung der sozialen Medien. Wir möchten jedoch einen ausgewogenen Überblick über die Beweise für Schäden durch soziale Medien und Technologie geben, da dies eine maßvollere Diskussion ermöglicht. Technologie und soziale Medien sind auf dem Vormarsch und Erwachsene müssen schnell aufholen und herausfinden, wie sie junge Menschen schützen und ihnen ermöglichen können, Widerstandsfähigkeit und Strategien zu entwickeln, um mit den negativen Aspekten der Online-Welt umzugehen, insbesondere angesichts der enormen Vorteile und Möglichkeiten, die die Mediennutzung für junge Menschen bietet.

Der wissenschaftliche Teil: Gehirn und Verhalten

Es gibt keine schlüssigen Beweise dafür, dass soziale Medien bei Teenagern psychische Probleme verursachen

In den Schlagzeilen wird behauptet, dass die exzessive Nutzung von Technik bei der heutigen Jugend zu einer Zunahme psychischer Probleme führt. Bei genauer Betrachtung der Forschungsergebnisse zeigt sich jedoch ein anderes Bild. Studien haben zwar einen kleinen Zusammenhang zwischen Bildschirmnutzung und psychischer Gesundheit festgestellt, aber groß angelegte Studien kommen zu dem Schluss, dass der Effekt winzig ist und auf keinen Fall groß genug, dass sie Auswirkungen auf die Politik haben sollten. Zum Zeitpunkt der Abfassung dieses Kapitels zeigte eine umfassende Überprüfung von unterschiedlichsten Einzelfaktoren im Zusammenhang mit dem Wohlbefinden von Jugendlichen, dass andere Faktoren, wie z. B. Mobbing, Marihuana-Konsum, unzureichender Schlaf oder das Auslassen des Frühstücks einen weitaus größeren negativen Zusammenhang mit dem Wohlbefinden eines Teenagers darstellen. Die Natur solcher Zusammenhänge von Einzelfaktoren ist schwer in der Forschung zu erfassen, und kann oft zu unsinnigen Ergebnissen führen, wie zum Beispiel eine stärkere Assoziation zwischen dem Verzehr von Kartoffeln und dem Wohlbefinden als zwischen der Nutzung von sozialen Medien und dem Wohlbefinden. Außerdem ist jede Assoziation korrelativ und kann daher nichts über die Ursache aussagen. Wenn beispielsweise viel Zeit vor Bildschirmen und eine schlechte psychische Gesundheit bei ein und derselben Person zur gleichen Zeit festgestellt werden, wissen wir nicht, was zuerst da war. Nur wenn wir zuerst das eine (hohe Bildschirmzeit) und dann das andere (psychische Gesundheit) messen, können wir sagen, dass die Bildschirmnutzung psychische Probleme verursacht hat.

Einige Studien, in denen dieselbe Person über einen längeren Zeitraum hinweg untersucht wurde, was Rückschlüsse auf die Ursache zulässt, haben ergeben, dass Personen mit psychischen Problemen soziale Medien weniger nutzen. Andere Studien haben festgestellt, dass die Nutzung sozialer Medien ein Schutzfaktor ist, der dazu führt, dass junge Menschen ein größeres Gefühl der Zugehörigkeit und der sozialen Unterstützung haben. Es gibt Hinweise darauf, dass eine Verletzlichkeit im Offline-Leben die Anfälligkeit im Online-Bereich prägt. Das heißt, die Online-Umgebung kann bestehende Probleme bei Jugendlichen intensivieren. Mobbing ist ein Beispiel dafür, dass die 24-Stunden-Verfügbarkeit der sozialen Medien bedeutet, dass junge Menschen dem nicht entkommen können. Es gibt sicherlich Herausforderungen, aber derzeit gibt es keine eindeutigen Beweise, die die scheinbare Massenpanik im Zusammenhang mit sozialen Medien und der psychischen Gesundheit junger Menschen stützen.

Es ist nicht erwiesen, dass Technologie die Entwicklung des Gehirns von Teenagern beeinträchtigt

Obwohl es viele hundert Studien gibt, wurden keine überzeugenden Beweise veröffentlicht, die zeigen, dass die Nutzung von Technologie oder sozialen Medien die Entwicklung des Gehirns direkt beeinflusst. Es ist üblich, dass es individuelle Unterschiede gibt, wenn es um die Entwicklung des Gehirns geht. Obwohl Erfahrungen das Gehirn prägen, wie Sie im ersten Teil dieses Buches gelesen haben, wurden keine messbaren Gruppenunterschiede in Bezug auf Technologienutzung bei jungen Menschen festgestellt. Wir müssen die voreiligen Befürchtungen zu diesem Thema nehmen und sorgfältig darüber nachdenken, welche Risiken die Mediennutzung für junge Menschen im Lichte dessen birgt, was wir über die Entwicklung des Teenager-Gehirns wissen. Wir sollten auch darüber nachdenken, wie wir mit unserem Wissen über die Funktionsweise des Teenager-Gehirns die Technologie und die sozialen Medien sinnvoll nutzen können.

Die Mediennutzung steht in Wechselwirkung mit dem Bedürfnis von Teenagern, sich in sozialen Gruppen zu integrieren und seinen Platz darin zu finden

Soziale Medien sind ein wichtiger Weg für Teenager, um miteinander in Kontakt zu treten. Junge Menschen teilen nicht die dichotome Denkweise vieler Erwachsener, die zwischen einer „Online"- und einer „Offline"-Welt unterscheiden. Ihre Welten vermischen sich, so dass die Integration von Gleichaltrigen auch auf dem Handy stattfindet. Wie wir in früheren Kapiteln gelernt haben, ist die Pubertät ein sensibler Zeitraum, um über die soziale Welt zu lernen und sich mit Gleichaltrigen auseinanderzusetzen. Es gibt eine starke soziale Anziehungskraft, Zeit mit Gleichaltrigen zu verbringen, die uns hilft zu verstehen, warum Teenager bei jeder Gelegenheit an ihren Handys hängen und warum Ihr Vorschlag, das Telefon wegzulegen, auf ungläubige Blicke und Kommentaren wie „Ich sterbe, wenn du mir mein Handy wegnimmst" stoßen kann. Diese Formulierung mag sich vielleicht etwas drastisch anhören, aber für einen Teenager kann es sich so anfühlen, als würde seine Welt untergehen, wenn Sie ihm das Handy entziehen. Seine soziale Interaktion findet maßgeblich über das Telefon statt, und sein Gehirn sagt ihm, dass die Integration von Gleichaltrigen von grundlegender Bedeutung ist.

Die Auswirkungen der sozialen Medien können Teenager verletzen

In dieser sensiblen Entwicklungsphase haben Teenager auch das inhärente Bedürfnis, zu einer Gruppe zu gehören und Teil dieser Gruppe zu sein. Die Angst, etwas zu verpassen (FOMO – Fear Of Missing Out), ist etwas, für das sogar Erwachsene anfällig sind. Erinnern Sie sich an das Cyberball-Spiel (in *Kapitel 5: Das Teenager-Gehirn – liebt andere Menschen*), das zeigt, dass das Gehirn sozialen Schmerz auf die gleiche Weise registriert wie körperlichen Schmerz, und bedenken Sie, dass dies für Teenager noch schmerzhafter ist. In naher Zukunft werden wir sehen, wie die Online-Welt eine größere Verletzlichkeit bei Teenagern hervorrufen kann. Wir wissen, dass soziale Ablehnung online genauso negativ erlebt werden kann wie die persönliche Ablehnung, und die Gehirne von Teenagern reagieren auf solche Ablehnung besonders ausgeprägt. Auf der anderen Seite können „Likes" und Online-

Kommentare die soziale Akzeptanz bestätigen und für Teenager eine wichtige Quelle sozialer Belohnungen darstellen. Wenn wir das verstehen, können wir uns in unseren Teenager hineinversetzen, der sich am Boden zerstört fühlt, weil er für ein gepostetes Bild nur relativ wenige „Likes" erhalten hat. Die Bestätigung von Gleichaltrigen ist für sie deshalb so bedeutend, weil ihr Gehirn dies als essentiell ansieht.

Soziale Medien können die Wahrnehmung eines Teenagers von der Welt verändern

Soziale Medien können auch die Art und Weise verändern, wie junge Menschen die Welt wahrnehmen. Die Online-Welt ist oft voreingenommen, so dass nur positive Beiträge veröffentlicht werden – die besten Bilder, die lustigsten Partys, die erfreulichsten Nachrichten. Andere Faktoren wie bearbeitete Bilder und gezielte Filter können zu einer veränderten Wahrnehmung führen, so dass der Eindruck entstehen kann, dass das Leben anderer Menschen großartig ist, während unser „reales" Leben mit seinen täglichen Höhen und Tiefen im Vergleich dazu verblasst. Wir wissen, dass dies mit einer schlechten Stimmung verbunden ist, insbesondere bei jungen Menschen.

Soziale Medien interagieren mit dem Bedürfnis eines Teenagers, eine kohärente Selbstidentität zu entwickeln

Teenager befinden sich auch mitten in der Entwicklung einer komplexen und kohärenten Selbst-Identität. Die Online-Welt bietet in dieser Hinsicht sowohl Chancen als auch potentielle Hindernisse. Für manche Teenager kann sie eine Plattform bieten, auf der sie ihre Identität festigen und unter Gleichaltrigen hervorstechen können. Für andere hingegen kann das Selbstvertrauen leicht ins Wanken geraten und das Selbstbild beeinträchtigt werden. Online-Feedback von Gleichaltrigen hat einen starken Einfluss auf die Selbstwahrnehmung von Jugendlichen, insbesondere bei Mädchen in Bezug auf das Aussehen ihres Körpers und dem Drang, schlank zu sein. Die Forschung zeigt auch, dass Feedback zum idealen Körperbild, das von der Norm abweicht, bei Teenagern mit einer größeren Aktivität in den emotionalen Zentren des Gehirns verbunden ist, was bedeutet, dass es einen hohen Stellenwert hat und möglicherweise die eigene Körperwahrnehmung eines Teenagers beeinflussen kann. Obwohl dies positiv sein könnte, ist das Potenzial für Gefahren offensichtlich, was diesen Bereich zu einem Thema macht, bei dem wir jungen Teenagern helfen müssen, es zu bewältigen.

Die Online-Welt kann bei Teenagern intensive emotionale Erfahrungen hervorrufen

Wir wissen, dass die emotionalen Hirnregionen in den Teenagerjahren besonders empfindlich sind, so dass die emotionalen Erfahrungen von Teenagern sehr intensiv wahrgenommen werden. Dies kann sich sowohl in positiver als auch in negativer Hinsicht auswirken. Ein Jugendlicher, der sich stark von Emotionen leiten lässt, fühlt sich möglicherweise stärker zu Videospielen hingezogen, so dass es schwer ist, ihnen zu widerstehen und sie zu unterbrechen. Wir alle haben den Teenager vor dem inneren Auge, der süchtig nach der Playstation zu sein scheint. Wenn wir wissen, dass das untere Gehirn auf Hochtouren läuft, während der präfrontale Kortex Mühe hat, mitzuhalten, können wir uns vorstellen, wie schwer es für ihn sein kann, die Playstation wegzulegen und zum Abendessen zu kommen. Das soll keine Entschuldigung sein und wir möchten auch nicht suggerieren, dass Spiele frei verfügbar sein sollten, aber so lässt sich dieses Verhalten zumindest erklären. Es ist auch wahr, dass Jugendliche Trost und Geborgenheit in der Online-Welt finden. Online-Gemeinschaften können der einzige Ort sein, an dem sich ein junger Mensch wirklich zugehörig fühlen kann. Es kann Solidarität mit anderen geben, die ähnliche Probleme haben, und es gibt immer mehr Inhalte, die ein gesundes Verhältnis zum Körper unterstützen. Auch hier sehen wir, wie die Online-Erfahrung im Kontext eines jugendlichen Gehirns intensiviert wird, mit dem Potenzial, sowohl die Verletzlichkeit als auch die Chancen zu erhöhen.

Auf den Teenager übertragen

Die Online- und Offline-Welt sind für Ihren Teenager ein und dasselbe
Die Netzwerke, über die Menschen Kontakte knüpfen, kommunizieren und Inhalte austauschen, sind online und offline. Für Teenager gibt es zwischen beiden keinen Unterschied. Heutzutage besitzen selbst Videospiele Netzwerksfunktionen, und die sozialen Medien entwickeln sich weiter, oft mit Teenagern als Vorreiter. Die allgegenwärtige und sich ständig verändernde Natur der sozialen Medien macht sie zu einem gewissen Anziehungspunkt für elterliche Besorgnisse und Frustration, aber wir dürfen nicht vergessen, dass die Online-Welt für das Teenager-Gehirn attraktiv ist, weil die Entwicklungsprozesse online stattfinden. Eltern und Lehrer könnten den Eindruck haben, dass der Teenager nie von seinem Handy oder Bildschirm ablässt, und nicht in der realen Welt lebt, während dies für einen Teenager seine reale, vernetzte Welt ist.

In der Online-Welt gehen Risiko und Chance Hand in Hand
Die entwicklungsbedingten Antriebe des Teenager-Gehirns (wie Freunde, Selbstidentität und Risiko) ziehen Jugendliche in die Online-Welt. Genau diese Gehirnsensibilitäten bedeuten, dass die Auswirkungen auf sie, sowohl positiv als auch negativ, verstärkt werden. Die Implikationen sind, dass sie verletzlich sind und Hilfe benötigen, um ihre Beziehung zur Nutzung sozialer Medien zu bewältigen. Gleichzeitig ist jedoch das einseitige Verbieten von sozialen Medien nicht der richtige Weg, da Risiko und Chance in der Online-Welt korrelieren. Junge Menschen, die das Internet häufiger nutzen und ihre digitalen Fähigkeiten ausbauen, erzielen auch große Vorteile und entwickeln Resilienz für die Zukunft.

Teenager müssen lernen, gute Entscheidungen zu treffen, unabhängig davon, ob Sie dabei sind oder nicht
Um Teenager zu schützen, müssen Sie als wichtige erwachsene Bezugsperson in ihrem Leben sie dabei unterstützen, kluge Entscheidungen für sich selbst zu treffen, egal ob Sie gerade zuschauen oder nicht. Sie können nicht

rund um die Uhr in ihrem Leben präsent sein. Sie müssen ihnen helfen, ihre eigenen Grenzen zu finden. Die meisten Jugendlichen sind kompetent und selbstständig und können gute Entscheidungen treffen, wie die Forschung beweisen konnte. Der Schlüssel zur Entwicklung von Resilienz bei jungen Menschen im Umgang mit den Medien liegt darin, ihnen beizubringen, ihre eigenen Erfahrungen zu hinterfragen und ihre Mediennutzung selbst zu regulieren. Bedenken Sie, dass das Gehirn durch Erfahrungen lernt und Wiederholung der Schlüssel zum Erfolg ist, daher wird dies nicht über Nacht geschehen. Noch wichtiger ist, dass Jugendliche angesichts der Art und Weise, wie das Teenager-Gehirn mit der Mediennutzung interagiert, Hilfe brauchen, um dies in den Griff zu bekommen. Ihre Strategie für soziale Medien muss solide, konsequent und langfristig sein, mit einer großen Portion Diskussion und Reflexion, einigen klaren Grenzen und vorbildlichem Verhalten. Wenn Sie dies von Beginn an tun, werden sie, wenn sie erwachsen sind – also in etwa Mitte 20 – alles unter Kontrolle haben.

Die Mehrheit der jungen Menschen handelt online verantwortungsbewusst

Die gute Nachricht ist, dass Untersuchungen zeigen, dass die meisten Teenager damit beschäftigt sind, sich mit den schwierigen Fragen zu befassen, wie sie ihre Mediennutzung selbst steuern können. Die Mehrheit der jungen Menschen möchte verantwortungsbewusst handeln und denkt sich Strategien aus, um sich zu schützen. Sie brauchen Unterstützung, Fähigkeiten und klare Grenzen, aber lassen Sie sich nicht in eine fixe Denkweise verwickeln. Manche Eltern reagieren sehr empfindlich, wenn sie ihr Kind mit einem Handy sehen und beschlagnahmen das Handy als Strafe, wenn sie wegen irgendetwas verärgert sind. Das hilft dem Kind nicht, sich selbst zu regulieren, sondern führt eher dazu, dass es die Schwierigkeiten, die mit der Nutzung des Smartphones verbunden sind, leugnet. Alle Teenager haben das Potenzial, mit Ihrer Unterstützung zu lernen, damit umzugehen.

Was bedeutet das für den Alltag?

Es besteht die Gefahr, dass technische Geräte die Beziehung zwischen Ihnen und Ihrem Teenager beeinträchtigt

Wenn Sie nicht wissen, wie Sie mit der Technologie umgehen sollen, und sich um die jungen Menschen sorgen, die Sie betreuen, könnte Ihr Instinkt darin bestehen, die Mediennutzung zu stark zu kontrollieren, um sie zu schützen. Der Begriff „Bildschirmzeit" ist in den allgemeinen Sprachgebrauch eingegangen, und in Haushalten auf der ganzen Welt gibt es Streit, wenn Eltern und Lehrer versuchen, die Bildschirmzeit einzuschränken oder zu verbieten. Teenager hingegen kämpfen, verhandeln und sagen vielleicht nicht immer die Wahrheit, um wieder an das heranzukommen, was für sie eine Lebensader darstellt. Das Risiko dieser Vorgehensweise liegt darin, dass Sie eine Kluft in der Beziehung zu Ihrem Teenager schaffen und das lebenswichtige Vertrauen und die Kommunikationskanäle verlieren können, die so wichtig sind, um ihn in seinem Leben zu schützen. Um das Gespräch von Spannungen und Wut zu lösen, müssen Sie mit Empathie und Perspektivenübernahme vorgehen. Sie müssen Ihre Herangehensweise an dieses Problem so gestalten, dass sie Fähigkeiten entwickeln, selbst damit umgehen zu können, anstatt anzunehmen, dass Teenager nicht mit Technologie umgehen können, „süchtig" sind und es immer sein werden. Bringen Sie in Erfahrung, wie sie ihre Zeit verbringen und sprechen Sie mit ihnen darüber.

Teenager müssen metakognitiv handeln und über ihre Bildschirmnutzung nachdenken

Ermutigen Sie Teenager, sich von ihren Online-Erfahrungen zurückzuziehen und über diese nachzudenken. Psychologen nennen diese Einsicht in das eigene Verhalten „Metakognition". Dies kann nur gelingen, wenn der Teenager nicht das Gefühl hat, in die Ecke gedrängt zu werden oder dass man ihm sein Handy wegnehmen wird. Ermutigen Sie sie, darauf zu achten, wie sie sich fühlen, wenn sie nach ihrem Handy greifen und wie sie sich fühlen, nachdem sie auf ihr Handy geschaut haben. Es gibt Hinweise darauf, dass sich die Stimmung nach einem Blick auf Facebook verschlechtert, da dies ein Gefühl von „FOMO" oder den Eindruck erwecken kann, dass das Leben anderer Menschen besser ist. Fragen Sie sie, warum es ihnen schwerfällt, ihr Handy wegzulegen. Stehen sie unter Druck, dass sie unhöflich erscheinen, wenn sie nicht sofort antworten? Stellen Sie Fragen wie: „Was gibt dir Energie und was erschöpft dich an deinem Handy? Entspannst du dich, wenn du ein Videospiel spielst und existieren negative Auswirkungen, wenn du zu lange dranbleibst? Wann warst du das letzte Mal glücklich, wenn du online warst?" Es ist empfehlenswert, sich zurückzuhalten und darauf zu verzichten, „Ich habe es dir ja gesagt" zu sagen. Hören Sie stattdessen genau zu, was die Teenager zu sagen haben. Die Unterstützung bei der Reflexion ist an sich schon eine wirksame Maßnahme, um ihnen zu helfen, die Kontrolle zu behalten.

Teenager müssen lernen, sich selbst zu regulieren

Teenager befinden sich an einem Punkt in ihrem Leben, an dem sie lernen, die Dinge selbst in die Hand zu nehmen. Wenn wir eine übertrieben kontrollierende Haltung gegenüber ihrer Lebensführung haben, werden sie nicht nur dagegen ankämpfen, sondern sobald wir die Einschränkungen aufheben oder nicht hinsehen, werden sie nicht wissen, wie sie damit umgehen sollen. Fördern Sie ihre Fähigkeiten zur Selbstregulierung und schützen Sie sie vor potenziell größeren Problemen, die sich später schädlicher auswirken könnten. Technologie, Internetnutzung und soziale Medien gehören zu den umstrittensten Themen zwischen den Generationen und ist ein idealer Ort, um Ihre Beziehung mit Verhandlungen und gemeinsamen Problemlösungen zu beginnen. Das ist keine schnelle oder einfache Lösung, aber die Alternative funktioniert einfach nicht. Denken Sie daran, dass ihre Gehirne bereit sind, Problemlösungen zu lernen und die so wichtigen Wege der Selbstregulierung zu entwickeln, die im frontalen Teil des Gehirns angesiedelt sind. Betrachten Sie es als einen Muskel, den sie wachsen lassen müssen. Es gibt einige großartige Apps, die dabei helfen können, Selbstreflexion zu fördern und das Leben zu strukturieren. Helfen Sie Jugendlichen, Freiräume zu schaffen und über Mäßigung nachzudenken. Zeigen Sie ihnen den Wert digitaler Pausen, indem jeder regelmäßige digitale Auszeiten einlegt. Sorgen Sie dafür, dass es eine Zeit des Spaßes, der Gemeinsamkeit und der Freude ist. Und denken Sie daran, wie wichtig es ist, Verhaltensweisen vorzuleben. Auch hier müssen Sie mit einem guten Beispiel vorangehen.

Um sich zu schützen, müssen Teenager kritisch mit den Inhalten sozialer Medien umgehen

Schaffen Sie regelmäßig Zeit und Raum, in dem Jugendliche dazu ermutigt werden, kritisch über Online-Inhalte und -Erfahrungen zu reflektieren. Dies ist eine großartige Gelegenheit um ihre wachsenden Gehirne und ihr zunehmendes kritisches Bewusstsein zu nutzen und ihnen dabei zu helfen, sich in der enormen Menge an Inhalten, die ihnen zur Verfügung stehen, zurechtzufinden. Diskutieren Sie, wie man erkennt, ob etwas wirklich wahr ist. Fragen Sie sie, was ihnen online sicher erscheint und was nicht, oder was sie als angemessen oder unangemessen empfinden. Sie müssen auch einen Plan besprechen, was sie tun oder an wen sie sich wenden sollen, wenn etwas nicht so läuft wie geplant. Es ist wichtig, dass sie eine Person benennen, an die sie sich sicher wenden können, und dass sie ihre Ängste über die Folgen für sie und ihre Freunde verbalisieren können. Fragen Sie sie: „Was würdest du tun, wenn du glaubst, dass dein Freund oder deine Freundin online in Schwierigkeiten ist? Was würdest du tun, wenn du Inhalte findest, die dich verärgern und über die du reden musst?" Vielleicht müssen Sie sogar mit ihnen über das Thema Sex und Pornografie und deren Auswirkungen auf Menschen erläutern. Es ist schockierend, welchen Inhalten junge Menschen bereits in jungen Jahren ausgesetzt sein können. Während wir uns überlegen, wie wir das am besten bewältigen können, sollten wir dafür sorgen, dass Teenager einen Ort haben, an dem sie ohne negative Konsequenzen darüber sprechen können.

Es ist besonders wichtig, einen ganzheitlichen Ansatz zu verfolgen, wenn man die Mediennutzung eines Teenagers betrachtet

Ein weiterer wichtiger Punkt ist, dass der Begriff „Bildschirmzeit" nicht alle Aspekte abdeckt. Eltern können sich leicht darauf versteifen und sich am meisten Sorgen darüber machen, da sie vergleichsweise einfach zu überwachen ist. Die Eingrenzung der Bildschirmzeit auf eine bestimmte Nutzungszeit ist jedoch problematisch, da es so viele verschiedene Verwendungen der Technologie gibt, von denen viele gut sind (z. B. das Programmieren oder Erstellen von Inhalten) oder im Rahmen eines erfüllten Lebens stattfinden (z. B. ein Kind, das voll im Leben steht, aber bei einem Videospiel wirklich entspannt). Es ist bedeutsamer, die schwierigeren Fragen zu stellen, zum Beispiel was sie online tun. Organisationen und Verbände des öffentlichen Gesundheitswesens bieten Richtlinien für Eltern und Fachleute an, die auf den jeweils veröffentlichten Forschungsergebnissen basieren. Diese Richtlinien konzentrieren sich in der Regel auf die individuellen Unterschiede. Statt allgemeine Ratschläge, wie eine festgelegte „Bildschirmzeit", zu geben, empfehlen sie einen umfassenderen Ansatz. Das Hauptaugenmerk liegt darauf, sicherzustellen, dass Jugendliche ein ausgewogenes Leben führen, wobei der Schwerpunkt darauf liegt, wie sie ihre verfügbare Zeit insgesamt verbringen. Dabei stellen sie Fragen, die untersuchen, ob diese Zeit von wichtigen Aktivitäten wie Schlafen, Spielen, Gesprächen und körperlicher Aktivität abhält. Die American Academy of Pediatrics (Amerikanische Akademie für Kinderheilkunde) (Yolanda Chassiakos et al. 2016) empfiehlt Erwachsenen die folgenden Fragen zu stellen, wenn es um die Auswirkungen der Technologie auf das Leben von jungen Menschen geht:

- Ist der junge Mensch körperlich gesund und schläft er genug?
- Hat der junge Mensch sozialen Kontakt zu Familie und Freunden (in welcher Form auch immer)?
- Ist der junge Mensch in der Schule engagiert und erfolgreich?
- Geht der junge Mensch seinen Interessen und Hobbys nach (in welcher Form auch immer)?
- Hat der junge Mensch Spaß und lernt er bei der Nutzung digitaler Medien?

Die Botschaft ist, sich nicht darauf zu konzentrieren, ob Technik „gut" oder „schlecht" für junge Menschen ist, sondern zu beurteilen, ob ihre sozialen, kognitiven und körperlichen Aktivitäten auf einem guten Niveau für sie sind.

Was bedeutet das für das Lernen?

Die direkte Zugänglichkeit von Wissen und Inhalten bietet Teenagern eine großartige Chance

Das Wissen und die Informationen, die Teenagern zur Verfügung stehen, sind für diejenigen unter uns, die vor dem Zeitalter des Internets aufgewachsen sind, überwältigend. Einige von uns absolvierten in den 1990er Jahren eine Ausbildung in London. Ich erinnere mich noch gut daran, wie sich das Forschungsteam um einen Computer versammelte, um sich das damals neue „World Wide Web" zeigen zu lassen. Als man einen Suchbegriff eingab und die Maschine langsam nach Informationen suchte, verdrehten viele von uns die Augen und sagten: „Das wird sich nie durchsetzen, das ist so langsam." Wir wussten ja nicht, was noch kommen würde. Wir erinnern uns auch daran, dass wir mit dem Bus zur Bibliothek gefahren sind und die Treppe nehmen mussten, um eine Zeitschrift zu finden, die Treppe hinuntergehen mussten, um die Zeitschrift zu lesen, oder uns anstellen mussten, um den gewünschten Artikel für unsere Dissertation zu fotokopieren. Jetzt haben wir fast jeden Artikel, den wir suchen, innerhalb von etwa drei Minuten in der Hand. Dies ist ein enormes Privileg und eine Chance, die der jungen Generation zugutekommt und für uns in den 1990er Jahren undenkbar gewesen wäre. Sie haben mehr Wissen und Informationen zur Verfügung, als wir uns je hätten vorstellen können. Die Möglichkeiten für kreatives Arbeiten sind ebenfalls enorm, denn sie können hochwertige Präsentationen, Fotos, Musik und Filme vergleichsweise einfach erstellen.

Technik kann bei Lernaufgaben sowohl förderlich als auch hinderlich sein

Es steht außer Frage, dass das Smartphone eine Ablenkung von Lernaufgaben sein kann, die die Fähigkeit junger Menschen, sich zu konzentrieren und zu denken, beeinträchtigen und sie aus ihrem positiven Lernzyklus herausreißen kann. Die Lehrer arbeiten hart daran, dies in den Griff zu bekommen, und viele Schulen verbieten inzwischen Smartphones in der Schule. Dies steht jedoch im Widerspruch zu den großartigen Möglichkeiten, die

die Technologie zur Verbesserung des Lernens bietet. Online-Plattformen können faszinierend sein und bei Jugendlichen eine positive Motivation auslösen, indem sie dabei unterstützen, neuronale Schaltkreise aufzubauen. Manche argumentieren, dass die Schulen eine Rolle dabei spielen, die Schüler dabei zu unterstützen, ihre Technologienutzung selbst zu regulieren, wie wir oben beschrieben haben.

Zu Hause und in der Schule müssen einheitliche Regeln für die Nutzung von Technologie herrschen

Klar ist, dass die Botschaften zur Mediennutzung von zu Hause und von der Schule einheitlich sein müssen. Wenn einem Teenager von der Schule gesagt wird, dass er sein Handy in der Schule nicht benutzen darf, seine Eltern aber keinen Tag ohne Kontakt auskommen, erhält der Teenager widersprüchliche Botschaften. Das ist nicht nur wenig hilfreich, wenn man herausfinden möchte, was das Beste für das Lernen und die Entwicklung des Kindes ist, sondern lässt auch Spielraum, um Grenzen zu überschreiten und Regeln zu brechen.

WAS LERNEN WIR DARAUS?

Aufgrund ihres Entwicklungsdrangs fühlen sich Teenager zu digitalen Medien und Technologien hingezogen. Es gibt Risiken, die sorgfältig bedacht werden müssen, aber die Technologie bietet jungen Menschen auch große Chancen. Erwachsene müssen den Lebensstil ihres Teenagers ganzheitlich betrachten und Wege finden, um Probleme mit ihrem Teenager zu besprechen und zu lösen, damit sie den größten Erfolg bei der Bewältigung ihres Alltags haben.

Fallstudie: Zainab

Zainab, ein 15-jähriges Mädchen, war in einem Stimmungstief. Sie lebte bei ihrer Mutter, da ihre Eltern getrennt waren, und hatte keinen Kontakt zu ihrem Vater oder ihren Geschwistern. In den letzten Monaten hatte sie Probleme mit Freundschaften und zog sich nach der Schule mit ihrem Handy in ihr Zimmer zurück. Ihre Mutter hatte sich Sorgen um sie gemacht und, um ihr keinen zusätzlichen Stress zu bereiten, die Regel aufgestellt, dass Zainab ihr Smartphone nachts nicht im Bett haben durfte. Ihre Mutter bemerkte, dass sie sehr müde aussah und Zainab war oft reizbar und mürrisch und wollte nicht an Aktivitäten teilnehmen, die ihr früher Spaß gemacht hatten. An einem Wochenende fragte Zainabs Mutter, ob sie, wie gewöhnlich, mit ihren Freunden ausginge. Zainab antwortete kurz mit „Nein" und zog sich in ihr Zimmer zurück. Trotz aller Bemühungen, mit ihr zu reden, wollte Zainab keine Zeit mit ihrer Mutter verbringen oder mit ihr sprechen. Eines Nachts stand ihre Mutter auf und hörte ein leises Schluchzen aus Zainabs Zimmer. Sie ging hinein und fand ihre Tochter weinend und mit ihrem Telefon in der Hand vor. Es war 3 Uhr morgens. Es war an der Zeit, etwas zu unternehmen.

Mitten in der Nacht gingen Zainab und ihre Mutter die Treppe hinunter, um sich ein heißes Getränk zu machen. Sie setzten sich ans Feuer und Zainab begann zu reden. Nach einigen Gesprächen stellte sich heraus, dass Zainab sich mit einer Gruppe von Freunden zerstritten hatte, denen sie seit einiger Zeit nahestand, und dass ihre Freunde sich nun in den sozialen Medien ziemlich mies verhielten. In der Schule wurde sie mehr ignoriert als verspottet, aber vor allem nachts wurden Posts und böse Insiderwitze gepostet, bei denen Zainab außen vor blieb. Ganz allein in ihrem Zimmer wusste sie nicht, an wen sie sich wenden sollte. Sie klammerte sich an ihr Smartphone, in der Hoffnung, dass sich die Lage bessern würde, während der 24-Stunden-Zugang zu ihrem Smartphone alles nur noch schlimmer machte.

Eine gute Lösung

Mitten in der Nacht konnte Zainabs Mutter ihre Tochter trösten, ihr zuhören und ihr beistehen. Sie war versucht, die anderen Mädchen anzurufen, sie anzuschreien und sie für ihre Unfreundlichkeit zu beschimpfen, aber sie wusste, dass dies der Situation nicht helfen würde. Sie half Zainab, wieder einzuschlafen, und sie kamen überein, die Sache bei Tageslicht zu besprechen, wenn sie etwas geschlafen hatten und klarer denken konnten.

Sie entschieden, sich an die Schulberaterin zu wenden, die mit der Dynamik in Zainabs Freundeskreis vertraut war. Zainab brauchte sowohl von ihrer Mutter als auch von der Schulberaterin die Zusicherung, dass sie nicht für sie sprechen und sich nicht auf eine Strategie einigen würden, ohne ihre Zustimmung. Die Schulberaterin war in der Lage, eine Intervention anzubieten, die Zainab nicht weiter ausgrenzte, und allmählich stabilisierten sich die Freundschaften wieder. Die Gruppe führte eine klassenübergreifende Intervention zum Thema Cyber-Mobbing durch, die sich für alle Beteiligten als sehr hilfreich erwies. Die jungen Leute lernten, wie sehr sozialer Schmerz andere verletzen kann und wie hart es sein kann, wenn man nachts allein ist und gehänselt wird. Sie verpflichteten sich alle, dieses Verhalten abzulegen.

Zainab und ihre Mutter vereinbarten, wieder zur Hausregel zurückzukehren, nachts kein Smartphone im Bett zu nutzen. Sowohl sie als auch ihre Mutter luden ihre Handys um 21 Uhr außerhalb des Schlafzimmers auf und fanden, dass sie nach 21 Uhr eine besondere Zeit miteinander verbringen konnten, indem sie gemeinsam eine Fernsehserie anschauten oder sich unterhielten. Zainab bekam mehr Schlaf und war dadurch viel besser in der Lage, den Stress und die Belastungen des Teenagerlebens zu bewältigen.

Was könnte im Wege stehen?

Junge Menschen müssen wissen, dass jede Intervention bei Freundschaftsproblemen einfühlsam gehandhabt wird. Wenn Erwachsene zu streng durchgreifen (z. B. das Telefon auf der Stelle konfiszieren), können sie die Situation für den jungen Menschen noch schwieriger machen. Zainab war vielleicht noch nicht bereit, sich ihrer Mutter zu öffnen. In diesem Fall hätte ihre Mutter geduldig sein und ihr anbieten müssen, jemand anderen zu finden, mit dem sie sprechen kann.

Handlungsempfehlung:

Legen Sie strukturierte Zeiten für Diskussionen und Problemlösungen fest
Wir empfehlen Ihnen, strukturierte Zeiten festzulegen, in denen Sie mit jungen Menschen darüber sprechen, wie sie am besten mit den sozialen Medien umgehen. Laden Sie sie zu einem Austausch darüber ein, wie sie ihre Online-Erfahrungen verarbeiten können. Diese Gespräche sollten von den Jugendlichen geführt werden, um ihnen ein Gefühl von Eigenständigkeit und Respekt vor ihrem Wissen zu geben. Dabei geht es ebenso darum, ihnen zuzuhören wie Grenzen zu setzen. Die Diskussionsthemen sollten zur Selbstreflexion anregen und Antworten auf z. B. folgende Fragen geben:

- Nutzen sie soziale Medien als Stimmungsaufheller und greifen zu ihrem Handy, wenn es ihnen schlecht geht?
- Wie fühlen sie sich, nachdem sie bestimmte Apps genutzt haben, z. B. Instagram oder Facebook? Fühlen sie sich dadurch gut oder schlecht?
- Was kompensieren sie mit der übermäßigen Internetnutzung?
- Was würden sie tun, wenn sie auf Inhalte stoßen, die sie beunruhigen? Mit wem würden sie reden? Würden sie befürchten, in Schwierigkeiten zu geraten?
- Gibt es Dinge, die sie online oder in einer Textnachricht, aber nicht im wirklichen Leben sagen würden?

Ihr Ziel sollte sein, sie dazu anzuregen, über sich selbst nachzudenken, Selbstregulierungsstrategien zu entwickeln, Inhalte kritisch zu betrachten und zu wissen, was zu tun ist, wenn sie online in Schwierigkeiten geraten. Denken Sie daran, dass das Teenager-Gehirn nach Autonomie strebt und dass jede

Lösung, die von den Kindern ausgeht und ihnen gehört, mit größerer Wahrscheinlichkeit effektiv ist. Hören Sie zu, seien Sie neugierig, belehren Sie nicht.

HANDLUNGSEMPFEHLUNG:

Verfolgen Sie einen ganzheitlichen Ansatz, um das Wohlbefinden Ihres Kindes zu beurteilen

Es ist leicht, sich auf eine Sache zu versteifen, die Ihr Teenager tut oder nicht tut, vor allem, wenn es Sie betrifft. Versuchen Sie, sich anzusehen, wie es Ihrem Teenager im Allgemeinen geht, anstatt sich über eine bestimmte Sache Sorgen zu machen. Wenn Ihr Teenager Freunde und Interessen hat, gut schläft, spielt und körperlich aktiv ist, mit Ihnen kommunizieren kann und in der Schule gut zurechtkommt, dann wird es ihm wahrscheinlich nicht schaden, sich beim Surfen im Internet und beim Spielen auf der Xbox zu entspannen. Das könnte sogar die wichtigste Quelle der Entspannung und Zeit für sich selbst sein. Betrachten Sie nicht jede Bildschirmnutzung als negativ. Sie ist ein Teil des Lebens eines Teenagers.

HANDLUNGSEMPFEHLUNG:

Seien Sie ein Vorbild

Denken Sie daran, dass die stärkste Form des Lernens zwischen Erwachsenen und Jugendlichen das Vorleben ist. Überprüfen Sie Ihren eigenen Umgang mit Smartphones und Tablets und stellen Sie sicher, dass Sie ein Vorbild für eine ausgewogene Mediennutzung sind. Seien Sie bereit, über Ihre eigenen Probleme nachzudenken. Die Online-Welt ist unwiderstehlich und wir alle müssen Strategien entwickeln und achtsam mit ihr umgehen.

Handlungsempfehlung:

Legen Sie gemeinsam klare Grenzen für den Umgang mit Technologie fest

Es ist wichtig, dass Sie klare Grenzen für die Nutzung von digitalen Medien in der Familie setzen. Legen Sie die Regeln gemeinsam fest. Vermeiden Sie es, Zusammenkünfte als Strafe für schlechte Bildschirmnutzung abzuhalten, sonst wird der junge Mensch in eine Position geraten, in der er darum kämpfen muss, so viel wie möglich zu bekommen. Zu Hause würden wir zum Beispiel empfehlen, beim Abendessen kein Fernsehen zu schauen und alle Geräte 30 Minuten vor dem Schlafengehen aus dem Schlafzimmer zu entfernen. Die Regeln müssen für alle Mitglieder der Gemeinschaft gelten. Versuchen Sie unbedingt, die Regeln niemals zu brechen, sonst lernt Ihr Teenager, dass sie verhandelbar sind. Integrieren Sie Digitalpausen in Ihren Alltag.

Handlungsempfehlung:

Hören Sie zu und versuchen Sie, sich in die Perspektive des Teenagers hineinzuversetzen

Wenn Sie Schwierigkeiten mit einem Bereich der Internet- oder Gaming-Nutzung haben, versuchen Sie, wirklich neugierig zu sein und Empathie zu zeigen, bevor Sie eine Strategie zur Lösung des Problems entwickeln. Es ist viel wahrscheinlicher, dass Sie einen jungen Menschen an Bord bekommen, wenn Sie herausfinden, wie Sie das Problem auf diese Weise lösen können. Wenn sich ein junger Mensch sich zum Beispiel ständig zu Minecraft hingezogen fühlt, versuchen Sie zu verstehen, was ihn daran reizt. Überlegen Sie, wie Sie Online-Interessen mit Offline-Welten verknüpfen können, z. B. indem Sie ihm ermöglichen, einem Spiele- oder Minecraft-Club beizutreten. Einige der neueren Spiele haben geschickt ein soziales Element eingebaut, so dass ein junger Mensch in ein Spiel mit seinen Freunden verbunden ist und seine Freunde Statuspunkte verlieren könnten, wenn er plötzlich sein Gerät ausschaltet. Bereiten Sie sich darauf vor, diese Facetten eines Spiels zu verstehen und darüber zu verhandeln. Legen Sie dann gemeinsam eine klare Grenze fest.

HANDLUNGSEMPFEHLUNG:

Eltern und Lehrer müssen partnerschaftlich zusammenarbeiten

Für Jugendliche kann es herausfordernd sein, zwei unterschiedliche Regelwerke miteinander in Einklang zu bringen. Arbeiten Sie mit den erwachsenen Partnern im Leben des jungen Menschen zusammen und versuchen Sie, ähnliche Systeme zu entwickeln.

HANDLUNGSEMPFEHLUNG:

Schützen Sie den Schlaf der jungen Menschen

Wie Sie in *Kapitel 13: Verschlafene Teenager* lesen konnten, ist der Schlaf eines jungen Menschen von größter Bedeutung. Smartphones sind eine Versuchung, der Teenager-Gehirne kaum widerstehen können, und wir empfehlen, nachts keine Handys im Zimmer zu haben. Schon seit dem 18. Jahrhundert gibt es Wecker. Ihr Teenager könnte so einen benutzen, um sich wecken zu lassen.

HANDLUNGSEMPFEHLUNG:

Ausgeglichenheit sieht für manche Jugendliche anders aus

Bedenken Sie, dass die Gehirnstrukturen und die Wahrnehmung der Welt bei jungen Menschen variieren können. Wenn es um Technologie geht, genauso wie bei allen anderen Aspekten des Lebens, brauchen verschiedene Jugendliche unterschiedliche Herangehensweisen. Bevor Sie Regeln für die Technologienutzung festlegen, berücksichtigen Sie die individuellen Bedürfnisse und wählen Sie für jeden Teenager einen umfassenden Ansatz.

Und die Moral von der Geschicht'...

Die Sorge um den Gebrauch von sozialen Medien und Technologie bei Teenagern ist oft überzogen, da Untersuchungen lediglich einen marginalen Zusammenhang zur psychischen Gesundheit zeigen. Stattdessen prägt die Offline-Situation oft die Online-Erfahrung. Anstatt sich auf „Bildschirmzeit" zu fixieren, ist verantwortungsvolle Nutzung wichtig, wobei klare Familienregeln hilfreich sind. Die Online- und Offline-Welt sind für Teenager eng verbunden, und soziale Medien können sowohl positive als auch negative Aspekte verstärken. Es ist essentiell, Jugendliche im Umgang mit sozialen Medien zu unterstützen, statt sie strikt zu überwachen. Technologiekontrolle kann Beziehungen belasten, daher sollte die Ermutigung zum Nachdenken über Mediennutzung und die Stärkung von Selbstregulierung im Vordergrund stehen. Ein ganzheitlicher Ansatz, der den Inhalt und die Art der Nutzung berücksichtigt, ist zentral. Das Internet bietet Teenagern beispiellosen Zugang zu Wissen und Kreativität, bringt jedoch auch Ablenkungen. Eine klare, einheitliche Botschaft zur Technologienutzung von Schulen und Eltern ist daher von Bedeutung. Trotz der Risiken sollten wir ganzheitliche Ansätze finden, um Jugendliche in ihrer digitalen Nutzung zu unterstützen und zu leiten.

Downloads: Soziale Medien und Technologie

Der Umgang von Teenagern mit sozialen Medien und Technologie ist oft mit Sorgen verbunden, aber es gibt nur wenige Belege dafür, dass soziale Medien bei Teenagern psychische Probleme verursachen. Der Zugang zu sozialen Medien bedeutet, dass man sich mit Gleichaltrigen austauschen kann (was ein Entwicklungsimpuls bei Teenagern ist), daher ist ein vorsichtiger Umgang damit wichtig. Die Art und Weise, wie Sie mit Ihrem Teenager kommunizieren, ist entscheidend. Legen Sie klare Grenzen für den Umgang mit der Technologie fest, aber nehmen Sie sich auch Zeit für Diskussionen, damit sie über die Vor- und Nachteile von sozialen Medien und Technologie nachdenken können.

Übung

Denken Sie an die letzte Woche. Welche Gewohnheiten hat Ihr Teenager im Umgang mit Technologie? Welche Grenzen gibt es bei Ihnen zu Hause in Bezug auf die Nutzung der Technologie? Gibt es bestimmte Nutzungszeiten und Bereiche im Haus oder in der Schule, in denen die Technik genutzt wird und in denen sie nicht erlaubt ist? Wo wird das Ladegerät des Telefons aufbewahrt? Befolgen Sie die gleichen Regeln?

....

....

....

....

....

....

....

Was sind die Vor- und Nachteile von sozialen Medien und Technologie? Haben Sie diese mit Ihrem Teenager besprochen? Wie reagieren Sie, wenn Ihr Teenager eine andere Meinung vertritt?

....

....

....

....

....

....

....

Wie könnte Ihr Teenager Sie darüber informieren, wenn er einen Fehler bei der Nutzung von sozialen Medien gemacht hat (z. B. ein Bild gepostet hat, das er bereut)? Wie würden Sie reagieren? Wie unterstützen Sie Ihren Teenager dabei, gute Entscheidungen im Umgang mit Technologie zu treffen?

....

....

....

....

....

....

....

Wenn dies geschieht …	Denken Sie nicht das …	Sondern vielleicht das …
Das Ferienlager steht vor der Tür und das Telefonieren ist verboten. Ihr Teenager glaubt, dass er Heimweh haben wird, wenn er Sie nicht anrufen kann.	Es ist mir egal, ob die Betreuer sagen, dass du dein Handy nicht mit auf die Klassenfahrt nehmen sollst. Ich will dich erreichen können, also steck es heimlich in deine Tasche. Wenn du mich brauchst, ruf mich an und ich bringe dich nach Hause.	Ich werde dich auf dieser Reise so sehr vermissen – aber ich werde jeden Tag alle Neuigkeiten von den Betreuen bekommen. Du wirst sicherlich viele Dinge finden, die du für dich selbst tun kannst. Du wirst so stolz sein, dass du es geschafft hast.
 Versuchen Sie, Teenagern in verschiedenen Umgebungen einheitliche Botschaften zu vermitteln.		
Ihre Teenager dürfen ihre Telefone im Unterricht nicht benutzen. Als Lehrer sind Sie mitten im Unterricht, müssen aber schnell etwas überprüfen.	Das sind meine Schüler, aber ich als Lehrer muss andere Regeln haben, weil ich oft schnell auf meine Nachrichten reagieren muss.	Wenn ich möchte, dass meine Schüler gute Gewohnheiten haben, muss ich dieses Verhalten vorleben, indem ich mich selbst an die Regeln halte.
 Leben Sie eine vorbildliche Nutzung von Technologie vor.		
Ihr Teenager regt sich sehr auf, wenn die Spielkonsole ausgeschaltet wird, auch wenn Sie ihn 10 Minuten vorher gewarnt haben.	Du wirst immer wütend, wenn du mit dem Spielen fertig wirst. Wenn du das nächste Mal einen Wutanfall bekommst, werfe ich das Ding in die Tonne.	Nachdem er sich beruhigt hat, fragen Sie: Ist dir aufgefallen, dass du oft wütend wirst, wenn es Zeit ist, die Konsole auszuschalten? Was können wir tun, um das zu ändern? Kannst du dir einen Plan einfallen lassen? Wir probieren deine Idee zwei Wochen lang aus und besprechen sie dann.
 Fördern Sie Reflexion, Diskussion und Gespräche.		

TEIL 5

Das letzte Wort

Kapitel 17

Möge die Macht mit dir sein, Luke!

Betrachten Sie dieses Kapitel als eine Zusammenfassung der Prinzipien, die wir im Laufe des Buches erörtert haben, ergänzt durch wichtige Tipps für den Umgang mit Teenagern. Nehmen Sie sich die Zeit, dieses Kapitel gründlich zu lesen, denn es wird die Kommunikation mit Ihrem Teenager verbessern und damit sein unglaubliches Potenzial freisetzen.

Wenn sich das Teenager-Gehirn rasant entwickelt, treibt sie der Drang an, die Welt zu erkunden, und sie zeigen eine außergewöhnliche Lernbereitschaft. Wir können das richtige Umfeld schaffen, damit ein Teenager in einen positiven Kreislauf außergewöhnlichen intellektuellen, sozialen und emotionalen Lernens eintritt. Sie haben eine einmalige Gelegenheit, ihr Gehirn für die Zukunft zu formen. Es ist wichtig zu beachten, dass ihre enorme Lernbereitschaft bedeutet, dass positive und negative Erfahrungen zu dieser Zeit einen tiefgreifenden Einfluss haben werden. Junge Menschen brauchen Erwachsene an ihrer Seite, die sie begleiten und auf einem positiven Weg halten. Sie brauchen stabile, vertrauensvolle Beziehungen, um ihr Lernen am Laufen zu halten.

Im Laufe dieses Buches haben wir zahlreiche Faktoren im Leben eines jungen Menschen diskutiert, die den Lernprozess des Teenager-Gehirns beeinflussen. Genetische und umweltbedingte Faktoren wirken individuell und gemeinsam daran, das Teenager-Gehirn so effizient wie möglich zu entwickeln. Wir glauben, dass das Engagement eines Teenagers in positiven, unterstützenden Beziehungen, durch positive soziale Unterstützungen und Interaktionen, das wichtigste Element im Lernprozess eines Teenagers ist und das sollte Ihnen Mut machen – Sie können positive Veränderungen bei einem jungen Menschen bewirken (siehe Abbildung 17.1)!

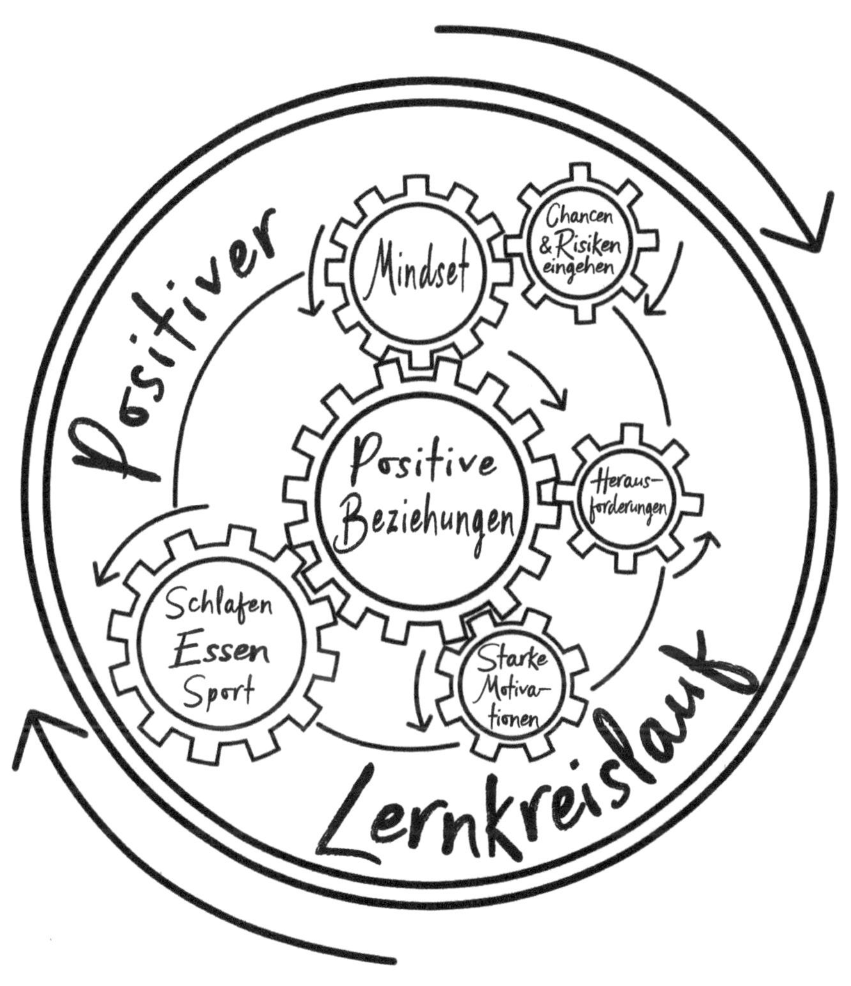

Abbildung 17.1: Das Teenager-Gehirn zum Leben erwecken

Das Teenager-Gehirn ist im Aufbau; Erwachsene stellen das Gerüst, während das Meisterwerk entsteht

Es wird Sie vielleicht nicht überraschen, dass die Wissenschaft uns sagt, dass das Einzige, was wir im Leben wirklich brauchen, die Gewissheit ist, dass jemand an unserer Seite sein wird, wenn es schwierig wird. Das klingt einfach, aber für Teenager und diejenigen, die sich um sie kümmern, gibt es Herausforderungen. Ihr Teenager braucht Sie jetzt mehr denn je, aber wie signalisiert er, dass er Sie braucht? Und wie können Sie ihnen zeigen, dass Sie an ihrer Seite sind, ohne sich in ihre Privatsphäre einzumischen?

Kleine Kinder sind viel leichter zu verstehen – sie strecken ihre Arme hoch, wenn sie eine Umarmung brauchen, und Sie können sie in den Arm nehmen und die Sorgen wegkuscheln. Bei kleinen Kindern geht es darum, einem Erwachsenen nahe zu sein, wenn es zu viel wird, um beschützt und körperlich abgeschirmt zu werden. Teenagern hingegen geht es darum, in die Unabhängigkeit zu wachsen und den Erwachsenen-Status zu erhalten, so dass die Kommunikation und die Ergebnisse komplexer sind. Glücklicherweise gibt es Hilfe zur Hand.

Ein Sieben-Schritte-Plan

Möge die Macht mit dir sein, Luke!

1. Möglicherweise hat diese Situation in Ihnen eine starke Emotion ausgelöst.

2. Die Teenager haben ein Verhalten, was entschlüsselt werden muss. Was wollen sie Ihnen wirklich sagen?

3. Macht gehört dem, der wartet, während sich die Emotionen setzen.

4. Mit Ihnen an ihrer Seite fühlen sie sich gleich besser.

5. „Dir zuzuhören ist besser, als Ratschläge zu geben".

6. Sein Sie das Sprachrohr für die Emotionen Ihres Teenagers, wenn er sie nicht ausdrücken kann.

7. Luken Sie in Ihren Terminkalender, um einen passenden Zeitpunkt zu finden, in der Sie über Probleme, Lösungen und Erkenntnisse sprechen können.

Auf der Grundlage der Neurowissenschaft und der Psychologie haben wir einen Sieben-Schritte-Plan entwickelt, der Sie durch das führt, was Sie „im Moment" tun können, wenn Ihr Teenager emotional aufgewühlt ist und Sie ihm die bestmögliche Unterstützung bieten möchten. Das ist eine hervorragende Vorgehensweise, um die Emotionen zu regulieren. Wenn die Emotionen hochkochen, nutzen weder Sie noch Ihr Teenager wahrscheinlich das Denken (siehe *Kapitel 2: Das Teenager-Gehirn - denkt und fühlt)* und wir wissen, dass es uns in Zeiten hohen Stresses schwerfallen kann, einen neuen Ansatz anzuwenden (siehe *Kapitel 3: Das Teenager-Gehirn - lernt und glaubt*). Daher haben wir eine Eselsbrücke entwickelt, um Ihnen zu helfen, Ihre Reaktion in dem Moment zu strukturieren.

Als Gedächtnisstütze haben wir die Anleitungsschritte an eine bekannte Phrase angehängt, aber wir wollen die Botschaft, die wir vermitteln, nicht auf die leichte Schulter nehmen. Die Punkte, die wir beschreiben, sind ernst gemeint und werden in emotional belastenden oder beunruhigenden Situationen angewandt. Daher hoffen wir, dass Sie die Idee in dem Sinne verstehen, wie sie gemeint ist. Das Ziel hier ist, dass Sie Ihr Gehirn zum Denken anregen, wenn Emotionen überkochen, damit Sie Ihren Teenager dazu motivieren können, ebenfalls in diese Zone zu gelangen.

1. Möglicherweise hat diese Situation in Ihnen eine starke Emotion ausgelöst.

Wir alle würden gerne glauben, dass wir rational sind – schließlich sind wir erwachsen – aber frühere Erfahrungen können einen erheblichen Einfluss darauf haben, wie wir kommunizieren. Wir tragen unsere persönliche Geschichte in unsere Interaktionen mit der nächsten Generation hinein, manchmal bewusst, aber oft auch unbewusst. Das gilt insbesondere für Situationen, die unter die Haut gehen, da die Unterstützung eines Teenagers zuweilen anspruchsvoll und sehr emotional sein kann.

Der erste Schritt besteht darin, sich zu entspannen und zu akzeptieren, dass wir alle Gedankenmuster und Vorlieben in zwischenmenschlichen Beziehungen haben; der zweite besteht darin, sich dieser Neigungen bewusst zu werden.

Achten Sie auf Ihre Reaktionen über Ihren Teenager und beobachten Sie ihr Verhalten. Wenn Sie eine intensive emotionale Reaktion auf etwas verspüren, was ein junger Mensch gesagt oder getan hat, ist das wahrscheinlich ein Hinweis auf ein Muster in Ihnen.

Wenn ein Teenager in der Chemiestunde ständig dazwischenredet, könnte dies ein Hinweis darauf sein, dass Sie möglicherweise nicht genug Selbstvertrauen haben, das Thema zu lehren?

Verärgert Sie ein unaufgeräumtes Zimmer? Kann es eventuell daran liegen, dass Ihre eigene Mutter Berge von Habseligkeiten hortet, die ihre Wohnung so gut wie unbewohnbar macht?

Achten Sie darauf, was Ihre Auslöser sind und denken Sie darüber nach.

Wenn Sie aufmerksam Ihre Reaktion beobachten, können Sie allmählich lernen, Ihre erste Reaktion abzufangen und die emotional aufgeheizte Stimmung, die Ihre Geschichte in eine Situation hineinbringt, herauszunehmen. Anschließend sind Sie bereit, herauszufinden, was das Beste für den jungen Menschen ist, der vor Ihnen steht.

Gehen Sie nicht zu streng mit sich selbst ins Gericht, denn Veränderungen brauchen Zeit. Mit der Zeit wird es einfacher, denn Sie werden in der Lage sein, aus Ihren Erfahrungen zu lernen und sich weiterzuentwickeln.

2. Die Teenager haben ein Verhalten, das entschlüsselt werden muss. Was wollen sie Ihnen wirklich sagen?

Jedes Verhalten ist eine Form der Kommunikation, doch die „Sprache" während der Pubertät ist komplexer. Die Dinge sind einfach nicht immer so, wie sie scheinen zu sein. Wenn Ihrem Teenager heute die Frisur nicht gefällt, könnte er den ganzen Vormittag verärgert sein und Ihnen kurz angebundene Antworten entgegenschmettern. Wenn wir direkt auf die „oberste Schicht" dieses Verhaltens reagieren – indem wir sie wegen ihrer schlechten Laune tadeln –, verpassen wir die Gelegenheit, ihnen die tatsächlich benötigte Unterstützung zu geben, was in diesem Fall vielleicht die Bestätigung ihres Aussehens oder vielleicht das Selbstvertrauen ist, um ein Mädchen anzusprechen. Erwachsene, die mit einem Teenager arbeiten, müssen die Fähigkeit entwickeln, das Bedürfnis zu erkennen.

3. Macht gehört dem, der wartet, während sich die Emotionen setzen.

Wenn Teenager eine starke Emotion erleben, hat ihr emotionales Gehirn das Sagen. Es nimmt den Löwenanteil der Gehirnleistung des Teenagers in Anspruch, was bedeutet, dass wenig für vernünftiges, logisches Denken übrigbleibt. Es ist normal und in der Tat ein wichtiger Teil der Entwicklung, intensive Emotionen zu empfinden, wenn ein Teenager beispielsweise extreme Dinge wie „Ich hasse mein Leben" sagt.

Erinnern Sie sich an die Schneekugel-Intervention in *Kapitel 10: Starke Gefühle und mächtige Motivationen*? Geben Sie ihnen Zeit, damit sich die Schneeflocken setzen können, bevor Sie versuchen, irgendeine Art von Argumentation anzustellen.

Während Sie warten, sollten Sie die Zeit nicht einfach ungenutzt verstreichen lassen. Nutzen Sie sie stattdessen, um über Ihre eigene emotionale Reaktion nachzudenken (siehe erster Schritt).

Erst wenn der junge Mensch weniger emotional ist und seinen Verstand einschaltet, wird er in der Lage sein, die Emotion zu reflektieren und zu besprechen.

4. Mit Ihnen an ihrer Seite fühlen sie sich gleich besser.

Unser Gehirn ist weniger gestresst, wenn es von einer vertrauten Person begleitet wird – erinnern Sie sich an das Experiment des Händchenhaltens in *Kapitel 15: Guter Stress, schlechter Stress*? Wenn Sie Ihrem Teenager einfach zur Seite stehen, wird er die Welt weniger bedrohlich erleben. Es ist zwar unwahrscheinlich, dass Ihr Teenager tatsächlich Ihre Hand hält, aber neben ihm zu sitzen, sich Zeit zu nehmen, ihm zuzuhören und sich in ihn einzufühlen, hat wahrscheinlich die gleiche Wirkung.

Geben Sie jungen Menschen die Botschaft, dass es eine gute Idee ist, ihre emotionalen Erfahrungen – ob gut oder schlecht - mit einer anderen Person zu teilen. Diese Fähigkeit zum Teilen ist wichtig für das emotionale Wohlbefinden.

Wenn Sie nicht die richtige Person sind, um Ihrem Teenager in einer bestimmten Situation zur Seite zu stehen, helfen Sie ihm, jemanden zu finden, der es kann. Seien Sie nicht beleidigt, wenn Sie es nicht sind, denn das bedeutet nicht, dass Sie sich nicht um sie kümmern.

Ein bestimmtes Elternteil, ein bestimmter Lehrer oder andere Erwachsene können in bestimmten Situationen nützlicher sein als andere, je nach seinen Fähigkeiten und seiner Herangehensweise. Idealerweise versammeln Sie eine Reihe vertrauenswürdiger Erwachsener um sich, die einen sicheren Ort zum Diskutieren bieten, um emotionale Erfahrungen zu besprechen.

Es ist wichtig, dass wir uns in schwierigen Zeiten nicht allein fühlen. Indem wir unsere Erfahrungen mit anderen teilen, können wir uns gegenseitig beistehen und uns wohler fühlen. Deswegen ist es sinnvoll, Teenagern zu vermitteln, dass sie sich bei Bedarf an vertrauenswürdige Erwachsene wenden können, um eine sichere Umgebung für Gespräche zu bieten.

5. „Dir zuzuhören ist besser, als Ratschläge zu geben".

Zuhören kann doch nicht so schwer sein, oder? Falsch.

Wirklich innezuhalten, wirklich genau zuzuhören, ohne zu reagieren, ist schwer, wenn jemand, den wir mögen, traurig oder wütend ist. Um ihnen zu helfen, mit diesen starken Emotionen umzugehen, müssen wir zuerst zuhören.

Wir können Dinge effektiver verarbeiten, wenn wir sie laut aussprechen. Deshalb ist es wichtig, dass Sie Ihrem Teenager die Chance geben, zu sprechen – auch wenn es anfangs wirr und widersprüchlich klingt.

Wenn Sie sich zu schnell mit Ihrer eigenen Theorie einmischen („Bist du sicher, dass du nicht zu herrisch warst und deshalb ausgeschlossen wurdest?"), sie zurechtweisen („Ich habe dir doch gesagt, dass du keine Zeit mit diesem Freund verbringen sollst, er ist schlechter Umgang für dich!") oder versuchen, sie zu retten („Geh nicht auf die Klassenfahrt, wenn du Angst hast."), dann werden sie nicht in der Lage sein, die Dinge selbst zu verarbeiten und zu lösen.

Es wird später sicherlich Gelegenheiten geben, Ihre Meinung zu äußern, aber zuerst sollten Sie einfach nur zuhören.

Wenn Sie weggedrängt werden, sagen Sie, dass Sie sich später noch einmal melden werden und dass Sie bereit sind, zuzuhören, wenn der Teenager bereit ist zu reden.

Versuchen Sie, das Gesagte zu paraphrasieren[25] (oft auch als reflektierendes Zuhören bezeichnet), denn das ist eine sehr effektive Methode, um einer anderen Person zu zeigen, dass Sie sie gehört haben. Das allein wird schon eine positive Wirkung haben.

6. Sein Sie das Sprachrohr für die Emotionen Ihres Teenagers, wenn er sie nicht ausdrücken kann.

Benennen Sie die Emotionen Ihres Teenagers – das wird ihnen helfen, in einen ruhigeren Zustand zu kommen.

Das denkende Gehirn kann sich einschalten, da die Reaktion des Gehirns weniger intensiv ist, wenn die Emotionen von einem anderen vertrauenswürdigen Erwachsenen benannt werden.

Dies ist ein wichtiger Weg, um die emotionale Regulierung zu unterstützen, aber der Schlüssel liegt hier im Timing.

Versuchen Sie, nicht zu schnell einzugreifen, sondern sich an die vorherigen Schritte zu erinnern, und mit der Zeit können Sie einen vorsichtigen Kommentar abgeben: „Es scheint, als wärst du gerade sehr wütend auf deinen Freund."

Wenn Sie ein heftiges Dementi hören, haben Sie wahrscheinlich genau die richtige Emotion erwischt, aber es könnte auch darauf hinweisen, dass Sie zu früh reagiert haben und das emotionale Gehirn noch das Sagen hat. Ziehen Sie sich dann zurück, sammeln Sie sich neu und versuchen Sie es später erneut.

7. Luken Sie in Ihren Terminkalender, um einen passenden Zeitpunkt zu finden, in der Sie über Probleme, Lösungen und Erkenntnisse sprechen können.

Genau genommen sollte dieser Schritt nicht „im Moment", sondern erst einige Zeit später erfolgen.

Warten Sie Stunden oder sogar Tage und suchen Sie sich eine ruhige, ungestörte Zeit, um darüber zu sprechen.

Respektieren Sie die Tatsache, dass es manchmal länger dauern kann, bis es soweit ist.

Teenager wollen und brauchen unsere Führung, möchten jedoch auch als Partner im Gespräch wahrgenommen werden. Warten Sie daher, bis sie bereit sind, bevor Sie das Gespräch beginnen.

Versuchen Sie, schwierige Momente als Lernmöglichkeiten zu sehen und einen Plan für das nächste Mal zu entwickeln.

Geben Sie Ihrem Teenager nicht einfach einen Fisch in die Hand, sondern lehren Sie ihn das Fischen.

Die Situation in diesem Moment muss vielleicht gelöst werden, aber die Lehren, die man aus diesen Erfahrungen zieht, sind von unschätzbarem Wert. Hat sich der Jugendliche mit dem Vortanzen für eine Streetdance-Gruppe möglicherweise übernommen? Wie könnte Ihr Teenager im Voraus planen, um die eventuell resultierenden schlechten Noten zu vermeiden?

Könnte er die Tanzgruppe in eine Zeit des Jahres legen, in der er weniger akademische Verpflichtungen hat?

Versuchen Sie, den jungen Menschen dabei zu unterstützen, lösungsorientierte Prinzipien zu formulieren, die sie für den Rest ihres Lebens anwenden können – retten Sie sie nicht nur im Moment.

Es ist besonders wichtig, über Situationen zu sprechen, in denen der Teenager schlechte Entscheidungen getroffen oder etwas getan hat, wofür er sich schämt, denn dies sind wahrscheinlich wichtige Lernmöglichkeiten.

Liebe, Unterstützung und Verständnis für Ihren Teenager sollten konstant bleiben, selbst wenn Sie bestimmtes Verhalten nicht tolerieren können oder Konsequenzen in Betracht ziehen, weil er eine Grenze überschritten hat. Einfühlungsvermögen und feste Grenzen schließen sich nicht gegenseitig aus.

Bleiben Sie ruhig und machen Sie weiter, denn das Erlernen neuer Fähigkeiten braucht Zeit

Wenn es sich anfangs schwierig anfühlt, ist das zu erwarten, denn Sie und Ihr Teenager lernen eine neue Fähigkeit – bleiben Sie bei diesen sieben Schritten und wenden Sie sie regelmäßig an.

Wie Sie wissen, braucht es Zeit, um neue Schaltkreise im Gehirn anzulegen.

Behalten Sie eine wachstumsorientierte Denkweise bei.

Sie werden manchmal Fehler machen, aber wenn Sie bereit sind, darüber nachzudenken und vielleicht zu sagen: „Ich glaube, ich habe heute Morgen nicht gut auf die Situation reagiert“, wird Ihr Teenager lernen, Ihrem Engagement für ihn zu vertrauen und Ihre Beziehung wird davon profitieren.

Anfangs mögen Teenager protestieren, aber blicken Sie hinter die Fassade ihres Verhaltens. Mit der Zeit werden Sie feststellen, dass sich eine konstruktive Kommunikation entwickelt und sie auf Sie zukommen werden.

Es ist nun an Ihnen, die Verantwortung zu übernehmen
Das Schreiben dieses Buches hat in uns einen neuen Respekt für Jugendliche geweckt, und wir hoffen, dass die Lektüre dieses Buches dasselbe bei Ihnen bewirkt hat. Teenager sind mutig, emotional, nachdenklich, tapfer, sensibel, innovativ, bahnbrechend, inspirierend, interessiert und interessant. Sie erleben in rasantem Tempo ihre ersten Lebenserfahrungen, während sie gleichzeitig die Grenzen des akademischen und lebenslangen Lernens in neue Höhen treiben. Eines zu beherrschen wäre schon beeindruckend, beides gleichzeitig zu tun ist phänomenal. Unglaublich, wirklich.

Das war's, jetzt sind Sie dran.

DOWNLOADS: MÖGE DIE MACHT MIT DIR SEIN, LUKE!

Auf der Grundlage der Neurowissenschaft und der Psychologie haben wir einen Sieben-Schritte-Plan entwickelt, der Sie durch das führt, was Sie „im Moment“ tun können, wenn Ihr Teenager emotional aufgewühlt ist und Sie ihm die bestmögliche Unterstützung bieten möchten. Dies ist eine ausgezeichnete Methode zur Regulierung der Emotionen. Hier finden Sie weitere Informationen und die besten Tipps für die Umsetzung des Plans.

1. Möglicherweise hat diese Situation in Ihnen eine starke Emotion ausgelöst.

Frühere Erfahrungen beeinflussen, wie wir mit den Emotionen und dem Verhalten unserer Kinder umgehen – manchmal bewusst, oft jedoch unbewusst. Es ist wichtig, sich dieser Muster bewusst zu sein.

Übung

Notieren Sie sich drei Gelegenheiten, bei denen eine Situation mit Ihrem Teenager eine starke körperliche oder emotionale Reaktion in Ihnen ausgelöst hat (z. B. wenn er wütend wurde, wenn ein Freund ihn im Stich gelassen hat, wenn er nicht fleißig gelernt hat).

Gelegenheit 1

....

....

Gelegenheit 2

....

....

Gelegenheit 3

....

....

Können Sie sich vorstellen, wie dies mit einer Erfahrung aus Ihrer Kindheit oder der Geschichte Ihrer Familie zusammenhängen könnte?

Wenn dies geschieht …	Denken Sie nicht das …	Sondern vielleicht das …
Ihr Teenager geht mit seinen Freunden aus, aber Sie versuchen, ihn davon abzubringen – auch wenn eine Freundin Sie darauf hinweist, dass die Situation nicht besonders risikoreich ist.	Warum besteht er so sehr darauf, mit seinen Freunden auszugehen? Das hat Auswirkungen auf die ganze Familie, denn keiner von uns kann schlafen, bevor er nicht zu Hause ist.	Ich frage mich, warum ich so stark reagiere? Mir dreht sich bei dem Gedanken der Magen um und ich kann nicht schlafen. Es gab Zeiten, in denen ich mich als Kind nachts unsicher gefühlt habe, und das könnte dem im Wege stehen, was mein Teenager braucht, um zu wachsen und sich zu entwickeln.

Stellen Sie sich auf Situationen ein, die Sie auf die Palme bringen.

2. *Die* Teenager haben ein Verhalten, was entschlüsselt werden muss. Was wollen sie Ihnen wirklich sagen?

Jedes Verhalten ist eine Form von Kommunikation. Das Verhalten entspricht der Spitze des Eisbergs – dem Teil, den wir sehen – während das, was tatsächlich im Inneren passiert, darunter verborgen liegt. Das Verhalten von Teenagern ist oft schwer zu interpretieren und bedarf der Entschlüsselung. Wenn Sie sich die Zeit nehmen, dieses Verhalten zu verstehen, erhöhen Sie die Chancen, Ihrem Teenager zu helfen, seine eigenen Gefühle und Handlungen zu begreifen.

Übung

Notieren Sie drei Situation aus dieser Woche, in denen sich Ihr Teenager anders als gewöhnlich und auf extreme Weise verhalten hat. Was denken Sie, was hinter dem Verhalten stecken könnte?

Situation 1

....

....

Situation 2

....

....

Situation 3

....

....

Können Sie sich vorstellen, wie Sie das nächste Mal reagieren könnten, um Ihrem Teenager zu helfen, über seine Erfahrungen nachzudenken?

....

....

....

....

....

....

....

....

Wenn dies geschieht ...	Denken Sie nicht das ...	Sondern vielleicht das ...
Ihr Teenager ist pampig und unhöflich, was eher ungewöhnlich ist.	Ich werde ihr Verhalten nicht dulden und angemessene Konsequenzen setzen, wie zum Beispiel Hausarrest, um ihr Verhalten zu bestrafen.	Ich frage mich, was los ist, denn das ist ganz untypisch für sie. Ich frage mich, ob sie mit etwas zu kämpfen hat. Ich werde das Gespräch beginnen, damit sie weiß, dass ich da bin.
 Erkennen Sie, dass ein Bedürfnis vorhanden ist.		

3. Macht gehört dem, der wartet, während sich die Emotionen setzen. Emotionen werden in den Teenagerjahren intensiver empfunden als in jeder anderen Lebensphase. Wenn das emotionale Gehirn dominiert, fällt es uns schwer, besonnen und rational zu handeln. Geben Sie den Schneeflocken Zeit, sich zu legen, während das Gehirn Ihres Teenagers zur Ruhe kommt.

Übung

Notieren Sie drei Situationen aus dieser Woche, in denen Ihr Teenager eine extreme emotionale Reaktion gezeigt hat und wie lange es gedauert hat, bis er bereit war zu reden (das können Minuten, Stunden oder manchmal sogar Tage sein).

Situation 1

....

....

Situation 2

....

....

Situation 3

....

....

Wenn dies geschieht …	Denken Sie nicht das …	Sondern vielleicht das …
Die Prüfungsnote Ihres Teenagers ist viel schlechter ausgefallen, als sie gehofft hatte. Sie ist verärgert und redet nicht.	Ich weiß, dass das daran liegt, dass sie nicht hart genug gelernt hat. Das muss sie hören, auch wenn es ihr schwerfällt – wie soll sie sonst aus ihren Fehlern lernen?	Ich weiß, dass das daran liegt, dass sie nicht hart genug gelernt hat, aber jetzt ist nicht der richtige Zeitpunkt, um darüber zu sprechen. Vielleicht lasse ich sie darüber schlafen und bespreche es morgen nach der Schule.
 Erlauben Sie den Emotionen, sich zu beruhigen.		

4. Mit Ihnen an ihrer Seite fühlen sie sich gleich besser.
Unsere Gehirne sind sehr sozial. Wir nutzen buchstäblich das Gehirn einer anderen Person, um Stress abzubauen, denn wir empfinden Dinge weniger intensiv, wenn eine andere Person neben uns ist. Auch wenn es Ihnen so vorkommt, als würden Sie nichts tun, hilft es Ihrem Teenager, mit stressigen Erlebnissen fertig zu werden, wenn Sie einfach nur bei ihm sind, ohne zu sprechen.

Übung
Jeder Teenager ist anders. Worauf reagiert Ihr Teenager, wenn er sich gestresst fühlt? Wie können Sie ihm so zur Seite stehen, sodass er Unterstützung erfährt? Können Sie Ihren Teenager fragen, was Sie in stressigen Zeiten sagen oder tun könnten, und sich von ihm ein paar Ideen holen, was ihm am meisten helfen würde?

Wenn dies geschieht …	Denken Sie nicht das …	Sondern vielleicht das …
Ihr 15-jähriger Sohn stürmt von der Schule zur Tür herein. Er geht direkt zur Keksdose und schreit Sie an, dass keine Orangenkekse mehr da sind. Warum hat seine kleine Schwester sie alle aufgegessen?	Wenn du noch einmal in diesem Tonfall mit mir sprichst, bekommst du eine Woche lang Hausarrest.	Ich frage mich, ob in der Schule etwas passiert ist. Es geht nicht um die Orangenkekse. Was ist hier wirklich los? Ich erinnere ihn daran, dass Schreien nicht in Ordnung ist und warte dann, bis sich die Schneeflocken gesetzt haben. Wenn er bereit ist (und sein Denkvermögen eingeschaltet ist), werde ich versuchen herauszufinden, was ihn so aufgeregt hat. Beim nächsten Mal helfe ich ihm, einen anderen Weg zu finden, um mit seiner Aufregung umzugehen.

Seien Sie in Zeiten von Stress bei Ihrem Teenager.

5. „*Dir* zuzuhören ist besser, als Ratschläge zu geben".
Wirklich zuzuhören ist schwieriger als es klingt, vor allem, wenn jemand, der uns am Herzen liegt, leidet oder sehr emotional ist – erst recht, wenn wir glauben, die Antwort zu kennen. Wenn Teenager herausfinden, was sie denken und was ihnen wichtig ist, brauchen sie Zeit, um ihre Gefühle und Reaktionen selbst zu verarbeiten. Halten Sie inne und hören Sie zu - sagen Sie nicht zu schnell, was Sie denken.

Übung
Auf welche Weise zeigen Sie Ihrem Teenager, dass Sie ihm wirklich zuhören? Achten Sie auf das, was Sie sagen, auf Ihre Körpersprache und darauf, wie Sie das Gesagte wiedergeben.

....

....

....

....

....

....

....

....

Wenn dies geschieht ...	Denken Sie nicht das ...	Sondern vielleicht das ...
Ihr Teenager streicht ihre alte Freundin von der Partyliste, nachdem sie eine SMS gesehen hat, die sie von ihr bekommen hat.	Ich finde, du warst unfreundlich zu deiner Freundin, weil du sie nicht eingeladen hast. Du musst lernen, deine Freunde in Zukunft besser zu behandeln.	Ich glaube, du willst damit sagen, dass du dich über die SMS deiner Freundin geärgert hast und sie deshalb nicht zu dir nach Hause eingeladen hast, aber jetzt fühlst du dich schlecht, weil du sie nicht eingeladen hast. Ist das richtig?

Hören Sie erst zu, bevor Sie sich mit Ihrer Theorie oder Ihrem Rat einmischen.

6. *Sein* Sie das Sprachrohr für die Emotionen Ihres Teenagers, wenn er sie nicht ausdrücken kann.
Die Neurowissenschaft zeigt uns, dass die bloße Benennung der Emotion eine beruhigende Wirkung auf das emotionale Gehirn hat, was einer Person helfen kann, in den rationalen Denkprozess zu kommen. Seien Sie nicht zu voreilig (siehe Punkt 5), aber wenn Ihr Teenager Schwierigkeiten hat zu verstehen, was los ist, können Sie einen vorsichtigen Kommentar abgeben.

Übung
Benennen Sie jeden Tag bewusst drei Emotionen in der Gegenwart Ihres Teenagers - die guten und die schlechten, wenn sie auftreten. Versuchen Sie, so genau wie möglich zu werden. Ermutigen Sie Ihren Teenager, das Gleiche zu tun, auch wenn ihm das in Zeiten hoher Emotionen vielleicht schwerfällt.

Emotion 1

....

....

Emotion 2

....

....

Emotion 3

....

....

Wenn dies geschieht …	Denken Sie nicht das …	Sondern vielleicht das …
Ihr Teenager sagt, dass er Bauchschmerzen hat und deshalb doch nicht zu seinem Freund geht.	Ich glaube nicht, dass du krank bist. Du hast nur Bauchschmerzen, weil du Angst hast. Körperlich ist alles in Ordnung mit dir.	Ich frage mich, was mit deinem Magen los ist. Du könntest einen kleinen Bazillus haben, aber ich frage mich auch, ob es ein Zeichen dafür ist, dass du Angst davor hast, zum Haus deines Freundes zu gehen. Das letzte Mal hat es dir keinen Spaß gemacht, weil du dich unter Druck gesetzt gefühlt hast, Dinge zu tun, die dir unangenehm waren.

Benennen Sie die Emotion, wenn sie es nicht können – aber achten Sie auf das Timing.

7. Luken Sie in Ihren Terminkalender, um einen passenden Zeitpunkt zu finden, in der Sie über Probleme, Lösungen und Erkenntnisse sprechen können.

Es kann eine Weile dauern, bis Ihr Teenager bereit ist, die Dinge anzusprechen und über Lösungen und die Lernmöglichkeiten aus der Erfahrung nachzudenken. Es liegt nicht an den Erwachsenen, den Zeitpunkt zu bestim-men – Sie müssen die Zeichen Ihres Teenagers deuten, um das Beste aus dem Gespräch herauszuholen – aber es ist wichtig, dass die Reflexion irgendwann nach dem Vorfall stattfindet. Die Lehren, die sie daraus ziehen können, sind von unschätzbarem Wert und Teenager müssen an einer gemeinsamen Konversation und Problemlösung teilnehmen.

Übung

Erinnern Sie sich an die Zeit, als Sie jünger waren und wann Sie sich am ehesten bereit fühlten, nach einer schwierigen emotionalen Zeit über Lösungen zu sprechen. War es sofort oder erst nach einigen Stunden oder Tagen? Wir alle sind in dieser Hinsicht unterschiedlich. Was ist mit Ihrem Teenager? Was haben Sie festgestellt, was bei ihm funktioniert?

Als Sie jünger waren, wer waren die Menschen, denen Sie sich am meisten geöffnet haben und wie haben sie es Ihnen ermöglicht? Waren das die Erwachsenen, die Ihnen zuhörten und rechtzeitig auf Ihre Bedürfnisse eingingen?

....

....

....

....

Wenn dies geschieht ...	Denken Sie nicht das ...	Sondern vielleicht das ...
Letzte Woche hat Ihr Teenager mit ihren Freunden zu viel Alkohol getrunken und sich am Ende auf dem Boden übergeben. Sie mussten sie abholen und am nächsten Morgen schämte sie sich sehr. Sie hatte sich schriftlich bei den Eltern der Freundin entschuldigt, wollte aber nicht darüber sprechen.	Es könnte sehr unangenehm sein, zu jener Nacht zurückzukehren. Dieses Gespräch wird zu hart für sie sein. Ich werde es dabei belassen und hoffen, dass sie ihre Lektion gelernt hat.	Das war eine harte Nacht und ein Gespräch darüber wird schwer werden, aber ich muss einen Zeitpunkt finden, um darüber zu sprechen. Es wird ihr peinlich sein und sie wird nicht begeistert sein. Ich werde damit beginnen, ihr die Wahl zu lassen, wann wir darüber sprechen. Wir müssen das Problem gemeinsam lösen, damit es nicht wieder vorkommt.
	Sprechen Sie eine Situation zu gegebenem Zeitpunkt an.	

Danksagung

Bettina

Als Teenager wusste ich nie so recht, was ich wollte, aber in meinen 20ern habe ich ein Thema gefunden, das ich liebte, einen Menschen, mit dem ich mein Leben teilen konnte und einige wichtige Freunde. Ohne meine beiden treuen, inspirierenden, rücksichtsvollen und brillanten Kolleginnen, Jane und Tara, hätte ich kein einziges Wort schreiben können. Selbst als es wie eine unmögliche Aufgabe erschien, haben wir es geschafft. Das ist die Macht der Freundschaft und des sozialen Gehirns. Es ist mir eine Ehre, meinen Namen neben euren stehen zu haben. Douglas, unser talentierter und kreativer Illustrator, danke, dass du einen Weg gefunden hast, unsere Ideen so wunderschön und klar darzustellen. Ma, du warst eine Inspiration, hast eine unglaubliche Arbeitsmoral vorgelebt und deine Leidenschaft für Kinderpsychologie und Pädagogik geteilt. Meine Schwestern und engen Freunde – ihr wisst, wer ihr seid – danke für eure Ermutigung und für die Inspiration, die ihr durch Gespräche und Überlegungen erzeugt habt.

Ohne die drei Menschen, mit denen ich zusammenlebe, hätte nichts von all dem hier eine Bedeutung. Martin, ich mache das alles mit dir an meiner Seite. Wie kannst du immer noch die Geduld haben, mir zuzuhören, wenn ich endlos über Psychologie, Kinder und Therapie rede? So oft hast du meinem Ideenwirrwarr Struktur verliehen, dass du eigentlich wohl Co-Autor sein müsstest. Du hast mir gezeigt, was im Leben wichtig ist und mir Halt gegeben, wenn ich (oft) ins Wanken geraten bin, und mich dabei immer zum Lachen gebracht. Ella und Billy, ihr seid der Grund, weshalb ich morgens aufstehe. Ich sehe einfach nur staunend zu, wie ihr herausfindet, wie man das Leben meistert. Ihr seid beide so einfühlsam, hartnäckig, fähig, herzensgut und liebevoll. Ich glaube nicht, dass es irgendetwas gibt, was eure unglaublichen Teenager-Gehirne nicht können.

Jane

Ein ganz großes Dankeschön an meine großartigen Co-Autorinnen, Bettina und Tara. Es ist selten, zwei Expertinnen mit einem so scharfsinnigen Intellekt zu finden, die so bescheiden und angenehm im Umgang sind. Nun, hier ist eine Frage an euch zwei klugen Köpfe: Warum vermisse ich unsere wöchentlichen Freitags-Skype-Anrufe eigentlich so sehr? Während ihr darüber nachdenkt, trinke ich auf die Nächte, die ich mit Jaffa Cake verbracht habe. Ich habe viel gelernt, aber auch viel gelacht. Während der Erstellung dieses Buches stand mir die Familie Gilmour, wie immer, voll und ganz zur Seite, insbesondere die Cheerleaderin Wendy („Das ist dein Abgabetermin für das Buch?" „Tupfe mir die Stirn...") und meine immer so freundliche und geduldige Mutter (auch bekannt als die Königin der emotionalen Regulation). Ich bin meinem Ehemann – dessen Illustrationen Teil dieses Buches sind – unendlich dankbar für seine bedingungslose Liebe und Unterstützung, egal was ich tue. Ich weiß genau, wo ich ohne dich wäre, Douglas. Ganz besonders möchte ich meinen beiden Lieblingskindern danken: dem einen mit den herrlichsten Locken und dem anderen mit den üppigsten Wimpern. Ihr seid immer gnädig, wenn ich euch eine weitere „faszinierende" Tatsache über das Teenager-Gehirn erzähle, aber eigentlich habt ihr mir alles Wissenswerte beigebracht. Ihr seid weise, herzensgut und lustig jenseits eures Alters. Wie können zwei so unterschiedliche Herangehensweisen an die Welt beide so absolut perfekt sein? Es ist ein Privileg, eure Mutter zu sein und euch einen Schub in eure Zukunft zu geben. Greift nach den Sternen, meine Lieben.

Tara

Danke an Damon für seine anhaltende Liebe, Geduld und Unterstützung für alles, was mir wichtig ist. Ein großes Dankeschön auch an Sinead, Bella und Manuela, die mir zur Seite stehen und die Schwesternschaft teilen. An Amanda, die immer eine Quelle der Hoffnung und eine große Inspiration ist. Und schließlich Danke an Bettina und Jane, dass sie diese Reise mit mir gemeinsam unternommen haben. Ich habe sehr viel gelernt.

Abschließend möchten wir uns alle bei Amy Lankester-Owen dafür bedanken, dass sie das Potenzial unseres ursprünglichen Papers erkannt hat und für ihr wunderbares, leichtfüßiges Autorenmanagement und ihre Redaktionstätigkeit.

Literaturverzeichnis

Vorwort

Fuhrmann, D., Knoll, L.J. and Blakemore, S-J. (2015) 'Adolescence as a sensitive period of brain development.' *Trends in Cognitive Sciences 19,* 10, 558-566.

Tamnes, C., Herting, M., Goddings, A-L., Meuwese, R. *et al.* (2017) 'Development of the cerebral cortex across adolescence: A multisample study of interrelated longitudinal changes in cortical volume, surface area and thickness.' *Journal of Neuroscience 37,* 12, 3402-12.

Kaptil 1: Das unglaublliche Teenager-Gehirn - Zeit für ein Upgrade

Aslin, R.N. and Banks, M.S. (1978) 'Early Visual Experience in Humans: Evidence for a Critical Period in the Development of Binocular Vision.' In H.L. Pick, H.W. Leibowitz, J.E. Singer, A. Steinschneider and H.W. Stevenson (eds) *Psychology: From Research to Practice.* Boston, MA: Springer.

Barry, S. (2008) *The Secret Scripture.* London: Faber & Faber.

Bryan, C., Yeager, D.S., Hinojosa, C., Chabot, A.M., Bergen, H., Kawamura, M. and Steubing, F. (2016) 'Harnessing adolescent values to motivate healthier eating.' *Proceedings of the National Academy of Sciences of the USA 113,* 29, 10830-10835.

Dahl, R. (2004) 'Adolescent brain development: A period of vulnerabilities and opportunities.' *Annals of New York Academy of Sciences 1021,*1-22.

Dahl, R.E., Allen, N.B., Wilbrecht, L. and Suleiman, A.B. (2018) 'Importance of investing in adolescence from a developmental science perspective.' *Nature 554,* 7693, 441.

Department for Education, UK (2017) Transforming Children and Young People's Mental Health Provision: A Green Paper (Secretary of State for Health and Secretary of State for Education). Retrieved from https://assets.publishing.service. gov. uk/government/uploads/system/uploads/attachment_data/file/664855/ Transforming_children_and_young_people_s_mental_health_provision.pdf, accessed on 08 May 2019.

Foulkes, L. and Blakemore, S-J. (2018) 'Studying individual differences in human adolescent brain development.' *Nature Neuroscience 21,* 3, 315-323.

Fuhrmann, D., Knoll, L.J. and Blakemore, S-J. (2015) 'Adolescence as a sensitive period of brain development.' *Trends in Cognitive Sciences 19,*10, 558-566.

Giedd, J.N., Blumenthal, J., Jeffries, N.O., Castellanos, F.X. *et al.* (1999) 'Brain development during childhood and adolescence: A longitudinal MRI study.' *Nature Neuroscience 2,* 861-863.

Gogtay, N., Ordonez, A., Herman, D.H., Hayashi, K.M. *etal.* (2007) 'Dynamic mapping of cortical development before and after the onset of pediatric bipolar illness.' *Journal of Child Psychology and Psychiatry 48,* 9, 852-862.

Immordino-Yang, M., Darling-Hammond, L. and Krone, C. (2018) *The Brain Basis for Integrated Social, Emotional and Academic Development: How Emotions and Social Relationships Drive Learning.* Washington, DC: The Aspen Institute.

Kessler, R.C., Berglund, P., Dernier, O., Jin, R., Merikangas, K.R. and Walters, E.E. (2005) 'Lifetime prevalence and age-of-onset distributions of DSM-IV disorders in the National Comorbidity Survey Replication.' *Archives of General Psychiatry* 62, 6, 593-602.

Lee, F.S., Heimer, H., Giedd, J.N., Lein, E.S. *et al.* (2014) 'Mental health: Adolescent mental health - opportunity and obligation.' *Science 346,* 547-549.

Special Issue on the Teenage Brain (2013) *Current Directions in Psychological Science.* Tamnes, C., Herting, M., Goddings, A-L., Meuwese, R. *et al.* (2017) 'Development of the cerebral cortex across adolescence: A multisample study of interrelated longitudinal changes in cortical volume, surface area and thickness.' *Journal of Neuroscience 37,*12, 3402-3412.

Kapitel 2: Das Teenager-Gehirn - denkt und fühlt

Gilbert, P. (2010) *The Compassionate Mind (Compassion Focused Therapy).* London: Constable Books.

MacLean, P.D. (1990) *The Triune Brain in Evolution: Role in Paleocerebral Functions.* New York: Plenum Press.

Senninger, T. (2015) The Learning Zone Model. Retrieved from www.thempra.org.uk/social-pedagogy/key-concepts-in-social-pedagogy/the-learning-zone-model, accessed on 08 May 2019.

Vygotsky, L.S. (1978) *Mind in Society: The Development of Higher Psychological Processes.* Cambridge, MA: Harvard University Press.

Willis, J. (2009) *How Your Child Learns Best: Brain-Friendly Strategies You Can Use to Ignite Your Child's Learning and Increase School Success.* Naperville, IL: Sourcebooks Inc.

Kapitel 3: Das Teenager-Gehirn - lernt und glaubt

Boaler, J. (2016) *Mathematical Mindsets: Unleashing Students' Potential through Creative Math, Inspiring Messages and Innovative Teaching.* San Francisco, CA: Jossey-Bass.

Dweck, C. (2012) *Mindset: How You Can Fulfil Your Potential.* London: Robinson.

Ericsson, K.A., Krampe, R. and Tesch-Romer, C. (1993) 'The role of deliberate practice in the acquisition of expert performance.' *Psychological Review too,* 363-406.

Gladwell, M. (2008) *Outliers: The Story of Success.* London: Little, Brown and Company.

Mosner, J.S., Schroder, H.S., Heeter, C., Moran, T.P. and Lee, Y.H. (2011) 'Mind your errors: Evidence for a neural mechanism linking growth mind-set to adaptive post-error adjustments.' *Psychological Science 22,*12, 1484-1489.

Obama, M. (2014) 'Remarks by the First Lady at San Antonio Signing Day Reach Higher Event.' University of Texas, San Antonio, Texas.

Okonofua, J.A., Paunesku, D. and Walton, G.M. (2016) 'A brief intervention to encourage empathic discipline halves suspension rates among adolescents.' *Proceedings of the National Academy of Sciences.*

Shatz, C.J. (1992) 'The developing brain.' *The Scientific American 267,* 60-67.

Kapitel 4: Das Teenager-Gehirn baut Verbindungen auf, beobachtet und absorbiert

Bandura, A. (1976) *Social Learning Theory.* London: Pearson.

Dawson, P. and Guare, R. (2008) *Smart But Scattered: The Revolutionary 'Executive Skills' Approach to Helping Kids Reach Their Potential.* New York: Guilford Press.

Pavlov, I.P. (2011) *Conditioned Reflexes and Psychiatry - Lectures on Conditioned Reflexes, Vol 2.* New York: Cullen Press.

Skinner, B.F. (1998) *About Behaviourism.* New York: Random House.

Kapitel 5: Das Teenager-Gehirn liebt andere Menschen

BBC (2018) The Anatomy of Loneliness. Retrieved from www.bbc.co.uk/programmes/articles/2yzhfv4DvqVp5nZyxBD8G23/who-feels-lonely-the-results-of-the-world- s-largest-loneliness-study, accessed on 08 May 2019.

Blakemore, S-J. (2012) 'Development of the social brain in adolescence.' *Journal of the Royal Society of Medicine 105,*111-116.

Casey, B.J., Heller, A.S., Gee, D.G. and Cohen, A.O. (2019) 'Development of the emotional brain.' *Neuroscience Letters 693,* 29-34.

Eisenberger, N.I. (2012) 'The neural bases of social pain: Evidence for shared representations with physical pain.' *Psychosomatic Medicine 74,* 2.

Eisenberger, N.I., Lieberman, M.D. and Williams, K.D. (2003) 'Does rejection hurt? An fMRI study of social exclusion.' *Science 203,* 290-292.

Hamilton, D.I., Katz, L.B. and Leirer, V.O.V. (1980) 'Cognitive representation of personality impressions: Organisational processes in first impression formation.' *Journal of Personality and Social Psychology 39,* 6, 1050.

Harari, Y.N. (2015) *Sapiens: A Brief History of Humankind.* New York: Vintage Press.

Lieberman, M.D. (2012) 'Education and the social brain.' *Trends in Neuroscience and Education 1,*1, 3-9.

Lieberman, M.D. (2015) *Social: Why Our Brains Are Wired to Connect.* Oxford: Oxford University Press.

Lieberman, M.D. and Eisenberger, N.I. (2009) 'Pains and pleasures of social life.' *Science 323,* 890-891.

Raichle, M., MacLeod, A.M., Snyder, A.Z., Powers, W.J., Gusnard, D.A. and Shulman, G.L. (2001) 'A default mode of brain function.' *Proceedings of the National Acadamy of Sciences of the USA 98,* 676-682.

Rilling, J.K., Gutman, D.A., Zeh, T.R., Pagnoni, G., Berns, G.S. and Kils, C.D. (2002) 'A neural basis for social cooperation.' *Neuron 35,* 2, 395-405.

Sebastian, C., Viding, E., Williams, K. and Blakemore, S-J. (2010) 'Social brain development and the affective consequences of ostracism in adolescence.' *Brain & Cognition 72,* 134-145-

Slavin, E.R., Lake, C., Inns, A., Baye, A., Dachet, D. and Haslam, J. (2019) 'A Quantitative Synthesis of Research on Writing Approaches in Years 3 to 13-' London: Education Endowment Foundation.

Valliant, G.E. (2012) *Triumphs of Experience: The Men of the Harvard Grant Study.* Cambridge, MA: Belknap Press.

Kaptiel 6: Teenager-Gehirne sind oft überfordert

Masten, A.S. (2014) *Ordinary Magic: Resilience in Development.* New York: Guilford.

National Institute for Health and Care Excellence (2017) Clinical Guideline 28. Depression in Children and Young People: Identification and Management in Primary, Community and Secondary Care. Retrieved from www.nice.org.uk/ guidance/cg28, accessed on 06 June 2019.

Department of Health and NHS England (2017) Mental health of children and young people in England. Retrieved from https://digital.nhs.uk/data-and-information/ publications/statistical/mental-health-of-children-and-young-people-in- england/2017/2017, accessed on 08 May 2019.

Volkow, N.D., Koob, G.F., Croyle, R.T., Bianchi, D.W. *et al.* (2018) 'The conception of the ABCD study: From substance use to a broad NIH collaboration.' *Developmental Cognitive Neuroscience 32,* 4-7. Retrieved from www.sciencedirect.com/science/ article/pii/Si8789293i73OO725?via%3Dihub, accessed on 08 May 2019.

Kapitel 7: Leben mit Neurodiversität

Cancer, A., Manzoli, S. and Antonietti, A. | Besson, M. (Reviewing Editor) (2016) 'The alleged link between creativity and dyslexia: Identifying the specific process in which dyslexic students excel.' *Cogent Psychology 3,*1.

Geschwind, N. (1982) 'Why Orton was right.' *Annals of Dyslexia 32,* 13-30.

Kapp, S.K., Gillespie-Lynch, K., Sherman, L.E. and Hutman, T. (2013) 'Deficit, difference, or both? Autism and neurodiversity.' *Developmental Psychology 49,* 1, 59-71.

Mandy, W., Murin, M., Baykaner, O., Staunton, S. *et al.* (2016) 'The transition from primary to secondary school in mainstream education for children with autism spectrum disorder.' *Autism 20,* 1, 5-13.

Mannuzza, S. and Klein, R.G. (2000) 'Long-term prognosis in attention-deficit/ hyperactivity disorder.' *Child and Adolescent Psychiatric Clinics of North America 9,* 3, 711-726.

Kapitel 8: Die Kunst des sozialen Erfolgs meistern

Blakemore, S-J. (2008) 'The social brain in adolescence.' *Nature Reviews Neuroscience 9,* 267-277.

Blakemore, S-J. (2018) *Inventing Ourselves: The Secret Life of the Teenage Brain.* New York: Doubleday.

Blakemore, S-J. and Mills, K.L. (2014) 'Is adolescence a sensitive period for sociocultural processing?' *Annual Review of Psychology 65,* 187-207.

Bowlby, J. (2005) *Attachment Theory.* Abingdon: Routledge.

Foulkes, L. and Blakemore, S-J. (2016) 'Is there heightened sensitivity to social reward in adolescence?' *Current Opinion in Neurobiology 40,* 81-85.

Gunther Moor, B., van Leijenhorst, L., Rombouts, S., Crone, E. and Van der Molen, M. (2010) 'Do you like me? Neural correlates of social evaluation and developmental trajectories.' *Social Neuroscience 5,* 5-6, 461-482.

Guyer, A.E., Choate, V.R., Pine, D.S. and Nelson, E.E. (2011) 'Neural circuitry underlying affective response to peer feedback in adolescence.' *Social Cognitive and Affective Neuroscience 7,*1, 81-92.

Maslova, L.N., Bulygina, W. and Amstislavskaya, T.G. (2010) 'Prolonged social isolation and social instability in adolescence in rats: Immediate and long-term physiological and behavioral effects.' *Neuroscience and Behavioral Physiology 40,* 9, 955.

Nelson, E.E., Jarcho, J.M. and Guyer, A.E. (2016) 'Social re-orientation and brain development: An expanded and updated view.' *Developmental Cognitive Neuroscience 17,* 118-127.

Ruggieri, S., Bendixen, M., Gabriel, U. and Alsaker, F. (2013) 'Cyberball: The impact of ostracism on the well-being of early adolescents.' *Swiss Journal of Psychology 72,* 2, 103-109-

Sebastian, C., Viding, E., Williams, K. and Blakemore, S-J. (2010) 'Social brain development and the affective consequences of ostracism in adolescence.' *Brain & Cognition 72,* 134-145-

Somerville, L.H. (2013) 'The teenage brain: Sensitivity to social evaluation.' *Current Directions in Psychological Science 22,* 2,121-127.

Somerville, L.H., Jones, R.M., Ruberry, E.J., Dyke, J.P., Glover, G. and Casey, B.J. (2013) 'The medial prefrontal cortex and the emergence of self-conscious emotion in adolescence.' *Psychological Science 24,* 8, 1554-1562.

Yeager, D.S. and Dweck, C.S. (2012) 'Mindsets that promote resilience: When students believe that personal characteristics can be developed.' *Educational Psychologist 47,* 4, 302-314.

Kapitel 9: Risikobereitschaft und Resilienzentwicklung

Byrnes, J.P., Miller, D.C. and Schafer, W.D. (1999) 'Gender differences in risk taking: A meta-analysis.' *Psychological Bulletin 125,* 3, 367-383.

Casey, BJ., Heller, A.S., Gee, D.G. and Cohen, A.O. (2019) 'Development of the emotional brain.' *Neuroscience Letters 693,* 29-34-

Chein, J., Albert, D., O'Brien, L., Uckert, K. and Steinberg, L. (2011) 'Peers increase adolescent risk taking by enhancing activity in the brain's reward circuitry.' *Developmental Science 14,* 2, F1-F10.

Crone, E. and Dahl, R. (2012) 'Understanding adolescence as a period of social-affective engagement and goal flexibility.' *Nature Reviews Neuroscience 13,* 9, 636-650.

Decker, J.H., Lourenco, F.S., Doll, B.B. and Hartley, C.A. (2015) 'Experiential reward learning outweighs instruction prior to adulthood.' *Cognitive, Affective and Behavioral Neuroscience 15,* 2, 310-320.

Do, K.T., Guassi Moreira, J.F. and Telzer, E.H. (2016) 'But is helping you worth the risk? Defining prosocial risk taking in adolescence.' *Developmental Cognitive Neuroscience 25,* 260-271.

Duell, N. (2018) 'Positive risk taking in adolescence.' Dissertation submitted to Temple University Graduate Board for Doctor of Philosophy.

Galvan, A. (2013) 'The teenage brain: Sensitivity to reward.' *Current Directions in Psychological Science* 22, 2, 88-93-

Greaves, M. (2018) 'A causal mechanism for childhood acute lymphoblastic leukaemia.' *Nature Reviews Cancer 18,* 8, 471-484.

Logue, S., Chein, J., Gould, T., Holliday, E. and Steinberg, L. (2014) 'Adolescent mice, unlike adults, consume more alcohol in the presence of peers than alone.' *Developmental Science 17,*1, 79-85.

Pfeifer, J.H., Masten, C.L., Moore, W.E., Oswald, T.M. *et al.* (2011) 'Entering adolescence: Resistance to peer influence, risky behavior, and neural changes in emotion reactivity.' *Neuron 69, 5,* 1029-1036.

Silva, K., Chein, J. and Steinberg, L. (2016) 'Adolescents in peer groups make more prudent decisions when a slightly older adult is present.' *Psychological Science 27,* 3, 322-330.

Silva, K., Shulman, E.P., Chein, J. and Steinberg, L. (2015) 'Peers increase late adolescents' exploratory behavior and sensitivity to positive and negative feedback.' *Journal of Research on Adolescence* 26, 4, 696-705.

Steinberg, L. (2007) 'A social neuroscience perspective on adolescent risk-taking.' *Developmental Review 28,* 78-106.

Steinberg, L. (2014) *The Age of Opportunity: Lessons from the New Science of Adolescence.* New York: Houghton Mifflin Harcourt Publishing.

Steinberg, L., Icenogle, G., Shulman, E.P., Breiner, K. *et al.* (2017) 'Around the world, adolescence is a time of heightened sensation seeking and immature self-regulation.' *Developmental Science 21,1,*1-13.

Telzer, E., Ichien, N. and Qu, Y. (2015) 'Mothers know best: Redirecting adolescent reward sensitivity toward safe behavior during risk taking.' *Social Cognitive and Affective Neuroscience 10,*10,1383-1391.

van Hoorn, J., Fuligni, A.J., Crone, E.A. and Galvan, A. (2016) 'Peer influence effects on risk-taking and prosocial decision-making in adolescence: Insights from neuroimaging studies.' *Current Opinion in Behavioral Sciences 10,* 59-64.

Weigard, A., Chein, J., Albert, D., Smith, A. and Steinberg, L. (2014) 'Effects of anonymous peer observation on adolescents' preference for immediate rewards.' *Developmental Science 17,* 71-78.

Kaptiel 10: Starke Gefühle und mächtige Motivationen

Bryan, C.J., Yeager, D.S., Hinojosa, C.P., Chabot, A. *etal.* (2016) 'Harnessing adolescent values to motivate healthier eating.' *Proceedings of the National Academy of Sciences of the USA 113,* 39,10830-5.

Casey, B.J., Heller, A.S., Gee, D.G. and Cohen, A.O. (2017) 'Development of the emotional brain.' *Neuroscience Letters 693,* 29-34.

Dahl, R.E., Allen, N.B., Wilbrecht, L. and Suleiman, A.B. (2018) 'Importance of investing in adolescence from a developmental science perspective.' *Nature 554,* 7693, 441.

Damour, L. (2017) *Untangled: Guiding Teenage Girls through the Seven Transitions into Adulthood.* New York: Ballantine Books.

Damour, L. (2019) 'How to help teens weather their emotional storms.' *New York Times,* February 12. Retrieved from www.nytimes.com/2019/02/12/well/family/how-to-help-teens-weather-their-emotional-storms.html, accessed on 08 May 2019.

Fry, S. (2009) 'Stephen Fry's letter to himself: Dearest absurd child.' *The Guardian,* April 30. Retrieved from www.theguardian.com/media/2oo9/apr/3o/stephen-fry-letter-gay-rights, accessed on 08 May 2019.

Gopnik, A. (2016) *The Gardener and the Carpenter.* New York: Farrar, Straus & Giroux.

Peper, J.S. and Dahl, R.E. (2013) 'Surging hormones: Brain-behavior interactions during puberty.' *Current Directions in Psychological Science 22,* 2, 134-139-

Rogers, C.R., Perino, M.R. and Telzer, E.H. (2019) 'Maternal buffering of adolescent dysregulation in socially appetitive contexts: From behaviour to the brain.' *Journal of Research on Adolescence.* DOI: 10.1111/jora.12500

Silvers, J.A., McRae, K., Gabrieli, J.D., Gross, J.J., Remy, K.A. and Ochsner, K.N. (2012) 'Age-related differences in emotional reactivity, regulation, and rejection sensitivity in adolescence.' *Emotion 12,* 1235-1247.

Stephens-Davidowitz, S. (2018) 'The songs that bind us.' New *York Times,* February 10. Retrieved from www.nytimes.com/2018/02/10/opinion/sunday/favorite-songs. html, accessed on 08 May 2019.

Torre, J.B. and Lieberman, M.D. (2018) 'Putting feelings into words: Affect labelling as implicit emotion regulation.' *Emotion Review 10, 2,* 116-124.

Kapitel 11: Selbstreflexion

Altikulaq, S., Lee, N.C., van der Veen, C., Benneker, L, Krabbendam, L. and van Atteveldt, N. (2019) 'The teenage brain: Public perceptions of neurocognitive development during adolescence.' *Journal of Cognitive Neuroscience 31,*3,339-359- Becht, A.I., Nelemans, S.A., Branje, S.J.T., Vollebergh, W.A.M. *et al.* (2016) 'The quest for identity in adolescence: Heterogeneity in daily identity formation and psychosocial adjustment across 5 years.' *Developmental Psychology 52,* 12, 2010-2021.

Crocetti, E., Rubini, M. and Meeus, W. (2008) 'Capturing the dynamics of identity formation in various ethnic groups: Development and validation of a three-dimensional model.' *Journal of Adolescence 31,* 207-222.

Klimstra, T.A. and van Doeselaar, L. (2017) '18-Identity Formation in Adolescence and Young Adulthood.' In J. Specht (ed.) *Personality Development across the Lifespan.* London: Elsevier.

Pfeifer, J.H. and Berkman, E.T. (2018) 'The development of self and identity in ado lescence: Neural evidence and implications for a value-based choice perspective on motivated behavior.' *Child Development Perspectives 12,* 3,158-164-

van der Cruijsen, R., Peters, S., van den Aar, L.P.E. and Crone, E.A. (2018) 'The neural signature of self-concept development in adolescence: The role of domain and valence distinctions.' *Developmental Cognitive Neuroscience 30,* 1-12.

Yeager, D., Dahl, R. and Dweck, C. (2018) 'Why interventions to influence adolescent behaviour often fail but could succeed.' *Perspectives on Psychological Science 13,*1, 101-122.

Kaptiel 12: Startklar (mit Ihrer Unterstützung)

Bonell, C., Blakemore, S-J., Flatcher, A. and Patton, G. (2019) 'Role theory of schools and adolescent health.' *Lancet Child and Adolescent Health,* 1-7. DOI: https://doi. org/ lO.lO16/S2352-4642(19)3Oi83-X

Bryan, C., Yeager, D.S., Hinojosa, C., Chabot, A.M. *et al.* (2016) 'Harnessing adolescent values to reduce unhealthy snacking.' *Proceedings of the National Academy of Sciences of the USA 113,* 39,10830-10835.

Dahl, R. (2004) 'Adolescent brain development: A period of vulnerabilities and opportunities. Keynote address.' *Annals of the New York Academy of Science 1021,* 1,1-22.

Decker, J.H., Lourenco, F.S., Doll, B.B. and Hartley, C.A. (2015) 'Experiential reward learning outweighs instruction prior to adulthood.' *Cognitive, Affective, and Behavioral Neuroscience 15,* 2, 310-320.

Fuligni, A.J. (2018) 'The need to contribute during adolescence.' *Perspectives in Psychological Science 14,* 3. DOI: https://doi.org/10.1177/1745691618805437

Fuligni, A.J. and Telzer, E.H. (2013) 'Another way family can get in the head and under the skin: The neurobiology of helping the family.' *Child Development Perspectives 7,* 3,148-152.

Lee, K.H., Siegle, G.J., Dahl, R.E., Hooley, J. and Silk, J.S. (2014) 'Neural responses to maternal criticism in healthy youth.' *Social Cognitive and Affective Neuroscience 10,* 7, 902-912.

Van der Cruijsen, R., Buisman, R., Green, K., Peters, S. and Crone, E. (2019) 'Neural responses for evaluating self and mother traits in adolescence depend on mother-adolescent relationships.' *Social Cognitive and Affective Neuroscience 14, 5,* 481-492.

Yeager, D.S., Dahl, R.E. and Dweck, C.S. (2018) 'Why interventions to influence adolescent behavior often fail but could succeed.' *Perspectives on Psychological Science 13,*1,101-122.

Kapitel 13: Verschlafene Teenager

Dahl, R.E. and Lewin, D.S. (2002) 'Pathways to adolescent health sleep regulation and behavior.' *Journal of Adolescent Health 31,* 6, 175-184.

Dunster, G.P., Iglesia, L., Ben-Hamo, M., Nave, C. *etal.* (2018) 'Sleepmore in Seattle: Later school start times are associated with more sleep and better performance in high school students.' *Science Advances 4,12.* DOI: io.il26/sciadv.aau62oo

Fuligni, A.J., Arruda, E.H., Krull, J.L. and Gonzales, N.A. (2018) 'Sleep duration, variability, and peak levels of achievement and mental health.' *Child Development 89,* ei8-e28.

Fuligni, A.J., Bai, S., Krull, J.L. and Gonzales, N.A. (2017) 'Individual differences in optimum sleep for daily mood during adolescence.' *Journal of Clinical Child & Adolescent Psychology 48,* 3, 469-479.

Galvan, A. (2018) 'How can we improve a teen's brain? One sleep study may have a simple answer - good pillows.' *The Washington Post,* November 24.

Hagenauer, M.H., Perryman, J.I., Lee, T.M. and Carskadon, M.A. (2009) 'Adolescent changes in the homeostatic and circadian regulation of sleep.' *Developmental Neuroscience 31,* 4, 276-284.

Lee, Y.J., Cho, S.J., Cho, I.H. and Kim, S.J. (2012) 'Insufficient sleep and suicidality in adolescents.' *Sleep 35,* 4, 455-460.

Roenneberg, T., Kuehnle, T., Pramstaller, P.P., Ricken, J. *et al.* (2004) 'A marker for the end of adolescence.' *Current Biology 14,* 24,1038-9.

Tashjian, S., Goldenberg, D. and Galvan, A. (2017) 'Neural connectivity moderates the association between sleep and impulsivity in adolescents.' *Developmental Cognitive Neuroscience 27,* 35-44.

Telzer, E.H., Goldenberg, D., Fuligni, A.J., Lieberman, M.D. and Galvan, A. (2015) 'Sleep variability in adolescence is associated with altered brain development.' *Developmental Cognitive Neuroscience 14,*16-22.

Tsai, K.M., Dahl, R.E., Irwin, M.R., Bower, J.E. *et al.* (2018) 'The roles of parental support and family stress in adolescent sleep.' *Child Development 5,* 1577-1588.

Walker, M. (2017) *Why We Sleep: The New Science of Sleep and Dreams.* London: Penguin.

Kapitel 14: Gesunde Gewohnheiten entwickeln

Aberg, M.A., Aberg, N., Brisman, J., Sundberg, R., Winkvist, A. and Toren, K. (2009) 'Fish intake of Swedish male adolescents is a predictor of cognitive performance.' *Acta Paediatrica: Nurturing the Child 98,* 3, 555-560.

Addis, S. and Murphy, S. (2019) '"There is such a thing as too healthy!" The impact of minimum nutritional guidelines on school food practices in secondary schools.' *Journal of Human Nutrition and Dietics32,1,* 31-40.

Adolphus, K., Lawton, C.L., Champ, C.L. and Dye, L. (2016) 'The effects of breakfast and breakfast composition on cognition in children and adolescents: A systematic review.' *Advances in Nutrition* 7, 3, 590S-612S.

Bassett, R., Chapman, G.E. and Beagan, B.L. (2008) 'Autonomy and control: The co-construction of adolescent food choice.' *Appetite 50,* 2-3, 325-332.

Blake, H., Stanulewicz, N. and McGill, F. (2016) 'Predictors of physical activity and barriers to exercise in nursing and medical students.' *Journal of Advanced Nursing 73,* 4, 917-929.

Esteban-Cornejo, I., Gomez-Martinez, S., Tejero-Gonzalez, C.M., Castillo, R. *et al.* (2015) 'Characteristics of extracurricular physical activity and cognitive performance in adolescents: The AVENA study.' *International Journal of Environmental Research and Public Health 12,*1, 385-401.

Howse, E., Hankey, C., Allman-Farinelli, M., Bauman, A. and Freeman, B. (2018) '"Buying salad is a lot more expensive than going to Mcdonalds": Young adults' views about what influences their food choices.' *Nutrients 10,* 8, E996.

Jackson, D.B. and Beaver, K. (2015) 'The role of adolescent nutrition and physical activity in the prediction of verbal intelligence during early adulthood: A genetically informed analysis of twin pairs.' *International Journal of Environmental Research and Public Health 12,*1, 385-401.

Lopez-Castedo, A., Dominguez Alonso, J. and Portela-Pino, I. (2018) 'Predictive variables of motivation and barriers for the practice of physical exercise in adolescence.' *Journal of Human Sport and Exercise 13,* 4, 907-915.

Manduca, A., Bara, A., Larrieu, T., Lassalle, O. *et al.* (2017) 'Amplification of mGlus-endocannabinoid signaling rescues behavioral and synaptic deficits in a mouse model of adolescent and adult dietary polyunsaturated fatty acid imbalance.' *Journal of Neuroscience 37,* 29, 6851-6868.

Kapitel 15: Guter Stress, schlechter Stress

Coan, J. and Sbarra, D.A. (2015) 'Social Baseline Theory: The social regulation of risk and effort.' *Current Opinions in Psychology 1,* 87-91.

Coan, J.A., Schaefer, H.S. and Davidson, RJ. (2006) 'Lending a hand: Social regulation of the neural response to threat.' *Psychological Science 17,* 12,1032-1039.

Crum, A.J., Akinola, M., Martin, A. and Fath, S. (2017) 'The role of stress mindset in shaping cognitive, emotional and physiological responses to challenging and threatening stress.' *Anxiety, Stress & Coping 30,* 4, 379-395.

Crum, A.J., Salovey, P. and Achor, S. (2013) 'Rethinking stress: The role of mindsets in determining stress response.' *Journal of Personality and Social Psychology 104,* 4, 716-733.

Gilbert, P., Broomhead, C., Irons, C., McEwan, K. *et al.* (2007) 'Development of a striving to avoid inferiority scale.' *British Journal of Social Psychology 46,* 633-648.

Keller, A., Litzelman, K., Wisk, L.E., Maddox, T. *et al.* (2012) 'Does the perception that stress affects health matter? The association with health and mortality.' *Health Psychology: Official Journal of the Division of Health Psychology, American Psychological Association 31,* 5, 677-684.

Kim, J.J. and Diamond, D.M. (2002) 'The stressed hippocampus, synaptic plasticity and lost memories.' *Nature Reviews Neuroscience 3,* 6, 453.

McGonigal, K. (2015) *The Upside of Stress: Why Stress Is Good for You (and Plow to Get Good at It).* London: Vermilion.

Romeo, R.D. (2013) 'The teenage brain: The stress response and the adolescent brain.' *Current Directions in Psychological Science 22,* 2,140-145.

Yeager, D.S., Purdie-Vaughns, V., Garcia, J., Apfel, N. *et al.* (2014) 'Breaking the cycle of mistrust: Wise interventions to provide critical feedback across the racial divide.' *Journal of Experimental Psychology: General 143,* 804-824.

Kapitel 16: Soziale Medien und Technologie

Blum-Ross, A. and Livingstone, S. (2016) 'Families and screen time: Current advice and emerging research.' *The London School of Economics and Political Science Department of Media and Communications.*

Chassiakos, Y., Radesky, J., Christakis, D., Moreno, M.A. and Cross, C. (2016) 'Children and adolescents and digital media.' *Pediatrics 138, 5.* DOI:e2oi62593.

Council on Communication and Media (2016) 'Media use in school-aged children and adolescents.' *Pediatrics 138, 5,* 620162592.

Crone, E.A. and Konijn, E.A. (2018) 'Media use and brain development during adolescence.' *Nature Communications* 9, 1-10.

Licoppe, C. (2004) 'Connected presence: The emergence of a new repertoire for managing social relationship in a changing communication technoscape.' *Environment and Planning D: Society and Space 22,1,* 135-156.

Livingstone, S. and Haddon, L. (2009) *EU Kids Online: Final Report.* LSE. London: EU Kids Online (www.eukidsonline.net).

Orben, A. and Przbylsk, A.K. (2019) 'The association between adolescent well-being and digital technology use.' *Nature Human Behaviour 3,*173-182.

Endnoten

[1] **Originaltext aus „The Incredible Teenage Brain“:** ‘The Incredible Teenage Brain is exceptionally accessible notwithstanding the extraordinary wealth of information it contains on adolescent behaviour. It is perhaps the best book for mental health professionals to recommend to families. But they should also make sure to keep a copy on their shelf.’

[2] **Originaltext aus „The Incredible Teenage Brain“:** ‘This brilliantly written book celebrates the teenager and simply and clearly explains adolescence. By really understanding the teenage brain it is possible to enable our children to navigate this key developmental time without our anxiety getting in the way. This book will empower us all to enable our teens to develop into the best version of themselves while holding strong during some of the inevitable challenges.’

[3] **Originaltext aus „The Incredible Teenage Brain“:** ‘I'm blown away by this book, I just couldn't put it down. It made me reflect not just on my teenage children, but on my own teenage years. It's so full of useful recommendations that I'll be using it like TripAdvisor in researching my teens for months and years to come.’

[4] **Originaltext aus „The Incredible Teenage Brain“:** ‘This is an insightful, inspiring and fun book that opens the lid on the often misunderstood and sometimes maligned world of the teenager. It reveals how teenagers are affected by brain development, their expanding social world and self-concept as emerging adults. Invaluable for parents and those who work with teens.’

5 **Originaltext aus „The Incredible Teenage Brain“:** ‘This is a brilliant book. It provides a shining light to guide parents and teachers who are supporting young people through the sometimes turbulent teenage years. By improving self-belief and encouraging persistence teenagers can become more effective learners, happier and willing to reach higher for their goals.’

[6] **Originaltext aus „The Incredible Teenage Brain“**: 'Bettina Hohnen, Jane Gilmour and Tara Murphy have written an accessible, useful and fun guide for parents and teachers of adolescents. Most importantly, they effectively convey how adolescence represents a period of opportunity - a time of learning and development.'

[7] **Originaltext aus „The Incredible Teenage Brain“**:'This book is full of practical advice for parents of teenagers. It reflects a new revolution in our understanding of how relationships can affect brain structure and gives sensible advice on how to optimise children and young people's development so they are set up with healthy brains for the rest of their lives.'

[8] **Originaltext aus „The Incredible Teenage Brain“**: 'This book is a relief to read! A fresh and heartening take on how to see and work with teen potential, it gives a positive, practical steer on the grittiest of problems, along with plenty of examples and some great, direct solutions that actually work.'

[9] **Originaltext aus „The Incredible Teenage Brain“**:'Such a useful and reassuring book for parents, carers and anyone working with young people. The authors dismiss the stereotype of the "troublemaker teen". They explain why teens are at the height of their learning potential in all areas of life and show us how, by choosing our words carefully and making shifts in our own behaviour, we can help them shine.'

[10] **Originaltext aus „The Incredible Teenage Brain“**:'Your child's teen years can feel like a dark, hazardous path. Here's the guide every parent wishes for, sending up flares of light to ease your way and practical tools to overcome the too-recognisable, real-life pitfalls. The wise authors' compassionate insights will have you bring out the best, rather than suppress, the powerful, joyful potential of your teenager's developing mind.'

[11] **Originaltext aus „The Incredible Teenage Brain“**: 'Any teacher who works with teenagers will find this book fascinating and invaluable. The neuroscience is explained so clearly and offers a new way to look at the rapidly developing brain and how it influences teen behaviour and learning. Bettina, Jane and Tara emphasise the primary need for emotional security as a secure base for learning in school. They give many examples of how stress and anxiety interfere with learning along with ways teachers can create a "positive cycle of learning". What I

love the most about this book is that it is written with emotional insight and a great deal of compassion, offering a hopeful and positive way to look at adolescent behaviour.'

12 Der Stein von Rosette, auch Rosetta-Stein genannt, ist eine schwarze Granodiorit-Platte, die im Jahr 1799 von französischen Soldaten in der Nähe der Stadt Rosette (heute Rashid) in Ägypten entdeckt wurde. Der Stein ist von entscheidender Bedeutung, da er mit einer Inschrift in drei verschiedenen Schriftsystemen versehen ist: dem altägyptischen Hieroglyphen, dem Demotischen (eine spätere altägyptische Schrift) und dem Altgriechischen. Der Text auf dem Stein ist ein königlicher Erlass, der im Jahr 196 v. Chr. während der Herrschaft von König Ptolemaios V. verfasst wurde. Die Tatsache, dass der gleiche Text in den drei verschiedenen Schriftsystemen vorhanden ist, ermöglichte es Gelehrten, die Hieroglyphen zu entziffern, die seit dem Fall des alten Ägyptens in Vergessenheit geraten waren. Der französische Gelehrte Jean-François Champollion spielte eine entscheidende Rolle bei der Entzifferung der Hieroglyphen und legte damit den Grundstein für das moderne Verständnis der ägyptischen Geschichte und Kultur.

13 **Originaltext aus „The Incredible Teenage Brain"**: When you think hard about something or you struggle to solve a problem - whether it's math or science, or a problem in life - your brain is actually growing. (Michelle Obama 2014)

14 Eine Peer-Gruppe bezeichnet eine Gruppe von Personen, die in Bezug auf Alter, Interessen, sozialen Status oder anderen gemeinsamen Merkmalen ähnlich sind. Sie spielen eine wichtige Rolle bei der sozialen Entwicklung, dem Austausch von Erfahrungen und der gegenseitigen Unterstützung.

15 Die Education Endowment Foundation (EEF) ist eine Wohltätigkeitsorganisation in Großbritannien, die sich darauf konzentriert, die Lernmöglichkeiten und -ergebnisse von Kindern und Jugendlichen zu verbessern, insbesondere für diejenigen, die benachteiligt sind. Die EEF finanziert und evaluiert verschiedene Bildungsprogramme und Initiativen und stellt Forschungsergebnisse zur Verfügung, um Schulen und Lehrern dabei zu helfen, fundierte Entscheidungen über die besten Praktiken und Ansätze zu treffen.

[16] Das Tourette-Syndrom ist eine neurologische Störung, die durch sich wiederholende, unwillkürliche und stereotype Bewegungen und/oder Lautäußerungen gekennzeichnet ist, die als Tics bezeichnet werden.

[17] Soft Skills bezeichnen Fähigkeiten, die sich auf die zwischenmenschlichen Beziehungen und soziale Kompetenzen beziehen, wie z. B. Kommunikation, Zusammenarbeit, Empathie, emotionale Intelligenz und kritisches Denken.

[18] Beim Highlining wird ein strapazierfähiges Seil zwischen zwei Punkten in relativ großer Höhe gespannt und Menschen versuchen auf dem Seil zu balancieren. Das erfordert Geschicklichkeit, Gleichgewichtssinn und Mut und ist eine beliebte Freizeitbeschäftigung für Jugendliche, die gerne Adrenalin und Herausforderungen suchen.

[19] **Originaltext aus „The Incredible Teenage Brain“:** How passionately storm-drenched was your adolescence. How filled with true feeling, fury, despair, joy, anxiety, shame, pride and above all, supremely above all, how overpowered it was by love. (Stephen Fry, letter to his 16-year-old self, 2009)

[20] **Originaltext aus „The Incredible Teenage Brain“:** Scientists have discovered a revolutionary new treatment that makes you live longer. It enhances your memory, makes you more attractive. It keeps you slim and lowers food cravings. It protects you from cancer and dementia. It wards off colds and flu. It lowers your risk of heart attacks and stroke, not to mention diabetes. You'll even feel happier, less depressed, and less anxious. Are you interested? (Walker 2017, p.107)

[21] Es ist anzumerken, dass die Ergebnisse dieser Studie je nach kultureller Herkunft der teilnehmenden Personen unterschiedlich ausfielen. Der Effekt war hoch signifikant für afroamerikanische Schüler, die laut den Autoren wahrscheinlich Respektlosigkeit oder negative Stereotypen erlebt haben, und war bei weißen Studenten in ihrer Studie nicht zu beobachten. Dies muss in zukünftigen Untersuchungen noch genauer untersucht werden, unterstreicht aber, was wir über Jugendliche wissen, nämlich dass es eine enorme individuelle Variabilität gibt und wir die Geschichte und die Erfahrungen jedes einzelnen Schülers verstehen müssen, um wirklich zu wissen, wie er in einer bestimmten Situation reagieren wird.

[22] Bitte beachten Sie, dass in diesem Kapitel das Wort „Medien“ sowohl für soziale Medien als auch für technische Geräte verwendet wurde.

[23] **Originaltext aus „The Incredible Teenage Brain“**: Daily News - Wednesday June 29,1938
Too much reading is harmful by Angelo Patri
There's Clare with a book. Always reading. I never saw such a child fora book. Didn't she want to go to the party? I thought every child in town was there. They're going to see the picture. They are all simply wild with excitement. Isn't she well, or what? You just can't separate her from a book. She would rather read than do anything else!

[24] Die London School of Economics (LSE) ist eine renommierte öffentliche Forschungsuniversität in London. Sie wurde 1895 gegründet und ist heute eine der führenden Universitäten in den Bereichen Wirtschaft, Sozialwissenschaften, Recht und Politik. Die LSE ist bekannt für ihre internationalen Beziehungen, ihr Engagement für den öffentlichen Diskurs und ihre akademische Exzellenz.

[25] Paraphrasieren ist eine Technik des Zuhörens, bei der man die Worte des Sprechers in eigenen Worten wiederholt, um sicherzustellen, dass man richtig verstanden hat, was der Sprecher sagen wollte. Es kann helfen, Missverständnisse zu vermeiden und die Kommunikation zwischen zwei Personen zu verbessern.

MALEN PUR

KREATIVES MALEN FÜR JEDES ALTER

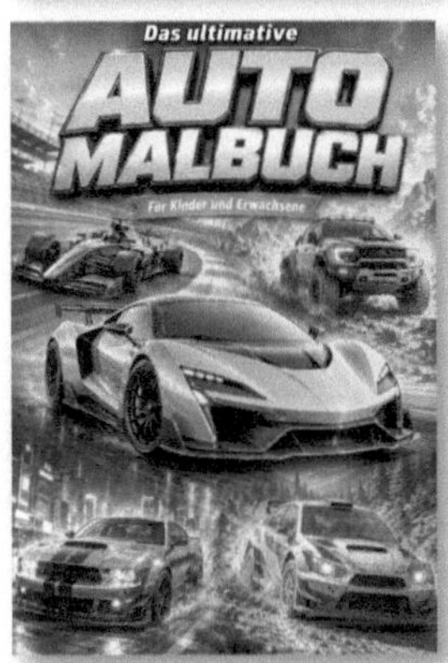

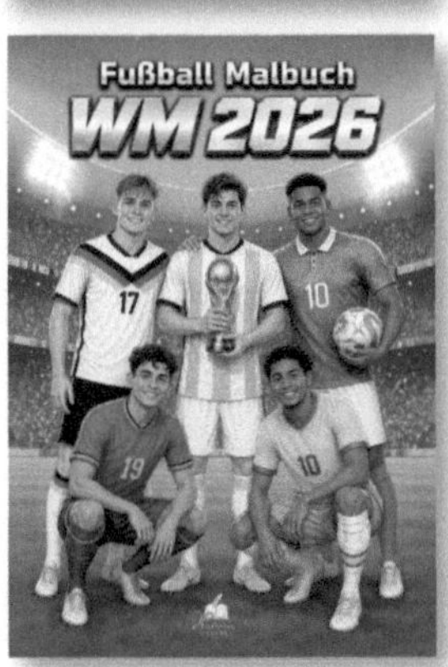

WWW.DHAMMA-VERLAG.DE